Titelbild: E. Arnold – Postkartenmotiv um 1935
Kaserne an der Frauensteiner Straße
ab 1943 Verwaltungsgebäude der Freia GmbH

Die Außenlager des KZ Flossenbürg
Eine Buchreihe des Lorbeer Verlags

ISBN 978-3-938969-38-0

KZ Freiberg

Geheime Schwangerschaft

Pascal Cziborra

Lorbeer - Verlag
Bielefeld 2015

Inhaltsverzeichnis

Einleitung

Teil 1 - Das Lager Freiberg

Von der Entstehung bis zur Auflösung

Teil 2 – Personen im Lagerumfeld

Wachpersonal, Belegschaft und Bevölkerung

Teil 3: Stationen der Deportation

Häftlingsüberstellungen und Transporte

Teil 4: Statistik, Daten, Diagramme

Forschungsstand und Datenbasis

Geleitwort

Vor Ihnen liegt der vierte Band der Aufarbeitungsreihe *Die Außenlager des KZ Flossenbürg*, der anlässlich des 70. Jahrestages der Befreiung und des Kriegsendes überarbeitet und neu aufgelegt wurde. Das Buch ist Ergebnis umfangreicher Recherchen, und dokumentiert den aktuellen Forschungsstand zum Außenlagerstandort Freiberg. Hauptziele der historischen Rekonstruktion sind die Klärung der einzelnen Häftlingsschicksale, die Unterstützung der Erinnerungsarbeit und Bildung vor Ort, sowie die Anregung der weltweiten wissenschaftlichen Aufarbeitung des Holocaust. Hierfür wurden in intensiver Forschungsarbeit zahlreiche Dokumente zur Auswertung zusammengetragen, die diverse Facetten des Freiberger Lagergeschehens von verschiedenen Perspektiven her beleuchten sollen. Anhand zahlreicher Aussagen von Opfern, Tätern und weiterer Augenzeugen, Dokumenten aus dem Schriftverkehr des Lagers, sowie Befreiungs- und Entlassungslisten aus dem KZ Mauthausen lässt sich unter Berücksichtigung der analysierten Autobiografien von Lisa Scheuer, Deli Strummer, Rikica-Radmila Slozberg, Gisela Spier-Cohen und Helga Weiss ein relativ schlüssiges Gesamtbild der Lagerereignisse zeichnen, dem künftig Schritt für Schritt die letzten Puzzleteile hinzugefügt werden sollen. Insbesondere die Fortsetzung der Identifikationsbemühungen mit Erhebung eines Opferstatus für alle ehemaligen Häftlinge wird dabei noch eine Herausforderung darstellen, die nur mit Hilfe der ehemaligen Häftlinge und ihrer Angehörigen, sowie der Erschließung weiterer Archivmaterialien und der weiteren Öffnung von Entschädigungsakten für wissenschaftliches Arbeiten, gelingen kann. Nur so können sichere Daten über Häftlingsschicksale erhoben, und an die Opfer in gebührender Weise erinnert werden.

Die Hauptquellen dieser Wahrheitssuche

Für kaum ein anderes Flossenbürger Außenlager konnte bislang eine ähnlich gute Dokumentationsbreite und -tiefe erreicht werden, wie für den Lagerstandort Freiberg. Dies ist zum einen der engagierten, aktiven Erinnerungsarbeit ehemaliger Freiberger Häftlinge, als auch den intensiven Bemühungen des CJD in Freiberg zuzuschreiben. So gab Projektleiter Dr. Michael Düsing bereits 2002 im Forum Verlag eine erste Dokumentation über die Außenlager Freiberg und Oederan heraus, in der die Spurensuche jüdischen Lebens in Freiberg, vor allem aber die Selbstzeugnisse zahlreicher jüdischer Überlebender der Flossenbürger Außenlager für eine interessierte Öffentlichkeit zugänglich gemacht wurden. Auf die Zeugen- und Begegnungsberichte aus dieser Publikation wurde auch für den hier vorliegenden Band zurückgegriffen, und diese mit Aussagen aus diversen anderen Quellen ergänzt und abgeglichen. Einer dieser Archivbestände ist der Aktenbestand der zentralen Stelle der Landesjustizverwaltungen in Ludwigsburg zur Aufklärung nationalsozialistischer Verbrechen. Da die vier 1967 bezüglich möglicher Tötungsverbrechen im Lager Freiberg vernommenen ehemaligen Häftlinge, laut ihrer Erinnerung derartige Vorkommnisse verneinten, wurden die Vorermittlungen gegen den Lagerkommandanten Beck mit Schlussvermerk vom 16.01.1968 relativ schnell wieder eingestellt. Da zu diesem Zeitpunkt nur Aussagen über juristisch verjährte Straftaten von ihm und seiner Wachmannschaft vorlagen, wurden deren Personalien nicht weiter beleuchtet und auf eine späte Anklage in der BRD mit der Verfahrenseinstellung verzichtet.
Die gesammelten Häftlingsberichte wurden in einzelne Bestandteile zerlegt und zu verschiedenen Aspekten gesichtet, um die Freiberger Lagergeschichte möglichst chronologisch zu rekonstruieren und ein differenziertes Bild des tausendfach individuell erlittenen Leids zu zeichnen. Für diese Zielsetzung konnten in aufwendiger Korrespondenz weitere Informationen zusammengetragen werden. Jedem, der seinen wichtigen Beitrag dazu leistete, sei hiermit noch einmal herzlich gedankt.

Zur Klärung der Häftlingsschicksale wurden außerdem 122 ehemalige Freiberger Häftlinge recherchiert, die für die *Shoah Visual History Foundation* seit 1994 Interviews gaben. Diese Interviews blieben aufgrund der begrenzten Zugänglichkeit bis heute leider überwiegend inhaltlich ungenutzt, könnten aber weitere Hinweise auf Überlebende und Todesopfer enthalten. Sie liegen seit 2007 auch in Berlin vor und bilden ein eigenes noch zu bewältigendes Forschungsfeld für die Auswertung von mehr als 245 Stunden Videomaterial in 12 verschiedenen Sprachen. Leider fehlten zu dieser Auswertung bislang die zeitlichen und finanziellen Ressourcen. Viele der interviewten Frauen kommen in diesem Band aber auf anderen Wegen zu Wort, da von ihnen oftmals auch schriftliche Aufzeichnungen vorliegen. Weitere 11 Video-Interviews mit ehemaligen Freiberger Häftlingen wurden für die Gedenkstätte Mauthausen geführt. Dabei gibt es zu den Interviews der Shoah Visual History Foundation eine Schnittmenge von 8 Interviewten. Es existieren also von mindestens 125 ehemaligen Freiberger Häftlingen Videoaufzeichnungen über ihre Erfahrungen als KZ-Häftling. Damit wurde jeder achte Häftling bei einem Interview zu Dokumentationszwecken gefilmt.

Wesentlich für die Häftlingseinzelschicksalrecherche waren außerdem die *Auszüge der Ghetto Registratur Lodz, Pages of Testimony - Yad Vashem*[1], Listen der *Jewish Agency*[2] von 1945, Informationen der niederländischen Kriegsgräberfürsorge *OGS*[3] und des *Roten Kreuzes*, die *Theresienstädter Gedenkbücher*, sowie das wichtige Standardwerk, das *Kalendarium der Ereignisse im KZ Auschwitz-Birkenau 1939-1945* von Danuta Czech. Auch die Publikationen von Baumgartner und Marsalek wurden diesbezüglich gesichtet. Das seit Januar 2008 für wissenschaftliche Forschung geöffnete Archiv des Internationalen Suchdienstes in Bad Arolsen [ITS], konnte leider noch nicht besucht werden. Auch wurden die Firmenakten der beteiligten Firmen Arado/Messerschmitt/Freia GmbH nicht persönlich eingesehen.

---

[1] Gedenklblätter für einzelne Holocaustopfer. Gedenkstätte Yad Vashem.

[2] Online eingesehen auf der Homepage von CRARG. [Nur polnische Juden]

[3] Oorlogsgravenstichting

Teil 1: Das Lager Freiberg

Von der Entstehung bis zur Auflösung

a) Vorgeschichte und Anbahnung

Die Weichen zur späteren Gründung eines KZ-Lagers in der alten Bergstadt Freiberg, zwischen Chemnitz und Dresden gelegen, wurden bereits 1941 mit der Teilverlagerung der Arado Flugzeugwerke Potsdam in die Räumlichkeiten der ehemaligen Kahla-Porzellanfabrik in der Frauensteiner Straße, gestellt. Da in den Folgejahren durch die Entwicklungen in den Frontgebieten immer mehr Arbeiter zur Wehrmacht eingezogen wurden, blieb dem Konzern, der unter dem enorm geförderten Luftwaffenbau unter Reichsminister Hermann Göring profitierte, schließlich nur noch die Möglichkeit neben zivilen Zwangsarbeitern und Kriegsgefangenen auch KZ-Häftlinge in der Rüstungsproduktion einzusetzen. Während in der Halbjahresbilanz 1943 einem Auftragsbestand von rund 737 Millionen RM, 6000 unbesetzte Stellen gegenüberstehen, sollte mit der für 1944 geplanten Zuweisung von Arbeitskräften, den personellen Missständen entgegengetreten werden. Zur Behebung des Arbeitskräftemangels war der Einsatz von Häftlingen des KZ Flossenbürg im Freiberger Arado-Werk geplant. Erste Besprechungen mit den örtlichen Behörden fanden diesbezüglich im Dezember 1943 statt. Dokumente des Stadtbauamtes Freiberg aus der Planungsphase vom 17. Dezember 1943 beweisen, dass Oberbürgermeister, Ortsbauernführer, Oberbergamt, Baupolizei, Werkluftschutz, Straßen- und Wasserbauamt, Baubevollmächtigte, die mit der Bauausführung beauftragte Firma, Reichsbahn und Gestapo für die Regelung der Fragen bezüglich des Aufbaus eines Barackenlagers für die Unterbringung eines Außenkommandos des KZ Flossenbürg keine Schwierigkeiten erwarteten.[4] Dennoch lief die Planung und Ausführung kriegsbedingt keineswegs reibungslos. Für die Errichtung des großen Barackenlagers sollte zunächst die anliegende Freiberger Me-

[4] Bauaktenarchiv Freiberg, Nr.212

tallwarenfabrik Paul Bachmann teilenteignet werden. Der Inhaber Rudolf Conrad Bachmann wehrte sich aber mittels Dienstaufsichtsbeschwerde vom 14.03.1944 über Bürgermeister Dr. Hartenstein, beim Reichsstatthalter von Sachsen, gegen dessen hartnäckige Pläne und man musste bei der weiteren Bauplanung ohne die entsprechende erst 1938 als Entschädigung erhaltene, 66,5 Ar große Grundstücksfläche auskommen. Die Standortbesichtigung mit Ob. Regierungsbaurat Dipl. Ing. Höpker, Ob. Regierungsrat Mittelbach vom Innenministerium Abt. Technik und Stadtbauinspektor Oehme ergab, dass das Gelände doch nicht für einen KZ-Barackenbau geeignet sei. Die im Kompromiss gebilligte eventuelle Errichtung von Luftschutzdeckungsgräben wird später nicht umgesetzt.[5] Das endgültige Bauansuchen an Oberbürgermeister Hartenstein wurde erst am 3. April 1944 durch den Baubevollmächtigten des Rüstungsministerium im Bezirk der Rüstungsinspektion IV a mit Sitz in Dresden, gestellt, nachdem die Lageplanung über die Reichsgruppe Industrie, die Interessenvertretung der Unternehmer, Bereich Land Sachsen, Bezirksstelle Dresden, endgültig erfolgt war.[6]
Am 4. Mai erhielt das Freiberger Verlagerungswerk der Arado Flugzeugwerke GmbH, Sitz in Potsdam, die Tarnbezeichnung Freia GmbH, für die die erwarteten KZ-Häftlinge später zum Arbeitseinsatz kommen sollten.[7] Das Bauvorhaben Barackenlager am Hammerberg lief aber nur schleppend an und konnte nicht rechtzeitig fertiggestellt werden. Scheinbar war das Werk auch nicht rechtzeitig in der Lage SS-Aufseherinnen zu stellen, da zunächst ausschließlich Aufseherinnen aus den Astra-Werken Chemnitz ihren Dienst in Freiberg antreten mussten und nicht wie üblich Frauen aus der eigenen Belegschaft. Diese Frauen wurden Mitte August zum zweiwöchigen Ausbildungslehrgang nach Ravensbrück verpflichtet. Die Zuweisung der ersten KZ-Häftlinge an die Freia GmbH in Freiberg erfolgte Ende August 1944 zeitgleich mit der Beendigung der Ausbildung der Auf-

[5] Vgl. Stadtarchiv Freiberg, Akte Polizeiamt Freiberg, Abt. IX, Sekt. I Nr. 54 Ich danke Bärbel Heerde, der Urenkelin Paul Bachmanns, für diesen Hinweis
[6] Bauansuchen vom 3. April 1944. Stadtarchiv Freiberg
[7] Düsing S.26

seherinnen, die damit in Freiberg erstmalig ihren Dienst antraten. Am 31. August verließ wohl der erste Transport mit 249 für Freiberg bestimmten Jüdinnen das KZ Auschwitz-Birkenau.

b) September 1944: Ankunft des 1. Häftlingstransportes

Spätestens am 2. September 1944[8] erreichte dieser erste Transport mit 249 Frauen und Mädchen aus dem KZ Auschwitz die Bergstadt Freiberg. Da das Barackenlager am Hammerberg zu diesem Zeitpunkt noch nicht fertiggestellt war, wurden die Häftlinge zunächst in einem teilweise leerstehenden Fabrikgebäude in der Frauensteiner Straße untergebracht. Ihnen wurden die Flossenbürger Häftlingsnummern 53423 bis 53671 zugewiesen. Sie erhielten in Freiberg möglicherweise aber eine zusätzliche, interne Häftlingsnummerierung.
Die 249 jüdischen Frauen stammten größtenteils aus Polen und wurden laut Häftlingserinnerungen in Auschwitz vom berüchtigten Lagerarzt Dr. Mengele selektiert und ins Durchgangslager eingewiesen. Als sogenannte „Durchgangsjuden“ waren sie von vornherein als Reservoir an Arbeitskräften für den Weitertransport in Rüstungsbetriebe bestimmt. Seit 1942 verlieh die SS im großen Stil KZ-Häftlinge an kriegswirtschaftliche Unternehmen. Deshalb wurden sie nicht in die Auschwitzer Register aufgenommen, d.h. ihnen wurde keine Nummer eintätowiert. Alle 249 Frauen waren im Zuge der Liquidierung des Ghettos Lodz nach Auschwitz deportiert worden und wurden nur kurze Zeit im Lager festgehalten. Sie waren im Alter zwischen 14 und 60 Jahren, obwohl in den Flossenbürger Nummernbüchern der niedrigste registrierte Jahrgang 1902 und der höchste 1927 lautet. Um als arbeitstauglich zu gelten, gaben sich ältere Frauen um bis zu 17 Jahre jünger aus, junge Mädchen machten sich um einige Jahre älter, um größere Überlebenschancen bei den Selektionen zu haben. Ältester Häftling des ersten Freiberger Transportes dürfte Dora Bicz gewesen sein, die mit Jahrgang

[8] Das Flossenbürger Nummernbuch nennt für die Überstellung aus Auschwitz den 31.08.1944 & den 02.09.1944. Dieses Datum wurde als Ankunftstag interpretiert. Die Ankunft könnte auch am 31.08. gewesen sein. Vgl. G. Grawe

1902 registriert ist und in der Lodzer Ghettoregistratur mit dem Jahrgang 1885 nachgewiesen werden konnte. Etliche weitere Frauen sind vor 1900 geboren und gaben sich teilweise ebenfalls um mehr als 10 Jahre jünger aus. So Tyla Brendzel, registriert 1904, tatsächlich 1891, Dwojra Chajmowicz, registriert 1910, tatsächlich 1897, oder Tauba Dzialowska, registriert 1904, tatsächlich 1893. Diese Überlebensstrategien müssen bei der Identifizierung ehemaliger Häftlinge berücksichtigt werden. Als jüngster Häftling des Transportes gilt bislang Mina Dzialowska, für die als Jahrgang 1930 eine 1927 in den Flossenbürger Registern zu Buche steht. Da längst nicht alle Häftlinge dieses Transportes identifiziert sind, können sich diesbezüglich noch Veränderungen ergeben. Unter den 249 Frauen befanden sich auch zwei tschechische Jüdinnen, die am 16. Oktober 1941[9] bzw. am 21. Oktober 1941[10] von Prag nach Lodz deportiert worden waren. Beide überlebten Krieg und Lager. Die Deportation von Lodz nach Freiberg beschreibt die polnische Jüdin Irena Liebman, *Aronowicz, folgendermaßen:

> „Ich stamme aus der Stadt Lódz in Polen. Damals gehörte Lódz zum Reich und bekam den Namen „Litzmannstadt". Wir wurden mit dem vorletzten Transport vor der Liquidierung des Ghettos am 27. August 1944 ausgewiesen und kamen nach Auschwitz-Birkenau. Dort waren wir nur 24 Stunden. Wir wurden von Mengele und seinen Kumpanen ausselektiert. Danach rasierte man uns und ließ uns nackt marschieren, bis wir endlich einen Fetzen von Kleid erhielten. An diesem Tag verstanden wir zum ersten Mal, was in Auschwitz geschah. Glücklicherweise wurden wir sofort nach Freiberg geschickt. Unser Transport war der erste, der gleich von Birkenau nach Freiberg kam. Das war am 31. August 1944. Wir waren damals 250 jüdische Mädchen und Frauen. Wir waren die ersten Jüdinnen, die dort zur Arbeit im Kommando Freia und im Kommando Hildebrand[11] ankamen."[12]

---

[9] Fränkelová Elsa. 01.11.1909 FloNo.:53482 befreit in Mauthausen

[10] Fischlová Olga [Federová] 26.04.1913
FloNo.:53495 befreit in Mauthausen

[11] Arbeitskommando im Werk II der Firma Max Hildebrand. Himmelfahrtsg.

c) September 1944: Ankunft des 2. Häftlingstransportes

Am 22. September[13], ungefähr drei Wochen später, wurde die Zahl der Häftlinge durch einen zweiten Transport auf 500 Personen aufgestockt. Auch diese 251 jüdischen Frauen und Mädchen waren im Laufe der Liquidierung des Ghettos Lodz, des letzten polnischen Ghettos, nach Auschwitz und aus dem dortigen Durchgangslager nach Freiberg deportiert worden. Sie hatten zum Teil Lodz im selben Transport wie die ersten Freiberger Häftlinge verlassen, und hielten sich demnach etwa drei Wochen in Birkenau auf.[14] Diesen Frauen wurden von der Kommandantur Flossenbürg die Häftlingsnummern 53672 bis 53922 zugewiesen, aber auch sie dürften in Freiberg interne Arbeiternummern getragen haben. Die Häftlinge sind zwischen 13 und 50 Jahre alt, obwohl auch hier ähnlich wie beim ersten Freiberger Transport das Registraturspektrum lediglich von 1902 bis 1929 reicht. Als ältester Häftling des Transportes gilt derzeit Bela Berta Lenczycka, die 1896 in Zürich geboren wurde und sich in den Flossenbürger Nummernbüchern mit dem Jahrgang 1908[15] wiederfinden lässt. Etliche weitere Frauen sind ebenfalls vor 1900 geboren. Als jüngster Häftling des Transportes ist mit dem Jahrgang 1929 Irena Gurewicz registriert, die in der Registratur des Ghettos Lodz gar mit Jahrgang 1931 geführt wird. Demzufolge wird sie gut einen Monat nach ihrem 13. Geburtstag nach Freiberg deportiert. Auch Frajda Szmajser, registriert mit dem Jahrgang 1926, ist laut Ghettoregistern 1931 geboren und keine fünf Monate älter.

Wie im ersten Transport befinden sich auch unter den am 22.09.1944 nach Freiberg deportierten Häftlingen einige Prager Jüdinnen. Explizit als tschechische Jüdin registriert ist zwar lediglich Paula Bauer, aber auch Lieselotte und Hana Singer wurden wohl über Prag nach Lodz deportiert. Sie wurden in den Flossenbürger Nummernbüchern aus diesem Grund wohl fälsch-

---

12 Aussage Irena Liebman. Düsing S.147

13 laut Flossenbürger Nummernbuch. Datum ist nicht anderweitig abgesichert

14 vgl. Aussage Pola Hinenenberg. Düsing S.128 – Genia Herrschenkraft

15 FloNo.: 53801[1902?] starb in Mauthausen. Vgl. FloNo.: 53758, 53915

licherweise als polnische Jüdinnen ausgewiesen. Pavla Bauerová wurde am 31. Oktober 1941 nach Lodz deportiert. Hana Singerová und Liselotte Fismanová, geborene Singer wurden bereits am 21. Oktober nach Lodz transportiert. Möglicherweise handelt es sich bei ihnen um Schwestern. Hana wird im Theresienstädter Gedenkbuch als „während des Holocaust verstorben" geführt. Lieselotte [Liesa] ist als befreit verzeichnet. Bestätigende Hinweise erbeten. Etwa drei Wochen nach ihnen trifft ein großer dritter Transport mit vielen Landsfrauen in Freiberg ein.

d) Oktober 1944: Ankunft des 3. Häftlingstransportes

Seine endgültige Stärke erreichte das Lager Freiberg durch einen dritten Transport aus Auschwitz. Auch diese 501 Frauen wurden unter den Jüdinnen im Durchgangslager selektiert. Zum größten Teil bestand der Transport aus Frauen aus dem Ghetto Theresienstadt, die tschechischer, deutscher, österreichischer, oder holländischer Herkunft waren. Einige von ihnen wurden in Flossenbürg als „Staatenlose" registriert. Zudem wird der Transport mit Slowakinnen, die über das Lager Sered deportiert wurden, aufgefüllt. Außerdem befinden sich einzelne Ungarinnen aus dem Ghetto Matészálka und sechs Polinnen unter den Selektierten. Den Frauen dieses Transportes werden die Flossenbürger Nummern 53923 bis 54171, 54187 bis 54435 und die Nummern 56801 bis 56803 zugewiesen. Die exakte Zusammensetzung des Transportes entnehmen Sie bitte den erklärenden Teilen 3 und 4 dieses Buches.
Auch die Jüdinnen des dritten Transportes sind zwischen 13 und 50 Jahre alt. Als älteste Häftlinge gelten Johanna Freund[16] und Hejnalka Mandlová[17], die beide im Januar 1895 geboren sind. Johanna Freund ist sogar explizit mit Jahrgang 1895 registriert. Den höchsten registrierten Jahrgang 1930 liefern Hanna Neumann[18] und Hanna Ungar[19]. Als jüngster Häftling des Trans-

[16] FloNo.: 54023
[17] FloNo.: 54211 – registriert mit Jahrgang 1906
[18] FloNo.: 54248 *10.02.1930

portes gilt aber derzeit Magda Rakowska[20], die am 27. Januar 1931 in Bratislava geboren wurde. Sie wird im Flossenbürger Nummernbuch mit Jahrgang 1926 geführt. Wie sie, machen sich viele weitere Mädchen älter, die bei Ankunft in Freiberg aber wie Hanna Neumann und Hanna Ungar, ebenfalls erst 14 Jahre alt waren. Dies gilt für Ella Herskovits[21], Frieda Holländer[22], Alzbeta Kühnelová[23], Ilse Lefkovits[24], Cecilia Levy[25], Vera Löwyová[26], Sara Templer[27] und möglicherweise auch für Iren Guttmann[28]. Auch einige Mädchen mit Jahrgang 1929 sind bei Ankunft in Freiberg noch keine 15 Jahre alt. So Helga Weissová-Hosková, die in ihrem Erinnerungsbericht behauptet, die Jüngste der Freiberger Häftlinge gewesen zu sein. Die Formulierung „eine der Jüngsten" wäre hier besser angebracht. Die Slowakin Gertruda (Gerda) Mayer[29] könnte gar als Elfjährige mit ihrer Mutter in Freiberg gewesen sein.[30]

Im Flossenbürger Nummernbuch ist der dritte Transport mit dem Datum 12.10.1944 versehen. Dabei kann es sich um ein Überstellungs-, Ankunfts- oder aber auch Registraturdatum handeln. Der genaue Ankunftstag wäre also noch anderweitig abzusichern. Lisa Miková erinnert: *„In der zweiten Nacht des Transportes hielt der Zug auf dem Bahnhof in Freiberg. Es war der 14. Oktober 1944."*[31] Bei dem 12. Oktober könnte es sich also um ein Überstellungsdatum handeln. Weitere Datierungen liegen in den gesichteten Aussagen nicht vor. Hana Hnátová:

---

[19] FloNo.: 54382 *27.03.1930

[20] FloNo.: 54300 *27.01.1931 – registriert :1926

[21] FloNo.: 54086 *18.03.1930 – registriert: 1927

[22] FloNo.: 54096 *05.02.1930 – registriert: 1928

[23] FloNo.: 54118 *27.01.1930 – registriert: 1929

[24] FloNo.: 54156 *11.07.1930 – registriert: 1927

[25] FloNo.: 54163 *03.03.1930 – registriert: 1927

[26] FloNo.: 54207 *02.04.1930 – registriert: 1927

[27] FloNo.: 54377 *25.06.1930 – registriert: 1926

[28] FloNo.: 54070 *23.07.1929 oder 1930 – registriert: 1926

[29] FloNo.: 54225 *17.03.1933[?] registriert 17.09.1928

[30] Es gab min. 20 Mütter mit einer oder mehreren Töchtern im Transport.

[31] Lisa Miková. Düsing S.45

„Noch im Oktober, das Datum weiß ich nicht mehr, wurden wir in einen Transport in Richtung Deutschland eingereiht. Das glich einem Gewinn. So gelangten wir nach Freiberg in Sachsen. Wir wurden direkt in der Fabrik untergebracht, sie hieß „Freia". Dort wurden Flugzeugflügel hergestellt. Die Arbeitszeit betrug 12 Stunden. Das Regime war sehr streng."[32]

Sonja Müllerová-Stein schildert:

„Meine Mutter[33] und ich kamen in einer nassen, kalten Oktobernacht in einem Transport mit 500 Frauen in Freiberg an. Vorher waren wir einige Zeit in Auschwitz und waren froh, dem Tode wenigstens für den Moment entronnen zu sein. Unsere Kleidung war ungenügend und das Haar abgeschoren. Unter SS-Bewachung marschierten wir durch eine dunkle Stadt, ich glaube, das war nach einem Flugzeugangriff[34], dann mussten wir zum Appell und zur Zählung antreten."[35]

Außerdem gibt Irene A. 1967 zu Protokoll:

„Ich kann mich noch erinnern, dass wir nachts in Freiberg anlangten. Zunächst wurden wir in einem Fabrikgelände untergebracht. Es handelte sich um eine Flugzeugfabrik. Wieviele Häftlinge dort untergebracht und beschäftigt wurden, kann ich nicht mehr sagen, jedenfalls der ganze Transport, der mit mir nach Freiberg gekommen war, mit Ausnahme der Kranken."[36]

Die Situation auf dem Transport von Auschwitz-Birkenau nach Freiberg schildert Helga Weissová-Hosková ausführlich in ihrem nach Kriegsende aufgezeichneten tagebuchartigen Bericht. Sie war mit ihrer Mutter über Theresienstadt deportiert worden:

---

[32] Hana Hnátová. Düsing S.74
[33] Maria Stein. FloNo.: 54321
[34] Luftangriff auf Freiberg vom 7. Oktober 1944
Dem Angriff fielen 125 Einwohner zum Opfer.
[35] Sonja Müllerová-Stein. Düsing S.86
[36] Barch, B 162 / 17247, S.66 VP Irene A.

> „Spät in der Nacht kamen wir in den Zug, gedeckte Viehwagen. Vor dem Lagertor bekam jede von uns ein kleines Stück Brot, etwas Margarine und eine kleine Scheibe Wurst. Das Brot aß ich noch im Gehen, da wir seit gestern nichts mehr gegessen hatten.
> Wir sitzen auf der Erde, auf einer Hälfte des Wagens sind wir 50 Personen. Zum Schlafen müssen wir uns irgendwie zusammendrücken. Hinter mir ist etwas Hartes, es drückt schrecklich, aber ich kann jetzt nicht aufstehen. Ich bin neugierig, wohin wir fahren werden. Aber schlimmer als hier kann es nirgendwo mehr sein. Nach 24-stündiger Fahrt werden 500 Mädchen und Frauen an der Station Freiberg ausgeladen. Die anderen fahren weiter. Wir gehen ein Stück zu Fuß und kommen zu einem großen Gebäude. Es ist wahrscheinlich eine Fabrik. Hier wartet schon ein SS-Mann, vielleicht der Leiter des Lagers, man nennt ihn Unterscharführer, und viele Aufseherinnen. Er sagt uns, wie wir uns zu benehmen haben, und dann werden wir auf Zimmer aufgeteilt. Wir trauen unseren Augen nicht. Hier werden wir wohnen? In einem richtigen Steinhaus, nicht mehr in schrecklichen Baracken wie in Auschwitz!“[37]

Die Freiberger Unterkunft wird auch von der über Sered deportierten Slowakin Eva Fürst als deutliche Verbesserung gegenüber Auschwitz empfunden:

> „Wir kommen in eine riesige Fabrik, werden dort untergebracht - es ist kaum zu fassen. Ein richtiges Gebäude, keine Baracke, Zentralheizung, Waschraum - fast kommt man sich wieder wie ein Mensch vor. In unserem Zimmer sind Mädchen aus der Ostslowakei - Wienerinnen aus Theresienstadt. Die Lagerälteste Hanka kam aus Auschwitz mit uns - auch die Stubenältesten - Sari, Hankas Schwester.“[38]

Ähnlich gut blieb auch Vilma Holzerová die Zentralheizung der Freiberger Häftlingsstuben in Erinnerung:

---

[37] Helga Weissová-Hosková. Düsing S. 63
[38] Chava Livni 1995

> „Wir kamen bei hellem Mondschein und eisiger Kälte in Freiberg an. Wir waren glücklich und froh, aus den Viehwaggons herauszukommen und in ein Gebäude mit Zentralheizung einzuziehen.“[39]

Die Wienerin Anneliese Winterberg ist ebenfalls von der Unterkunft in Freiberg positiv überrascht. Sie erinnert:

> „Es schien eine gute Abwechslung zu Auschwitz zu sein. Wir schliefen in geheizten Fabrikgebäuden, jeweils nur zu zweit in einem Bett, hatten ein Kissen und eine Art Decke.“[40]

e) Oktober 1944: Rücküberstellung nach Auschwitz

Für den 17. Oktober 1944, kurz nach Ankunft des dritten Transportes, ist bereits eine Rücküberstellung zweier polnischer Jüdinnen im Flossenbürger Nummernbuch verzeichnet. Es handelt sich um Sabine Friedmann[41] und Rosa Hanna Prendka[42]. Ihr weiteres Schicksal ist unbekannt. Es ist nicht auszuschließen, dass sie dem Freiberger Transportkommando übergeben wurden, das Mitte Oktober den dritten Transport nach Freiberg eskortierte. Über die Gründe der Rücküberstellung lässt sich bislang nur spekulieren. Möglicherweise könnten die beiden Frauen schwanger gewesen sein. Sie sind im Flossenbürger Nummernbuch entgegen der alphabetischen Registrierung jeweils am Ende ihres Transportes verzeichnet. Damit war zum Zeitpunkt der Registrierung im Nummernbuch ihr Sonderstatus bereits bekannt. Dies kann als Indiz für bekannte Schwangerschaften gewertet werden. Da Häftlingsdaten aber oft erst Wochen nach der Transportankunft in die Nummernbücher übernommen wurden, ist auch nicht auszuschließen, dass sie aus anderen Gründen, beipielsweise wegen Sabotagevorwürfen, das Lager Freiberg verlassen mussten. Sie könnten dann erst im

---

[39] Vilma Holzerová. Düsing S.88
[40] Anneliese Winterberg zitiert nach Kuhn (1992) und Baumgartner (1997)
[41] FloNo.:53922 *23.07.1919
[42] FloNo.:53671 *07.02.1910

Nachhinein, bei der Registrierung in Flossenbürg ans Ende der Transportliste gesetzt worden sein, da sie sich zu diesem Zeitpunkt schon gar nicht mehr im Verwaltungsbereich Flossenbürg aufhielten. Für sie wurden demnach auch keine Häftlingsnummern mehr benötigt, die fürs Aufnähen auf die Kleidung, in der Regel zentral von Flossenbürg aus in den Versand gingen.
Die Rücküberstellung beider Frauen führt außerdem dazu, dass mit der Überstellung der russischen Häftlingsärztin exakt 1000 KZ-Häftlinge in Freiberg dauerhaft einquartiert wurden und zum Einsatz für die Rüstungswirtschaft kamen. Damit erklärt sich möglicherweise auch die ungewöhnliche Zahl von 501 überstellten Personen beim dritten Transport. Hinweise zu den Gründen der Überstellung, der Identität und dem Schicksal der beiden Frauen sind erwünscht.

f) Oktober 1944: Überstellung der russischen Häftlingsärztin

Während alle anderen 1001 Freiberger Häftlinge aus rassischen Gründen verfolgt wurden und Jüdinnen oder Halbjüdinnen[43] waren, wurde am 20. Oktober 1944[44] auch eine Russin als Häftlingsärztin nach Freiberg überstellt. Ihr wird die Flossenbürger Häftlingsnummer 59939 zugewiesen. Wie und aus welchen Gründen sie nach Auschwitz gelangte und auf welchem Weg sie nach Freiberg deportiert wurde, ist bislang unbekannt. Möglicherweise wurde sie gemeinsam mit Olga Klimienko[45], der Häftlingsärztin eines Flossenbürger Außenlagers in Wolkenburg aus Birkenau überstellt. Als Häftlingsärztin hatte Alexandra Ladiejschtschikowa das Freiberger Krankenrevier zu betreuen. Bei dieser Aufgabe half ihr die tschechische Ärztin Edita Mautnerová[46], die mit dem dritten Transport aus Auschwitz nach Freiberg gelangt war. Hinweise zur Identität und dem Schicksal Alexandra Ladiejschtschikowas werden erbeten.

---

[43] Einige waren sogar evangelisch erzogen worden.
[44] Laut Flossenbürger Nummernbuch
[45] FloNo.: 59938 *07.06.1888 Sumy
[46] FloNo.: 54218 *25.12.1912 vgl. Kapitel über Medizinische Versorgung

g) Vergabe der Häftlingsnummern

Über die Vergabe der Häftlingsnummern sind die Aussagen der Überlebenden des Außenlagers Freiberg nicht einstimmig und teilweilse leicht widersprüchlich. Manche scheinen mit den in diesem Band genannten Flossenbürger Häftlingsnummern während ihrer KZ-Haft nicht in Kontakt gekommen zu sein. Sie erfuhren von ihrer Flossenbürger Nummer und der verwaltungstechnischen Zugehörigkeit zum KZ-Flossenbürg teilweise sogar erst nach dem Krieg im Zuge der Entschädigungsbürokratie, für die der selbst erbrachte Nachweis von Haftbestätigungen mit Haftzeiten erforderlich waren, oder noch viel später bei persönlichen Recherchen und Zeitzeugenprojekten. Sehr wahrscheinlich wurde von diesen Personen jedoch die Existenz der fünfstelligen Nummer zum Aufnähen auf die Häftlingskleidung nach dem Krieg mit dem Ablegen dieser Kleidung nur verdrängt. So schrieb Zippora Nir am 11.03.2006 an den Verfasser:

> „Mir wurde keine Auschwitzer Nummer eintätowiert. Ich kann mich nicht an meine Freiberger Nummer erinnern und glaube nicht, dass wir in Freiberg auf der Kleidung eine Nummer aufgenäht hatten. Ich entschuldige mich, dass ich viel vergessen habe. Es hat sicher seinen Grund. Nur so konnte ich hier in meinem Land ein neues Leben beginnen.“[47]

Die Original-Häftlingsnummer 53488 von Ryfka Friedmann aus Lodz ist aber überliefert und im Video 39937 für die Shoah Visual History Foundation zu sehen. Es handelt sich dabei um ein rechteckiges, vermutlich bedrucktes Stück Stoff zum Aufnähen. Diese Aufnäher wurden aber wohl erst nach der Registrierung der Häftlinge durch die Verwaltung des KZ Flossenbürg an das Außenlager Freiberg verschickt. Zwischen Ankunft und tatsächlicher Nummernvergabe konnten einige Wochen liegen. Deshalb wurden den Freiberger Häftlingen kurz nach Ankunft wohl interne Arbeiternummern des Außenlagers bzw. der Rüstungsbetriebe vergeben. So wurde nach Eigenauskünf-

[47] E-mail der Zippora Nir vom 11.03.2006 an Pascal Cziborra - Privatarchiv

ten in schriftlichen Dokumenten z.B. Gertrud Harburger unter der Nr. 785[48] und Marianne Herlitschek, geb. Levy unter der Nr. 782[49] geführt. Ein alphabetisches Ordnungskriterium ist damit ausgeschlossen. Bei diesen Nummern könnte es sich um Knopfbroschen der Firma Max Hildebrand handeln. So ist die Nummer 661 im Video 530 der Shoah Visual History Foundation zum Interview mit Bluma Zendel zu sehen. In der Mitte des runden Ansteckers oder Anhängers steht die 661 und rundherum ist am Rand der gekrümmte Schriftzug „MAX HILDEBRAND FREIBERG“ zu lesen. Der Anstecker dürfte der Interviewten oder ihrer Mutter Malka gehört haben und scheint aus emailliertem Metall zu bestehen. Es wäre also möglich, dass in Freiberg einfach von 1 bis knapp über 1000 durchnummeriert wurde. Es könnte aber auch zwei verschiedene Nummernserien für die Arbeiterinnen des Kommandos Hildebrand und für die Freia gegeben haben. Da die Zendels zum ersten Freiberger Transport gehörten und sie eine Nummer 661 erhielten, wurden die Nummern möglicherweise erst nach Ankunft des 3. Transportes vergeben, oder es wurden auch andere Arbeiter und Angehörige der Firma Max Hildebrand so gekennzeichnet.
Auch in Auschwitz bekamen die Frauen wohl schon eine Nummer. Sie wurde aber nicht eintätowiert und möglicherweise im Durchgangslager immer wieder verwendet. Einige Frauen konnten sich an diese Nummer erinnern, andere sagen, dass keine Personalien in Auschwitz aufgenommen worden seien. Auch hier können keine Belege aus Dokumenten angeführt werden. Über ihren Aufenthalt in Auschwitz berichtet Pola Hinenberg:

> „Ich entsinne mich, dass wir mit Nummern markiert wurden, diese wurden uns aber nicht in die Arme gebrannt. Sie wurden unserer Lagerkleidung aufgenäht. Ich kann mich aber an meine Nummer nicht erinnern.“[50]

---

[48] Düsing S. 140
[49] Düsing S. 156
[50] Aussage Pola Hinenberg. Düsing S.127

Auf Nachfrage, ob sie in Freiberg die gleiche Nummer getragen habe, antwortet sie:

> „Ich entsinne mich nicht genau. Mir scheint, dass ich dort mit einer anderen Nummer versehen war.“[51]

Möglicherweise ist mit der anderen Nummer die Brosche des Rüstungsbetriebs gemeint. Auch Rikica-Radmila Slozberg berichtet in ihrer inhaltlich stark verzerrten Autobiographie von der Nummernvergabe in Auschwitz. Ihre Flossenbürger Häftlingsnummer hielt sie zeitlebens für eine Häftlingsnummer des KZ Mauthausen, die ihr in Auschwitz vor der Überstellung nach Freiberg zugewiesen worden sei. Sie schreibt:

> „Wie befohlen, traten wir vor zwei Tische, an denen je drei Aufseherinnen standen; in den Händen hielten sie kleine Schilder mit einem Bändchen. „Hängt euch das um den Hals!“ Ich war jetzt die Nummer 53933 – Mauthausen. Ich weiß nicht, ob es eine Reihenfolge gab, andere hatten niedrigere Ziffern. Weder damals noch später ist es mir gelungen zu erfahren, was die Nummern bedeuteten.“[52]

Auch Chava Livni, geborene Eva Fürst scheint ihre Flossenbürger Häftlingsnummer ebenfalls bereits in Auschwitz bekannt gewesen zu sein. In einem nach der Befreiung in Mauthausen geschriebenem Gedicht wirkt es sogar fast so, als wäre es ihre Auschwitzer Häftlingsnummer. Aber auch diese Flossenbürger Nummer scheint wie ein Schild zum Umhängen getragen worden zu sein. Es muss also trotz aller Fehleranfälligkeit der Erinnerungen in Betracht gezogen werden, dass die Freiberger Häftlinge des 3. Transportes bereits in Auschwitz Kontakt mit ihren späteren Flossenbürger Häftlingsnummern hatten und möglicherweise im Auschwitzer Durchgangslager eine Transportliste mit den zukünftigen Flossenbürger Häftlingsnummern erstellt worden war. Eine entsprechende Transportliste zur doku-

---

[51] Aussage Pola Hinenberg. Düsing S.127

[52] Rikica-Radmila Slozberg: „Auf dich wartet noch das Leben...“ S.44f.

mentarischen Überprüfung ist allerdings leider nicht überliefert. Die Nummer zum Unhängen war aber sicher nur ein Provisorium, bis es die Nummern zum Aufnähen auf die Häftlingskleidung gab. Die Nummer zum Umhängen wurde also, wenn es sie tatsächlich gegeben hat, sicher nicht bis zur Befreiung in Mauthausen getragen, wie dies Slozberg beschreibt.[53] Möglicherweise handelte es sich bei der Nummer zum Umhängen aber auch nur um eine Transportnummer und das Wissen über die eigene Flossenbürger Häftlingsnummer stammt erst von den Aufnähern aus Flossenbürg. In den Erinnerungen könnte das retrospektiv vermischt worden sein. In Ermangelung einer tätowierten Auschwitzer Häftlingsnummer könnte dann die Flossenbürger Häftlingsnummer als Ersatz in die Erzählung über die Aufnahmeprozedur gerückt sein. So schreibt auch Deli Strummer, ohne selbst jemals eine Auschwitzer Häftlingsnummer erhalten zu haben, recht allgemein in ihrer unstimmigen Autobiografie:

> „Nach unserer Massen-Dusche, stellten uns die Aufseher draußen in Reihen auf. Sie teilten uns mit: „Ihr seid Häftlinge von Auschwitz. Ihr habt eine gewisse Zeit hier zu leben. Wir werden bestimmen wie lange ihr leben werdet. Ihr seid niemand mehr mit einem Namen. Ihr seid eine Nummer. Ihr werdet Befehle befolgen und euch erinnern, dass es niemanden gibt, der Auschwitz jemals lebend verlässt.“[54]

Diese Erzählschablone und die Erwartungshaltung der Leser nach Auschwitz-Häftlingen mit tätowierter Nummer, beeinflusst die Narration vieler Häflinge, die das Durchgangslager durchliefen, erheblich.[55] Aufgrund der Aussagevarianz sind Rekonstruktionen des Geschehens allein durch Zeitzeugenaussagen extrem schwierig. So steht die Aussage Eva Seluckas im Widerspruch zu zahlreichen der oben zitierten Berichte und entwickelten Theorien. Sie schrieb 2006 an den Verfasser:

---

[53] Rikica-Radmila Slozberg: „Auf dich wartet noch das Leben...“ S.65 & 95

[54] Deli Strummer. A Personal Reflection of the Holocaust. S.12

[55] Vgl. Pascal Cziborra. KZ Autobiografien. S. 149 & S.135ff.
Vgl. auch das Gedicht Chava Livnis

„So weit ich mich erinnere, fand am Tag nach unserer Ankunft ein Appell auf dem Fabrikhof statt, dort wurden unsere Personalien erstmals aufgenommen, denn in Auschwitz war nichts dergleichen geschehen. [...] Also jedenfalls bekamen wir nach diesem Appell unsere Nummern, die glaube ich, auf dem Mantel angenäht wurden.“[56]

Es wäre also zumindest auch denkbar, dass es die provisorischen Nummern zum Umhängen erst beim Appell im Freiberger Fabrikhof gab und die jeweiligen Flossenbürger Nummern zum Aufnähen noch später. Die durchwachsene Erinnerungsqualität diesbezüglich lässt alle denkbaren Varianten zu. Selucka täuscht sich nachweislich jedoch mit der oben ausgelassenen Aussage :

„Wie bekannt, wurde in Auschwitz nach dem Frühjahr 1944 und den Hunderttausende zählenden Transporten aus Ungarn nicht mehr tätowiert. Wir wurden nur nach Stückzahl nach Freiberg geschickt,[...].“[57]

In Auschwitz wurden bis zum November 1944 Häftlingsnummern tätowiert. Lediglich die aus dem Durchgangslager selktierten Häftlinge der Arbeitstransporte waren nicht tätowiert.
Neben den tätowierten Häftlingsnummern aus Auschwitz und den Nummeraufnähern aus Flossenbürg, hat es im KZ Neuengamme Metallplättchen mit Häftlingsnummern gegeben, die ein wenig den Erkennungsmarken von Soldaten ähnelten. Ein ähnliches Metallplättchen mit Nummer wird auch im Interview mit Ryfka Friedmann gezeigt. Die Herkunft des Plättchens wäre durch Einsicht des Videos noch zu klären. Es dürfte sich aber um eine Freiberger Fabrikarbeiternummer, möglicherweise der Freia GmbH, handeln. Denn Aviva Liebeskind schrieb 2006: *„Wir haben 2 Nummern gehabt: 54300 Häftlingsnummer und Fabriksnummer glaube ich 75118.“*[58] Diese Zahl würde jedenfalls zum Metallplättchen Friedmanns passen, das eine fünfstellige Nummer zeigt, die anscheinend mit „74“ beginnt.

[56] E-mail der Eva Selucka vom 04.03.2006 an Pascal Cziborra - Privatarchiv
[57] Ebd.
[58] E-mail der Aviva Liebeskind vom 03.03.2006 an Pascal Cziborra

Im nach Kriegsende verfassten und überarbeiteten *Tagebuch* der Helga Weiss heißt es die Metallmarke und die Häftlingsnummer verknüpfend:

> „Flossenbürg ist das Konzentrationslager, zu dem wir gehören und aus dem wir unsere Häftlingsnummern haben. Ich habe die 54391. Die Nummer ist auf einer kleinen runden Scheibe ausgestanzt, die wir an unserer Kleidung befestigt tragen."[59]

Möglicherweise wurde auch hier nachträglich die aus Dokumenten bekannte Flossenbürger Häftlingsnummer auf die Arbeitermarke konstruiert. Auf ein abschließendes Urteil diesbezüglich soll aufgrund der Aussagenvarianz verzichtet werden.

***Chava Livni* :** (von der Autorin leicht überarbeitete Version)

Auschwitz, Oktober 1944

Ich bin!
Ich bin!
Tausende Frauen,
tausende Nummern,
eine substanzlose
Masse von Elend, Gemeinheit und Schmutz.
Sind es noch Menschen?
Sind es Tiere?
Keines mehr...

Aber ich bin!
Mein Name ist gestorben,
so wie ich für die Welt gestorben bin.
Mein Herz ist aus Stein,
Häftling vierundfünfzigtausend
und zehn.
Eine Nummer – ein Stück.
Meine Haare abgeschoren
meine Tränen versiegt,
mein Leben vorüber...

aber...
in mir ist noch die Sehnsucht...
ist so groß –
und ich bin. ...
Nein – nicht nur eine Nummer,
Draußen hängt sie an mir, wie ein Schild,
aber innen, tief in mir –
wohin ihr nicht reichen könnt,
ist was mir teuer ist. ...

Nein!
Eure Schläge,
eure Stöße
eure Knüppel,
eure Flüche,
(Judenbande),
erreichen mich nicht.
Ich bin nur eine
Von unzähligen Elenden für euch...
eine Nummer
ein Häftling
Vierundfünfzigtausendzehn,
aber ich bin – ich bin!

---

[59] Helga Weiss. Und doch ein ganzes Leben. S.146

F1: Freiberger Landratsamt an der Frauensteiner Straße
Ehemaliges Verwaltungsgebäude der Kahla Porzellanfabrik
[1944/45 Arado-Verlagerung unter der Firmierung Freia GmbH]

F2: Ehemaliges Fabrikgebäude der Freia GmbH Cziborra
[vgl. F3 Mitte/unten: Zur Frauensteiner Straße gerichtete Fassade]

F3: Luftbild des Firmengeländes an der Frauensteiner Straße 1930er Jahre **Archiv Düsing**
Arbeitsstätte & Erstunterkunft der Freiberger KZ-Häftlinge
[links oben: eigenes Anschlussgleis vgl. Buch Lisa Scheuer S.81]

F4: Himmelfahrtsgasse Richtung Schachtweg/Barackenlager
Archiv Cziborra - 2006

F5: Ehemaliges Barackenlager am Schachtweg/Hammerberg Nachkriegsnutzung: ***Polytechnisches Zentrum Albert Funk***

Archiv Düsing

Vgl. F10. Das Barackenlager war mit ca. 25 Baracken geplant und sollte nicht nur die jüdischen KZ-Häftlinge sondern auch andere Zwangsarbeiter beherbergen. Siehe Bauplan Düsing S.14

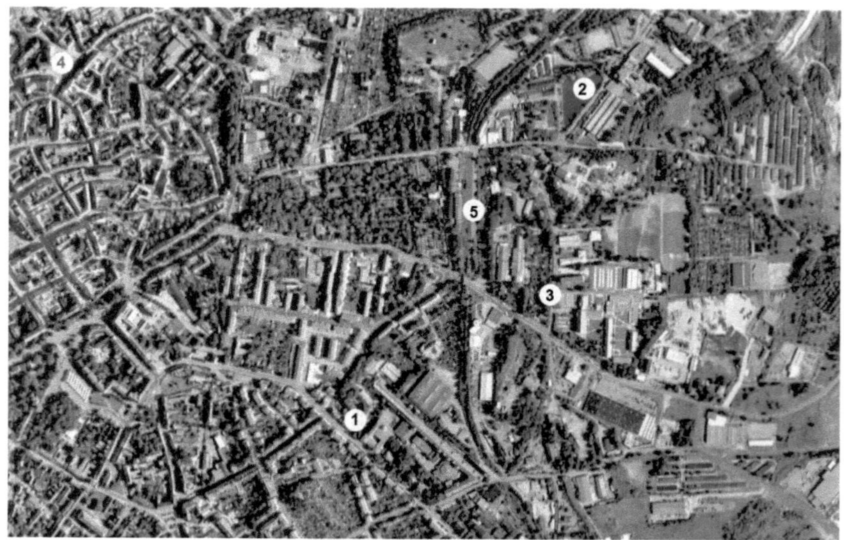

F6: Satellitenfoto Stadt Freiberg **Archiv Cziborra**
1: Ehemaliges Freia-Fabrikgelände an der Frauensteiner Straße
2: Ehemaliges Fabrikgelände *Max Hildebrand* Himmelfahrtsgasse
3: Schachtweg [Zugang zum Barackenlager am Hammerberg]
4: Untermarkt mit anschließender Kreuzgasse [Desinfektion/Fluchtplan vgl. Aussage Leopoldine Wagner S.56]
5: Ostbahnhof Freiberg [stillgelegt]

F7: Ehemaliges Werk II der Firma Max Hildebrand Arbeitsstätte der Häftlinge im Kommando Hildebrand

Archiv Michael Düsing

F8: Fabrikationshallen an der Himmelfahrtsgasse - 2006

Archiv Cziborra

h) Allgemeine Lagerbedingungen in Freiberg

Die menschenverachtenden Zustände und Lagerbedingungen in den nationalsozialistischen Konzentrationslagern wurden in der Nachkriegszeit oft thematisiert und medial aufgearbeitet und sind zumindest als vage Vorstellung bis heute in den Köpfen der meisten europäischen Menschen präsent. Die ehemaligen Häftlinge beschränken sich daher in ihren Berichten meist auf komprimierte Schilderungen. Einen solchen Rundumblick zur Situation in Freiberg liefert Lili G., eine damals 20-jährige, polnische Jüdin aus Lodz:

> „Die Wohnverhältnisse waren nicht schlecht, aber wir litten schrecklich an Hunger. Die Aufseherinnen schlugen uns oft und lachten uns aus. Die Meister beklagten sich wegen Kleinigkeiten beim Unterscharführer. Dieser schlug uns erbarmungslos oder bestrafte uns durch Nahrungsentzug. (...) Neun Monate[60] lang trugen wir das gleiche Kleid und die gleiche Wäsche. Wir bekamen keine Seife und kein Wasser."[61]

Die allgemeinen Lagerbedingungen werden durch die Häftlinge je nach ihrer persönlichen Vorgeschichte aber auch unterschiedlich wahrgenommen. Auch variiert die Situation einzelner Häftlings- und Arbeitsgruppen. So sind Funktionshäftlinge teilweise besser, d.h. in kleineren Gruppen untergebracht und werden auch sonst mit kleineren Begünstigungen bedacht. Diese ergeben sich aber auch oftmals zufällig aus der ausgeübten Tätigkeit heraus, beispielsweise bei der Essensverteilung. Bei Büro- und Reinigungsarbeiten war es außerdem leichter Kontakte zu den zivil Beschäftigten oder auch hilfsbereiten Fremd- und Zwangsarbeitern, sowie den italienischen Kriegsgefangenen herzustellen. Die Erinnerungen sind daher individuell, und widersprüchliche Angaben schließen sich nicht grundsätzlich gegenseitig aus.

---

[60] Der Zeitraum ist ein wenig zu lang angesetzt.

[61] Lili G. YV Dok. 033/922 zitiert nach Baumgartner (1997)

I.Kleidung:

Die Kleidung der KZ-Häftlinge beschränkte sich in der Regel auf ein Minimum und bot kaum Schutz vor den Witterungsbedingungen während des Winters 44/45 in Freiberg. Edna Amit berichtet:

> „Meine Kleidung in Freiberg war ohne Unterwäsche, nur ein Kleid und Holzschuhe ohne Socken. Es war kalt und wenn ich einmal eine alte Zeitung fand und diese in die Holzschuhe steckte, hat mich der Oberscharführer [sic!] erwischt und ich habe schmerzhafte Ohrfeigen bekommen. Später habe ich einen Mantel bekommen auf dem stand am Rücken K.Z.[62]"[63]

Lisa Miková bestätigt:

> „Meine Bekleidung war katastrophal. In Auschwitz hatte ich von einer SS-Aufseherin ein Sommerkleid und einen Sommermantel zugeworfen bekommen. Und Holzschuhe. Das war alles. Keine Unterwäsche, bis dahin keine Strümpfe, nichts. Wir waren schnell angezogen, weil wir nichts zum Anziehen hatten.."[64]

Ähnliches wird über die Kleidungsaustattung der sechzehnjährigen Wienerin Thea Gottesmann berichtet:

> „Die Gefangenen besaßen weder Unterwäsche noch Strümpfe, Thea hatte bloß ihr Kleid und ihren Mantel."[65]

Anstatt der meist erwähnten Holzschuhe, besaß sie aber richtige Herrenschnürschuhe und wurde nicht selten von ihren Mithäftlingen darum beneidet[66]. Die Kleidungsausgabe nach der Selektion in Birkenau glich einer großen Lotterie, da unter anderem willkürlich verteilt wurde, was den Deportierten abgenommen

---

[62] Oder ‚KL'. Diese Beschriftung sollte eine Flucht der Häftlinge erschweren.

[63] Aussage Lilly Edna Amit *Bobasch vom 04.03.2006 Privatarchiv Cziborra

[64] Aussage Lisa Miková. Düsing S.48

[65] Biografie Thea Margarete Rumsteins [Gottesmann] von Nina Kompein

[66] Biografie Thea Margarete Rumsteins [Gottesmann] von Nina Kompein

worden war. So hatte Chawa Klein beispielsweise orthopädische Schuhe erhalten, die sie später in Freiberg durch einen Zufall eintauschen kann:

> „Frau Klein arbeitete im Außendiest unter anderem auch bei der Fa. Hildebrand. Sie trug zugeteilte Schuhe. Einer davon war ein orthopädischer mit hohem Absatz. Einmal folgte ihr eine Angestellte der Firma Hildebrand, die selbst einen kranken Fuß hatte, auf die Toilette und erkundigte sich nach der Behinderung von Chawa Klein. Sie zog die Schuhe aus und zeigte dem Mädchen zwei gesunde Füße. Betroffen sah sie die junge Frau an. Bertram[67] hatte durch Zufall von dieser Begebenheit erfahren und so bekam Chawa Klein Holzschuhe zugeteilt."[68]

Dies ist in diesem Fall sicher als Verbesserung zu werten.
Da sich viele Frauen, wegen ihrer geschorenen Haare immer noch genierten, hatten sie sich provisorische Kopfbedeckungen gemacht. Diese zu tragen war aber während der Arbeit untersagt. Pola Hinenberg berichtet:

> „Wie ich beschrieben habe, waren uns in Auschwitz die Haare abgeschoren worden. Deshalb verhüllten wir in Freiberg die Köpfe mit Stoffstreifen, die wir an unseren Kleidern unten abgeschnitten hatten. Wir haben uns eine Art Turban gebunden. Während der Arbeit waren diese verboten. Wenn der SS-Unterscharführer jemanden von uns mit Turban erblickte, wurde diejenige geschlagen."[69]

Die mangelhafte Bekleidung der Häftlinge und ihre Folgen, vor allem nach dem Umzug in das Barackenlager im Januar 1945, bezeugen auch deutsche Arbeiter der Freia-Werke. Rudolf Wittig erklärt:

> „Die Frauen waren lediglich in dünne Sommerkleider gehüllt, hatten keine Strümpfe und trugen lediglich kaputte Holz-

---

[67] Leiter des Außenkommandos siehe unten.
[68] Bericht über den Besuch bei Chawa Klein. Düsing S.92
[69] Aussage Pola Hinenberg. Düsing S.135

> pantinen. Zur Arbeit musste diese Gruppe von ihrer Unterkunft, einer etwa ½ Stunden entfernt gelegenen, ungeheizten und stellenweise undichten Holzbaracke bei jedem Wetter kommen und gehen. Dabei waren sie in jenem damals besonders strengen Winter weder durch andere Bekleidung noch durch Mäntel, Strümpfe, Handschuhe oder Kopfbedeckung vor dem furchtbaren Frost geschütz, sodass ich mich oft gewundert habe, wie es ihnen überhaupt möglich war, zur Arbeit zu kommen. Zu verstehen war dies nur deshalb, weil sie unter strengster ständiger Aufsicht der SS zur Fabrik gebracht und von hier wieder geholt wurden. Unnötig zu sagen, dass sie durch die notdürftige Kleidung bei diesem strengen Frost furchtbar gelitten haben. Nur allzu oft ist es vorgekommen, dass diese Häftlinge trotz Erkrankung mit zuweilen hohem Fieber in die Fabrik kamen und hier gezwungen wurden, ihre schwere Arbeit weiter zu verrichten."[70]

Leopoldine Wagner, die als Dolmetscherin bei der Freia GmbH eingesetzt war, bestätigt:

> „Es war beschämend für uns Deutsche, dass wir uns so erniedrigt und die Leute so gequält haben. Sie hatten nichts außer ihrem Gefangenenkleid, und die Holzschuhe waren innen an den Fersen, die von Eiter und Blut beschmiert waren, angefroren. Bei der Kälte nichts anzuziehen, das Essen, was sie gekriegt haben, war hundsmiserabel: Gelbe Rübensuppe, rote Rübensuppe, Rote Rüben als Salat oder Kompott – schlimm! Ich habe mich als nur angeheiratete Deutsche geschämt vor diesem Elend und hoffentlich, hoffentlich muss so etwas nie wieder kommen."[71]

II. Verpflegung:

Über die Verpflegungslage in Freiberg liegen zahlreiche Schilderungen vor, die weitestgehend unkommentiert bleiben können. Helga Weissová-Hosková rekonstruiert nach Kriegsende:

---

[70] Eidesstattliche Erklärung Rudolf Wittigs. Düsing S. 158

[71] Aussage Leopoldine Wagner * 13.11.1914. Düsing. S.160

„Wir sind 14 Tage hier, aber mir kommt es wie eine Ewigkeit vor. Täglich gibt es Kürbissuppe (einen Liter pro Person), lauter Wasser, und so hat man nach einer Stunde wieder Hunger. Brot bekommen wir 400 Gramm, aber der Stubendienst betrügt uns. Wir arbeiten in einer Flugzeugfabrik, in Schichten von 24 Uhr bis zwölf Uhr. Vorige Woche hatten wir von zwölf Uhr bis Mitternacht. Das ging noch.
Diese Woche geht unsere Schicht von Mitternacht an, und so können wir gar nicht ausschlafen. Mittags kommen wir nach Hause, dann stehen wir eine Stunde Appell. Inzwischen wird die Suppe ganz kalt. Nach dem Essen gehen wir uns waschen, und ehe wir im Bett sind, ist es 15 Uhr. Wir schlafen etwa eineinhalb Stunden. Dann wird das Brot verteilt. Bis auch die Zulagen (Brotaufstrich, zehn Gramm Margarine und ein kleiner Löffel Marmelade) verteilt sind, wird es 18 Uhr. Um 20 Uhr wird der Kaffee gebracht. Zwischen der Austeilung macht der Stubendienst solchen Lärm, dass man nicht schlafen kann. Nach dem Kaffee schlafen wir noch zwei Stunden, und um 22 Uhr ist Wecken. In einer halben Stunde müssen wir fertig sein und zum Appell antreten. Wenn wir diese Schicht längere Zeit machen, weiß ich nicht, wie ich das durchhalten soll. Bei dieser Schicht hat man auch viel größeren Hunger. Das Mittagessen bekommen wir vor dem Schlafen, und das Brot muss für die ganzen zwölf Stunden Arbeit reichen."[72]

Marie Sandová berichtet:

„Zu essen bekamen wir täglich 30 Gramm Brot, eine Schale Ersatzkaffee, einen Teller Suppe oder fünf bis sechs Kartoffeln. Einmal in der Woche gab es zwei Gramm Margarine und ein Stückchen Blutwurst. Es war zum Leben zu wenig und zum Sterben zu viel."[73]

---

[72] Helga Weissová-Hosková. Düsing S. 63f.
[73] Marie Sandová. Düsing S.78

Ähnliches ist der Biografie Thea Rumsteins von Nina Kompein zu entnehmen. Sie schreibt:

> „Der „Arbeitstag“ in der Fabrik dauerte etwa 14 bis 16 Stunden. Zu essen bekamen sie [die Häftlinge] in der Früh eine schwarze Flüssigkeit, die Kaffee genannt wurde und eine Scheibe Brot. Das musste für den ganzen Tag ausreichen, denn erst am Abend gab es dann einen Schöpflöffel Rübensuppe.“[74]

Besonders eindrucksvoll und differenziert schildert Chava Livni die Ernährungslage und die Situation der hungernden Häftlinge in ihrem Erinnerungsbericht von 1995:

> „So gehen die Tage hin - Frühappell, "Kaffee", Arbeit, Mittagssuppe, Arbeit, wieder Appell und am Abend wartet uns auf den Betten unsere Brotration mit etwas dazu – Marmelade oder etwas was sich Blutwurst nennt... In der ersten Zeit gibt es sogar hie und da Pellkartoffeln. [...] Am Weihnachtsabend bekommen wir eine extra Zuteilung und auch einen "Bonus" - wir dürfen uns ein wenig Selleriesalz "kaufen". [...] Die Suppe aus Viehrüben wird täglich dünner auch die Brotrationen werden spärlicher und der Hunger wächst.... Bald ist es der einzige Gedanke den man noch denken kann - diesen nagenden schmerzenden Hunger zu stillen. Wie ist es satt zu sein? Nicht alles aufessen können? Auch alle Gespräche drehen sich ums Essen jedes Mal "ladet eine ein" und "kocht" die feinsten Sachen. Aber um ehrlich zu sein - wir wollen nur ganz gewöhnliches Brot - aber genug....
> Und langsam werden auch die Menschen immer tierischer. Streit zwischen Mutter und Tochter um das Bisschen Brot - wer hat es nötiger? Es ist zum Kotzen! Und neben uns die Stubovky[75] - gut gekleidet, satt. Und das Außenkommando, die außerhalb des Lagers arbeiten und Zuschlag bekommen - sie sehen noch wie Menschen aus. Sie tun, als wären sie eine andere Rasse - kennen niemanden. Aber es gibt auch Ausnahmen - Frau Neumann[76], die immer wieder nach uns schaut

---

[74] Biografie Thea Margarete Rumsteins [Gottesmann] von Nina Kompein
[75] Stubenälteste [Funktionshäftling]
[76] Identität nicht eindeutig.

"Kinder, nur den Mut nicht verlieren!" und Frau Mela[77], die Wienerin aus unserem Zimmer, die nie den Humor verliert. Die drei rothaarigen Schwestern[78] aus der Ostslowakei die fest zusammenhalten. Deli[79] und ihre Schwester[80], auch aus Wien, die ganze Kabarettvorstellungen aus Theresienstadt auswendig können. Und natürlich Inge[81], mit der wir uns sehr befreundet haben. Sie ist älter als wir - war schon verheiratet. Ihr Schicksal ist besonders tragisch - ihr Mann war Arier (auch sie ist nur Halbjüdin) und wurde einberufen - nach ganz kurzer Zeit war er an der Front gefallen. Inge ging mit ihrer jüdischen Großmutter nach Theresienstadt, arbeitete dort als Krankenschwester und heiratete wieder. Kurz darauf ging ihr Mann in den Transport und wie die anderen Frauen aus Theresienstadt meldete auch sie sich freiwillig, ihm nachzufahren. Sie hatten ja keine Ahnung!
Manchmal malen wir uns aus, was "nachher" sein wird. Vor Allem, genug zu essen - Brot und Butter!! Am Schönsten auf einer Alm zu leben, hoch in den Bergen, mitten auf einer Wiese - weit weg von allem Dreck und Elend, das jetzt um uns ist.....“[82]

Auch Lisa Scheuer thematisiert die kontinuierliche Verschlechterung der Verpflegungslage in ihrer Autobiografie:

„Die Kälte nimmt zu, und die Verpflegung wird immer schlechter und schlechter. Jetzt bekommen wir nur noch ein Süppchen aus Kartoffelschalen, und die Brotration ist auch eingeschränkt worden. So weit man überhaupt noch von Brot sprechen kann. Wo sind die Zeiten, als wir Kürbissuppe aßen und fünf Frauen für einen Tag ein Kommissbrot ausgeteilt bekamen? Margarine und Zucker haben wir seit Theresienstadt nicht mehr gesehen. Nur Sirup aus roten Rüben.“[83]

---

[77] Wahrscheinlich Melanie Feldsberg.
[78] Identitäten nicht geklärt.
[79] Adele Aufrichtig.
[80] Schwester? – wahrscheinlich Freundin Nita Adler [*Löwi].
[81] Wahrscheinlich Ingeborg Nadbath [sonst Ingrid Wirth]
[82] Chava Livni 1995
[83] Lisa Scheuer S. 84f

III. Einbindung in den Arbeitsprozess:

Die KZ-Häftlinge werden schon kurz nach ihrer Ankunft in ihre jeweiligen späteren Aufgabengebiete eingearbeitet und entwickeln sich mit zivilen Zwangsarbeitern und Kriegsgefangenen zu einer wesentlichen Säule der Rüstungsindustrie:

> „Im Oktober 1944 waren 49 Prozent der Beschäftigten [des Arado Konzerns] zivile ausländische Zwangsarbeiter und acht Prozent Kriegsgefangene und KZ-Häftlinge. [...] Das Freiberger Arado-Werk baute Tragflächen für das Jagdflugzeug Messerschmitt Bf 109 mit weiblichen Häftlingen des KZ-Außenkommandos, aber auch – streng abgesondert – mit zivilen und kriegsgefangenen Italienern, Flamen, Wallonen, Franzosen.“[84]

Für die ‚geliehenen' weiblichen KZ-Häftlinge hatte die Freia GmbH einen Hilfsarbeitertagessatz von 4 RM, abzüglich verauslagter 70 Pfennige für die Häftlingsverpflegung, an die SS-Verwaltung des KZ Flossenbürg zu entrichten[85]. Angesichts ihrer Bestrebungen Profite zu erzielen, ist den Unternehmen daher sehr daran gelegen, schnell eine hohe Effektivität beim Arbeitseinsatz der KZ-Häftlinge zu erreichen. Nur kurz steht der dritte Freiberger Transport nach Ankunft unter Quarantäne, die für die Frauen immerhin bis zum 25. Oktober etwas Erholung bedeutet. (Vgl. Klara Löff S.79 Düsing Endsieg) Lisa Miková berichtet:

> „Wir wohnten in einer Fabrik. Die Schlafräume waren warm, aber voller Wanzen. Wir standen zuerst unter Quarantäne. Dann begann die schwere Arbeit. Zwölf Stunden abwechselnd Tag- und Nachtschicht. Wir wurden in die Abteilungen der Flugzeugfabrik eingearbeitet. Wir waren in verschiedenen Stockwerken, an ganz unterschiedlichen Arbeitsplätzen. Meine schwangere Cousine[86] und ich mussten Flugzeugflügel nieten.“[87]

---

[84] Düsing S.25

[85] Forderungsnachweis Nr. Flo.795 – siehe Düsing S.22
Allein für den Dezember 1944 sind das 77.396,60 RM

[86] Gerta Kompertová. FloNo.: 54106

[87] Aussage Lisa Miková. Düsing. S.45 Vgl. Forderungsnachweis Nr. Flo.647

Folgende Häftlinge kommen in ähnlichen Arbeitsabteilungen zum Einsatz:

> „Theas Aufgabe in der Fabrik war es, am Fließband Nägel in irgendwelche Tragflächenteile zu hämmern. Ein Aufseher kontrollierte die Arbeit der Gefangenen.“[88]

Irene A. gibt zu Protokoll:

> „Die Häftlinge haben alle möglichen Arbeiten ausgeführt, z.B. Nieten, Spritzen, Schleifen usw. an Flugzeugteilen. Welche Art von Flugzeugen dort hergestellt wurden, weiß ich nicht.“[89]

Chava Livni schildert:

> „Arbeit in der Fabrik - es ist eine Flugzeugfabrik und wir arbeiten in der Abteilung für die Flügel. Fürs Erste feilen wir nur - stundenlang stehen wir und feilen Stücke von Aluminiumblech. Die deutschen Meister sprechen meist im sächsischen Dialekt - kaum zu verstehen. [...] Für einige Tage wurde ich zu einer anderen Arbeit abkommandiert - auf einer Leiter stehend muss ich den Flügel mit einer riesigen Polierscheibe glätten. Es kostet meine letzten Kraftreserven - der Meister ist zwar anständig aber ich bin froh, als ich an meinen alten Platz zurück kann. Und auch dieser Meister ist ein Mensch - zu Weihnachten legte er ein Säckchen mit Kandiszucker zwischen die Rippen des Flügels - ein anderes Mal Verbandzeug, als er die Wunden auf unseren Füßen sah, die nicht heilen wollten....Er erzählte, dass er aus Düsseldorf stamme, schon wochenlang nichts von seiner Familie wüsste, nur, dass dort sehr viel bombardiert wird.... [...]Hie und da müssen wir in die Elektrowerkstatt, wenn die Glühbirnen in den Lampen, mit welchen wir arbeiten, ausbrennen. Das ist herrlich - dort arbeiten französische Kriegsgefangene - sie haben ein Radio zusammengebastelt und hören Nachrichten. Irgendwie verständigen wir uns und hören wie weit oder wie nahe die Front ist....“[90]

---

[88] Biografie Thea Margarete Rumsteins [Gottesmann] von Nina Kompein
[89] Barch, B 162 / 17247, S.66 VP Irene A.
[90] Chava Livni 1995

Auch Helga Weissová-Hosková berichtet von belastenden, stehenden Tätigkeiten:

> „Die ganze Zeit über dürfen wir uns nicht setzen, um etwas auszuruhen. Wir müssen ständig so tun, als würden wir arbeiten. Wir feilen Flugzeugbestandteile. Das ist schrecklich langweilig. Ständig an einer Stelle stehen und immer dieselbe Handbewegung!! Es ist auch ungesund, die Eisenspäne zu schlucken. An die Luft kommen wir überhaupt nicht."[91]

Gertrude S. gibt zu Protokoll:

> „Die Arbeitsräume befanden sich im selben Gebäude, bestanden aus größeren Hallen und die fachliche Aufsicht bei der Herstellung von Flugzeugteilen hatten zivile Werkmeister. Außer diesen wurden wir noch von den SS-Aufseherinnen bewacht. Wir hatten an Werkbänken, an welchen Schraubstöcke und dergleichen waren, zu arbeiten. Die Arbeitszeit betrug 14 Stunden täglich, wobei manchmal nachmittags, bis in die Nacht hinein gearbeitet wurde. Das Mittagessen wurde in einer halbstündigen Pause eingenommen. Das Essen war, wenn auch nicht ausreichend, qualitätsmäßig nicht schlecht. Nach der Arbeitszeit mussten wir wieder die Schlafräume aufsuchen. Das heißt unser ganzes Leben spielte sich nur im Gebäude[92] ab."[93]

Katarina Löfflerová:

> „Wir arbeiteten in zwei Schichten zu je zwölf Stunden als Schwerstarbeiter und bauten Flugzeugflügel und Teile für die V2[94]. Da wir keine Facharbeiter waren, sind uns Fehler unterlaufen, die mit Ohrfeigen quittiert wurden. Im Fabrikgebäude war es zwar warm, doch unbeschreiblich widerlich waren die vielen Ratten."[95]

---

[91] Helga Weissová-Hosková. Düsing S. 64

[92] Diese Aussage bezieht sich auf das Jahr 1944. Ab Januar 1945 waren die Frauen außerhalb im Barackenlager untergebracht.

[93] Barch, B 162 / 17247, S.72 VP Gertrude S.

[94] Im Werk II der Firma Max Hildebrand wurden unter anderem Zielvorrichtungen für die V2 montiert.

[95] Katarina Löfflerová. Düsing S.82

Lisa Miková schildert:

> „Wir waren alle wie in einem Trauma, wie in Trance, ständig todmüde, ständig hungrig. Zwölf Stunden Schicht, in der ganzen Zeit nur eine kurze Pause, vielleicht zehn Minuten oder eine Viertelstunde. Die ganze Zeit auf den Beinen. Es gab Arbeitsplätze, wo man sitzen durfte. Ich habe die ganze Zeit mit dem schweren Presslufthammer gestanden. Die Zählappelle nach der Schicht dauerten Stunden, dann im Laufschritt nach Hause. Nach Hause? In die kalten, feuchten Baracken! Dort sind wir in die eiskalten, nassen Strohsäcke gesunken, haben uns mit den ständig feuchten Decken zugedeckt und sind in tiefen Schlaf gefallen. Zum Glück! Und dann wurden wir wieder geweckt, wieder schnell auf und immer hörten wir: „Schnell, schnell, schneller, schneller, schneller!" Zum Nachdenken blieb nicht viel Zeit, hat man auch nicht gemacht. Man hat sich am wenigsten mit sich selbst befasst."[96]

Marie Sandová erinnert:

> „Wir mussten täglich zwölf Stunden arbeiten, die eine Hälfte der Häftlinge von zwölf bis 24 Uhr und die andere Hälfte von 24 bis zwölf Uhr. [...] Meine Arbeit bestand meistens darin, dass ich mit einer anderen Häftlingsfrau am „kleinen Flügel" nietete. Es war kein Meister dabei, nur ein Kontrolleur kam täglich nachsehen, ob wir gut gearbeitet hatten. Einmal fragte ich ihn, wo wir seien. Er antwortete mir zwar, aber nur kurz: „In Freiberg" und fügte hinzu, dass es ihm verboten sei, mit Zigeunerinnen zu sprechen. Als ich ihm sagte, dass ich Pharmazeutin sei und mein Mann Arzt gewesen ist, überzeugte er sich mit Hilfe von Medikamenten, dass ich nicht gelogen hatte. Dann murmelte er: „Da haben mich die Faschisten belogen." Danach sagte er uns immer, was aus London gemeldet wurde. Im Dezember 1944 überstand ich eine Lungenentzündung. Da brachte dieser Kontrolleur mir alte Strümpfe, denn bis dahin hatte ich keine."[97]

---

[96] Aussage Lisa Miková. Düsing S.48
[97] Marie Sandová. Düsing S.78f.

Kasimira Rosmarinowsky:

> „Ich stand täglich 14 Stunden an einer mechanischen Säge, wo ich etwa acht bis zehn Meter lange Schienen außerhalb einer gezeichneten Linie abschneiden musste. Acht Mädchen trugen die Schiene auf ihren Schultern und schritten dementsprechend hinter oder vor der Säge. Und Manchmal sind sie im Gehen eingeschlafen und wurden geschlagen. Eines Tages, als die Demütigungen unerträglich wurden, habe ich voller Zorn absichtlich ein paar Schienen falsch zugeschnitten. Die Aufseher, die zu diesem Zeitpunkt nicht anwesend waren, haben nach der Rückkehr getobt und gedroht, mich aufzuhängen. Ich habe nur „nix verstehen" gestammelt. Es war ein instinktiver Gedanke, nicht zuzugeben, dass man Deutsch versteht. Dem Gespräch der beiden habe ich aber entnommen, dass sie die Tat nicht enthüllen wollten, da sie ungeheure Angst hatten, an die Ostfront geschickt zu werden, sollte die „Sabotage" öffentlich werden. Sie haben auch schnell die in Stücke zersägten Teile weggeschafft. Ich wusste aber, was mir in der nächsten Zeit bevorstehen würde. Als dann am nächsten Tag ein Mann in Zivilkleidung beim Morgenappell erschien und fragte, wer Deutsch spricht, habe ich mich, ohne zu zögern, gemeldet und wurde zu einer ganz anderen Arbeit eingeteilt. An dem Tag habe ich Herrn Albani kennen gelernt, Meister im Ersatzteillager, dem ich als Aushilfe unterstellt wurde."[98]

<u>Kommando Hildebrand:</u>

Ein Teil der Freiberger Häftlinge, darunter auch schon Frauen der ersten Transporte aus Lodz, bildete das Kommando Hildebrand, das im Werk II der Firma Max Hildebrand u.a. Zielvorrichtungen der Fernstreckenrakete V2 fertigte. Irena Liebman berichtet:

> „Über die tschechischen Frauen wusste ich gar nichts und habe sie damals auch nie gesehen. Meine ältere Schwester, die zusammen mit mir kam, arbeitete dann in der Freia und ich im

[98] Aussage Kasimira Rosmarinowsky. Düsing S.116

> Hildebrand-Kommando, wo ich an Fräs-, Dreh- und Bohrmaschinen stand. Bei Max Hildebrand arbeiteten auch Ukrainerinnen. Sie kamen fast alle vom Dorf, sprachen nur Ukrainisch und verstanden kaum etwas. Sie lebten unter anderen, viel besseren Bedingungen als wir. Sie waren „frei", nicht im KZ. Als wir ankamen, waren die deutschen Meister begeistert, dass wir alle verstanden, was man uns sagte; Jiddisch ist doch dem Deutschen etwas ähnlich. Auch hatte jede von uns wenigstens Volksschulbildung. Ein Meister nannte mich „du kleine Hexe", weil ich sofort wusste, was eine Schieblehre ist oder ein Mikrometer. Ich war damals schon 19 Jahre alt, sah aber wie 14 oder höchstens 15 aus. Mit mir kamen manche Mädchen, die zwei bis drei Jahre jünger als ich waren. Unter uns im Lager – das erzählte mir eine Freundin erst jetzt – war auch eine Mutter mit einer 13-jährigen Tochter, die später in Mauthausen starb[99]. Mein Leben bestand in zwölf Stunden täglicher Arbeit Tag und Nacht. Danach reinigen, was man konnte, alles ausführen, was die SS-Aufseherinnen gerade befahlen – zum Ausruhen blieb wenig Zeit."[100]

Dieser sowie der folgenden Äußerung ist zu entnehmen, dass Frauen aller Transporte sowohl für die Freia GmbH als auch im Kommando Hildebrand zum Einsatz kamen. Eine strikte Trennung der Häftlinge gab es nicht. Da die Frauen aber in unterschiedlichen Abteilungen arbeiteten, hatten sie unter Umständen bis zur Evakuierung keine Kenntnis voneinander. In einer Eidesstattlichen Erklärung von Rudolf Wittig heißt es:

> „Damals [seit 1941] war ich in der Freiberger Präzisionsfabrik ‚Hildebrand', Werk II, als Einrichter tätig. In dieser Eigenschaft hatte ich die Aufsicht über eine Anzahl so genannter Ostarbeiter und KZ-Häftlinge. Im Oktober 1944 kam eine Gruppe von weiblichen KZ-Häftlingen zur Arbeitsleistung in unseren Betrieb. Unter ihnen befand sich Frau Herlitschek, damals noch Marianne Levy. Sie musste an einer 36er Pittler-Maschine, die an und für sich nur für Männerarbeit bestimmt ist, zwölf bis 14 Stunden täglich Schwerstarbeit verrichten;

[99] Personen bislang nicht identifiziert. Wahrscheinlich starb die Mutter.
[100] Irena Liebman. Düsing S.148

und dies in einem völlig unterernährten Zustand. Ich entsinne mich deutlich, dass keiner dieser KZ-Häftlinge außer der Häftlingskost irgendeine Zusatzernährung erhielt. Entgegen den sonst geltenden Vorschriften bekamen ‚unsere' Häftlinge keine Arbeitskleidung und irgendwelchen Arbeitsschutz wie z.B. Brillen, die beim Schweißen unerlässlich sind."[101]

Das Außenkommando unter Führung Bertrams:

Neben den Kommandos ‚Freia' und ‚Hildebrand' gab es noch ein kleineres Außenkommando in Freiberg, dem wenige eigens durch Bertram[102] ausgewählte Häftlinge angehörten. Die meisten von ihnen wurden wohl direkt nach Ankunft des dritten Transportes dafür ausgesondert. Sonja Müllerová-Stein berichtet:

> „Ich wurde für irgendetwas von einem Zivilisten ausgesucht und sagte ihm, dass ich mit meiner Mutter hier wäre. Daraufhin wurde auch sie[103] beiseite gestellt. Es kamen noch weitere Frauen zu uns: Hede, Vilma[104], Erika, Vera, die drei Schwestern Lisel gemeinsam mit ihrer Mutter, die drei Schwestern Taubi, Zolike und Marie, Karola, Manci und die blonde Ungarin. Wir bildeten das Außenkommando, ausgesucht und zusammengestellt von dem SA-Mann Bertram zusammen mit dem Vorarbeiter Hoffmann. Wir wurden mit Kleidern für russische Fremdarbeiter eingekleidet, für deren Ordnung und Reinhaltung Lisels Mutter zuständig war. Meiner Mutter wies Bertram das Aufräumen und Heizen der Büros und Lager zu. Wenn meine Mutter ernsthaft erkrankte, war es Bertram, der den Arzt und die Medikamente besorgte. Wir wurden für diverse Arbeiten und Botengänge der Fabrik, Gebäude und Verwaltung eingesetzt, selbstverständlich immer unter SS-Aufsicht und Bewachung. Wir hatten schwere Schränke zu zweit auf den Hof zu tragen, mussten Material für Küche und Lager wie Kleider, Schuhe, Porzellan oder Geschirr auf Last-

---

[101] Eidesstattliche Erklärung Rudolf Wittigs. Düsing S. 157f.
[102] Diese Person konnte bislang nicht näher identifiziert werden.
[103] Maria Steinová FloNo.: 54321
[104] Vilma Fischerová [>Holzerová] FloNo.: 54003

wagen laden und abladen. Wir mussten aber auch Gemüse von den Bahnwagen in die Küche oder ins Lager bringen. Einmal mussten wir Baumwurzeln auf eine Karre und dann auf Lastwagen laden. Ich hatte damals große Furunkel am Rücken, die bei jeder Bewegung höllisch wehtaten. Meine Freundinnen Vilma, Erika und Hede schirmten mich ab und taten die meiste Arbeit. Wochenlang wurden Hede, Vilma, Erika und ich von Hoffmann zum Entwanzen eingeteilt. Unsere Arbeit bestand darin, bei bis zu minus zehn Grad Kälte die Wanzen, die vorher die ganze Nacht auf uns herumgekrabbelt waren, aus den Metallgestellbetten herauszustochern und mit Wasser wegzuschwemmen. Solange wir in dem Fabrikgebäude wohnten, waren die Bedingungen einigermaßen erträglich. Als wir dann in den Baracken untergebracht wurden, hörte die Menschlichkeit auf. Einmal schrubbten wir die Böden in den Baracken der italienischen Fremdarbeiter. Am Weihnachtstag erhielt ich von einem Italiener ein Festmahl, das aus zwei Broten mit Zucker und Pastete bestand. Wir hatten auch in der Direktion und den Fabrikbüros aufzuräumen, die Fenster und Möbel zu putzen. Die Sonne schien in die Räume, und das Radio spielte „Ich tanze mit dir in den Himmel hinein". Es war warm in der zivilisierten Umgebung – ein Schock – und ich heulte drauflos. Jedes Mal, wenn ich heute diese Melodie höre, erinner ich mich an damals. Einmal sollten wir einen großen Schreibtisch umstellen, was ich mit einem Ruck tun wollte. Das Ergebnis war, dass ich für eine Woche im Krankenrevier liegen musste, da ich mich nicht mehr aufrichten konnte."[105]

Vilma Holzerová erinnert:

„Am folgenden Tag [nach der Ankunft] wurden viele von uns zur Arbeit in die Fabriken „Freia GmbH" und „Fa. Hildebrand" geschickt. Abends wurden wir zur Deckenverteilung gerufen. Jeder sollte eine Decke bekommen. Erika bat mich, für sie die Decke mitzubringen, da ihr nicht wohl sei. Folglich verlangte ich zwei Decken, eine für die Kollegin und eine für mich. Der Herr sagte mir, ich solle mich mit den zwei Decken

[105] Sonja Müllerová-Stein. Düsing S.86ff.

in die Ecke stellen. Ich versuchte, ihm darauf zu erklären, dass ich die Decken nicht stehlen wollte. Er aber gab mir keine Antwort. Nach einer Weile sah ich, dass er mehrere Frauen in die Ecke schickte. Nun war ich beruhigt. Der Herr war Leiter des Außenkommandos in Freiberg und hieß Bertram. Bertram brauchte einige Frauen für Schwerarbeiten, die zuvor Männer, die nun eingerückt waren, verrichtet hatten. Wir mussten Kohlen aus den Eisenbahnwaggons aus- und einladen, schwere Kästen schleppen, Viehfutter ausgraben oder einmieten, aus der Stadt alle möglichen Gegenstände herbeischleppen. Sehr oft mussten wir mit Bertram nach Leipzig, Dresden oder Meißen fahren, um schwere Lasten aufzuladen. Auch mussten wir verwanzte und schmutzige Metallbetten säubern. Durch das Lysol hatten wir aufgesprungene Hände. Wir baten Bertram, uns wenigstens warmes Wasser zu geben. Er bewilligte unsere Bitte."[106]

Dem Bericht über den Besuch bei der über Sered deportierten Chawa Klein ist außerdem zu entnehmen:

> „Frau Klein bezeichnet es als Glück, einem Außenkommando von 15 Frauen angehört zu haben. Diese Frauen wurden neben der Tätigkeit in der Fabrik (Herstellung von Flugzeugteilen) zu Außenarbeiten in der Stadt Freiberg eingesetzt. Damit sie in der Stadt nicht als Juden erkannt wurden, erhielten sie Hemden, die eigentlich Weißrussen trugen. Die Hemden waren sehr hart und kratzig. Dazu mussten sie schreckliche braune Hosen anziehen. Die Frauen besaßen weder Strümpfe, Jacken noch Handschuhe, obwohl sie täglich im Freien körperlich schwere Arbeiten verrichteten. So schlugen sie vor Weihnachten 1944 im Wald Weihnachtsbäume, verluden sie auf Lkw und transportierten sie in die Stadt. Chawa Klein erinnert sich an Scharführer Bertram, der auch der Organisator der Deportation aus Pressburg war, und Unterscharführer Beck, die beide als Bewacher für das Außenkommando eingesetzt waren. Mit großer Strenge und Brutalität gingen sie vor. „Scharführer Bertram war ein Baum von einem Mann und konnte sehr gut mit Füßen treten. Wenn er kam, zitterten alle."

[106] Vilma Holzerová. Düsing S.88

> Die Männer genossen ihre Funktion. [...] An einem Sonntag wurden 15 Frauen zum Kesselwaschen gebraucht. Es meldeten sich sofort alle, denn jeder hoffte, etwas Zusätzliches zum Essen oder Trinken zu finden. Das Lagerleben war durch viele Grausamkeiten gekennzeichnet. So mussten die Frauen nachts um drei Uhr aufstehen, Schnee schieben und dann bis Schichtbeginn drei Stunden bei eisiger Kälte auf dem Appellplatz stehen."[107]

Trotz der schweren Arbeit hatten die Frauen Gelegenheit ihre spärlichen Lagerrationen aufzubessern. Chava Livni erinnert den eindeutig besseren Ernährungszustand dieser Frauen[108], der wohl aus der Tätigkeit mit seinen Beschaffungsmöglichkeiten resultierte, oder aber wie die besondere Zwangsarbeiterkleidung der Täuschung der Bevölkerung dienen sollte.
Auch die serbische Jüdin Rikica-Radmila Slozberg, die aus Österreich deportiert worden war, könnte zum Außenkommando gehört haben. In ihrer verzerrten Autobiografie schreibt sie von einer Arbeitsgruppe von 30 Personen, die zu Außeneinsätzen kommandiert wurde. Bei den Arbeiten soll es sich um die Karotten- und Kohlernte[109] gehandelt haben aber auch um Entladetätigkeiten von Zementsäcken in einer provisorisch eingerichteten Fabrik[110]. Diese Arbeiten ordnet Slozberg in ihrer Gedächtnisrekonstruktion den maßlos überdehnten und historisch völlig falsch eingeordneten Aufenthalt in Mauthausen zu. Tatsächlich dürften die beschriebenen Arbeiten aber dem Freiberger Außenkommando und seinen Tätigkeiten im Herbst 1944 und Winter 1945 zuzurechnen sein. Zum Gesamtbild des Freiberger Außenkommandos würde definitiv die Äußerung passen:

> „Auf jeden Fall war es ein Glück, dass wir dem Außenkommando angehörten und jeden Tag einen Bissen mehr bekamen."[111]

---

[107] Bericht über den Besuch bei Chawa Klein. Düsing S.91ff.
[108] vgl. S.26
[109] Rikica-Radmila Slozberg. "Auf dich wartet noch das Leben…" S.66f.
[110] Ebd. S.69
[111] Ebd. S.67 Vgl. S.47 2. Absatz – Kontrast zur Spritzlackiererei

IV.Hygiene:

Die hygienischen Bedingungen im KZ-Lager Freiberg waren überdurchschnittlich. Den Frauen standen in der Fabrikunterkunft Waschräume zur Verfügung, die dank der Zentralheizung auch regelmäßige Körperpflege ermöglichten. Gertrude S. gibt 1967 zu Protokoll: [Vgl. bestätigend Lisa Scheuer S.56f.]

> „Meine Unterkunft befand sich im 1. oder 2. Stock, wir waren in diesem Raum schätzungsweise über 20 Frauen untergebracht. Die Toiletten und Waschräume waren in unmittelbarer Nähe meiner Unterkunft und vom Flur aus zu betreten. Es stimmt nicht, dass es nur zwei Waschschüsseln gab. Als Waschgelegenheit standen normale Waschräume, wie sie in Kasernen[112] üblich und bekannt sind, zur Verfügung. Es gab sogar die Möglichkeit, zweimal wöchentlich zu baden."[113]

Auch Chava Livni erinnert die hygienischen Bedingungen der Fabrikunterkunft. Sie schreibt rekonstruierend 1995:

> „Es ist zwar sehr eng - zwei auf einem schmalen Strohsack und auch der ist verwanzt - aber es ist warm, wir können uns einigermaßen waschen, wenn auch ohne Seife."[114]

Sie spricht damit auch das große Problem mit den Wanzen an, die sich in den Häftlingsunterkünften ausgebreitet hatten. Zahlreiche andere Häftlinge wissen bestätigend davon zu berichten. So auch Helga Weissová-Hosková:

> „Ich erinnere mich zum Beispiel, dass wir an einem Tag in der Woche nicht arbeiten mussten, sonntags. Und diesen ganzen Sonntag waren wir damit beschäftigt, Wanzen zu liquidieren, aber wir waren chancenlos, da die sehr schnell wachsen. Einige konnten deshalb überhaupt nicht auf diesen Betten schlafen. Sie haben auf dem Fußboden geschlafen. Das ist schrecklich."[115]

---

[112] Die ehemalige Kahla-Porzellanfabrik diente ab 1935 zeitweise als Kaserne.
[113] Barch, B 162 / 17247, S.72 VP Gertrude S.
[114] Chava Livni 1995
[115] Helga Weissová-Hosková. Düsing S.69

Rikica-Radmila Slozberg berichtet über den Ungezieferbefall:

> „Wir waren schmutzig, aber die Kleider schon von Anfang an nicht sauber gewesen. Ich spürte ein Jucken, drehte den Saum des Kleides um und entdeckte Läuse. Früher wusste ich nicht, dass es so viele Arten gibt, die Menschen angreifen. In der Schule sprachen wir über Läuse in den Haaren. Ich erinnere mich, wie sorgfältig meine Mutter meinen Kopf wegen meiner schwarzen Zöpfe untersuchte. Jetzt bevölkerten sie die Kleider, und auf der Brust war ich ganz rot. Später stellten wir fest, dass sie auch andere Frauen quälten. Sie nisteten sich sogar in Wimpern und Augenbrauen ein – wieder eine andere Art von Läusen. Bereits am ersten Abend lernte ich Wanzen kennen. Bis dahin hatte ich nicht einmal von ihrer Existenz gewusst. Die Wanzen schleppten ein kleines Schiffchen mit sich herum, und wenn sie zubissen, schwoll die betroffene Stelle sofort an. Geschah es auf den Wangen oder am Kinn, veränderte sich der Gesichtsausdruck – sehr oft stand ich entsprechend lädiert am Morgen auf.“[116]

Die Wanzenplage spiegelt sich auch im Bericht über den Besuch bei Chawa Klein wider:

> „In der Fabrik waren die Wände schwarz, bedeckt von Wanzen. Trotz der Kälte und aller widrigen Umstände zwangen sich die Frauen, regelmäßig Körperpflege zu betreiben. Zum Beispiel wuschen sie sich mit Schnee und putzten so auch ihre Zähne.“[117]

Mit dem Umzug in das Barackenlager im Januar 1945 verschlechterte sich auch die hygienische Situation der Häftlinge. Zwar waren sie den Wanzen entkommen, aber hatten auch ihre Waschräume verloren. Die Körperpflege gestaltete sich nun deutlich schwieriger. Auch waren die neuen Unterkünfte aufgrund ihrer Witterungsanfälligkeit deutlich schmutziger[118].

---

[116] Rikica-Radmila Slozberg. “Auf dich wartet noch das Leben…” S.47f.
[117] Bericht über den Besuch bei Chawa Klein. Düsing S.91
[118] Vgl. Kapitel Umzug ins Barackenlager

V. Medizinische Versorgung:

Zur medizinischen Versorgung der Häftlinge stand auch in Freiberg ein kleines Krankenrevier zur Verfügung. Dieses wurde von der russischen Häftlingsärztin Alexandra Ladiejschtschikowa betreut, welcher die jüdische Ärztin Edita Mautnerová und einige Schwestern für die Krankenpflege unterstanden. Da der Krankenstand in Freiberg nicht besonders hoch war, dürften aber diese beiden Frauen die Versorgung der Kranken im wesentlichen allein bewältigt haben. Gertrude S. berichtet:

> „Die ärztliche Betreuung war gut. Ich erinnere mich, dass ich einmal wegen einer Halsentzündung mehrere Tage im Bett bleiben durfte."[119]

Außerdem berichtet Helga Weissová-Hosková:

> „Ich war drei Tage nicht arbeiten. 40 Grad Fieber und Angina. Auf der Ambulanz wurde ich zweimal ohnmächtig. Heute wurde ich wieder für arbeitsfähig erklärt."[120]

Mit vielen gesundheitlichen Beeinträchtigungen, sind die Frauen aber auch auf sich allein gestellt. Lisa Miková berichtet:

> „Am Fuß hatte ich eine Phlegmone, die ständig eiterte. Papierfetzen von Zementsäcken waren das einzige Verbandmaterial, was ich hatte. Ich hatte große Schmerzen, besonders bei der Kälte – wir gingen ständig barfuß. Es war ein Wunder, dass die Wunde heilte. Eine Narbe erinnert mich heute noch daran."[121]

Ähnlich wie Lisa Miková ging es auch vielen anderen.

> „In der Fabrik hatte sich Thea [Gottesmann] einmal eine Schürfwunde zugezogen. Durch ein Öl, das dort verwendet wurde, bekam sie eine Blutvergiftung. Als sie am nächsten

[119] Barch, B 162 / 17247, S.72 VP Gertrude S.

[120] Helga Weissová-Hosková. Düsing S. 64

[121] Aussage Lisa Miková, Düsing S. 46 f.

> Morgen aufwachte, war ihre Hand zweimal so dick wie normal. Das versetzte sie in Angst, denn es gab weder eine Krankenstube, noch hatte sie einen Verband. Also schlitzte sie sich die Hand selbst auf und presste alles heraus. Wenn Thea heute ihre Hand ansieht, denkt sie an das zurück, wie an ein Wunder. Flüssigkeit rann aus der Wunde und mit etwas Papier gelang es ihr eine Art Verband dafür zu machen.“[122]

Wie Thea Gottesmann hatten einige Häftlinge keine Kenntnis von der Existenz eines Krankenreviers, oder vermieden eine Krankmeldung weil sie eine Rücküberstellung fürchteten. Dies geht auch aus folgendem Bericht hervor:

> „Chawa Klein war mit ihrer kleinen Schwester[123] in Freiberg. Diese hatte sich den Fuß mehrfach gebrochen. Aus Angst, dass Kranke in das Gas gebracht werden könnten, meldete sie die Schwester nicht krank. Sie wurde täglich von ihr und einer befreundeten Gefangenen zur Arbeit getragen. Die Freundin hieß Gisela[124] und wurde kurz Gisi gerufen. Sie war Analphabetin, und Chawa Klein lehrte sie, ihren Namen zu schreiben. Die anderen Frauen arbeiteten für die kranke Schwester mit. Als es endlich möglich wurde, sie unter strengster Bewachung einem Arzt vorzustellen, war ihr Fuß total schwarz. Der Arzt schickte den Bewachungsoffizier vor die Tür, so dass er für kurze Zeit mit den Frauen allein sprechen konnte. Er hatte erkannt, dass Chawa Klein keine Weißrussin war und behandelte dennoch ihre Schwester. Sie wurde operiert und erhielt einen Gipsverband. Trotz dieser Behinderung durfte sie weiter im Lager bleiben. Für die Erlaubnis dieser Behandlung wollte Bertram eine Bestätigung seiner Menschlichkeit, nachdem der Bombenangriff auf Dresden stattgefunden hatte und überall Gerüchte verbreitet wurden, der Krieg gehe bald zu Ende. „Ich war doch immer gut zu Ihnen.“ Dieses Alibi konnten ihm die Schwestern nicht verschaffen.“[125]

---

[122] Biografie Thea Margarete Rumsteins [Gottesmann] von Nina Kompein vgl. auch Lisa Scheuer S. 64: Eigenurinbehandlung nach Handverletzung

[123] Ilse Lefkovits. FloNo.: 54156

[124] Diese Person wurde bislang nicht identifiziert.

[125] Bericht über den Besuch bei Chawa Klein. Düsing S.91f.

i) November 1944: Erste Todesfälle im Lager

Während die tschechoslowakischen Häftlinge am 28. Oktober, ihrem Nationalfeiertag, vergeblich auf einen ermutigenden, militärischen Schlag gegen die Deutschen hoffen und sich die Befreiung herbei sehnen, stehen ihnen in Wirklichkeit die schwersten Monate noch bevor. Auch in Freiberg fordern die Lagerverhältnisse erste Todesopfer. Anfang November verstirbt Margit Kufler an einer Sepsis und Olga Leier an Scharlach. Sie werden nach Angaben der Stadtverwaltung am 9. November 1944 auf dem Freiberger Friedhof bestattet[126] Der Tod, bzw. „Häftlingsabgang" beider Frauen ist auch im Flossenbürger Nummernbuch durch einen Stempel dokumentiert. Beide Frauen waren erst mit dem dritten Transport Mitte Oktober in Freiberg angekommen. Den Tod und die Bestattung der 1909 in Trnava geborenen und aus Nitra deportierten Slowakin Olga Leier[127] beschreibt Lisa Scheuer in ihrer Autobiografie folgendermaßen:

> „Im unteren Teil des Bettgestells liegt eine junge Slowakin. Sie ist schon tagelang sehr krank. Keiner weiß, was ihr fehlt, doch ihre Fieberdelirien sind derart schlimm, dass ich in den kurzen Nächten einige Male geweckt wurde, aufstehe, Wasser hole, das Gesicht der Kranken wasche und ihre Hand in der meinen halte. Ich kann ja sowieso nicht mehr einschlafen! Endlich zeigt der Hauptscharführer Erbarmen und erlaubt, die Schwerkranke in das zwar primitive, aber doch unter ärztlicher Aufsicht stehende Krankenrevier hinüberzutragen. Meine Freundin Hanka pflegte sie nun einige Tage, bis sie starb. Gestern Abend fuhren wir beide ihre Leiche auf einem kleinen Leiterwägelchen in den Fabrikhof und beerdigten sie in einer Ecke, alles in den acht Stunden, die uns nach der Arbeitszeit übrigbleiben. Aber wir sind glücklich, das für die junge Frau tun zu können. Hier gibt es ja zum Glück keine Verbrennungsöfen. Die Decke, in die der Leichnam eingehüllt war, brachten wir vorsorglich wieder zurück. Bevor wir jedoch wieder zurückgingen, sangen wir noch ein slowakisches Lied

---

[126] Übersicht in Düsing S.162

[127] FloNo.: 54159 registriert mit Jahrgang 1914.Vgl. PoT YV von der Tochter

> von einer Mutter, die um ihr Kind bangt, weil es so klein und schwach ist, doch der Südwind streichelt ihre Wangen und tröstet sie, und die Kirchenglocken läuten und klingen vom Dorf herüber. Hier kann ich keine Papierblumen machen, nur ein Lied singen. Ab heute nennt uns Frau Dr. med. Mautnerová[128] funebráci, was auf deutsch soviel wie Totengräber heißt. Eigentlich ist das eine Auszeichnung für uns. Die junge Slowakin ist an Scharlach gestorben, die Quarantäne war demnach nutzlos, aber doch war sie für uns gewiß eine Rettung, wir haben uns erholt und neue Kräfte gesammelt für die Strapazen in der Fabrik, nur die arme junge Frau musste ihr Leben lassen. Dem Schari[129] meldete die Ärztin, die Patientin sei an einer „gewöhnlichen" Dysenterie gestorben. Doch Scharlach hin, Scharlach her, ich habe den etwas wärmeren Mantel der Toten gegen mein buntgeschecktes dünnes Mäntelchen ausgetauscht."[130]

Entgegen Lisa Scheuers Beschreibung ist davon auszugehen, dass tatsächlich die wahre Todesursache Olga Leiers gemeldet wurde. In den Akten der Freiberger Friedhofsverwaltung findet sich die eingetragene Todesursache: Scharlach.[131] Ob der Leichnam tatsächlich zunächst im Fabrikhof beerdigt wurde, konnte bislang nicht bestätigt werden.

Etwa zwei Wochen später ist das dritte Opfer zu beklagen: Regina Elovic, auch sie eine Slowakin aus dem 3. Transport. Die Todesursache ist unbekannt. Sie wird am 24. November 1944 bestattet. Ihre Abmeldung wird im Flossenbürger Nummernbuch für den 26.11.1944 verzeichnet. Derartige Verzögerungen durch den Meldeweg konnten für die Verwaltung des KZ Flossenbürg und die Todesfälle der Flossenbürger Außenlager als „üblich" nachgewiesen werden[132].

Regina Elovic war vermutlich mit zwei Schwestern oder Schwägerinnen in Freiberg, die zumindest den Krieg überlebten. Hinweise zu den Todesumständen wären wünschenswert.

---

[128] Edita Mautnerová FloNo.: 54218

[129] Unterscharführer ‚Braun' siehe Lisa Scheuer Kapitel fehlerhafte Literatur

[130] Lisa Scheuer S. 62. f.

[131] Düsing S.162

[132] Vgl. Pascal Cziborra. KZ Flossenbürg. Gedenkbuch der Frauen

F9: Olga Leier verstarb in Freiberg

F10: Barackenlager um 1946 mit Freia-Fabrik im Hintergrund

j) Dezember 1944: Weihnachten und der Jahreswechsel

Im Dezember 1944 ist ein vierter Todesfall zu beklagen. Diesmal unter den polnischen Jüdinnen aus Lodz. Über die Umstände liegen ebenfalls keine Informationen vor. Die wohl 24-jährige Chawa Lubinska[133] wird am 19.12.1944 in Freiberg bestattet und am 22.12. im Flossenbürger Nummernbuch aus der Lagerstärke abgemeldet. Weiterführende Hinweise sind erbeten. Die üblichen Weihnachtsvorbereitungen machen auch vor den Freia-Werken nicht halt. Es wird sogar ein spezielles Arbeitskommando gebildet. Lisa Scheuer berichtet:

> „Vor Weihnachten wurden etwa zwanzig Frauen ausgesucht, um dem Hauptscharführer Braun [sic!] bei den Weihnachtsvorbereitungen zu helfen. Mein Meister stellte mich frei, er wusste ja, dass ich an einer Dokumentation arbeitete und wie neugierig ich auf alles war, was hier in der Fabrik vorging. Wir zogen mit dem Schari, ohne Begleitung der Blitzweiber und ohne Kapos, in die Baracke der Werkskantine, wo wir zuerst den Fußboden rein fegen mussten. Dann holten wir Tische und Stühle herbei, stellten sie rund um ein Podium auf, und dann kam die Sensation! Wir mussten einen Konzertflügel aus einem Nebensaal herausschleppen und auf das Podium stellen. Als unsere Freundin Motte Cohn[134] den Flügel sah, fing sie an, bitterlich zu weinen. Der Hauptscharführer wollte wissen, was mit ihr los sei, und so erzählten wir ihm, Motte sei eine ganz bekannte Berliner Konzertpianistin gewesen, bevor sie von der Gestapo verschleppt worden war. „Na“, sagte der Schari in seinem schrecklichen Sächsisch, „dann sollse doch mal zeichen, was se kann!“ Ja, das war leichter gesagt als getan! Mottes Finger hatten kein Gefühl, waren dick angeschwollen und steif wie Hölzchen. Aber sie saß bereits am Flügel und probierte. Es war, als würde ein Kind erste Versuche auf einem verstimmten Klavier machen. Nach einigen Tonleitern und noch unbeholfenen Fingerübungen begann Motte zu spielen. Es war wieder einmal ein Wunder geschehen: Mozart hörten wir, die kleine Nachtmusik, speziell aus-

[133] FloNo.:53818 *23.11.1920

[134] Vermutlich Hanna Cohn FloNo.:53973

gewählt für den sentimentalen Schari Braun und dann kam Bach dazu. Danach bat, ja bat! der Herr Hauptscharführer unsere Motte, den halbverhungerten Häftling, sie solle doch mal ein Weihnachtslied spielen. Ein Wunder! Motte spielte wie besessen, und wir heulten, nicht wegen des Weihnachtsliedes, sondern wegen der Musik. Wir konnten die Tränen einfach nicht zurückhalten, und der Hauptscharführer sah plötzlich fast wie ein zivilisierter Mensch aus; dies war wohl das größte Wunder, das die Musik zustande gebracht hatte. Um das Mirakel vollkommen zu machen, holte der Schari mit ein paar Mädchen eine große Kanne Kaffee und einen Weihnachtsstollen aus der Kantine und verteilte eine Jause unter uns. Wir mussten an diesem Nachmittag nicht mehr zur Arbeit."[135]

Die Stimmung im Werk ist nach dem Heimaturlaub der Deutschen während der Festtage drastisch gesunken. Lisa Scheuers weiteren Schilderungen ist zu entnehmen:

> „Die deutschen Meister und Urlaubssoldaten sprechen wenig, sie sind bedrückt von dem Heimaturlaub in die Fabrik zurückgekehrt. Um so böser ist der Hauptscharführer und die Kapos. Die Blitzweiber[136] hingegen sind freundlicher geworden, aber eine hatte Pech. Sie wurde gesehen, als sie mit einer aus unseren Reihen sprach, und wurde denunziert. Sie wurde vor der zum Appell angetretenen Besatzung exemplarisch bestraft. Sie mußte die Uniform ausziehen und wurde von zwei Gestapoleuten abgeführt. Angeblich bekam sie sechs Wochen „Bunker", das heißt, sie wurde eingesperrt. Uns drohte der Hauptscharführer, falls wir mit jemandem der deutschen Gefolgschaft sprechen würden, würde man uns ohne Prozeß erschießen. Gleich den nächsten Tag sagte mir eins der jüngeren Blitzweiber, die damit natürlich wieder das Schweigeverbot brach, es würde ihr nichts ausmachen, erwischt zu werden, denn auf diese Weise würde sie die Uniform loswerden und hätte ein Alibi. Sie betonte dieses Wort Alibi und ich verstand sie nicht ganz, denn ich dachte, die deutschen Mädchen und Frauen hätten sich aus Liebe zum Führer als Bewacherinnen

[135] Lisa Scheuer S. 83f.
[136] SS-Aufseherinnen

> von politischen Häftlingen freiwillig gemeldet. Sie erklärte jedoch, sie sei dazu abkommandiert worden und hätte nicht ablehnen können, ohne sich dem Verdacht auszusetzen, eine Sympathisantin zu sein. Das Alibi brauche sie für die Russen und sie wolle auch abhauen. Das war Mitte Januar 1945“[137]

Da Lisa Scheuers folgende Datierungen der Ereignisse nahezu alle ein paar Wochen zu früh angesetzt sind, ist es auch möglich, dass sich das Geschilderte erst im Februar abspielte. Darauf deuten Dokumente hin, nach denen für Freiberg zum Stichtag des 28. Februar eine Aufseherin weniger als noch zum 31. Januar gemeldet wird. Die genannten Aufsherinnen wären noch zu identifizieren. Auch Chava Livni erinnert sich an eine Aufseherin, die zwangsversetzt wurde. Ob dieser Fall mit Scheuers geschilderter angeblicher Bunkerhaft einer Aufseherin oder mit dem Verhalten der zuletzt beschriebenen Aufseherin in Einklang zu bringen ist, wäre noch zu klären. Sie schreibt:

> „Und trotzdem wir von den langen Arbeitsstunden todmüde sind, beginnen wir am Abend Menschen zu sein. Jemand deklamiert ein Gedicht, oder erzählt "von früher", oder schildert, was man "nachher" als Erstes tun wird. (meistens eine dicke Scheibe Butterbrot essen..) Aber immer wieder endet der Abend mit Gesang - traurige, sentimentale Lieder, und die Tränen laufen. Eine der Aufseherinnen, eine ganz junge, pflegt sich ganz still hereinzustehlen - "bitte, beachtet mich nicht.." Sie sitzt in der Ecke und heult wie ein Schlosshund. Eines Tages hören wir, dass sie strafversetzt wurde - .“[138] [vgl. Aussage E. Eisenhut: Aufseherin Niedner]

Da die Aufseherinnen der Chemnitzer Astra-Werke am 31.12. 1945 nahezu ausnahmslos dorthin zurückversetzt werden, dürfte es sich bei allen hier genannten Vorfällen um Aufseherinnen handeln, die erst später in Freiberg zum Einsatz kamen, und möglicherweise aus der eigenen Belegschaft rekrutiert worden waren. Hinweise zu den Personen und Vorgängen sind erbeten!

---

[137] Lisa Scheuer S. 86

[138] Chava Livni 1995

Erstaunlich in diesem Zusammenhang ist, dass die Aufseherin Eisenhut bereits bei einer Vernehmung am 18.12.1946 berichtet:

> „Die [Oberaufseherin] Lache hat sogar einmal eine Aufseherin strafversetzen lassen, nur weil diese gut mit den Gefangenen war. Die Aufseherin hieß Niedner.“[139]

Details zu den Hintergründen und der Herkunft ihres Wissens werden nicht gegeben. Sollte sie selbst Zeugin dieser Strafversetzung geworden sein, wäre der Fall noch dem Jahr 1944 zuzuordnen, ansonsten hätte sie nur vom Hörensagen davon Kenntnis gehabt. Letzteres dürfte der Fall gewesen sein. Denn am 1. Januar 1945 heißt es in einem Schreiben des Unterscharführers Beck zur Beurteilung einzelner Aufseherinnen seines Kommandos:

> „Die Aufseherinnen Pretzsch und Schlicke versehen ihren Dienst zu meiner vollen Zufriedenheit im Benehmen der Häftl. gegenüber wie auch der allgemeinen Dienstauffassung. [...] Bei der Aufseherin Niedner hat sich eine leichte Besserung gezeigt, muss aber weiterhin besonders unter Kontrolle gehalten werden. In der Hauptsache ist der Umgang mit den Häftlingen zu beanstanden. Die Niedner scheint aber meine Mahnungen anzunehmen, sonst ist nichts nachteiliges zu berichten.“[140]

Die „Problemaufseherin“ Edith Niedner befand sich zu diesem Zeitpunkt also noch im Außenlager Freiberg. Es ist allerdings auch nicht völlig auszuschließen, dass es sich um eine interne Versetzung zu einem anderen Freiberger Arbeitskommando handelte. Niedner scheint jedenfalls unter genauer Beobachtung gestanden zu haben. Erst im März 1945 dürfte es zur Entlassung zweier Aufseherinnen gekommen sein. In einem Schreiben an die Kommandantur Flossenbürg mit Eingangsstempel vom 22. März 1945 heißt es unter dem unleserlichen Betreff:

---

[139] Staatsarchiv Chemnitz - Bestand 39074 Objekt 14

[140] BArch Berlin, NS 4-Fl/348 zitiert nach Fotini Tzani S. 85

„[Betr.:?[Entl.?][Aufseherin?][???][und?][Niedner?].
[Betr.:?] dort. Schrb. vom 18.2.45 u. 3.3.45“:

> „Die o.a. Aufseherinnen konnten nicht zum angegebenen Zeitpunkt in Marsch gesetzt [werden]
> da das Schreiben vom 18.2.45 erst am 4.3.45 hier eingetroffen ist. Die beiden Aufseherinnen werden nun am 26.3.45 zwecks Entlassung nach dort [Flossenbürg] in Marsch gesetzt.“[141]

Die genauen Hintergründe dieser Entlassung sind nicht bekannt, da die Schreiben der Kommandantur vom 18. Februar und 3. März scheinbar nicht überliefert sind. Die vorhandene Lagerkorrespondenz deckt sich aber im Punkt der Strafversetzung und Entlassung von zwei Aufseherinnen mit den Erinnerungsberichten verschiedener Häftlinge und der verhörten ehemaligen Aufseherin. Die Datierung der einzelnen Vorfälle wäre aber noch abzusichern. Die betroffenen Aufseherinnen wären noch zu identifizieren. Da einzelne Aufseherinnen des Freiberger Lagers auch aus Dresden gestammt haben sollen, muss angesichts des Schreibens vom 18. Februar 1945 auch in Betracht gezogen werden, dass Entlassungen infolge der schweren Bombardierung aus familiären Gründen erfolgten. Wahrscheinlicher ist aber, dass sich die zwei Aufseherinnen nicht in ihre Rolle als SS-Aufseherin einpassen konnten und wegen zu menschlicher Häftlingsbehandlung durch ihre Vorgesetzten wegen mangelnder Eignung entlassen werden sollten.

[141] Schreiben des Kommandoführers SS-Unterscharführer Beck BArch B 162 / 25696 Rückseite von 139 bzw. 140

k) Januar 1945: Umzug ins Barackenlager am Hammerberg

Erst Ende Dezember 1944 wird das Barackenlager am Hammerberg fertiggestellt. Es ist davon auszugehen, dass die Bauverzögerungen einigen Frauen das Leben rettete. Nina Kompein berichtet über ihr Treffen mit Thea Rumstein, *Gottesmann:

> „Erschüttert denkt sie [Thea] an die Weihnachtszeit 1944 zurück. Wie üblich marschierten sie von den Baracken in Richtung Fabrik. Die Fenster waren beleuchtet und im Vorbeigehen hörte Thea Musik. Es war das Fest des Friedens, doch nicht ein Mensch, nicht eine Seele gab ihnen ein Stück Brot oder ließ ihnen etwas zukommen. Thea sah die Weihnachtsbäume und die Leute, die feierten. Sie war ihnen neidig in einem solchen Frieden leben zu können. Damals gab es noch keine Bombenangriffe. Aber Thea war immer traurig.“[142]

Da die Frauen erst Anfang Januar in das Barackenlager umgezogen sein sollen, dürften sich die erinnerten Begebenheiten in den ersten Januartagen abgespielt haben. Möglicherweise zwischen Neujahr und Dreikönigsfest. Lisa Miková erinnert:

> „Nach Weihnachten bekamen wir Strümpfe[143] und mussten aus der Fabrik in die kalten und feuchten Baracken außerhalb der Stadt übersiedeln.“[144]

Gertrude S. gibt 1967 zu Protokoll:

> „Ungefähr im Jänner 1945 wurden wir in Baracken außerhalb der Kaserne[145] verlegt. Ich erinnere mich nicht mehr, dass diese Baracken besonders bewacht, wie z.B. Stacheldrahtumzäunung, Postentürme usw., waren. Von diesen Baracken wurden wir dann jeweils unter Bewachung der SS-Aufseherinnen in die Kaserne zur Arbeit gebracht.“[146]

---

[142] Biografie Thea Margarete Rumsteins [Gottesmann] von Nina Kompein
[143] Die Verteilung der Strümpfe datiert Helga Hosková auf den 29.01.1945
[144] Düsing S.47
[145] Die Fabrikunterkunft ist gemeint, die vormals als Kaserne diente.
[146] Barch, B 162 / 17247, S.72 VP Gertrude S.

Katarina Löfflerová berichtet:

> „Im Winter wollte man die Fabrik erweitern, weshalb wir außerhalb der Stadt in Baracken untergebracht wurden. Dort gab es zwar keine Ratten, aber es war elend kalt. Reinigungsmöglichkeiten bot ein langer Trog im Freien mit eiskaltem Wasser."[147]

Damit wird unterm Strich eine deutliche Verschlechterung der Lebensverhältnisse beschrieben. Die Unterkünfte sind völlig mangelhaft isoliert und der Regen tropft durch das Dach in die Betten. Lisa Miková beschreibt die Situation sehr anschaulich:

> „In den Baracken waren keine Wanzen, weil es so furchtbar kalt war. Dafür rann das Wasser von den Wänden. Es gab dort auch Stockbetten, nur noch zwei Stock hoch. Und wann immer es möglich war, sind wir in den untersten Stock gekrochen, weil von oben herunter Wasser lief. Es war so kalt, dass selbst das Wasser in den Waschräumen gefroren war. Wir waren alle wie in einem Trauma, wie in Trance, ständig todmüde, ständig hungrig."[148]

In der Biografie Thea Margarete Rumsteins heißt es außerdem über die Situation nach der Umquartierung:

> „Aufgrund einer Art des Schocks, den die Frauen und Mädchen dort erlitten, blieb bei vielen die Menstruation aus. Es war eiskalt und furchtbar. Sie mussten jeden Morgen um 4.30 Uhr aufstehen und ihre Baracken verlassen. Dem folgte ein einstündiger Marsch[149], doch trotz der Kälte, des Schnees und der mangelhaften Bekleidung bekamen die Wenigsten eine Verkühlung. Das ist durchaus interessant, aber damals wunderten sie sich nicht darüber. Sie dachten nicht darüber nach. Sie dachten gar nichts. Sie ließen sich einfach treiben, wie Vieh – wie Schafe, die man grasen lässt."[150]

---

[147] Aussage Katarina Löfflerová. Düsing. S.82
[148] Düsing S.48
[149] Die Dauer wird zu hoch angesetzt. Tatsächlich etwa eine halbe Stunde.
[150] Biografie Thea Margarete Rumsteins [Gottesmann] von Nina Kompein

Auch Chava Livni erinnert sich lebhaft an die Vorbereitungen kurz vor, und die verschlechterte Situation nach dem Umzug in die Baracken am Schachtweg. Sie schreibt 1995:

> „Aber das ist auch das Ende der guten Zeit - wir werden in extra für uns gebaute Baracken am Rande der Stadt verlegt. Erst treibt man uns in eine offene Scheune, wo wir Strohsäcke füllen müssen. Es ist ein Schneesturm - eisig kalt und der Wind dringt durch die dünnen Fetzen... Meine Füße in den Pumps, die schon fast keine Sohlen haben, sind nur mehr ein Klotz Eis. Die Kälte ist grausam - ärger als Hunger.... Der Schmerz in den Händen ist unbeschreiblich - ich kann die Finger nicht rühren - stopfe das Stroh irgendwie... Als wir endlich in die Fabrik kommen - als ich langsam beginne aufzutauen, fangen erst die Schmerzen an... Wie werde ich durchhalten, wie kann man auch noch diese schreckliche Kälte ertragen?
> Und so beginnt zweimal täglich der Weg durch die Stadt - vor Tag, im Dunkeln der Weg zur Fabrik - kaum ein Mensch auf der Straße, nur eine Schlange frierender Frauen, viele mit kleinen Kindern am Arm stehen Schlange um Milch. Und der Rückweg wieder im Dunkeln, in die eiskalten Baracken, die zwar Öfen haben aber nicht geheizt werden.
> Wie hasse ich den Schnee - weiß und kalt, wohin man schaut - vom Fenster des Fabriksaales dehnt er sich ins Unendliche. Nur mein Bäumchen tröstet mich - ein einsamer kahler Baum auf einem Hügel - er trotzt dem Sturm, er bricht nicht... Und erzählt mir, dass es noch eine Welt draußen gibt, dass er im Frühjahr junge Blätter bekommen wird - dass die Hoffnung nicht tot ist.“[151]

Helga Weissová-Hosková bestätigt:

> „So lange fürchteten wir uns davor, und jetzt ist es soweit. Wir müssen in Baracken übersiedeln. Wir kamen nach vier Monaten zum ersten Mal wieder an die Luft. Es war gerade schreckliches Schneegestöber. Die Fabrik ist von hier ungefähr eine halbe Stunde entfernt. Die Baracken wurden erst vor

[151] Chava Livni 1995

kurzem fertig gestellt und sind noch gar nicht ausgetrocknet. Von der Decke tropft das Wasser, sodass am Abend die Decken und Strohsäcke nass sind. Es wäre bestimmt besser, im unteren Stock unserer zweistöckigen Betten zu schlafen, aber dort dringt die Feuchtigkeit von unten durch. An den Wänden ist Reif, und in den Öfen wird kaum geheizt. Uns stehen täglich zwei Eimer Kohlen zu, aber der Stubendienst stiehlt die Hälfte davon während wir arbeiten. Gewaschen haben wir uns noch nicht weiter, nur etwas in der Fabrik an der Wasserleitung auf der Toilette, dafür wurden wir vom Scharführer geohrfeigt. Der Waschraum ist vier Baracken von unserer Wohnbaracke entfernt. Zurzeit ist das Wasser gefroren. Für die Nacht wird sich nicht ausgezogen und wir müssen zu dritt auf einem Bett schlafen, da nicht genügend Strohsäcke vorhanden sind. Hier ist es schrecklich. Wenn nicht irgendein Wunder geschieht, halten wir es nicht aus. Hoffentlich ist bald Schluss!“[152]

Im Januar gibt es auch einen weiteren Todesfall; den fünften unter den KZ-Häftlingen in Freiberg. Am 27. Januar wird die 16-jährige Charlota Segerová aus Pilsen bestattet. Sie soll an Herzschwäche in Folge einer Lungenentzündung verstorben sein und wid am 31. Januar im Flossenbürger Nummernbuch aus der Lagerstärke gestrichen. Ihr Tod geht mit großer Wahrscheinlichkeit auf das Konto verschlechterter Unterkunftsbedingungen und mangelnder Bekleidung. Erst am 29. Januar, etwa vier Wochen nach dem Umzug ins Barackenlager, werden an die Häftlinge Strümpfe verteilt, die bis dahin lediglich in Holzpantinen durch den Schnee zur Arbeit marschieren mussten. Helga Weissová-Hosková in ihrem nach Kriegsende rekonstruierten Tagebuch:

„29. Januar 1945. Es werden Strümpfe und Holzschuhe verteilt. Mutter und ich hatten Glück, wir bekamen beides. Für alle haben sie nicht gereicht, die werden den ganzen Winter ohne Strümpfe gehen müssen. Im Lager hat man noch welche, aber angeblich werden die nicht verteilt.“[153]

---

[152] Helga Weissová-Hosková. Düsing S. 64

[153] Helga Weissová-Hosková. Düsing S. 64f.

l) Der Fall Aron und weitere Fluchtvorfälle in Freiberg

Fluchtvorfälle sind in den Flossenbürger Nummernbüchern für das Lager Freiberg nicht verzeichnet. Dies bedeutet jedoch nicht automatisch, dass es keine gegeben hat. Einige Fälle könnten vertuscht und nicht gemeldet worden sein. Neben der Flucht von vier Frauen am 20. Februar [s.u.], gibt es einige Indizien, dass es zu weiteren erfolgreichen Fluchten von Freiberger Häftlingen gekommen sein könnte. So gibt Elisabeth M. 1967 zu Protokoll:

> „Etwa im Jan./Febr. 1945 war die jüdische Gefangene Aron, Vorname unbekannt, aus dem Nebenlager Freiberg/Sa. geflohen. Ob sie wieder ergriffen wurde, kann ich nicht sagen. Wegen dieses Vorfalles mussten seinerzeit alle Häftlinge nachts auf dem Hof zu einem Strafappell antreten.“[154]

Bei dem beschriebenen Fall kann es sich nur um einen Fluchtversuch der tschechischen Jüdin Olga Aron, geboren 10.09.04, handeln. Sie wird im Theresienstädter Gedenkbuch als ‚befreit in Freiberg' geführt, und befindet sich nicht auf der Repatriierungsliste von Mauthausen. Damit spricht einiges dafür, dass ihre Flucht glückte und sie den Krieg überlebte. Einzelheiten zu ihrem Schicksal sind bislang nicht bekannt. Eine Bestätigung dieses Ereignisses durch Angehörige oder Mithäftlinge wäre wünschenswert. Außerdem könnte eine Holländerin erfolgreich geflohen sein. Irene A. berichtet während ihrer Vernehmung im Rahmen der Ludwigsburger Ermittlungen ohne Datierung:

> „Ich habe aus der KL-Zeit in Freiberg nur einen Fall einer Flucht in Erinnerung. Es handelte sich um eine Holländerin, die mit Hilfe des Meisters aus dem Werk geschmuggelt wurde. Diese Holländerin ist nicht aufgegriffen worden. Den Namen der Holländerin kenne ich nicht. Alle anderen Häftlinge haben dafür aber büßen müssen. Wir standen den ganzen Tag bis spät in die Nacht auf dem Appellplatz und wahllos wurden die Häftlinge geschlagen und zwar vom Lagerführer Beck.“[155]

---

[154] Barch, B 162 / 17247, S.47 VP Elisabeth M.

[155] Barch, B 162 / 17247, S.67 VP Irene A. - vgl. Helga Weiss S.145

An den beschriebenen Vorfall erinnert sich auch Lisa Scheuer:

> „Das ganze Lager ist mit elektrisch geladenem Stacheldraht umzäunt. Und doch gelang es einer holländischen Kameradin zu fliehen. In einer Nacht, als wir nach der Arbeit beim Zählappell standen, bevor wir die Fabrik verlassen durften, fehlte eine von uns. Man zählte immer wieder, aber eine fehlte! Dann folgte ein stundenlanges Verhör, dann folgte die Beschimpfung und Strafen härtester Art wurden uns angedroht. Es dauerte noch einige Stunden, bis zum Morgengrauen, bis der Hauptscharführer überhaupt darauf kam zu fragen, welche denn nun eigentlich fehle. Dann wurden die Meister befragt, die nächsten Arbeitskameradinnen, die Blitzweiber[156] und die Kapos. Doch es war alles vergebens. Wir kamen bei Tageslicht in die Baracken und mussten in wenigen Stunden wieder raus. Die holländischen Freundinnen erzählten mir, der Meister, bei dem die Geflüchtete arbeitete, hatte sich mit Freunden von ihr in Amsterdam in Verbindung gesetzt, und dann wären sie gemeinsam geflüchtet. Das wusste der Schari aber noch nicht. Darauf kam die Militärverwaltung erst am anderen Morgen. Von der Frau wissen wir, dass sie nicht mehr ganz jung ist, Familie in Holland hat und sich sehr wenig oder gar nicht mit ihren Landsmänninnen angefreundet hatte. (Es wird noch lange über den Fall diskutiert, es gibt Erwägungen, wie und ob die beiden überhaupt von Sachsen über die holländische Grenze kämen, ohne Aufsehen zu erregen, aber es gab ja bereits so viele Flüchtlinge auf den deutschen Straßen ... Wir alle wünschen ihnen viel Glück!“[157]

Hinweise auf die Identität und das Schicksal des holländischen Häftlings und seiner Fluchthelfer sind erwünscht.
Einen dritten potentiellen Fluchtversuch schildert die ehemalige Arbeiterin Leopoldine Wagner:

> „Ich musste einmal acht Judenfrauen vom Lager Hemmschuh[158] ins Hauptwerk transportieren. Ich habe Blut geschwitzt, weil ich Angst hatte, eine reißt mir aus. Und ich hab

[156] Spitzname für die SS-Aufseherinnen aufgrund der SS-Runen am Kragen
[157] Lisa Scheuer S. 74 f. – vgl. FloNo.: 53971, 53992, 54023, 54146, 54242, 54288
[158] Zwangsarbeiterlager d. Büros d. d. KZ-Außenkommando gereingt wurden.

> versucht, mit ihnen zu sprechen. Unter anderen war da eine 18- oder 19-jährige Ungarin dabei. Die war Pianistin von Beruf. Sie hieß Ilona. Die hat mir beim Scheuern erzählt, dass sie abhauen möchte und ob ich ihr nicht irgendwie behilflich sein könnte. Während der Arbeit habe ich ihr dann immer wieder die Adresse meiner Schwester in Österreich aufgesagt, damit sie sich's merkt. Meine Idee war, dass sie als Klosterschwester verschwinden könnte. Unser katholischer Pfarrer hatte eine Schwester in Dresden-Goppeln, die war Novizenmeisterin. Und die hat ein abgetragenes Schwesternkleid zur Verfügung gestellt. Ich hab's im Beichtstuhl rechts versteckt. Dann hab' ich der Ilona gesagt, wenn sie wieder zum Duschen und Desinfizieren gehen am Untermarkt, soll sie versuchen, auf der Kreuzgasse schnell zur Tür reinzukommen und sich dort im Beichtstuhl rechts zu verstecken und nach einer gewissen Zeit als Nonne herauszukommen. Was aus ihr wurde, weiß ich nicht. Das Kleid war tatsächlich weg, aber ich habe nie wieder etwas von ihr gehört."[159]

Auf die beschriebene Person passt laut Nummernbuch am ehesten die Identität einer Ilona Badner[160], die aber als Slowakin registriert wurde und wohl um einiges älter war. Klärende Hinweise sind auch zu diesem Fluchtversuch als ‚Klosterschwester' erbeten. Sollten alle drei beschriebenen Fluchtversuche tatsächlich geglückt sein, hat es wohl auch noch einen vierten, missglückten Fluchtversuch gegeben. Gertrude S. gibt 1967 zu Protokoll:

> „Während meiner Anwesenheit in Freiberg kam es einmal durch die Hilfe eines Werkmeisters zur Flucht eines weiblichen Häftlings. So viel ich weiß, ist diese Flucht gelungen, d.h. der Häftling wurde nicht wieder aufgegriffen. Ob der Werkmeister zur Verantwortung gezogen wurde, entzieht sich meiner Kenntnis. Vom Hörensagen weiß ich, dass einem weiblichen Häftling wegen eines Fluchtversuches strafweise die bereits nachgewachsenen Haare abgeschnitten wurden."[161]

---

[159] Bericht Leopoldine Wagner in Düsing S. 158
[160] FloNo.:53947
[161] Barch, B 162 / 17247, S.73 VP Gertrude S.

m) Februar 1945: Bomber über Freiberg und Dresden

Laut Flossenbürger Stärkemeldung vom 3. Februar 45 befanden sich zum 31. Januar 996 weibliche Häftlinge im Lager Freiberg, die von 19 Wachleuten, elf mittleren und acht niederen Ranges, sowie 20 SS-Aufseherinnen beaufsichtigt wurden.[162] Die Zahl der Häftlinge entspricht allerdings nicht ganz den Einträgen des Nummernbuches. Insgesamt wurden 1002 Frauen nach Freiberg überstellt. Zwei der Frauen wurden am 17.10.44 nach Auschwitz rücküberstellt. Außerdem waren im November und Dezember vier Frauen verstorben. Also verblieben 996 Häftlinge. Aber auch Charlota Segerová starb im Januar vor dem Stichtag. Ihr Tod und damit eine weitere Reduzierung der Häftlingszahl wird aber erst in der Stärkemeldung für Februar 1945 berücksichtigt. Dieser Monat ist geprägt von den schweren Luftangriffen auf Dresden. Schon vorher gab es auch in Freiberg des öfteren Fliegeralarm. Gertrude S. gibt 1967 zu Protokoll:

> „Bei Fliegeralarm haben die SS-Aufseherinnen und die Werkmeister die Luftschutzräume aufgesucht, während, wir in den Arbeitsräumen verbleiben mussten. Ich muß hier aber angeben, dass Beck während der Luftangriffe bzw. Fliegeralarme ständig bei uns in den Arbeitsräumen blieb [...] Erinnerlich ist mir noch, dass Beck uns belehrte, wir können im Falle einer Bombardierung wohl für zwei bis drei Stunden das Kasernengelände[163] verlassen, müssten aber nach Ablauf dieser Zeitspanne wieder zurück sein, da wir ansonsten nach der Aufgreifung erschossen werden.“[164]

Auch in der Nacht vom 13. auf den 14. Februar werden die Häftlinge während des Fliegeralarms in ihre Arbeitsräume eingesperrt. Dort werden sie Augenzeugen der Bombardierung auf Dresden. Chava Livni berichtet:

> „Auch bei uns ist manchmal Fliegeralarm - außer uns Häftlingen gehen alle in den Luftschutzkeller. Wir bleiben alleine -

[162] Brenner S.406 [ITS Arolsen s.u.], Düsing S. 27
[163] Fabrikgelände/Lagergelände. Die Unterkunft wird als Kaserne erinnert.
[164] Aussage Gertrude S. Ludwigsburg S.73

> zwar hinter Schloss und Riegel, aber jede Detonation ist wie ein Geschenk! Das unheimlichste Schauspiel war das Bombardement von Dresden - Welle um Welle von Flugzeugen - wir sahen die Bomben fallen, den Feuerschein am Himmel, der die Zerstörung erst so richtig sichtbar machte... Die Flak überall um uns - ohrenbetäubend. Eine der Aufseherinnen stammt aus Dresden - sie ist ganz gebrochen, hat dort Eltern und kleine Geschwister. Aber für uns heisst es, dass das Ende wieder näher ist....“[165]

Lisa Miková schildert weniger ausführlich:

> „Wir wurden in einem Fabriksaal eingesperrt. In der Nacht war es ganz hell, und der Wind brachte Brandgeruch.“[166]

Einige Häftlinge anderer Kommandos werden während der Bombardierung wohl auch ins Freie geführt. Nina Kompein berichtet über die Erinnerungen der gerade erst 17 gewordenen Wienerin Thea Gottesmann [Vgl. aber Lisa Scheuer S.90]:

> „Am 15.2.1945 [sic!] gab es einen großen Luftangriff auf Dresden, bei dem tausende von Menschen ihr Leben verloren. Die Engländer bombardierten die Stadt flächendeckend. Für Thea und die anderen Gefangenen gab es keine Luftschutzkeller. Sie wurden alle vor die Fabrik geschickt, wo sie völlig schutzlos im Schnee saßen und den roten Himmel anschauten. Die Bomben fielen vom Himmel, Thea saß zitternd neben ihrer Mutter und fragte verzweifelt was wäre, wenn sie nur verletzt würden, wenn sie nicht gleich getötet werden würden. Dann würden sie wieder zurück nach Auschwitz gebracht werden. Sie hatte große Angst.“[167]

Die Folgen des großen Bombardements bekommt man auch in Freiberg zu spüren. Der Flüchtlingszustrom in den Tagen nach dem verheerenden Luftangriff scheint nicht abreißen zu wollen. So berichtet Eva Stichová über die Ereignisse des Februars:

---

[165] Chava Livni 1995

[166] Aussage Lisa Miková Düsing S. 48

[167] Biografie Thea Margarete Rumsteins [Gottesmann] von Nina Kompein

> „Nach den Luftangriffen sind die Einwohner von Dresden mit ihren übrig gebliebenen Lumpen geflüchtet. Flüchtlinge kamen auch durch Freiberg. Ohne Hass oder Schadenfreude wurde mir bewusst, dass der kleine Mensch überall, auch hier, vom Krieg betroffen ist. Die Bombenflugzeuge haben wir schon viel früher gesehen. Um die Mittagszeit flogen Hunderte über unsere Fabrik. Uns drohte Gefahr, weil wir im obersten Stock der Fabrik eingesperrt waren. Doch wir begrüßten die Retter, die das Kriegsende näher brachten."[168]

Von den Luftangriffen auf Dresden war aber nicht nur die deutsche Bevölkerung betroffen, sondern es gab dort auch etliche Außenlager des KZ Flossenbürg, die ohne Unterschied dem Flächenbombardement ausgesetzt waren. So erhielt die Universelle Maschinenfabrik J. G. Müller & Co. [Florastraße] einen Bombenvolltreffer, dem viele Häftlinge zum Opfer gefallen sein sollen, den zahlreiche Frauen aber auch zur Flucht nutzen konnten. Einige dieser Häftlinge werden wenige Tage nach den Luftangriffen auch in Freiberg wieder aufgegriffen. Am 17. Februar übernimmt der Kommandoführer Beck sechs solcher Häftlinge von der Kripo Freiberg, von denen vieren nur drei Tage später eine erneute Flucht gelingt. In der Stellungnahme zu diesen Vorfällen vom 21. Februar 1945 heißt es:

> „Folgende 4 Zigeunerinnen, welche mit 2 weiteren Häftlingen am 17.2.45 von der hiesigen Kripo durch mich übernommen wurden, gingen am 20.2.45 gegen 17.30 Uhr flüchtig:
>
> 1.) Berger, Berta, geb. 2.8.24 zu St. Pölten
> 2.) Christ, Veronika, geb. 6.5.07 zu Stadelhofen/Bayern
> 3.) Klein, Maria, geb. 2.2.24 zu Metz
> 4.) Stock, Marie, geb. 8.8.19 zu Unterlangendorf /Sud.
>
> Die oben angeführten Zigeunerinnen wurden um 17.00 Uhr von dem Wachhabenden SS-Uscha. Grobauer noch im Lager gesehen, ebenfalls auch von SS-Uscha. Krischel. Das fehlen [sic!] der 4 Zig. wurde gegen 18.00 Uhr von dem weibl. Jüd.

[168] Eva Stichova Düsing S. 51

Häftling B a u m a t z, Irena, H.Nr. 54431, gemeldet. Ich selbst wurde um 20.00 Uhr telef. durch SS-Hscha. Reichelt im Werk verständigt. Ich begab mich sofort ins Lager nachdem eine inzwischen angesetzte Suchaktion in u.-ausserhalb des Lagers ohne Erfolg blieb. An der Umzäunung ist eine Gewaltanwendung oder sonst eine Spur die auf Flucht schliessen lässt nicht festzustellen. Wahrscheinlich ist, dass die 4 Zig. das Lager durch das Tor verlassen haben, ohne vom Posten behelligt zu werden. Posten hat in dieser Zeit gestanden: SS-Schtz. G r i m a r s, Georg, geb. 31.5.04. Grimars, macht nicht gerade den günstigsten Eindruck, ist des lesens und schreibens [sic!] unkundig, scheint auch sonst geistig nicht ganz auf der Höhe zu sein, wie er selbst zugibt.
Anzunehmen ist, dass sich SS-Schtz. Grimars täuschen liess, da um 17.00 Uhr ein Kommando von 6 Häftlingen vom Lager ins Werk fährt um Essen zu holen für die Kranken, die Zigeunerinnen sich aus dem Lager stahlen mit dem Hinweis, zu diesem Kommando zu gehören."[169]

Zumindest bei den unter 1.) und 2.) geführten Personen dürfte es sich um flüchtige Häftlinge des Außenlagers Dresden Universelle handeln, auch wenn die Daten dieser Meldung sich nicht 100% mit den Eintragungen im Flossenbürger Nummernbuch decken. Da dort beide Frauen am 3.3.1945 als geflüchtet gemeldet werden, ist davon auszugehen dass sie nicht wieder gefasst wurden. Über die Herkunft der dritten und vierten Geflohenen, sowie den Identitäten der fünften und sechsten Person, die wohl im Freiberger Lager verblieben, liegen keine Informationen vor.

FloNo. Nation	**Name**, *Mädchenname **Vorname** [Varianten]	**Geburtsdaten** **Deportationsdaten**	**Opferstatus** **Quellennachweis**
62584 St Zig.	Berger Helena = Berta ?	02.08.1921 Jeitendorf 02.08.1924 St. Pölten	**Geflohen am 20.02.45** **Schicksal ungeklärt**
62603 St Zig.	Christ Veronika	17.05.1907 Stadelhofen 06.05.1907 Stadelhofen	**Geflohen am 20.02.45** **Schicksal ungeklärt**
????? Zig.	Klein, Maria	02.02.1924 Metz	**Geflohen am 20.02.45** **Schicksal ungeklärt**
????? Zig.	Stock, Marie	08.08.1919 Unterlangendorf	**Geflohen am 20.02.45** **Schicksal ungeklärt**

[169] Schreiben an das Konz.-Lager Flossenbürg. 21. Februar 1945. CEGES

????? ???			**Übernommen 17.02.45 Schicksal ungeklärt**
????? ???			**Übernommen 17.02.45 Schicksal ungeklärt**

Eine dieser unbekannten Frauen könnte Josefa Achatz, geborene Schmied[170] gewesen sein. Sie war ein reichsdeutscher Schutzhäftling des Außenlagers Universelle und im österreichischen Unterbergen geboren und ansässig. Die Herkunft aus Österreich und aus dem Außenlager Dresden Universelle würde jedenfalls zu der beschriebenen Häftlingsgruppe passen. Ihr Vernehmungsprotokoll von 1967 über ihre Deportationsgeschichte hat aber einige geographische Schwächen:

> „Nach ca. 3 Wochen Untersuchungshaft [in Klagenfurt] kam ich mit einem Transport an die Ostsee [eigentlich Mecklenburgische Seenplatte] in das ehemalige KZ-Lager Ravensbrück. Nach weiteren 2 Wochen Anhaltung kam ich mit einem Transport in das Ausweichlager des Vernichtungslagers Flossenbürg nach Dresden. Dieses Vernichtungslager [hier ist das Außenlager gemeint] wurde kurz vorher durch amerikanische Flieger bombardiert. In diesem Ausweichlager war ich bis zum 13. Februar 1945 angehalten. In weiterer Folge kam ich nach Freiberg, Schleswig-Holstein [eigentlich Sachsen], in ein Judenlager. Ende April 1945 kam ich mit einem Transport von ca. 500 [eigentlich ca. 1000] weiblichen Häftlingen, zum Großteil Jüdinnen, in das Vernichtungslager nach Mauthausen bei Steyr, OÖ [Oberösterreich]. [...] Ich habe von Anfang Oktober 1944 bis zum 13. Februar 1945 in der Universelle Maschinenfabrik in Dresden als politischer Häftling gearbeitet."[171]

Die anderen beiden Frauen des Außenlagers Dresden Universelle waren laut Flossenbürger Nummernbuch erst am 19. Januar 1945 aus Ravensbrück nach Dresden überstellt worden. Möglicherweise waren alle sechs Frauen im Bombardierungschaos geflohen und im Raum Freiberg wieder gefasst worden.

[170] *13.06.1901 FloNo.: 57234

[171] Barch B 162 / 16325 Bl. 39f. - VP Jesefa Achatz vom 29.06.1967

n) März 1945: Einstellung der Produktion & Späte Todesfälle

Laut Flossenbürger Stärkemeldung vom 5. März 1945 befanden sich im Außenlager Freiberg nach Stand vom 28. Februar 995 weibliche Häftlinge, die nun von 21 Wachposten, vier mittleren und 17 niederen Ranges, sowie 19 SS-Aufseherinnen beaufsichtigt wurden[172] Dies deutet doch stark auf eine größere personelle Veränderung bei der männlichen Wachmannschaft im Februar hin. Die Reduzierung der Anzahl der Aufseherinnen steht eventuell in Zusammenhang mit der Bunkerhaft einer Aufseherin, die sich mit Gefangenen unterhalten haben soll [s.o.]. Die Zahl der 995 Häftlinge zu Beginn des Monats, die zwei neuen Häftlinge von der Kripo Freiberg, werden scheinbar nicht in den Häftlingsstand eingerechnet, wird durch weitere drei Todesfälle, alle drei unter den polnischen Jüdinnen, gemindert. Am 17.03.1945 wird Paula Landowicz[173] bestattet. Sie wird am 21. März aus der Lagerstärke abgemeldet. Nur zwei Tage später erfolgt die Bestattung Rosa Kleins[174], die am 26. März im Flossenbürger Nummernbuch abgemeldet wird. Am selben Tag wird auch der dritte Häftling Bela Rosenbaum[175] bestattet und als verstorben verzeichnet. Eine dieser drei Frauen war sehr wahrscheinlich schwanger. Mutter und Kind sollen in Anwesenheit Eva Seluckas, geborene Bokor, im Krankenrevier verstorben sein.

Außerdem kommt im März immer häufiger die Produktion wegen Transportengpässen zum Erliegen. Lisa Miková erinnert:

> „Im März gab es anscheinend Probleme, denn die fertigen Flügel wurden nicht mehr abtransportiert, und es kursierten die verschiedensten Gerüchte. Die Meister waren nervös. Unsere Brotrationen wurden noch kleiner, und eines Tages gingen wir nicht mehr zur Arbeit."[176]

[172] Brenner S.410 [ITS Arolsen. Histor. Abtlg., Flossenbürg, Nr. 10 Bl.52ff.]
[173] FloNo.: 53796 *18.10.1920
[174] FloNo.: 53547 *24.12.1914
[175] FloNo.: 53873 *26.05.1925
[176] Aussage Lisa Miková Düsing S. 48

Die Produktion soll schon am 31. März endgültig eingestellt worden sein. Laut Flossenbürger Stärkemeldung vom 3. April 1945 befanden sich am 31. März 1945 noch 992 weibliche Häftlinge im KZ-Lager der Freia-Werke. Sie wurden nun von 28 Aufseherinnen und unverändert von 21 Mann bewacht. Demnach hat sich im März die Zahl der Aufseherinnen trotz zwei dokumentarisch erwähnter Entlassungen um neun Personen erhöht. Über diese personelle Veränderung ist bislang nichts konkretes bekannt. Die Zahl der Häftlinge bleibt bis zur letzten dokumentarischen Nennung des Kommandos Freiberg am 13.April kurz vor der Evakuierung konstant.[177]

o) Schwangerschaft und Entbindung im Lager

Eine Besonderheit des Freiberger Außenlagers war der hohe Anteil schwangerer Häftlinge. Mindestens ein Dutzend der späteren Freiberger Jüdinnen trat schwanger seine Deportation nach Auschwitz an. Eine dieser Frauen, Lisa Scheuer, erlitt wahrscheinlich eine Fehlgeburt. Diese hat sich allerdings vermutlich nicht in Auschwitz, sondern in Freiberg abgespielt, wenn man den Äußerungen ihrer ebenfalls schwangeren Freundin Vera Hannova Glauben schenkt. Folgende Schilderungen aus Scheuers Autobiografie sind also wie etliche andere Gedächtnisrekonstruktionen[178] nicht ganz authentisch, sollen hier aber zum Themenbereich der Häftlingsschwangerschaften trotzdem als Textgrundlage wiedergegeben werden:

> „Meine neueste Errungenschaft heißt Vera[179]. Ich kannte sie und ihren Mann Ludwig schon in Prag. Sie ist sympathisch und erwartet wie ich ein Kind. Sie ist länger schwanger als ich[180]. Ja ich bin schwanger. Es geschah beim Abschied-

---

[177] Brenner S. 423f. [ZStA Potsdam, Film 14430,S. 1266 im Originalbestand]
[178] Vgl. Pascal Cziborra. KZ Autobiografien. S.19ff.
[179] Veronika Hannová FloNo.: 54079
[180] Diese Aussage steht im Widerspruch zur Aussage ihrer besten Freundin.

nehmen von Alfred[181]. Da hörte alle Vorsicht auf. Auch Vera sieht man – wie mir – noch nichts an. Vielleicht wird der Krieg und das Elend hier eher zu Ende sein, als unsere Kinder geboren werden. Aber ob sie lebensfähig sein werden, nach dem, was wir hier [in Auschwitz] durchmachen und erleben? Werden wir sie zur Welt bringen dürfen? Nach allem, was ich bei der Ankunft gesehen habe, sind Kinder hier höchst unerwünscht und werden wie Ungeziefer vernichtet. Ich will aber die Hoffnung nicht verlieren! [...]
Ich habe lange nicht geschrieben[182]. [...] Die Frage meiner letzten Aufzeichnung ist erledigt. Ich werde kein Kind haben. Es passierte auf dem Appellplatz. Vera hat mich gerettet. Vera und andere Kameradinnen. Wir standen wieder stundenlang in Reih und Glied in der eisigen Kälte. Mir wurde plötzlich sehr heiß und furchtbar übel, und ich begann zu bluten. Nackt wie ich da stand, rann mir das Blut an den Beinen herab. Ich hatte nichts, womit ich es abputzen konnte. Ein SS-Weib mit einem großen Hund merkte, was mit mir los war.[...]Sie kam auf mich zu, doch ehe sie fragen konnte, wieso das Blut an meinen Beinen herunterlief, berichtete ihr Vera, das sei ganz natürlich. Und das stimmte sogar teilweise, denn obwohl wir im Ghetto keine Menstruation mehr gehabt hatten, begannen hier viele Frauen plötzlich wieder zu bluten. Wir erklärten es uns durch die veränderte Lebensweise. Ich glaube, die Aufregungen sind dabei das Wesentlichste. Nun, mir war sehr schlecht. Vera und ein anderes Mädchen mussten mich von rückwärts stützen, sonst wäre ich umgeklappt. Nachher halfen sie, mich unter die Pritsche auf dem Lehmboden zu verstecken, denn das SS-Weib sagte, ich solle mich bereit halten, sie würde mich gegen Abend auf das Revier abholen lassen. Vera verbot mir, mich zu rühren, ich solle nichts riskieren und mich verborgen halten. Es war schon finster, als zwei Männer kamen und nach Kranken fragten, doch Vera sagte ihnen, ich sei schon längst abgeholt und weggebracht worden, und dann hatte ich Ruhe.

181 Lisa Scheuer datiert dies auf den Juni 1944. Laut Theresienstädter Gedenkbuch wurde ihr Mann Alfred aber am 1. Oktober deportiert, also genau drei Tage, bevor sie sich selbst zum Abtransport meldet. [?!]
182 Der Aufenthalt Lisa Scheuers in Auschwitz beträgt keine 7 Tage.

In der Nacht half wieder die gute Vera und eine Tschechin, die ich noch nie gesehen hatte, und früh war alles gereinigt, als wenn nichts geschehen wäre. Es war ja auch nichts passiert, ich hatte nur einen Wunschtraum ausgeträumt. Vera ging noch vor dem Appell zur Krankenbaracke hinüber, um mir ein Beruhigungsmittel zu holen. Vera spricht, wie fast alle Südslowaken, perfekt Ungarisch, und das war mein großes Glück, denn der diensthabende Kapo-Arzt war Ungar und verschaffte uns ein Fläschchen Mutterkorn. Das ist eine furchtbare Medizin. Ich weiß nicht was bitterer ist, dieser Mutterkornextrakt oder meine Gefühle. Aber ich habe es überstanden, ich bin zwar noch schwach und mir ist sehr übel, ich kann nicht einmal die Suppe herunterwürgen, aber das ist mehr psychisch als körperlich bedingt. Am nächsten Morgen war dann auf dem Appellplatz alles in Ordnung, niemand hat etwas bemerkt."[183]

Da im nationalsozialistischen Lagersystem lediglich die eigene Arbeitstauglichkeit die Option aufs Überleben bereithielt, verschwiegen viele Schwangere ihren Zustand, um nicht von vornherein von rettenden Arbeitstransporten ausgeschlossen zu werden. Lisa Scheuers Bericht über ihre Erlebnisse in Auschwitz ist aber in mehrfacher Hinsicht problematisch. Die Aufenthaltsdauer wird deutlich überdehnt und die geschilderte Abtreibung oder Fehlgeburt steht im deutlichen Widerspruch, zu den Aussagen, die ihre beste Freundin am 27. Januar 1993 in einem Gespräch mit der Historikerin Dr. Anna Hyndraková für das Jüdische Museum Prag tätigte. Die geschilderte Episode mit allen genannten Personen des Lagerumfelds müssen also unter Vorbehalt zur Kenntnis genommen werden. Veronika Hannová schildert über die Schwangerschaft Lisa Scheuers deutlich abweichend:

„Ich stand durch die Schwangerschaft unter Schock. Lisa Scheuerová war auch schwanger[184], schon länger. Ihr habe ich geholfen, und wir blieben stets zusammen. Ihr habe ich mich offenbart, sie war die Einzige, die von meiner Schwanger-

[183] Lisa Scheuer. S.44ff.

[184] Widerspruch zu Scheuers Aussage. Angeblich auch noch in Freiberg s.u.

> schaft wusste. Dann wurden wir – zum Glück! – in einen Transport eingereiht. Wir wussten nicht, wohin wir fuhren, und dann kamen wir nach Freiberg. Dort sagte ich selbstverständlich auch niemandem, dass ich schwanger war. Später sah man es uns an. Unter den Häftlingen in Freiberg gab es fünf[185] schwangere Frauen. Wir mussten aus der Reihe treten, und der SS-Mann sagte uns, dass uns nichts geschehen werde. Wir würden in Flossenbürg entbinden und dann zur Arbeit zurückkehren."[186]

Die scheinbar angekündigte Entbindung im Stammlager Flossenbürg, soll zwar auch in einem bislang unbestätigten Fall des Außenlagers Zschopau[187] tatsächlich so gehandhabt worden sein, kann aber keineswegs als gängige Praxis gelten. Viel häufiger wurden Schwangere oder auch Mütter mit Neugeborenen aus Flossenbürger Außenlagern nach Ravensbrück oder Bergen Belsen abgeschoben[188]. Auch aus Freiberg könnten möglicherweise schon am 17. Oktober 1944 zwei Schwangere zurück nach Auschwitz überstellt worden sein. Es ist also nicht sicher, ob eine Entbindung in Flossenbürg wirklich angedacht war, oder ob damit nur eine für die Zunkunft geplante Rücküberstellung gegenüber den Häftlingen sprachlich verschleiert werden sollte. Da Auschwitz am 27. Januar 1945 befreit worden war, konnten weitere Schwangere auch nicht mehr dorthin rücküberstellt werden. Dessen Funktion diesbezüglich übernahmen nun Ravensbrück und Bergen-Belsen. Für die Zeit bis kurz vor der Entbindung verblieben schwangere Häftlinge meist als Arbeitskräfte in den Außenlagern. Auch in Freiberg wurden die schwangeren Häftlinge nicht sonderlich geschont. Veronika Hannová berichtet:

> „Wir hatten keine Essenszulage. Einmal war ich krank und lag mit einer anderen Frau auf dem Zimmer, wahrscheinlich war das auf dem Revier. Ein Arbeiter brachte mir ein Stück Brot

---

[185] Sie schildert bereits 6 Fälle, von einigen Fällen hat sie keine Kenntnis.
[186] Aussage Veronika Hannová Düsing S. 53
[187] Cziborra. KZ Zschopau. Sprung in die Freiheit. S.77ff.
[188] Vgl. Cziborra. KZ Flossenbürg. Gedenkbuch der Frauen. S.64f.

> und einen Apfel. Hier und da gab uns der SS-Mann mehr Suppe, aber sonst erlebten wir keine Protektion. Ich arbeitete in der Fabrik wie jede andere, gegen Ende der Schwangerschaft konnte ich nicht mehr stehen und setzte mich. Der Leiter fragte mich, wieso ich sitze. Mir war schon alles egal, und so sagte ich, dass ich nicht mehr stehen kann, weil mir die Füße wehtun. Er fragte: „Warum haben Sie es nicht früher gesagt?" Ich schwieg darauf – was sollte ich denn sagen? Von da an durfte ich mich ab und zu setzen."[189]

Ähnliches erinnert Lisa Miková im Bezug auf ihre schwangere Cousine Gerta Kompertová:

> „Manchmal bekam sie etwas mehr Suppe, das war die einzige Vergünstigung. Von dem täglichen langen Stehen – eine Schicht dauerte zwölf Stunden! – hatte sie geschwollene Beine, und manchmal wurde sie während der Zeit ohnmächtig. Der schwere Hammer fiel ihr aus der Hand und schlug gegen ihren Bauch. Der Meister war wütend und bewirkte, dass sie versetzt wurde. Von da an konnten wir uns nur noch nach der Schicht treffen."[190]

Auch vor der Misshandlung Schwangerer wird nicht zurückgeschreckt. Veronika Hannová erinnert:

> „In Freiberg arbeiteten wir in einer Flugzeugfabrik. Ich brachte Flugzeugteile ins Glühbad; mit mir ging immer eine SS-Aufseherin. Das Glühbad war in der Fabrik. Da arbeiteten Russen. Deswegen ging die Aufseherin mit, damit ich mit niemandem sprechen konnte. Sie benahm sich mir gegenüber sehr anständig. Sie veranlasste auch, dass man mich auf die Toilette gehen ließ. Es wurde mir niemals verweigert. Einmal wusch ich dort mein Taschentuch – einen Fetzen den ich besaß - , weil wir doch kein Papier hatten. Ein SS-Mann sah mich beim Wasser mit noch einer Frau, die dort aufräumte, und gab mir eine Ohrfeige. Damals tat es mir schrecklich weh.

---

[189] Aussage Veronika Hannová. Düsing S.54

[190] Aussage Lisa Miková über Gerta Kompertová. Düsing S. 57

> Ich hatte schon einen großen Bauch, und er schämte sich überhaupt nicht, mich zu schlagen."[191]

Die Schilderungen Hannovás sind im allgemeinen recht verlässlich und die genannten Personen lassen sich dokumentarisch bestätigen. Daher verwundert nach deren detaillierten Ausführungen zu ihrer Fehlgeburt vor allem die Aussage bezüglich ihrer Freundin Lisa Scheuer, die in Freiberg ebenfalls zu jenen Schwangeren gehört haben soll, die eines Tages aufgefordert wurden, wegen ihrer Umstände aus der Reihe zu treten. Hannová schließt ihren Schilderungen an:

> „Lisa Scheuerová und ich waren genötigt, dem Befehl zu folgen, denn uns sah man die Schwangerschaft deutlich an. Man sagte uns, den Schwangeren werde nichts geschehen." [192]

Die Eigen- und Fremdaussage über die Schwangerschaft und Fehlgeburt Lisa Scheuers, sowie deren möglichen Zeitpunkt sind also äußerst widersprüchlich und beweisen, dass mindestens eine der beiden befreundeten Frauen, die realen Ereignisse sehr verzerrt erinnert oder wiedergibt. Beide Ausführungen sind für sich genommen dabei leider so erschreckend überzeugend, dass nur immer wieder auf die Erinnerungstäuschungen hingewiesen werden kann und muss.
Erste Entbindungen fanden in Freiberg wohl frühestens nach dem 14. Februar, wahrscheinlich aber sogar erst im März 1945 statt. So berichtet Lisa Scheuer in ihrer zeitlich verzerrten Autobiografie:

> „Die polnische Oberkapo Maria hat ein Baby bekommen, ein kleines Mädchen. Der Hauptscharführer ist sehr um Mutter und Kind besorgt. Frau Maria bekommt besondere Kost aus der Werkskantine. Eine Kameradin hat im Auftrag des Schari für das Baby der Wöchnerin eine Tragetasche aus Papierschnur gebastelt."[193]

---

[191] Aussage Veronika Hannová. Düsing S. 53
[192] Vgl. Düsing S.54 – Hinweise auf die Schwangerschaft Scheuers erbeten
[193] Lisa Scheuer S. 94

Chava Livni bestätigt 1995:

> „Die polnische Blockova hat ein Baby, der Unterscharführer ist sehr anständig, verschafft Milch - ist auch das ein Zeichen vom nahenden Ende?"[194]

Chava Livni dürfte damit nicht ganz Unrecht haben, da sich z.B. Kommandoführer Bertram bereits im Februar wegen des nahenden Kriegsendes ein Alibi bei den Schwestern Lefkovits verschaffen wollte[195]. Möglicherweise spielt beim Verhalten des Unterscharführers Beck auch die erotische Anziehungskraft der hübschen polnischen Kapo eine entscheidende Rolle. Unter den polnischen Häftlingen kursiert sogar das Gerücht, Beck wäre der Vater ihres Kindes.[196] Dies scheint aber aufgrund des maximal etwa siebenmonatigen Lageraufenthaltes bis zur Entbindung eher unwahrscheinlich. Daher ist bestenfalls von einer besonderen Sympathie Becks für die bislang nicht sicher identifizierte polnische Oberkapo auszugehen. Wahrscheinlich ist die Geburt ihrer Tochter die erste Entbindung in Freiberg. Einigkeit in den Häftlingserinnerungen besteht darin, dass die polnische Kapo Maria oder Marysia geheißen hat. Auf ihre Identität konnte bislang aber nur ein Hinweis im Interview 50778 der Zisla Duhl[197] für die Shoah Visual History Foundation gefunden werden. Die polnische Jüdin aus dem 2. Freiberger Tranport nennt die 1914 geborene Maria Ferst[198] [Marisha First] aus dem ersten Transport als Lagerkapo [camp personnel]. Einsicht in das Interview konnte leider noch nicht genommen werden. Das Schicksal der Maria Ferst und ihres erinnerten Kindes ist unbekannt.

Die Funktion der schwangeren Polin könnte möglicherweise die generelle Rücküberstellung der spät als schwanger erkannten Frauen verhindert haben. Außer ihr sind in Freiberg mindestens zwei[199] weitere polnische Jüdinnen schwanger.

---

[194] Chava Livni 1995

[195] Vgl. Bericht über Besuch bei Chawa Klein auf Seite 40

[196] Laut Brief von Lala Lubelska an den Autor vom 10.04.2006

[197] *16.12.1926 FloNo.: 53698

[198] *12.11.1914 FloNo.: 53475

[199] Rachel Friedmann, FloNo.:53485 & ein im Revier verstorbenes Mädchen.

Die zweite Entbindung eines polnischen Häftlings geht aber weniger gut aus und endet mit dem Tod der Mutter und des Neugeborenen. Eva Selucka, geb. Bokor[200], berichtete in ihrem Brief an den Verfasser:

> „In meiner Gegenwart starb noch in Freiberg am Revier ein sehr junges polnisches Mädchen zusammen mit ihrem Neugeborenen.“ [201]

Die Betroffene wurde bislang noch nicht identifiziert. Es müsste sich aber um eines der im Flossenbürger Nummernbuch für den März verzeichneten Todesopfer handeln. Da von einem jungen Mädchen die Rede ist, kommt hierfür wohl am ehesten Bela Rosenbaum[202] in Betracht.
Auch die dritte Entbindung in Freiberg, endet mit dem Tod des Kindes. Aber wenigstens bleibt die Mutter, eine tschechische Jüdin, die noch zu identifizieren wäre, am Leben. Veronika Hannová erinnert:

> „Eine Tschechin hat in Freiberg ihr Kind zur Welt gebracht, sie war schrecklich mager. Der SS-Mann benahm sich ihr gegenüber sehr anständig, aber das Kind überlebte nicht.“[203]

Bei Lisa Scheuer heißt es bezüglich dieses Falles:

> „Auch eine Freundin aus unseren Reihen hat ein Kind zur Welt gebracht, das jedoch nur wenige Stunden lebte. Es war angeblich lebensunfähig geboren worden. Frau Dr. Mautnerová sagte mir ganz im Vertrauen, der Hauptscharführer hätte ihr verboten, das Kind zum Stillen an die Brust der Mutter anzulegen“[204]

Eventuell auch die rücküberstellten Sabine Friedmann&Rosa Hanna Prendka.
[200] FloNo.: 56802
[201] Aussage Eva Selucka Korrespondenz mit dem Verfasser
[202] *26.05.1925
[203] Aussage Veronika Hannová Düsing S.53
[204] Lisa Scheuer S. 95

Ob diese Details den Tatsachen entsprechen, wäre noch zu klären. Auch hier sind die Aussagen beider Freundinnen leicht widersprüchlich. Von der beschriebenen Entbindung hatte aber vermutlich auch Rudolf Wittig, Einrichter bei Max Hildebrand Kenntnis. Seine Frau Charlotte erinnert:

> „Mein Mann hatte mir gesagt: ‚Du, Lotte, wir haben Judenfrauen. Sie wohnen im Barackenlager am ‚Steinbeißer'[205]. Eine hat ein Baby gekriegt. Hast du nicht ein paar Lappen, damit sie ihr Baby wenigstens einwickeln kann?' Am nächsten Tag kam mein Mann wieder und sagte: ‚Das Kind ist tot.'"[206]

Auch Frauen vom Außenkommando sollen Kleidung für Neugeborene beschafft haben. Im Bericht über Chawa Klein heißt es:

> „Im Lager wurden auch Babys geboren. Da es für diese Kinder keine Sachen gab, stahlen die Frauen des Außenkommandos Windeln und andere Wäschestücke von der Leine."[207]

Eine vierte Geburt im Freiberger Lager ereignete sich kurz vor der Evakuierung. Chava Livni berichtet:

> „Auch eine von unseren Slowakinnen[208] ist hochschwanger, bis zum letzten Moment konnte es geheim gehalten werden - sonst hätte man sie ins Stammlager zur Vernichtung geschickt[209]. Jetzt ist es zu spät dazu."[210]

Dabei ist die Rede von Priska Löwenbein [später Lomová], die am Donnerstagnachmittag vor der Evakuierung, dem 12. April um 15:50 Uhr, im Freiberger Revier eine Tochter entbindet. Sie ist 49 Zentimeter groß und wiegt etwa 1600 Gramm. Die stolze Mutter erinnert:

---

[205] lokale Ortsbezeichnung – Pfad vom Schachtweg den Hammerberg hinunter
[206] Aussage Charlotte Wittig. Düsing S.155
[207] Bericht über den Besuch bei Chawa Klein. Düsing S.92
[208] Priska Löwenbein [s.u.]
[209] Befürchtung der Häftlinge – keine überlieferte Praxis.
[210] Chava Livni 1995

„Meine Tochter heißt nur noch Hana Lomová[211]. Sie ist am 12. April 1945, einem Donnerstagnachmittag, fünf Minuten nach dreiviertel vier Uhr, im Revier der Baracke der Gefangenen in Freiberg geboren. Diesem Ereignis haben mehrere Aufseherinnen – auch die Lagerälteste – zugeschaut. Am 14. April morgens haben wir die Stadt mit einigen SS-Männern und Aufseherinnen und mit einem Unterscharführer verlassen. Wir waren 17 Tage unterwegs. Am 29. April sind wir in Mauthausen angelangt, dort war schon Waffenstillstand, und wir sind am Leben geblieben. Hana war 49 cm lang, hatte einen schönen runden Kopf, blaue Augen (die habe ich mir von den Freiberger Kindern abgeguckt, die uns täglich erstaunt mit ihren großen Augen auf unserem Weg in die Fabrik begleiteten), aber eine unterentwickelte Muskulatur. Nur Knochen mit Haut bezogen. Sie hat 1,6 kg gewogen."[212]

Damit gab es bereits in Freiberg mindestens vier Entbindungen unter den KZ-Häftlingen. Dabei kommen zwei der Neugeborenen und eine der Mütter ums Leben. Zwei weitere Häftlinge waren möglicherweise schwanger und wurden nach Auschwitz rücküberstellt. Lisa Scheuer erlitt spätestens in Freiberg eine Fehlgeburt. Neben den zwei Müttern mit ihren Säuglingen gehen mindestens sieben weitere schwangere Jüdinnen auf Evakuierung.

211 Späterer Name Hana Berger Moran

212 Priska Lomová. Düsing S.83

p) April 1944: Die Evakuierung des Lagers

Eines der schlimmsten Kapitel ihrer Lagerhaft war für die Freiberger Frauen in vielen Fällen die Evakuierung des Lagers im April 1945. Die Aussagen bezüglich dieses Vorgangs sind zahlreich und besonders umfangreich und detailliert. Unter dem Druck der heranrückenden Front soll Mitte April auch das Flossenbürger Außenlager in Freiberg evakuiert werden. Die Vorboten dieser Evakuierung schildert Chava Livni ausführlich in ihrem Erinnerungsbericht:

> „Vom Fabriksfenster sehen wir Züge von Flüchtlingen - mit Wagen und Karren ziehen sie dahin, haben ihr Hab und Gut darauf, die Kinder am Arm oder schleppen sie nach sich her... Sie sind so armselig, dass man nicht einmal Schadenfreude spürt. Also so schaut das "Herrenvolk" aus? In der Nacht, wenn es still ist, hören wir die Kanonen - versuchen zu raten, wie weit sie sein können. Wenn es nur bald ist....
> Die Arbeit in der Fabrik wird eingestellt - einige Tage sind wir im Barackenlager, Gerüchte fliegen wie wild umher, niemand weiss was passiert. Bis der Befehl kommt: antreten und zum Bahnhof. "Unser" Baby kam kurz davor zur Welt - jetzt sammeln wir bei allen Frauen Marmelade, damit man ihr - verdünnt mit Wasser - etwas zu trinken geben kann. Sie heisst Hanka[213] - nach der Blockältesten.“[214]

Außerdem erinnert Helga Weissová-Hosková die Situation kurz vor der Evakuierung wie folgt:

> „Man hört Detonationen. Von der einen Seite ziehen sie in Richtung Dresden und von der anderen nach Chemnitz. Die letzten beiden Tage hört man die Schüsse deutlich. Am Tag war viermal Luftalarm, angeblich sind sie schon in Dresden. Der Scharführer wurde früh, während des Appells, zum Telefon gerufen. „Vorbereiten zum Abmarsch, Schüssel und Decke mitnehmen!“ Das war um drei Uhr morgens. Um vier war

---

[213] Hana Löwenbein s.o. – später Hana Lomová bzw. Hana Berger Moran
[214] Chava Livni 1995

Appell, fünf Uhr zogen wir los. Ich wollte mich verstecken und nicht antreten. Vielleicht in einem Strohsack oder in einer der Mulden hinter den Baracken, die wir gestern ausheben mussten. Sie würden bestimmt nicht lange suchen. Der Scharführer war schrecklich aufgeregt. Die Front musste schon ziemlich nah sein. Vielleicht kommen sie heute noch nach Freiberg? Wenn ich nur wüsste, dass es nicht länger dauern würde, aber was, wenn sie erst in einer Woche kommen oder in 14 Tagen? Wenn ich einen Laib Brot hätte, würde ich nicht zögern, aber 14 Tage ganz ohne Essen? Ich wäre vielleicht geblieben, aber Mutter überlegte so lange, bis es zu spät war. Wir mussten in Fünferreihen antreten, wurden gezählt, und los ging es. Das war ein Tempo. Zur Arbeit gingen wir schnell, aber so schnell wie heute früh bei weitem nicht. Unterwegs zum Bahnhof waren lauter Flüchtlinge mit Rucksäcken unterwegs. Die Aufseherinnen hatten Koffer und auch Zivilkleidung mit. Der Scharführer hatte seine Frau dabei.“[215]

Es ist die Nacht vom 13. auf den 14. April, in der die Frauen geweckt und zum Bahnhof gebracht werden. In den Morgenstunden des 14. Aprils[216] verlässt der Zug dann die Stadt. Sonja Müllerová-Stein erinnert:

„Als sich im April 1945 die Front näherte, wurden wir, jeder mit einer Decke und einem halben Laib Brot, in offene Bahnwagen verladen und evakuiert.“[217]

Einen guten ersten Überblick über die folgende Evakuierung liefert Lisa Miková. Sie berichtet:

„In der Nacht vom 13. zum 14. April 1945 kam es zum plötzlichen Aufbruch. Auf dem Bahnhof wurden wir in offenen Waggons verladen und fuhren ins Protektorat in Richtung Westen, vorbei an Bahnhofsschildern mit vertrauten Städte-

---

[215] Helga Weissová-Hosková. Düsing S. 65 Vgl. Helga Weiss S.148

[216] Halina Najduchowska datiert diesen Tag mit dem Jahrestag des Todestag von Majakowski, auf den ihre Schwester sie bei der Evakuierung aufmerksam machte. Düsing S. 136 Weitere Bestätigung: Eva Stichova Düsing S.51

[217] Sonja Müllerová-Stein. Düsing S.88

> namen. Die Nächte waren kalt, ab und zu schneite oder regnete es. Zu essen bekamen wir nur manchmal. Ähnlichen Transporten wie unserem begegneten wir auf der Strecke fast täglich. Dann hielten wir lange und wurden in geschlossene Wagen umgeladen. Die Leute des Ortes brachten uns etwas zu essen. Wir sollten in unser Stammlager Flossenbürg gebracht werden. Einem tapferen Stationsvorsteher verdanken wir es, dass der Zug trotz Drohung aufgehalten wurde. Wir fuhren weiter in Richtung Budweis. Niemand wusste, was im anderen Wagen geschah. Einmal am Tag wurde der Wagen geöffnet und jemand schrie das Kommando „Tote raus!". Wir merkten, dass der Zug die Richtung änderte. Am 29. April standen wir schließlich auf dem Bahnhof von Mauthausen. Halb verhungert schleppten wir uns durch den Ort. An einem Brunnen wollten wir wenigstens etwas trinken, aber die Einheimischen jagten uns fort und warfen mit Steinen nach uns."[218]

Damit ist das Evakuierungsgeschehen und die Transportroute grob skizziert. Um die Chronologie der Ereignisse hier weitestgehend aufrecht zu erhalten, mussten für die folgenden Ausführungen viele Details aus verschiedenen Evakuierungsschilderungen zusammengetragen werden, da es keine vollständigen und lückenlosen Erinnerungen oder Berichte gibt. Um diese nicht völlig in ihre Bestandteile zerlegen zu müssen und damit Gefahr zu laufen einzelne Zusammenhänge zu entstellen, werden die zu Rate gezogenen Erinnerungsberichte der zu rekonstruierenden Evakuierungsroute und den dazugehörigen Transportereignissen, als Quellenbasis am Kapitelende angehängt.
Wie den Häftlingausssagen überseinstimmend zu entnehmen ist, bestand der Freiberger Evakuierungszug zunächst weitesgehend aus offenen Kohlewagen. Lediglich das Krankenrevier mit Ärztin, Schwestern, Kranken, Schwangeren und den Müttern mit ihren Neugeborenen, soll laut Eva Selucka und Lisa Scheuer von Beginn an in einem geschlossenen Güterwaggon evakuiert worden sein. Über die Zahl der Waggons liegen kaum Angaben vor und die Häftlingsbelegung variiert von Bericht zu Bericht. Laut Irene A. befanden sich 20-25 Personen in einem Waggon,

---

[218] Aussage Lisa Miková Düsing S. 49

laut Eva Selucka etwa 70, Lisa Scheuer spricht von 75 Personen und Halina Najduchowska beziffert die Waggonbelegung auf 106-110 Personen. Möglicherweise waren die Wagen verschiedener Bauart, was die hohe Varianz der Angaben ansatzweise erklären könnte. Insgesamt dürfte der Evakuierungszug anfänglich daher mindestens aus 10 Waggons bestanden haben, könnte aber auch deutlich länger gewesen sein[219]. Pavlicek spricht von 15 Kohleloren. Neben den Waggons für die Häftlinge hat es außerdem mindestens einen Waggon für die Wachmannschaft gegeben, der von Helga Weissová-Hosková erwähnt wird.

Auch die Evakuierungsroute kann relativ schlüssig rekonstruiert werden, da in den vorliegenden Erinnerungsberichten zahlreiche explizite Ortsangaben vorliegen. Mit Hilfe der Rechercheergebnisse Pavla Plachas ergibt sich folgendes Bild der Ereignisse:

Von Freiberg geht es zunächst über Mulda nach Rechenberg – Bienenmühle. Bereits auf der ersten Wegstrecke soll es auf Höhe der Ortschaft Dorfchemnitz zu einem ersten Todesfall gekommen sein. Dieser erfolgte demnach am 14.04.1945. Die Leiche wurde auf dem Ortsfriedhof beigesetzt. Die unbekannte Jüdin[220] wird in diversen Quellen fälschlicherweise als Todesopfer des Lagers Venusberg geführt. Dies kann ausgeschlossen werden. Es dürfte sich um einen Freiberger Häftling handeln, denn auf den Transport aus Venusberg trifft man erst, als man über Moldava, Dubi, Teplice, Duchcov und Most die kleine Ortschaft Trebusice [Triebschitz[221]] erreicht. Dort werden beide Evakuierungszüge zusammengeschlossen. Unter den Jüdinnen des Flossenbürger Außenlagers Venusberg grassiert eine verheerende Typhusepidemie. Aus ihrem Zug werden viele Leichen ausgeladen.[222] In Trebusice wird ein Massengrab angelegt. Die Opfer wurden am 04.12.1945 exhumiert und begraben. Unter den 204 dort bestatteten Toten waren 42 Frauen. Sie dürften aber größtenteils, möglicherweise auch ausschließlich, aus dem Venusberger und nicht aus dem Freiberger Transport stammen.

---

219 Nach Anschluss weiterer Transporte ist von 45 bzw. 54 Wagen die Rede

220 Hinweise auf ihre Identität sind erwünscht!

221 Heute Ortsteil von Most. Bahnstation wegen Kohleförderung beseitigt.

222 Vgl. Pascal Cziborra. KZ Venusberg. Der verschleppte Tod.

Nach dem Transportzusammenschluss setzt sich der Zug zunächst nach Chomutov [Komotau] in Bewegung, kehrt aber angeblich dann wieder nach Trebusice zurück. Danach läuft man die Stationen Louny [Laun], Zatec [Saaz] und Sokolov [Falkenau] an.[223] Sowohl der Evakuierungsverlauf als auch die Erinnerungsberichte einiger Häftlinge sprechen dafür, dass man zu diesem Zeitpunkt noch versuchte, die Jüdinnen ins Stammlager Flossenbürg zu transportieren. Von Sokolov aus war aber wahrscheinlich kein direktes Durchkommen mehr möglich. Auf welcher Strecke sich der Zug daraufhin fortbewegt ist bislang unbekannt. Eine klare Evakuierungsroute ergibt sich dann erst wieder, nachdem der Verbund den Ort Mladotice erreicht. Hier erhielten die Häftlinge Hilfe durch einige Einwohner. Über Plasy erreicht der Zug am 21.04.1945 um 21 Uhr[224] die Station Horni Briza. Er befördert mittlerweile an die 3000 Menschen, da ein dritter Evakuierungstransport aus Flößberg, einem Außenlager des KZ Buchenwald für den Rüstungskonzern HASAG, mit überwiegend polnischen und ungarischen Juden, aber auch politischen Häftlingen unterschiedlichster Nationalität, den Frauen aus den Flossenbürger Außenlagern angeschlossen wurde. Zeitpunkt und Ort dieses Zusammenschlusses sind bislang unbekannt[225]. Möglicherweise erfolgte er schon in Trebusice, da auch die Sterblichkeit des Männertransportes ausgesprochen hoch war und die Todesopfer von Triebschitz aus ihrem Zug stammen könnten. Laut der Recherchen Pavla Plachas werden an der Station Horni Briza auch vier Neugeborene des Freiberger Transportteils gemeldet. Demnach hat es unter den Häftlingen während des ersten Teils der Evakuierung zwei weitere Geburten gegeben. Die Geburt des vierten Säuglings erfolgte am 20.04.45 kurz vor der Ankunft in Horni Briza (Ober Birken).[226]

Dank des Bahnstationsleiters Pavlicek werden die Häftlinge mit Essen versorgt und können am nächsten Morgen[227] aus den Frei-

---

[223] Vgl. Pavla Placha – Gedenkstätte Flossenbürg

[224] 20:58 Uhr unter der Zugnummer 7548 laut Pavlicek vgl. Holden S.229

[225] Erinnerungsberichte Flößberger Überlebender könnten Hinweise enthalten

[226] Vgl. Kapitel über Entbindungen während der Evakuierung

[227] Vgl. Aussage Helga Weissová Hosková & Born Survivors S. 226ff.

berger Kohleloren in geschlossene Waggons umsteigen. Außerdem werden auch hier erneut Tote aus dem Zug ausgeladen und auf dem Friedhof in Horni Briza begraben. Es handelt sich um 15 Männer und 20 Frauen.[228] Ob die weiblichen Opfer größtenteils aus dem Venusberger oder aber auch aus dem Freiberger Transportteil stammen, lässt sich derzeit noch nicht mit Sicherheit beantworten. Laut Polizeibericht des SNB Horni Briza vom 13.05.1946 wird der Aufenthalt abweichend auf den 21. bis 22.04.1945 datiert. Pavla Placha nennt für den Zeitpunkt der Weiterfahrt allerdings den 21. April um fünf Uhr früh. Die Aufzeichnungen des Stationsvorstehers Antonin Pavlicek, die als recht verlässlich gelten können, nennen jedoch die neue Zugnummer 90124 und die Abfahrtszeit 23. April um 6:21 Uhr.[229]
Auch in der nächsten Station Plzen [Pilsen] erhalten die Häftlinge angeblich am 23.04.1945 Hilfe durch Einwohner und Bahnangestellte. Einigen Häftlingen gelingt die Flucht.[230]
Von Pilsen aus versucht man die verheerende Fahrt zunächst über Nyrany fortzusetzen, kehrt aber, nachdem auch dort durch Einwohner Essen und Wasser gereicht wurde, nach Pilsen zurück. Von hier gelangt man nach dem 23.04.1945 nach Tachov, dem nahesten Punkt an Flossenbürg während der ganzen Evakuierung. Das Stammlager wurde aber bis zum 20.04.1945 in Marschkolonnen weitestgehend evakuiert und wird am 23. April 1945 durch die 90. Infanterie Division der 3. US-Armee befreit. Es war demnach wahrscheinlich mehr die Frontsituation und weniger der tapfere Stationsvorsteher Pavlicek, wie Lisa Miková erinnert, der den Weitertransport nach Flossenbürg verhinderte. Spätestens ab Tachov heißt das neue Evakuierungsziel Mauthausen. Man setzt die Evakuierung über Domazlice fort. Hier soll laut Placha etwa 15 Häftlingen[231], möglicherweise dank organisierter Hilfe am 25.04.1945 die Flucht gelungen sein.

[228] Laut Antonin Pavliceks Aussage vom 21.06.1945 handelte es sich um 19 Frauen und 19 Männer. Vgl. Düsing Endsieg S.113ff. Er weiß von 3 Schwangeren. Vgl. Holden „Born Survivors“ S. 236f. Gedenkstein nennt 35 Opfer!
[229] Vgl. Düsing. Endsieg. S.113 & Wendy Holden. Born Survivors. S.240 sic
[230] Vgl. Lisa Scheuer und Helga Weissová-Hosková
[231] Personen nicht identifiziert. Vgl. Pavla Placha

Über Kout na Sumave gelangt man ohne Entledigung von Leichen nach Nyrsko.[232] Dort kommt es schließlich ebenfalls am 25.04.1945 zu einer dritten größeren Opferräumung des Evakuierungstransportes. Auf dem jüdischen Friedhof existiert ein Massengrab mit 108 Opfern, 80 Männern und 28 Frauen[233] und beim Bahnhof zwei Gräber mit je 58 und 10 Opfern. In Nýrsko soll auch der Transportteil aus Venusberg abgetrennt worden sein. Sehr wahrscheinlich aber nur zwischenzeitlich. Die Angaben für die Station Klatovy [Klattau] sprechen dafür, dass die Transporte spätestens dort wieder vereinigt wurden. Der Zug soll hier am 26.04.1945 aus etwa 54 Waggons bestanden haben. Möglicherweise wurden auch in Klattau weitere Opfer zurückgelassen. Auf dem Ortsfriedhof sollen sich einige Gräber befunden haben. Über die Zahl der Opfer und deren Herkunft liegen keine Angaben vor. In Klatovy bekam eine gewisse Frau Nová die Erlaubnis vom Regierungskommissar für die Hilfe und Versorgung der Häftlinge. Der Transportleitung brachte sie dafür Kognak und Zigaretten.

Auf dem Weg nach Besiny erhielten die Häftlinge Essen durch die Einwohner der Ortschaft Luby. Auch hier gibt es laut SNB Klatovy vom 11.05.1946 drei Gräber auf dem Ortsfriedhof.

Eine größere Leichenräumung folgt außerdem dann noch am 27.04.1945 in Besiny[234]. In einem Massengrab an der Bahnstrecke wurden 42 Opfer, 26 Männer und 16 Frauen bestattet. Häftlinge, die bei Besiny die Gleise reparierten, brachten den Frauen Essen von den Einwohnern.

Am Abend des 27.04.1945 erreicht der Evakuierungsverband um 22:08 Uhr Kolinec. Angeblich setzt man die Fahrt noch in der Nacht, am 28.04. um 3:00 Uhr morgens fort. Im Bericht des

[232] Der SNB Kout na Sumave datiert am 07.05.1946 die Durchfahrt allerdings auf ‚etwa den 20. April'. Demnach sind also auch die Datierungsangaben der tschechischen, polizeilichen Nachkriegsorgane mit Vorsicht zu genießen.

[233] Als nach dem Krieg die Tschechen in den Ort kamen, musste die deutsche Zivilbevölkerung die Opfer aus dem Massengrab auf dem jüdischen Friedhof ausgraben und waschen. Zeitung Svobodný smer, 10.08.1945

[234] 1949 errichtete man auf dem Friedhof ein Denkmal

SNB Kolinec vom 12.05.1946 ist von etwa 43 Waggons die Rede. Bei der Gemeinde Puchwerk sollen außerdem zwei niederländische Häftlinge[235] geflüchtet sein. Der Versuch einiger Bahnarbeiter, die Waggons mit den tschechischen Häftlingen abzukoppeln, scheitert. Die Evakuierungsfahrt wird in südöstliche Richtung fortgesetzt. Über Horazdovice und Strakonice erreicht der Zug am 28.04.1945 Ceské Budejovice [Budweis]. Zwischen Transportleitung und Bahnarbeitern entbrennt ein Streit über den Austausch der Lokomotive, den die Gestapo lösen muss. Weitere Häftlinge nutzen die letzten Etappen auf tschechischem Boden zur Flucht.[236]

Über Dolni Dvoriste erreicht man österreichisches Gebiet, passiert Freistadt, Kefermarkt und Pregarten und gelangt schließlich am 29.04.1945 nach St. Georgen an der Gusen. Über das eigene Anschlussgleis des KZ Lagers Gusen wird der Zug zu seiner Endstation rangiert. Von hier aus werden die marschfähigen Häftlinge etwa 4,5 km ins KZ Mauthausen geführt.

P1: Rekonstruktion der Evakuierungsroute

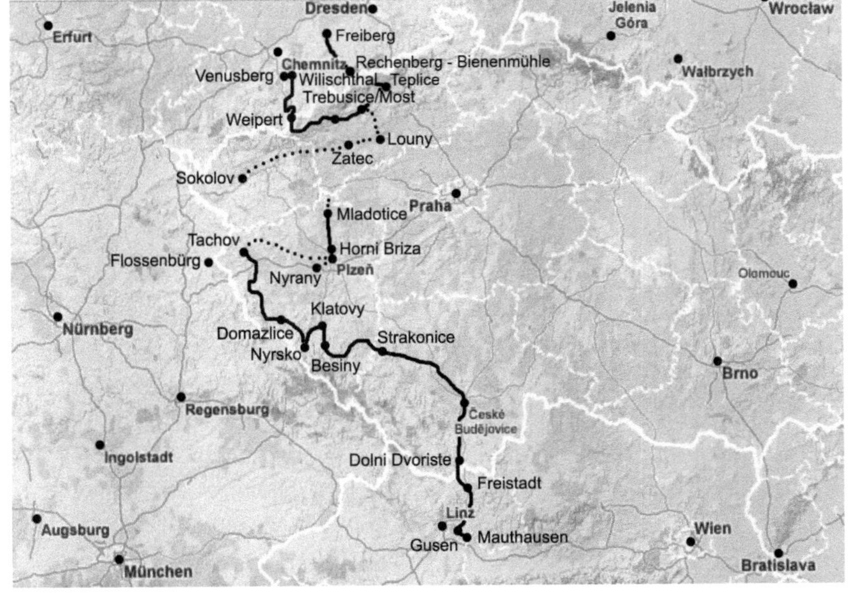

---

[235] Nicht identifiziert. vgl. FloNo.: 53971, 53992, 54023, 54146, 54242, 54288

[236] Vgl. Lisa Scheuer, Marie Sandová etc.

I. Weitere allgemeine Evakuierungsbeschreibungen:

Elisabeth Mayer:

> „Anfang April 1945 wurde das Nebenlager Freiberg/Sa. evakuiert. In der Nacht wurden wir in Freiberg zum Bahngelände gebracht u. in offene Loren verladen. Auch die kranken Häftlinge kamen auf diese Loren. Das Ziel war uns Häftlingen nicht bekanntgegeben worden. Auf dem Transport, der von männlichen und weiblichen SS-Angehörigen (Anzahl unbekannt) gesichert wurde, erkannten einige Häftlinge, dass die Fahrt durch die Tschechoslowakei ging. Am 29.4.1945 kam der Transport im Konzentrationslager Mauthausen an. Aus diesem KZ wurden wir Anfang Mai 1945 von den Amerikanern befreit.“[237]

Irene A.:

> „Weil die Russen in Dresden einmarschiert waren, wurden wir später nach Mauthausen verlegt, die kranken Häftlinge wurden mitgenommen. Der Abtransport erfolgte in der Weise, dass wir nachts zum Abmarsch befohlen wurden. Zunächst sollten wir nach Flossenbürg. Das war aber nicht mehr möglich, weil der Amerikaner bereits in der Nähe war. In offenen Güterwagen sind wir nach Mauthausen transportiert worden. Es mögen 20 bis 25 Frauen[238] in einem Waggon gewesen sein.“[239]

Lili G.:

> „In einer Nacht (im April) weckten sie uns auf. Es gab eine schreckliche Eile. Wir mussten uns schnell anziehen. Mit den Decken gingen wir auf den Appellplatz hinaus. Wir wurden unzählige Male gezählt. Nach einigen Stunden Aufenthalt im Freien setzten wir uns in Richtung Bahnhof in Bewegung. Wieder wurden wir in die Güterwägen einwaggoniert. Der

[237] Barch, B 162 / 17247, S.47 VP Elisabeth M.

[238] Diese Zahl wird sicher zu niedrig erinnert.

[239] Barch, B 162 / 17247, S.67 VP Irene A.

Zug setzte sich in Bewegung und wir wussten nicht, wohin wir fuhren. Wir fuhren acht Tage lang, ohne uns zu waschen und ohne zu essen. Es gab schreckliche Bombardierungen. In der Nacht war der Himmel durch tausende Lichter und Scheinwerfer beleuchtet. Wir spürten, dass es unserer Befreier waren und dass die Verbrecher auf der Flucht vor ihnen waren und uns mit sich schleppten. Wir merkten, dass wir ohne bestimmtes Ziel unterwegs waren. Wir fuhren im Kreis und ständig kehrten wir an dieselbe Stelle zurück, von der wir weggefahren waren.“[240]

Eva Selucka:

„Irgendwann in der Nacht fuhren wir los, bei Tageslicht waren wir dann irgendwo im Gebirge. Im Waggon waren wir um die siebzig, die genaue Zahl weiss ich nicht mehr.[...] Es handelte sich um offene Lastwaggons, aber vorerst war das Wetter gut ; am Tag wärmte die Sonne. Es gab nur einen geschlossenen Waggon, in dem die Ärztin, die Schwestern, und die Frauen mit den Neugeborenen untergebracht waren. Wir machten zuerst in einem Ort namens Bienenmühle halt, was mir vorerst nichts sagte, dann fuhren wir weiter bergab, bis wir feststellten, dass wir in Richtung Böhmen fuhren, und schließlich blieben wir irgendwo stehen. In der Ferne sahen wir einen großen Industriebetrieb, den Aufschriften nach die Leunawerke, und rings umher zeugten viele Bombenkrater, dass sich Alliierte für die chemische Industrie interessiert hatten.“[241]

Chava Livni:

„Und wieder der Waggon - diesmal ein offener - die schon bekannte Szene. Gedränge, Gestank, es ist nicht wo seine Notdurft zu verrichten....Hunger der immer ärger wird - aber das Ärgste ist der brennende Durst. Und der Durchfall. Und neben dem Leiden ist immer die grauenhafte Angst - wird die nächste Station die Gaskammer sein? Haben wir dafür diese Monate durchgehalten?

---

[240] Lili G. YV033/922 zitiert nach Baumgartner

[241] Aussage Eva Selucka. Korrespondenz mit dem Verfasser.

Wie lange fahren wir schon? Tagelang ohne Essen - dann verschafft der Unterscharführer irgendwo etwas Zucker ("das gibt Kraft"). Wir werden hin und her rangiert - oft sehen wir am Nebengleise andere Transporte. Einer aus Buchenwald[242] - wir versuchen Menschen zu erkennen - aber nein, solche Wunder gibt es nicht! Einmal lässt man uns aussteigen - aus einem Waggon wurden Haufen von Kleidern geschmissen - man warnt uns, die sind von Typhuskranken.[243] Aber was kümmert uns das - wir suchen jede etwas aus...
Wir fahren entlang der tschechischen Grenze, manchmal überschreiten wir sie auch - es scheint, dass immer wieder die Gleise nicht frei sind. Wir stehen irgendwo - über die Bahnlinie geht eine Brücke und von dort wirft man Brot in die Waggone. Dann stehen wir in einer Station - ein kleiner tschechischer Ort[244] und eine Delegation aus dem Ort bittet, uns Essen bringen zu dürfen. Und dann kommen sie mit riesigen Kesseln und Körben - und ich sitze da, mit einer Schale Milchkaffee und Weißbrot - gibt es das denn überhaupt noch? Mich packt ein Weinkrampf - ich weiß gar nicht warum - es ist wie ein Gruß aus einer anderen Welt, die einmal war..."[245]

Helga Weissová-Hosková:

„Für kurze Zeit halten wir auf einem tschechischen Bahnhof. Die Menschen laufen auf unseren Zug zu, werfen uns Brot und Brötchen in die Wagen. Sie sprechen alle Tschechisch. Sie sagen, dass es bald zu Ende sein wird. Und schon fahren wir weiter. Es gießt ununterbrochen, aber ich spüre es nicht. Auf der Decke, die heruntergefallen ist, wird herumgetreten, und es macht nichts. Eine Bekannte teilt mit uns ein Stückchen Brot, das sie bekommen hatte. Wir sind in der Station Horni Briza. Es ist ungefähr Mitternacht. Es hat immer noch nicht aufgehört zu gießen. Die Eisenbahner rufen, dass wir am Morgen gedeckte Wagen bekommen werden, aber erst früh.

---

[242] Hier ist wohl der Transport aus Flößberg gemeint. Darin befinden sich auch polnische Juden aus Lodz. Die polnischen Jüdinnen aus Freiberg konnten möglicherweise unter ihnen Bekannte entdecken.
[243] Möglicherweise aus den Waggons mit den Frauen aus Venusberg
[244] Um welche Hilfsaktion es sich genau handelt geht nicht hervor.
[245] Chava Livni 1995

Das heißt, noch mindestens sechs Stunden aushalten. Die Frostbeulen beginnen wieder zu brennen, Rücken und Hals schmerzen unter dem Gewicht der vom Wasser getränkten Decke. Noch sechs Stunden und der Regen hört nicht auf.
Gestern haben wir nichts zu essen bekommen. Heute kochen sie auf dem Feuer Tee, den sie süßen. Wir verlassen den Waggon nicht mehr, auch nicht, wenn sie es uns erlauben. Es ist mühevoll, herunterzuklettern. Wir können uns nicht mehr auf den Beinen halten. Sie geben jedem zwei Esslöffel Zucker. Sofort stehen wir wieder auf den Beinen. Ich gehe mit meiner Mutter vor dem Wagen auf und ab. Wir bekommen einen kleinen Topf Wasser zum Waschen. Der Scharführer bringt Kartoffeln, keiner weiß woher. Er kocht sie in Eimern auf dem Feuer. Jede bekommt zwei Stück. Wenn wir von hier nicht bald weiterfahren, kommen wir um! Wie lange kann man es ohne Essen aushalten?
Wir sind in Klatov. Wieder kommen von allen seiten Menschen mit Essen angelaufen, aber der Scharführer lässt sie nicht an uns heran. In der Nähe ist ein Bach. Wir dürfen uns waschen. Wir werden um eine Station weitergeschoben. Die Aufseherinnen gehen ins Dorf und betteln um Essen. Sie kommen mit vollen Rucksäcken und Körben zurück. Sie bringen auch einige Kannen Milch und Obst mit, aber alles verschwindet in den Waggons der Aufseherinnen und des Scharführers. Wenn wir den Leuten doch irgendein Zeichen geben könnten! Sicherlich haben sie auch nicht viel. Sie geben das Beste, das sie haben, und der Scharführer frisst alles auf! Diese Menschen helfen uns bestimmt. Sie kochen uns Kaffee mit Milch, und dazu gibt es Brot. Es war auch schon höchste Zeit! Außer zwei Kartoffeln, einer halben Tasse Tee und zwei Löffeln Zucker hatten wir vier Tage lang nichts zu essen!
Heute ist Mutter vor Schwäche zweimal ohnmächtig geworden. Wir riefen und baten, dass man uns die Fenster öffnen möge. Es war zum Ersticken. Ein Posten erbarmte sich und öffnete wenigstens eins. Uns gegenüber stand ein Militärzug. Sie reichten uns eine Büchse Bohnensuppe. Jede von uns bekam einen Löffel. Wenigstens etwas Warmes im Magen! Sie hätten uns mehr gegeben. Sie bereiteten Brotscheiben vor. Aber sie erschraken vor dem Scharführer, der herbeilief und die Fenster zuschlug. Es blieb nur ein kleiner Spalt offen. Die

Soldaten machten einige Bemerkungen über unmenschlichen Umgang. Vielleicht sind doch nicht alle böse? Sie fürchten sich nur einer vor dem anderen, hauptsächlich vor der SS!
Alle Züge kehren aus Richtung Horazdovice zurück, aber den Scharführer interessiert das anscheinend nicht. Er muss immer seinen Willen durchsetzen, und er wird es auch diesmal wieder tun. Er wird immer dorthin gelangen, wohin er will. Wir fragen einen Eisenbahner, ob er nicht wüsste, wohin wir fahren. „Wahrscheinlich Mauthausen."
Zehn Frauen[246] sind in der Nacht aus unserem Wagen gesprungen. Es fielen Schüsse, aber ich glaube, dass keiner etwas gesehen hat. Vielleicht wollten die Posten sie gar nicht treffen? Ihnen liegt ja nichts an uns! Einer von ihnen ist verschwunden. „Wasser, bitte, trinken!" Sie hören nicht, sie wollen nichts hören! Hunger verspüren wir schon nicht mehr."[247]

Halina Najduchowska:

„Endlich kamen wir zum Bahnhof, wo wir in Viehwagen einsteigen mussten, je 106-110 Frauen in einem Waggon mit je einem Kübel für die Notdurft. Für die Nacht legten wir uns alle eng aneinander auf die gleiche Seite, und auf die Bitte derjenigen, die auf dieser Seite nicht mehr länger liegen konnten, drehten wir uns alle auf die andere Seite; so geschah es viele Male im Laufe jeder Nacht. [...] Ich erinnere mich noch, dass wir eines Tages an einem Fluss, vielleicht war es auch ein See oder Teich, anhielten. Es wurde erlaubt, auszusteigen und uns zu waschen. Viele Frauen, auch ich, zogen uns vollkommen aus, trotz der Anwesenheit von Männern, um unsere Körper nach so vielen Tagen in den schmutzigen Waggons zu waschen. Eines Tages, das war schon auf österreichischem Gebiet, sagte uns der Scharführer, dass eine Stadt unweit von unserem Aufenthaltsort bombardiert worden sei. Irgendjemand lief dorthin und brachte uns aus einem zerstörten Laden einen Sack Zucker. Wir alle bekamen je einen Löffel Zucker." [248]

---

[246] Personen bislang nicht identifiziert. Vgl. Rikica-Radmila Slozberg

[247] Helga Weissová-Hosková. Düsing S.65ff. Vgl Helga Weiss S.155ff.

[248] Aussage Halina Najduchowska Düsing S. 136

Lilly Edna Amit:

„Dann die Evakuierung – Ich weiss nur, dass wir eine Zeit lang in offenen Kohlewagen fuhren, wir waren schwarz, schmutzig und so hungrig, wenn wir unter den Wagon unsere Bedürfnisse machten, und haben was grün war in den Mund genommen um den Hunger zu stillen. Wir sind durch Most (Brüx) (Tschechei) gefahren. Jemand hat ein Laib Brot in den Wagon geworfen. Dann hat man die Kohlewagons in Viehwagons gewechselt. Wer von uns konnte die Wagons zählen? Wenn ich durch die Tschechei fuhr, dachte ich zu fliehen, aber dann dachte ich, dass ohne mich meine Mutter sterben würde. (Sie war damals in einem schrecklichen gesundheitlichen Zustand) So habe ich vom Plan abgesehen.“[249]

Pola Hinenberg:

„Soweit ich mich erinnere, waren wir bis April 1945 in Freiberg. Als die Rote Armee sich Freiberg näherte, wurden wir mit der Eisenbahn ins Lager Mauthausen evakuiert. Wir fuhren lange durch Tschechien, dabei quälte uns der Hunger sehr. Es kam vor, dass die Einwohner von Ortschaften, durch die wir fuhren, Lebensmittel in den Waggon warfen, etwas Brot oder Eier. Wir stürtzten uns auf diese Lebensmittel, ohne aufeinander zu achten. Einmal bemerkte ich plötzlich, dass ich fast mit meinem ganzen Körper eine ältere Frau, Mutter einiger anderer Mithäftlinge, an den Waggonboden gedrückt hatte. Als sie sich erhoben hatte, beschlossen wir, in Zukunft jedes Stückchen des zugesteckten Brotes gerecht zu teilen. Während der Fahrt nach Mauthausen beobachteten wir die Bombardierung verschiedener Objekte. Glücklicherweise wurde unser Zug nicht getroffen. Ein großes Erlebnis war für mich das Wahrnehmen der freien Welt, der freien Menschen in nächster Umgebung. Ich entsinne mich des Augenblicks, als ich durch einen Spalt im Waggon einen Teich sah, was den quälenden Durst noch verstärkte. Mir war als könnte ich die Hälfte des Wassers aus dem Teich austrinken. Als wir in Mauthausen ankamen, stürzten wir alle los, um das schmutzi-

[249] Aussage Lilly Edna Amit *Bobasch 04.03.2006 Privatarchiv Cziborra

ge Wasser der Donau zu trinken. Eine von den Häftlingsfrauen, eine tschechische Jüdin, erkannte auf der Fahrt ihre Heimatstadt. Sie weinte sehr bei diesem Anblick. Gerade die Einwohner dieser tschechischen Stadt hielten unseren Zug eine Weile auf und brachten uns spontan Lebensmittel. Sie versorgten uns mit Getränken und brachten etwas Zucker. Dieser Zucker war für uns sehr wichtig, sehr hilfreich beim ertragen dieser Gefängnishölle. Von Zeit zu Zeit packte ich die Zuckerportion aus und leckte daran [...] In meinem Waggon ist keiner gestorben."[250]

Gisela Spier:

„Als der Krieg beinahe zu Ende war, hatten wir wirklich keine Kraft mehr. Ich war ein Haut-und-Knochen-Kind. Die Nazis brauchten uns nicht mehr in den Rüstungsfabriken. Wir hörten, dass sie uns vergasen wollten, um keine Spuren von uns zu hinterlassen. Dann hörten wir, dass sie uns als Geiseln zum Austausch für Nazi-Verbrecher brauchten. Sie steckten alle, die noch lebten, in einen Viehwaggon, und nun fing das Hin- und Herfahren an. Wir waren ein Zug voller abgearbeiteter Häftlinge. Auf der einen Seite des Waggons lagen unsere Toten[251], während die noch am Leben hängenden Frauen sich an der anderen Seite zusammenklammerten. Die Pfeife ertönte und der Zug mit der Ladung von heruntergekommenen jüdischen Frauen fuhr langsam an. Wir waren auf dem Weg nach Theresienstadt, um, wie man sagte, dort getötet zu werden. Theresienstadt war das am nächsten liegende Konzentrationslager. Man sagte, man hätte jetzt auch schon Gaskammern in Theresienstadt angelegt. Freiberg in Sachsen hatte dagegen nur Rüstungsfabriken, wie die Freija-Werke etc. Plötzlich hielt der Zug an, die Gleise, die in Richtung Böhmen und Theresienstadt führten, waren in der Nähe von Dresden zerbombt. So konnte der Zug Theresienstadt nicht erreichen. Doch da die Ladung für die Gaskammer bestimmt war[252], ging der Zug in

---

[250] Aussage Pola Hinenberg. Düsing S.128f.

[251] Bisher sind keine Evakuierungstoten aus Freiberg explizit bekannt.

[252] Himmler erließ einen Befehl, dass kein Häftling lebend in die Hände der Feinde fallen solle. Dieser Befehl wurde wahrscheinlich auch an die Verwatung des KZ Flossenbürg und von dort an die Kommandanten der

eine andere Richtung durch die Tschechoslowakei nach Österreich, wo das Konzentrationslager Mauthausen lag. Man nahm an, dass die Gaskammern dort noch arbeiteten. Essen gab es nicht. Manches Mal ließen die Nazis, die auf den Viehwaggons oben mit Gewehr in der Hand saßen, tschechische Menschen, die uns etwas Essen oder Wasser brachten, an die Wagen heran. Das Essen wurde durch die kleinen Öffnungen geschoben. Die Frauen, die noch ein wenig Kraft hatten, rissen das Essen weg. Andere wie ich hatten keine Kraft mehr, ums Leben zu kämpfen. Einmal am Tag hielt der Zug an. Der Riegel der Waggontüre wurde geöffnet und wir konnten raus zum Ablassen unter dem Zug zwischen den Gleisen. Ich nahm den Moment, um etwas zu essen zu finden, etwas Gras oder Blätter. Es wuchs nicht viel um diese Zeit, es war beginnendes Frühjahr. Einmal fand ich Kartoffelschalen; doch eine Katze war dran; ich scheuchte sie weg und nahm mir ein paar Schalen. Um zu leben, mußte man den Magen arbeiten lassen. Wir starben ja wie die Fliegen. Ich möchte nur die Atmosphäre des traurigen Zuges andeuten.
Ich hatte eine Freundin, sie hieß Rita[253]. Rita und ich, wir passten aufeinander auf. Wir teilten all unseren Schmerz über unsere traurige Existenz. In dieser fauligen, stinkenden Luft des Viehwaggons fiel ich plötzlich in Ohnmacht; und ich wäre heute nicht mehr am Leben, hätte Rita nicht angefangen, mir ein paar Ohrfeigen zu geben, damit ich nicht sterbe. Nach einigen Schlägen kam ich zu mir. Ich öffnete meine Augen, und erst wusste ich nicht, wo ich war. Ich wackelte hin und her und dann sah ich, wie Rita versuchte, mich zurück ins Leben zu bringen mit den Ohrfeigen. Ich sah mich um und merkte, wo wir uns befanden, und dann sagte ich zu ihr: „Rita, meine herzensgute Freundin, Rita, warum, warum tust Du mir das an, warum bringst Du mich zurück zum Leben? Ich wäre so gerne gestorben, ich will nicht mehr leben." Nun wusste ich

---

Außenlager weitergeleitet. Ende April wurden aber kaum noch Häftlinge vergast. Da man nun auch in den letzten Lagern die Spuren der Vernichtungsmaschinerie verwischte. Die evakuierten Häftlinge, die in Auschwitz ihre Angehörigen in den Gaskammern verloren hatten, wussten davon aber nichts und wurden von großen Ängsten geplagt.

[253] „Jetzt habe ich erfahren, dass Rita nach Uruguay gelangt ist. Sie wohnte 1958 in Montevideo" Gisela Spier-Cohen. Weggerissen S.43

schon, dass ich niemand mehr von meiner Familie treffen würde. Sie waren sicher alle tot. Mutter und Vater waren auf der anderen Seite in Auschwitz, nun wusste ich schon, das hieß: vergast. Mein Bruder Manfred war krank, als man ihn in Theresienstadt zum Transport nach Auschwitz brachte. Ich dachte mir, er würde Auschwitz nicht überleben, doch er kam aus dieser Hölle raus, um sein Leiden in Dachau, der zweiten Hölle, fortzusetzen. Das wusste ich in diesem Moment aber nicht. Er hat aber nicht überlebt. Ich hatte genug; „Laß mich sterben", bat ich Rita. Doch sie hatte mich zurückgeholt ins Leben, nun sagte sie mir: „Gisela, sei stark, es ist bald vorbei. Doch wenn wir überleben, dann müssen wir der Welt berichten, was hier geschah, dies ist unsere Pflicht." Ich verstand Rita, nahm es von ihr an, und ich fand zu meiner inneren Kraft und überlebte."[254]

Katarina Löfflerová:

„Man war ratlos, wohin man uns bringen sollte, da die Feinde von jeder Seite kamen. Wir standen oft auf Bahnhöfen herum. In Most erlebten wir sogar eine Bombardierung.[255] In manchen Stationen hat man uns Lebensmittel zugeworfen. Dennoch lagen bei der Ankunft in Mauthausen im Waggon einige Leichen[256]."[257]

II. Flucht aus dem Evakuierungszug:

Bereits Helga Weissová-Hosková erwähnt in ihren nach Kriegsende rekonstruierten Tagebuchaufzeichnungen, die Flucht von 10 Mithäftlingen in der Region um Horazdovice.[258] Bereits in Domazlice, aber auch bei Strakonice soll es laut der Recherchen Pavla Plachas zu weiteren Fluchtvorfällen gekommen sein. Die genaue Zahl der unterwegs Geflohenen wäre noch zu klären. Zur Gruppe der Geflohenen gehört Marie Sandová [54342]:

---

[254] Gisela Spier-Cohen. Weggerissen. S.36ff.
[255] Vgl. auch Lisa Scheuer S.102ff.
[256] Evakuierungsopfer sind bislang nicht explizit bekannt.
[257] Katarina Löfflerová. Düsing S.82
[258] Vgl. Helga Weiss. Und doch ein ganzes Leben. S.162 vgl. S.155

> „Unsere „Reise“ sollte in Flossenbürg enden, aber die Strecke war nicht frei; so fuhren wir über Eichwald, Triebschitz bei Brüx und kamen nach Horni Briza. Es regnete, wir waren völlig durchnässt. Der Stationsvorsteher hielt den Zug an und besorgte gedeckte Waggons. Ohne Essen und Trinken fuhren wir weiter. Am 18. April[259] fuhren wir über Pilsen nach Domazlice (Taus)[260]. Dort ging es nicht weiter, also fuhren wir zurück – über Klatovy nach Budweis. Am 28. April kamen wir an. Nach kurzem Aufenthalt fuhr der Zug wieder an. Ich wusste nicht, was mich erwartete, aber ich wollte in Budweis bleiben. In der Nacht zum 29. April verlangsamte der Zug seine Geschwindigkeit. Der Viehwaggon hatte ein Dachfenster. Meine zwei Kameradinnen[261] und ich zogen uns durch dieses Fenster und sprangen vom Zug. Das war sechs Kilometer hinter Budweis. Wir waren kahl geschoren, schmutzig und in Sträflingskleidung mit Holzschuhen. Wir machten uns zu Fuß auf den Weg über Budweis – dort war es sechs Uhr früh – Rudolfov, Lisov, nach Stepanovice. Eine meiner Kameradinnen konnte nicht mehr weiter. Sie hatte offene Wunden an den Beinen. Tschechische Bauern versteckten sie. Wir liefen nach Trebon (Wittingau), in einem sehr elenden Zustand; der Marsch dauerte sieben Stunden. In Trebon hatte ich Bekannte, die uns elf Tage versteckten.“[262]

Auch Hana Hnátová kann eine Geflohene explizit benennen:

> „Sie verluden uns so dicht in Viehwagen, dass wir mit gespreizten Beinen auf dem Boden sitzen mussten, damit alle Platz hatten. Sie gaben uns weder zu essen, noch zu trinken. Es war grausam. In der Früh öffnete ein SS-Mann die Waggontür und fragte: „Wer ist krepiert?“ In Westböhmen wurden wir dann in geschlossene Waggons verladen. Vorher fühlten wir aber den Regen und die Kälte ganz direkt, ebenso die Fliegerangriffe. Wir fuhren am bombardierten Pilsen vorbei, wir sahen Ruinen und totes Vieh. Auf dem Bahnhof in Horni

[259] Dieses Datum steht im Widerspruch zu den polizeilichen Datierungen der tschechischen Polizeiberichte des SNB
[260] Die Reihenfolge der Stationen deckt sich nicht mit den anderen Quellen.
[261] Personen bislang nicht identifiziert.
[262] Marie Sandová. Düsing S.79

> Briza hörten uns die Menschen tschechisch sprechen. Sie brachten uns Kaffee und Brot. In Klatov wurde uns sogar noch mehr gebracht, aber das Bessere behielten die SS-Aufseher. Jeder noch so kleinste Bissen half uns aber auch schon. An der südlichsten Grenze Böhmens sprang unsere Mitgefangene Eva Ronková[263] aus dem Zug in die Freiheit."[264]

Auch Lisa Scheuer erinnert sich möglicherweise an die von Ronková und/oder anderen Frauen genutzte Fluchtgelegenheit:

> „Nur einmal hielten wir noch an. Es war in der Nähe der Stadt Budejovice/Budweis bei einem Birkenwäldchen, wo uns der Hauptscharführer [sic!] aussteigen ließ. In der Nähe des Bahngleises floß ein schmales Flüsschen. Wir konnten die Böschung hinuntergehen, um uns zu waschen. Die günstigste Gelegenheit zu einer Flucht, dachte ich, und begann zu rennen. Ich kam aber gar nicht weit. Ein Stück flussaufwärts brach ich zusammen. Ich war zu schwach und nicht mehr gewohnt, an der frischen Luft frei zu laufen. Meine Lungen schienen platzen zu wollen, als ich mich bewegte. Es war etwas anderes, in Reih und Glied in gleichmäßigem Tempo zu gehen, als hier fortrennen zu müssen. Unter den Augen eines polnischen Wächters, der seinen Gewehrlauf auf mich gerichtet hatte, kroch ich mühsam die Böschung wieder hinauf und war froh, als ich wieder auf meinem Platz im Waggon saß. So wie mir ging es noch einigen Kameradinnen. Anderen war die Flucht gelungen, auch Frau Dr. Mautnerová[265] setzte sich damals ab. Sie ließ die Kranken im Stich, nur unter der Obhut von Hanka, was ich gar nicht schön fand – ich meine, sie hätte bei den Kranken aushalten sollen. Ein Mädchen[266] lief auch davon, das angeblich hier aus der Gegend stammte und nur nach Hause rannte. Sie mußte wohl von unserem Transport erzählt haben, denn gegen Abend kamen Dorfbewohner an unseren Zug heran. Sie brachten Körbe mit Lebensmitteln [...] die an uns ausgeteilt werden durften."[267]

---

[263] FloNo.: 54349, gelangt nach ihrer Flucht nach Prag

[264] Hana Hnátová. Düsing S.74f.

[265] Edita Mautnerová

[266] Diese Person wurde bislang nicht eindeutig identifiziert.

[267] Lisa Scheuer. S.107

Rikica-Radmila Slozberg äußert [unter Vorbehalt]:

> „Als wir am nächsten Tag hielten, standen wir sehr lange auf dem Gleis. Über uns hörte man Flugzeuge. Bomben fielen. Gegen Abend, in der Dämmerung schoben sie die Türen mit dem üblichen „Raus jetzt, los, raus!" auf. Wir sprangen so weit wir konnten. Ich rannte weg und andere hinter mir her. Nach etwa hundert Metern hörte ich Schüsse. Etwas streifte meinen Kopf, und als ich die Hand hob, schmerzte es auch auf meiner Handfläche. Ich drehte mich um und sah Frauen auf dem Boden liegen. Blutend lief ich weiter, Irena[268] neben mir. „Bleib stehen", zischte sie. „Sie sind schon ganz nahe." Ich war unschlüssig, wusste nicht was ich machen sollte. Drei SS-Männer stießen mich vorwärts und brüllten: „Verdammte Bande! Das wirst du büßen!" Einer trat mich, ich rollte einen Abhang hinunter und landete neben einem Zug. Ich suchte nach Irena und sah, dass sie nicht verwundet war. Sie sperrten uns wieder in den Waggon.
> Die Flucht war misslungen. Kein Wunder – als wäre es so einfach, den Deutschen mit ihren Gewehren zu entkommen. Jetzt verstand ich, wie naiv ich gewesen war. Aber es war zu spät. Die Wunde am Kopf war klein, die an der Hand um so größer. Elf Frauen fehlten. Niemand wusste, was ihnen passiert war. Die blutende Wunde verband ich mit einem Stück vom Saum meines Kleides. Die Läuse, die sich bis dahin darin befunden hatten, krochen über meinen Arm. Der Zug rollte weiter. Drei[269] Tage waren wir nun schon unterwegs und kannten inzwischen unsere Namen. Wilma sagta: „Schade, dass die Flucht schief gegangen ist. Wir sind in Österreich. Vielleicht wäre es hier leichter sich zu verstecken." Die Kommentare dazu waren unterschiedlich. Ich war froh, dass ich niemanden überredet hatte und sie freiwillig mitgekommen waren."[270]

---

[268] Bei dieser Person handelt es sich eher um eine literarische Figur. Vgl. Pascal Cziborra. KZ Autobiografien. S.38ff.

[269] Die Zeitspanne passt nicht zum Passieren der österreichischen Grenze. Slozberg datiert den Transport nach Mauthausen aber ohnehin historisch völlig falsch in den Sommer 1943.

[270] Rikica-Radmila Slozberg. „Auf dich wartet noch das Leben..." S.61f.

III. Entbindungen während der Evakuierung:

Auch während der Evakuierung wurden unter den Freiberger Häftlingen weitere Kinder geboren. Der Sohn einer bislang nicht näher identifizierten Slowakin, soll laut Lisa Scheuer ‚Janko' geheißen haben. Sie schreibt:

> „Im Lazarettwaggon waren viele Schwerkranke und eine Frau, die kurz vor ihrer Entbindung stand. [...] Zwei Tage später [...] war es dann soweit. Das Kind wollte in diese schöne Welt und war nicht davon abzuhalten. Die Geburt ging ganz einfach vonstatten. Der kleine Junge war so winzig wie eine Puppe, aber gut und vollkommen entwickelt. Haare und Fingernägel und sogar Wimpern hatte das kleine Würmchen. Aber wir hatten keine Schere zum Abnabeln und auch keinen Bindfaden dazu. Auf dem Boden des Waggons, im Staub, fand ich ein Stück Zuckerschnur[271], für den medizinischen Zweck wohl nicht ideal, aber was sollte ich tun? Ich hatte keine Wahl. Die Nabelschnur hatte Hanka abgebissen, und ich kaute die Zuckerschnur so lange, bis ich annehmen konnte, sie sei nun durch meinen Speichel steril geworden. Der Hauptscharführer [sic!] tat, als sähe er nicht, wie wir uns um Mutter und Kind kümmerten. Die Mutter war überglücklich, Janko sollte der Junge heißen!
> Am nächsten Morgen fuhr der Zug in die erste Station des Protektorats Böhmen und Mähren, das heißt in die Tschechoslowakei, ein; hier in Most (Brüx) bekamen wir zum erstenmal das, was man so allgemein mit Kaffee bezeichnet. In großen Kannen wurde uns von polnischen Zivilgefangenen das laue bräunliche Spülwasser an den Zug gebracht und verteilt. Dieser Tag war bemerkenswert. Drei Freundinnen verzichteten auf ihre Portion „Frühstückskaffee", obwohl wir vor Durst aufgesprungene Lippen hatten und uns der Hunger quälte, und wir badeten den kleinen Janko zum erstenmal nach der Geburt in der großen Kanne in der lauen Brühe [...]
> Wir fahren nach Mauthausen![272] Wo ist Mauthausen? Nie davon gehört! Wir fuhren aber immer noch in Böhmen herum.

[271] Vermutlich die Schnur des unter den Häftlingen verteilten Zuckersackes

[272] Andere Häftlinge sprechen erst von Flossenbürg als Evakuierungsziel.

> Hier war es schon Vorfrühling geworden. Wir froren nicht mehr so erbärmlich. Ja, ab und zu schien die Sonne auf uns. Wir sahen fürchterlich aus, abgemagert bis auf Haut und Knochen und rochen entsetzlich übel. Nur dem kleinen Janko schien es gut zu gehen. Er gedieh. Das Geheimnis seines Wachstums war das Baby der Kapo-Maria. Das wurde inzwischen mit Haferbrei und Milchersatzpulver gefüttert, und dabei fiel natürlich immer ein Teil für „unser" Kind ab. Diese Methode war bereits zum festen Lagergesetz geworden. Wer hat, muß teilen!"[273]

Auch Helga Weissová-Hosková berichtet von der Geburt Jankos:

> „Jetzt sind wir schon fünf Tage unterwegs. Bis Kriegsende kommen wir kaum noch aus den Waggons heraus. In der Nacht eines Fliegerangriffes gebar eine Slowakin ein Kind, beim matten Schein einer Taschenlampe, mit der der Wachposten unter die Decke leuchtete. Vorläufig sind Mutter und Kind gesund. Was würde man zu Hause alles mit einem Neugeborenen tun? Hier wurde es einfach in eine von Kohle verschmutzte Decke eingewickelt, und es ging auch. Es war schon das zweite[274] Baby, das geboren wurde. Das erste kam in der Nacht vor unserer Abreise aus Freiberg zur Welt[275]."[276]

Ein weiterer Junge namens Max Friedmann wird wohl am 20. April 1945 während der Evakuierung kurz vor Ankunft in Horni Briza ebenfalls im Transportzug als KZ-Häftling geboren. Seine Mutter ist die polnische Jüdin Rachel Friedmann[277], die für die Shoah Visual History Foundation das Interview 15161 gab. Ihr Sohn heißt heute Mark Olsky[278], dessen Entbindung im Geburtenbuch Mauthausen beurkundet ist. Als Geburtsort wird wahrscheinlich aus formalen Gründen ‚Mauthausen' angegeben. Die polnische Jüdin Halina Najduchowska erinnert:

---

[273] Lisa Scheuer. S.101ff.

[274] Abgesehen vom Kind der polnischen Kapo.

[275] Hier ist wohl die Geburt Hana Lomovás gemeint; Geburt am Nachmittag!

[276] Helga Weissová-Hosková. Düsing S.65 Vgl. Helga Weiss. S. 153f.

[277] FloNo.: 53485 *31.12.1918-19.02.2003 Glencoe/Chicago [Rachel Olsky]

[278] Vgl. Wendy Holden. Born Survivors

> „Unterwegs brachte eine von den Frauen ein Kind zur Welt. Auf der nächsten Station brachten Einwohner, die das erfahren hatten, Sachen für das Baby."[279]

Ob sich die Schilderungen auf die beschriebene Geburt beziehen, ist allerdings nicht sicher. Für den Aufenthalt in der Station Horni Briza werden in tschechischen Nachkriegsdokumenten vier Neugeborene gemeldet. Diese Zahl deckt sich mit der Zahl der Freiberger Säuglinge.[280] Pavlicek schildert diese Hilfsaktion. Eine dritte Entbindung während der Evakuierung erfolgte bei der Überführung von Gusen bzw. St. Georgen nach Mauthausen. Veronika Hannová berichtet über die Entbindung der tschechischen Jüdin Hanna Nathan[281]:

> „Am 29. April kamen wir nach Mauthausen. Dort wurde die Tochter von Anka Nathanová geboren. Sie gebar auf dem Lastwagen. Anka sagte ständig zu mir: „Vera, bitte verlass mich nicht, bleib bei mir." Leider konnte ich nicht auf dem Lastwagen sein. Beide überlebten."[282]

Hanna Nathan wurde für das Mauthausener Oral History Survivor Documentation Projekt interviewt. Sie erinnert:

> „Als wir am Bahnhof ankamen und ich das Wort ‚Mauthausen' las setzten die Wehen ein. Denn jetzt war es Gewissheit. Jene, die gehen konnten, mussten zur „Festung", zum Lager, welches am Hügel oberhalb von Mauthausen lag, hinaufgehen. Jene, die nicht gehen konnten, so wie ich, wurden in einem Wagen hinaufgefahren. Ich weiß nicht, wer den Wagen geschoben oder gezogen hat, vielleicht Pferde.[283] Ich habe das vergessen. Allmählich kam das Baby. [...] Jedenfalls erreichten wir die Festung. Ich musste auf einen anderen Wagen klettern, obwohl das Baby schon unterwegs war. Auf diesen Wagen klettern, es war einfach unmenschlich. Ich bat eine Ge-

[279] Aussage Halina Najduchowska Düsing S. 136
[280] Tochter der Kapo-Maria, Hana Löwenbein, Janko, Max Friedmann
[281] FloNo.:54243
[282] Aussage Veronika Hannová. Düsing S.54
[283] Laut Helga Weiss ein Auto. Vgl. Und doch ein ganzes Leben S. 170

> fangene, eine russische Ärztin[284], um Hilfe, aber sie ging einfach weg. Gefangene. Keine Deutsche. Keine Jüdin. Russin. Auf diesem anderen Wagen, fuhren wir den Hügel hinunter. Ich schrie, weil das Baby kam. Ein SS-Mann ging vorbei und sagte: „Du kannst weiter schreien!“ Er war sehr „gnädig“ zu mir. Das Baby kam heraus und rührte sich nicht. Es waren zirka 20 an Flecktyphus[285] sterbende Frauen auf dem Wagen. Sie lagen auf mir und dem Baby. Nein, es war unglaublich. Wir erreichten das Krankenhaus, das sogenannte „Festungskrankenhaus“ oder „Revier“. Jedes Konzentrationslager hatte eines. Wir kamen außerhalb des Reviers an. Jemand rief einen Arzt. [...] Er kam und schnitt die Nabelschnur durch und gab dem Baby einen Klaps auf den Po. Es fing an zu schreien. [...][286]

Für ihre gegen 20 Uhr 30[287] geborene Tochter Eva Nathan gibt es sogar dokumentarische Belege.[288] Sie wird in der Repatriierungsliste von Mauthausen [AMM U8b/2] an Position 3991 geführt. Sehr wahrscheinlich handelt es sich bei dem Eintrag an Position 3741 auch um die kleine in Freiberg geborene Hana [Edita] Löwenbein. Kurz nach der Geburt Eva Nathans kommt es am 30.04. oder 01.05.in Mauthausen laut Veronika Hannová zu einer weiteren Entbindung. Sie berichtet:

> „Dann gebar ein Mädchen, das nicht verheiratet war, aber das Kind starb.“[289]

Hinweise für eine Identifizierung dieser Person sind erbeten. Die Erinnerungen können als verlässlich gelten, da Hannová kurz darauf am 2. Mai selbst in Mauthausen ihre Tochter Jana zur Welt brachte, die später ebenfalls Eva[290] genannt wurde:

---

[284] Wahrscheinlich Alexandra Ladiejschtschikowa

[285] Möglicherweise auch Häftlinge aus dem Außenlager Venusberg

[286] AMM OH/ZP!/536 S.12f. zitiert nach Helga Amesberger

[287] Laut nachträglich ausgestellter Geburtsurkunde. Artikel vom 01.08.2006

[288] Vgl. Wendy Holden. Born Survivors

[289] Aussage Veronika Hannová. Düsing S.54

[290] Späterer Name Eva Chlupova.

> „Ich gebar am 2. Mai eine Tochter. Die Frauen gaben dem Mädchen den Namen Jana. Ich sagte mir, ich lasse den Namen, bis mein Mann zurückkommt. Er soll ihr dann einen Namen geben. Jana wog nicht einmal zwei Kilo und war so schrecklich klein. Das lässt sich nicht beschreiben.“[291]

Mutter und Tochter finden sich auf den Positionen 3935, 3934 und 4045 der Repatriierungsliste wieder. Vera Hannová wird dabei doppelt geführt. Sie erinnert außerdem:

> „Nach mir gebar Gerta Kompertová einen Jungen, der später in Prag starb.“[292]

Lisa Miková ergänzt:

> „Das Kind wurde auf dem Revier unter der Assistenz eines jugoslawischen Arztes[293] geboren. Es sah von Anfang an kränklich aus, im Gegensatz zu den anderen Kindern, die zuvor zur Welt gekommen waren. In Prag kam sie mit ihren Sohn sofort in ein Krankenhaus.“[294]

Dort starb Michael Robert Kompert, geboren am 8. Mai, einige Wochen nach der Befreiung. Auch dieser Säugling ist auf oben erwähnter Repatriierungsliste an Position 4046 [aber mit Datum 2. Mai] verzeichnet. Bei dem Rücktransport per Bus nach Budweis, soll es etwa am 19. Mai 1945 noch zu einer weiteren Entbindung gekommen sein. Edna Amit aus Prostejov erinnert:

> „Nach der amerikanischen Befreiung, 5.5.1945, sind wir dann mit Autobussen (Rotes Kreuz) in die Tschechei zurück angekommen. (Ich erinnere mich auf ein Mädchen, die am Weg eine Geburt hatte. Ich glaube sie hieß Katz.)“[295]

Tatsächlich dürfte es sich um Ruth Katz aus Prostejov handeln. Bestätigende Hinweise sind erwünscht.

---

[291] Aussage Veronika Hannová. Düsing S.55 Tochter: Eva Chlupova
[292] Aussage Veronika Hannová. Düsing S.55
[293] Wahrscheinlich Swetislav Zivkovic. Vgl. Slozberg S. 75 [68]
[294] Aussage Lisa Miková über Gerta Kompertová. Düsing S. 57
[295] Aussage Lilly Edna Amit *Bobasch 04.03.2006 Privatarchiv Cziborra

T1: Übersicht der [potenziellen] Schwangerschaftsfälle

FloNo.	Nat.	Name - Identität	Geb.-D.	Säugling	Date	V
53671	POL	Rosa Hanna Prendka	07.02.10	schwanger?	??.??	
53922	POL	Sabine Friedmann	23.07.19	schwanger?	??.??	
54359	CZE	Lisa Scheuer	19.08.07	Fehlgeburt	??.??	D
????? 53475	POL	Polnische Kapo Maria = Maria Ferst ?	??.??.?? 12.11.14	Tochter	??.??	S?
?????	POL	[Bela Rosenbaum ? s.o.]	??.??.??	starb	??.03.	D
?????	CZE	Tschechin	??.??.??	starb	??.??	D
54194	SLO	Priska Löwenbein	06.08.16	Hana (Edita)	12.04.	S
?????	SLO	Unbekannte Slowakin	??.??.??	Janko	??.04.	S?
53485	POL	Rachel Friedmann	31.12.18	Max / Mark	20.04.	S
54243	CZE	Hanka Nathan	20.04.17	Eva	29.04.	S
?????	???	Unverheiratetes Mädchen	??.??.??	starb	??.??.	D
54079	CZE	Veronika Hannová	31.07.18	Jana / Eva	02.05.	S
54106	CZE	Gerta Kompertová	22.01.11	Michael R.	08.05.	D
54113	CZE	Ruth Katzová	15.08.26	?????	19.05.	S?

IV. Ankunft in Mauthausen:

Am 29. April erreicht der Evakuierungszug das Lager Gusen. Die Männer aus Flößberg gelangen definitiv am selben Tag nach Mauthausen; möglicherweise auch die Frauen aus Venusberg.[296] Von Gusen werden die Häftlinge gruppenweise in das etwa 4,5 km entfernt liegende, auf einer Anhöhe errichtete KZ Mauthausen überführt. Obwohl viele Häftlingsschätzungen anderes suggerieren, dürfte die Sterblichkeit unter den Freiberger Häftlingen mit Abstand die geringste des Evakuierungszuges gewesen sein. In einigen Waggons soll es gar keine Toten gegeben haben, in anderen in geringer Zahl. Konkrete Evakuierungsopfer werden nicht genannt und sind bislang nicht namentlich bekannt. Zudem kann für den dritten Freiberger Häftlingstransport eine relativ geringe Sterblichkeit explizit nachgewiesen werden. Da es keine Anzeichen dafür gibt, dass die Sterblichkeit unter den polnischen Freiberger Jüdinnen deutlich davon abweicht, kann davon ausgegangen werden, dass insgesamt nicht mehr als 100 Freiberger Häftlinge während ihrer KZ-Haft oder an deren Folgen

[296] Letzte klärende Hinweise erbeten!

verstarben. Es ist nicht einmal ganz unwahrscheinlich, dass nach Abschluss der Recherchen die endgültige Opferzahl unter 50 Personen liegen wird. Nach derzeitigen Hochrechnungen dürften daher 925-975 Frauen, etliche waren ja auch während der Evakuierung geflohen, mit mindestens 4 Säuglingen in Gusen angekommen sein. Helga Weissová Hosková rekonstruiert:

> „Die 16-tägige Pilgerfahrt ist zu Ende. Die Waggons sind geöffnet, auf den Häusern gegenüber steht in großen, schwarzen Buchstaben „Mauthausen“! So hat der Scharführer gewonnen. All die Reden, dass wir nirgendwo mehr durchkommen! Wie oft haben wir schon gehört, dass Schluss sein wird. Ich sehe mich im Fenster eines Häuschens, und erschrecke über mich selbst. Wie kann sich ein Mensch innerhalb von sechzehn Tagen so verändern? Man kann keine von uns mehr erkennen. Sie führen uns, oder besser gesagt, sie treiben uns durch die Stadt! Ich kann nicht mehr, ich geh nicht weiter! Die Straße bergauf wird immer steiler. Sie jagen uns in einem wahnsinnigen Tempo. Einen Tropfen Wasser, nur einen Schluck! Ich kann nicht mehr!“[297]

Auskunft über den Verpflegungszustand der Frauen gibt auch Halina Najduchowska, die die Ankunft um einen Tag zu früh auf den Vormittag des 28. Aprils datiert. Sie schildert:

> „Uns wurde befohlen, den Zug zu verlassen. Dann liefen wir viele Kilometer, aber vielleicht schien es mir auch nur so, dass es so viele waren. Von diesem Marsch ist mir am meisten die Frau im Gedächtnis geblieben, die man angewiesen hatte, eine große Büchse Marmelade zu tragen, die natürlich den Deutschen gehörte. Sie ließ diese Büchse aus den Händen gleiten. Vielleicht hatte sie das absichtlich getan, vielleicht aus Versehen. Der Deckel war abgesprungen, und die Marmelade hatte sich auf die Erde ergossen. Da kratzten wir die Marmelade mit den Fingern vom Boden auf. Sie war sehr schmutzig, aber wir konnten uns nicht zurückhalten von so einem Genuss.“[298]

---

[297] Helga Weissová-Hosková. Düsing S.67 Vgl. Helga Weiss S.163

[298] Aussage Halina Najduchowska Düsing S. 136

Hana Hnátová erinnert:

> „Sie jagten uns hinauf in die Richtung der Berge. Unterwegs tranken wir vor lauter Durst aus Pfützen, pflückten Sauerampfer. Wir wunderten uns, dass sich kein einziges Fenster in den Häuschen öffnete, an denen wir vorbeikamen. Wir gingen ins Lager ohne zu wissen, dass wir in den Gasöfen enden sollten. Wir hatten Glück. Die Öfen waren einen Tag vorher demontiert worden[299]. Tschechische Häftlinge informierten und halfen uns, so gut es ging. Aber - es war immer noch nicht zu Ende.“[300]

F11: Haupttor KZ Mauthausen **USHMM 74451**

Lisa Scheuer schreibt über den beschwerlichen Aufstieg und die Ankunft im Lager Mauthausen:

> „Es ging ziemlich steil den Berg hinauf, wobei wir uns gegenseitig stützen mussten. Besonders die älteren Frauen kamen nicht weiter. Die Kranken wurden auf einem Pritschenwagen gefahren, aber die Schwangeren mussten mit uns und gestützt

---

[299] Am 28.04.1945 werden noch 33 Personen in der Gaskammer ermordet. Danach beginnt die Demontage zur Verwischung der Spuren. Die letzte größere Vergasungaktion kranker Häftlinge fand am 20.04.1945 statt.

[300] Hana Hnátová. Düsing S.75

> von uns, zu Fuß gehen. Oben angekommen, sah ich eine richtige Festung mit Mauern, Söllern und Türmen aus Steinquadern gebaut und natürlich mit den bekannten Wachttürmen und umzäunt von dichtem elektrisch geladenem Stacheldraht. Wir schwenkten in eines der großen Tore ein und standen müde und ausgelaugt auf einem riesigen betonierten[301] Appellplatz."[302]

Zunächst erhielten die Frauen laut Scheuer ein wenig Gelegenheit sich auszuruhen und neue Kraft zu schöpfen. Dann begann die übliche Tortur des Appellstehens, die sich über mehrere Stunden, laut Scheuer über 12 Stunden, hinzieht. Diese Zeitspanne ist vermutlich eine gefühlte und keine tatsächliche Dauer, da die Ankunft in Mauthausen von mehreren Frauen auf den späten Nachmittag terminiert wird. Die Zeitspanne schließt außerdem wohl Brausebad und Kleidungsvergabe sowie die abschließende Unterbringung der Frauen ein. Da nicht alle Frauen gleichzeitig die Sanitäranlagen für Häftlinge im Lager nutzen können, werden die Frauen in Gruppen abgefertigt. Diejenigen, die später an der Reihe sind, mussten vermutlich einen Großteil der Zeit nackt auf dem Appellplatz stehen und warten. Halina Najduchowska befand sich in der zweiten Gruppe. Sie schildert:

> „Uns wurde befohlen, in Gruppen in den Baderaum einzutreten. Wir wussten damals schon, dass es unterschiedliche Bäder gab. Manchmal kam von oben Wasser, manchmal Gas. Unter Zwang wurde die erste Frauengruppe hineingeführt. Wir, die wir draußen blieben, warteten, ob wir die anderen aus dem Bad herauskommen sehen. Wir haben sie nicht gesehen! Dann wurden wir angetrieben hineinzugehen, aber die Frauen wehrten sich. Unterdessen hatte es angefangen zu regnen. Da rief eine „Gehen wir hinein, warum hier nass werden!" Und wir gingen langsam hinein, wir waren dazu bereit, ins Gas zu gehen. Wie sich zeigte, liegt Mauthausen nicht auf einer Ebene. Wir hatten auf einer Anhöhe gestanden. Jene Frauen hatten

---

[301] Der Appellplatz im Lager bestand aus gewalztem Kies. Der Garagenhof könnte möglicherweise auch der Aufnahmeprozedur gedient haben.
[302] Lisa Scheuer. S. 110

> den Ausgang aus dem Bad an der anderen, tiefer gelegenen Seite benutzt. Deshalb hatten wir sie nicht sehen können."[303]

Die Todesangst der Häftlinge kommt auch in dem Bericht über den Besuch bei Chawa Klein zum Ausdruck. Dort heißt es:

> „Letzlich kamen sie völlig entkräftet in Mauthausen an. Dort sollten alle zuerst unter die Dusche. Chawa Klein hatte große Angst und rückte in der Reihe immer wieder nach hinten, obwohl man ihr versicherte: „Fräulein, Sie brauchen keine Angst zu haben, Sie gehen nicht ins Gas!""[304]

In der online Kurzbiografie Thea Rumsteins [Gottesmann] von Nina Kompein heißt es außerdem über Evakuierung und Ankunft in Mauthausen:

> „Sie waren alle ausgehungert, denn sie hatten während der Fahrt nichts zu Essen bekommen. Von Zeit zu Zeit blieb der Zug stehen und dann ließ man sie neben den Waggons grasen und sich erleichtern. Auf den Bäumen wuchsen schon Blüten die sie aßen und sie tranken Wasser aus Bächen. Nach zwei Wochen erkannten sie schließlich wohin sie wirklich gebracht wurden: Mauthausen. Die wenigsten von ihnen waren Österreicherinnen. Die meisten Frauen waren Slowakinnen. Doch für Thea und ihre Mutter war es eine gewisse Ironie, dass sie zuerst aus dem Land, in dem sie geboren worden sind, vertrieben wurden, und nun sperrte man sie in eben diesem Land in ein Konzentrationslager. Die Frauen und Männer, die bei ihrer Ankunft dort standen, sahen sie an und meinten: „Noja, ihr Judenweiber, … hier werdet ihr eure ewige Ruhe finden. Da kummt kana raus!" [...] Allein der Aufstieg beim Eingang und das Treppensteigen waren schon eine Tortur. Als sie oben im Lager ankamen, brachen sie alle zusammen. Später sahen sie dann das Schild mit der Aufschrift „Brausebad" und als Thea dieses erblickte, fing sie an zu weinen, denn sie dachte, sie würden alle vergast werden. Da wussten sie nämlich schon über Mauthausen Bescheid und sie wussten auch, was „Brau-

---

303 Düsing S.137 [Möglicherweise einen Ausgang in den Garagenhof?]

304 Bericht über den Besuch bei Chawa Klein. Düsing S.93

sebad“ bedeuten konnte. Hoffnung hatten sie damals keine mehr.“[305]

Chava Livni berichtet Ähnliches über Ankunft und Aufnahmeprozedur:

> „Dann kommen wir in Mauthausen an. Da wankt eine lange Schlange von Skeletten - kaum noch Menschen ähnlich. Der Weg geht bergauf - fast können wir nicht weiter - aber es muss sein. Nur nicht am Weg liegenbleiben, wie manche - wir wissen, wie sie enden. Und wir schleppen auch noch die Trude mit uns, die nur jammert und nicht weiter will.... Endlich das Lager und wir bekommen sogar Essen. Man lässt uns in einen Hof, es nieselt, aber das ist uns schon egal...Es wird Nacht, wir warten dass man uns ins Bad lässt - ist es ein Bad, oder Gas??? Aber nein, es ist Wasser - warmes Wasser und so schwach es auch macht, wir fühlen uns wieder menschenähnlicher. Trotz der "Kleider" die man uns zuteilt - zerrissene Männerunterhosen und ein Hemd.“[306]

Halina Najduchowska bestätigt:

> „Nach dem Bad waren uns verlauste Männerhemden und Unterhosen gegeben worden. In zwei Baracken wurden je 500 Frauen eingewiesen. Für je vier Personen wurde ein Strohsack zugeteilt. Die Bedingungen waren unvergleichlich schlechter als in Freiberg.“[307]

Bei der genannten Unterbringung handelt es sich wohl um die Baracken neun und zehn des Sanitätslagers, einem abgezäunten Lagerbereich des Russenlagers, das unterhalb des eigentlichen Stammlagers aber oberhalb der Todestiege auf einem abgeflachten Plateau lag. Hier werden die Häftlinge, die das Brausebad bereits durchlaufen haben, einquartiert. Es ist aber davon auszugehen, dass die Aufnahmenprozedur nach Einbruch der Nacht abgebrochen wurde. So kam die Gruppe um Lisa Scheuer gar

---

[305] Biografie Thea Margarete Rumsteins [Gottesmann] von Nina Kompein
[306] Chava Livni 1995
[307] Düsing. S.137

nicht mehr an die Reihe und wurde nackt direkt ins Sanitätslager[308] geführt. Mindestens die Kleiderausgabe und möglicherweise auch der Gang durch das Brausebad, wurden jedoch wohl am Folgetag nachgeholt. Die Geschehnisse und die Beobachtungen des fortgeschrittenen Erstappells schildert Lisa Scheuer wie folgt:

> „Schließlich kam der Befehl, uns völlig auszuziehen. Alle Lumpen, die wir noch am Leib hatten, mussten wir ablegen und standen weiter stundenlang, jetzt vollkommen nackt, auf dem Betonplatz [...] Endlich gab die Lagerleitung, wie es schien, auf und ließ uns in das berüchtigte Zigeunerlager[309] von Mauthausen bringen. [...][310] Zwei kranke Frauen, die wir aus Freiberg in dem Krankenwaggon und nachher auf dem Pritschenwagen mitgebracht hatten, starben noch auf dem Appellplatz. Wir merkten erst, als wir aufgefordert wurden loszumarschieren, dass sie tot waren: eine junge Holländerin und eine ältere Tschechin. Wir mussten sie liegen lassen, konnten sie nicht in das Zigeunerlager mitnehmen. Das einzige, was wir tun konnten, war, schnell ein Totengebet zu sprechen und weiterzugehen.“[311]

Bei der jungen Holländerin handelt es sich um die 25-jährige Dina De Leve[312]. Ihr Ehemann Dirk Frederik De Leve reichte am 15.05.1985 ein Gedenkblatt für sie bei der Gedenkstätte Yad Vashem ein. Der Todeszeitpunkt seiner Frau wird allerdings basierend auf Zeugenberichten holländischer Jüdinnen falsch datiert, und zwar auf den 20.03.1945. Dieses Datum findet sich auch am Mahnmal der holländischen Opfer Mauthausens wieder. Zu diesem Zeitpunkt war das Freiberger Lager noch nicht einmal evakuiert. Die Deportation via „Friburg“ nach Mauthau-

---

[308] Sie nennt das Russenlager auch Zigeunerlager [S.112], aber auch das Frauenlager im Wiener Graben wird als Zigeunerlager bezeichnet. Vorsicht!

[309] Hier Russenlager, siehe Beschreibung auf Seite 112

[310] Die ausgelassenen Schilderungen sind nicht plausibel. In der Nacht wird im Steinbruch auch nicht gearbeitet worden sein. Inhaltlich unstimmig!

[311] Lisa Scheuer S. 111f.

[312] FloNo.: 54378 *16.10.1919 Groningen

sen wird aber explizit genannt. Als Todesursache heißt es in einem zweiten Gedenkblatt „Froze to Death“ = Erfroren.
Bei der älteren Tschechin dürfte es sich nach dem Ausschlussverfahren um die 44-jährige Berta Liebermannová[313] handeln. Die sonst noch in Frage kommende 38-jährige Anna Schreiberová[314] ist erst nach der Befreiung am 27. Mai im Häftlingslazarett Gusen verstorben.
Beim Abmarsch vom Appellplatz herrscht großes Durcheinander, sodass sogar Familienangehörige voneinander getrennt werden. So berichtet Lisa Miková über sich und ihre schwangere Kusine:

> „In dem Gewimmel auf dem Appellplatz verloren wir einander und fanden uns erst nach der Befreiung am 5. Mai wieder.“[315]

Die Trennung gewachsener Häftlingsgruppen wird wohl durch weitere spätere Quartierwechsel forciert. Chava Livni berichtet:

> „Nach 2 Tagen gehen wir ins Zigeunerlager im "Wiener Graben".[316] Dort ist es furchtbar - fast kein Essen, etwas Stroh am Fussboden ist unser Bett. Die Baracke ist riesig - in einer Ecke sind Ukrainerinnen die sich wie Tiere prügeln. Uns gegenüber "asoziale" Deutsche = Prostituierte. Auch hier üben sie ihr Gewerbe aus - mitten unter hunderten von Frauen. Meine Nachbarin sagt mir : "zieh deiner Schwester die Decke über den Kopf, sie muss das nicht sehen!" Ist es möglich, dass es immer noch ärger werden kann? Außer der Trude haben wir alle aus den Augen verloren... Aber die deutsche Prostituierte hat uns wahrscheinlich das größte Geschenk gegeben, das ich je bekommen habe. Ein Buch von Cronin - ein richtiges Buch!! Und wir lesen - mitten im Inferno, im ohrenbetäubenden Gebrüll, Gezeter, Streiten. Wir können entfliehen - in eine andere Welt, vergessen was um uns ist.

---

[313] FloNo.: 54189 *07.12.1900
[314] FloNo.: 54360 *06.03.1907
[315] Lisa Miková Düsing S. 57
[316] Vgl. Helga Weiss. Und doch ein ganzes Leben S.171 bereits am 30.04.45

> In der Nacht hört man wieder Kanonen - den schon bekannten Ton. Wagen wir zu hoffen, dass man uns diesmal nicht weiterschickt? Wir wissen nicht, wo die Front ist...Und die Kräfte schwinden - aber jetzt dürfen wir nicht aufgeben, müssen durchhalten!"[317]

Auch Pola Hinenberg [Górnicka] wird im Frauenlager Wiener Graben, d.h. im sogenannten „Zigeunerlager" untergebracht. Dabei soll es sich um eine umfunktionierte Baracke, bzw. eine ehemalige Fertigungshalle der Messerschmitt AG gehandelt haben. Sie erzählt:

> „In Mauthausen wurden wir in einem großen Gebäude untergebracht, das sich auf einem Gelände unterhalb hoher Steintreppen befand. Auf dem Betonfußboden waren schmutzige, übel riechende Matratzen ausgelegt. Wir lagen auf diesen Matratzen in Erwartung des Todes. Aber die Deutschen kamen nicht mehr dazu, uns umzubringen."[318]

Im Gegensatz zu den Baracken des Sanitäts- und des Stammlagers, schlafen die Frauen hier direkt auf dem provisorisch gepolsterten Betonfußboden. Der damals achtzehnjährigen Polin Esther Fajnkoch[319] gelingt aus diesem Lagerbereich eine Flucht:

> „Durch längeres Regnen war der Boden aufgeweicht, daher konnte Esther unter dem Zaun durchschlüpfen und in den angrenzenden Wald gelangen."[320]

Sie wird nachdem sie um ein Stück Brot gebeten hat bis Kriegsende und darüber hinaus von der Familie Schatz in Langenstein, Frankenberg 14, versteckt und versorgt.[321] Johann und Maria Schatz wurden 2009 bzw. 2010 auf Initiative Esthers Sohn, Arie Zychlinski, posthum als Gerechte unter den Völkern geehrt.

---

[317] Chava Livni 1995

[318] Düsing S.129 vgl. Aviva Liebeskind. Mail an den Autoren am 03.03.2006

[319] FloNo.: 53783 *23.12.1926 [Feinkoch]

[320] Gedenkrede von Maria Schatz 06.05.2006 Memorial Gusen.Online Source

[321] Auskunft des Sohnes Arie Zychlinski

F12: **Luftbild** Air Force Archive Alabama - **Memorial Gusen**

F13: Satellitenfoto **Archiv Cziborra**

1: Gedenkstätte Mauthausen 2: Steinbruch Wiener Graben & Todesstiege
3: Sanitätslager/,Russenlager' 4: Frauenlager Wiener Graben [Messerschmitt-Baracke]
5: Lagergelände Gusen 6: Fluchtversteck Familie Schatz für Esther Fajnkoch

F14: Wäschereibaracke im Stammlager Mauthausen 2006 Archiv Cziborra

F15: Häftlings-Duschraum im Keller der Wäschereibaracke Cziborra 2006 [Das Brausebad durchliefen auch die Freiberger KZ-Häftlinge bei Ankunft am 29.04.1945]

F16:‚Russenlager'   USHMM 04848 Donald Schaufelberger
Das „Russenlager" kurz nach der Befreiung. Vorne rechts die Baracken 9 und 10 des separat eingezäunten Sanitätslagers, wo weibliche Freiberger Häftlinge einquartiert und befreit wurden.

[Der Lagerbereich wird in einigen Häftlingserinnerungen auch „Zigeunerlager" genannt. Mit dem Begriff werden aber auch Baracken am Wiener Graben bezeichnet]

F17: Rückansicht der Baracke 10 im Sanitätslager USHMM Col. P. Robert Seibel

F18: Innenansicht einer Baracke des Sanitätslagers USHMM 38063 Ray Buch [Mai 1945]

F19: Essensausgabe im Sanitätslager **12.05.1945**
USHMM 45035 National Archives

F20: Befreite Frauen **USHMM 74461 Col. P. Robert Seibel**

F21: Befreite Frauen USHMM Eugene S. Cohen

F22: Befreite Frauen USHMM 07431 Pauline M. Bower

F23:Frauen im Sanitätslager reden mit einem US-Soldaten
USHMM 74456 Col. P. Robert Seibel 05.05.-07.05.1945

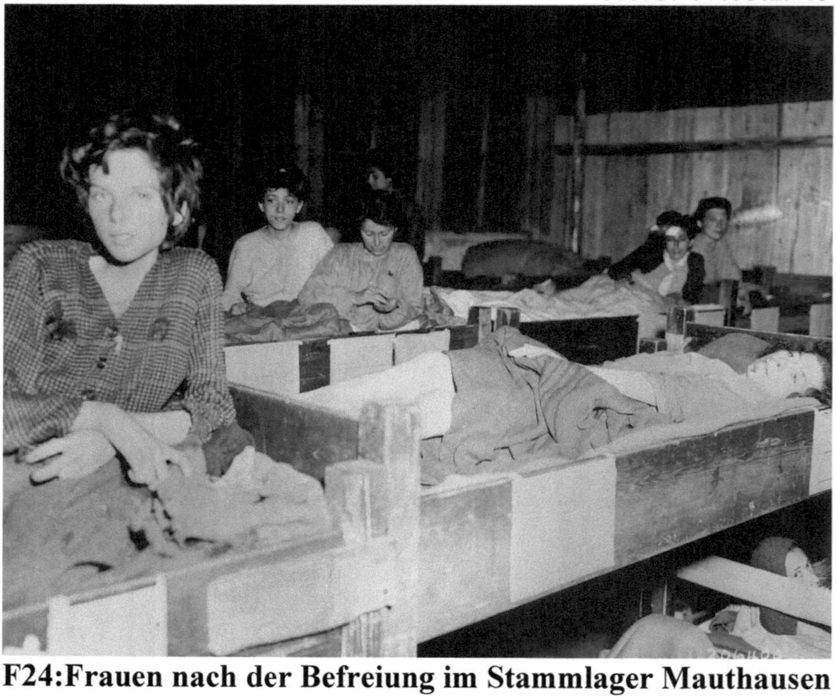

F24:Frauen nach der Befreiung im Stammlager Mauthausen
USHMM 37482 Donald R.Ornitz 08.05.1945

F25: Das 'Russenlager' unter Quarantäne USHMM 28190

F26: Befreite Häftlinge nähen aus Bettzeug Kleidung. USHMM 06417 Eugene S. Cohen [05.05.1945-15.05.1945]

q) Mai 1945: Die Befreiung

Die ersten Tage im Mai und die Situation der Häftlinge kurz vor der Befreiung beschreibt Helga Weissová-Hosková in ihrem nach Kriegsende rekonstruierten Tagebuch wie folgt:

> „1. Mai 1945. Der zweite Tag im Lager, der zweite Tag ohne Brot! Wir bekommen nur einen viertel Liter Wasser und ebenso viel Suppe. Alles, was wir haben, sind lange Morgenappelle in Kälte und Kot. Meine Holzschuhe sind so löchrig, dass ich eigentlich schon barfuß gehe. Schimpfwörter und Schläge! Es ist 15 Uhr. Wir haben noch immer nichts zu essen bekommen. Mutter schafft es kaum noch zum Appell und auf die Latrine. Sie liegt nur noch, ihr ist schon alles egal. Ich erbettle von ein paar Russinen Kartoffelschalen und koche daraus eine Suppe. Mutter ist schlecht davon. Vielleicht habe ich giftiges Gras gepflückt? Die Schutzpolizei[322] verteilt Zigaretten. Ich hab sogar drei erbettelt. Gestern gaben die Russinnen dafür Kartoffeln. Sie bringen sie von draußen, wahrscheinlich arbeiten sie irgendwo auf einem Feld. Für eine Zigarette gab es zwei Kartoffeln, vielleicht werden sie heute wieder tauschen? Drei Zigaretten, das sind sechs Kartoffeln. Die könnten Mutter retten. Wenn sie nur schon hier wären, Mutter geht es doch so schlecht, vielleicht ... ich will nicht zu Ende denken. Auf der Ambulanz wird niemand angenommen. Ich bin so ratlos, verzweifelt ...
> Das ist der 1. Mai, der Tag, auf den wir so lange gewartet und gehofft haben. In der Ferne hört man Kanonendonner, aber das sind wahrscheinlich Detonationen in den Steinbrüchen. Zu alldem kommen noch diese ekelhaften Läuse. Seit wir hier sind, habe ich mich nicht mehr gewaschen. Ich habe nicht mehr genügend Kraft dazu. Ich bin froh, dass ich mich überhaupt noch auf den Beinen halten kann. Draußen rasseln die Kessel. Pro Person gibt es einen viertel Liter, das ist unser Essen.“[323]

---

[322] „Am 2. und 3. Mai verließ die SS das Lager und übergab die Bewachung 50 Mitgliedern der Wiener Feuerschutzpolizei, die sich jedoch nicht mehr in die Angelegenheiten des Lagers einmischten.“ Vgl. Der Ort des Terros. 4/332
[323] Helga Weissová-Hosková. Düsing S.67 Vgl. Helga Weiss S.171f.

Nachdem am 3. Mai wohl auch die letzten SS-Angehörigen das Lager verlassen, und die Bewachung 50 Mitgliedern der Wiener Feuerschutzpolizei übergeben haben, werden schon bald die weißen Flaggen gehisst. Über die ersten Anzeichen der Befreiung berichtet Chava Livni komprimiert:

> "Und dann ein Morgen ohne SS[324] - keine Aufseherinnen, auch kein Essen. Wir begreifen erst gar nicht, was es bedeutet - sind zu schwach, zu leer um noch Freude zu empfinden. Die ganzen Monate die wir durchgehalten haben, nur für diesen Augenblick - und jetzt spüre ich gar nichts...
> Endlich wagen wir uns vor die Baracke - und trauen unseren Augen nicht: am Hauptlager weht eine weiße Fahne!!
> In unserer Baracke ist der Teufel los - die Ukrainerinnen prügeln sich fast tot - und plötzlich entschließen wir uns ins Hauptlager zu gehen! Wieder schleppen wir die Trude mit uns, sie hat keine Schuhe und im Vorbeigehen nimmt die Agi ein Paar mit - sie standen neben den raufenden Ukrainerinnen. Wir gehen den Weg entlang, keiner hält uns auf! Es gibt keine Worte für dieses Gefühl einfach losgehen zu können...frei sein. Über unseren Köpfen schießt man - wir gehen einfach weiter, das kann uns doch nichts anhaben! Nur weg....In einem Bauernhaus bitten wir um Essen - bekommen dickes Schmalzbrot mit Wurst. Die Wonne, in so eine dicke Scheibe Brot zu beißen!"[325]

Erst am 5. Mai rücken auch militärische Truppen bis ins Lager vor. Am Morgen des 5. Mai erreicht eine Panzerkolonne der 11. Division der 3. US-Armee die Marktgemeinde Mauthausen, wobei ein Großteil der SS-Wachmannschaft gefangen genommen wird. Helga Weissová-Hosková über diesen Tag:

> „5. Mai 1945. Früh: Ich sitze am Feuer hinter der Baracke und warte darauf, dass irgendeine Russin Kartoffelschalen wegwirft. Nicht einmal diese können sie mir geben, sie kochen für sich selbst. Seit Donnerstag gehen sie nicht mehr zur Arbeit,

[324] Die SS verlässt am 2. oder 3. Mai das Lager und wird durch die Wiener Feuerschutzpolizei abgelöst.

[325] Chava Livni 1995

und so haben sie keine neuen Vorräte. Damals kamen sie jubelnd, sie würden nicht mehr arbeiten, weil das Ende naht. Wir freuten uns mit ihnen, aber wie wir später sahen – zu früh. Jede Nacht hört man Kanonendonner, angeblich sind sie schon in Linz – 27 Kilometer von hier entfernt. Ich habe ständig Angst, dass wir die Front nicht mehr erleben werden. Während der ganzen Woche bekamen wir zweimal ein sechzehntel Brot, das sind ungefähr 70 Gramm. Der Stubendienst prügelt uns, schimpft und droht mit einem ganztägigen Appell. Von dem wenigen Essen stehlen sie uns noch die Hälfte, wenn nicht alles. Mutter wird von Tag zu Tag schwächer. Ich führe sie ein wenig an die frische Luft, aber ihr wird so unwohl, dass sie nicht einmal zurückgehen kann. Sie war ja schon in Freiberg geschwächt, dann die 16-tägige Fahrt, die ihr Übriges tat und jetzt noch die Woche hier – ganz ohne Essen!

Hier sind viele Deutsche[326], Schupo[327], Posten und Aufseherinnen, die nach Zivilkleidung suchen, um sich umzuziehen.[328] Durch den Wald fahren Wagen voller Gepäck. Heute Nacht waren die Detonationen so stark, dass einige Male die ganze Baracke bebte. Jetzt beginnen die Deutschen zu laufen. Einzelne sind schon seit Donnerstag verschwunden.

Mittag: Das Wachhäuschen vor dem Eingang ist leer. Der Schupo spaziert nicht wie gewöhnlich vor der Baracke hin und her, der Stubendienst ist auch fort. Wohin sind sie nur verschwunden? Vor einer halben Stunde waren sie doch noch hier, haben mich noch verjagt, als ich mir von einem Holzschuhhaufen ein Paar nehmen wollte. Wollte doch nur meine kaputten umtauschen. Was geschieht denn jetzt? ... Man beginnt Suppe auszuteilen. Heute essen wir uns wieder ein bisschen satt, wir haben gekochte Kartoffelschalen in Salzwasser. Eine Russin schenkt mir Salz ... Was ist los? Man hört auf, die Suppe zu verteilen. Am Eingang stehen alle auf, laufen herum und umarmen sich. Mutter ist schlecht, sie wartet auf etwas von dem warmen Wasser. Nach dem Essen kehrt bei ihr ein wenig von der Kraft zurück.

---

326 möglicherweise Soldaten des Afrika Korps in hellen/gelben Uniformen vgl. Biografie Thea Rumsteins von Nina Kompein

327 Abkürzung für Mitglieder der Wiener Feuerschutzpolizei

328 Angeblich hat die SS am 3. Mai 1945 bereits das Lager verlassen.

> Draußen stehen die Menschen in Gruppen zusammen. Der Jubel dringt bis hierher. Ich erkenne einzelne Stimmen. Ich laufe hinaus. Höre ich richtig? Es werden immer mehr Stimmen, und alles verschmilzt in einem Ton. „Frieden, Frieden", fliegt es von Mund zu Mund in der ganzen Baracke. Ich stehe vor dem Tor. Die Blicke aller sind nach oben gerichtet. Oben, auf dem Turm von Mauthausen, weht eine weiße Fahne, - die Fahne des Friedens! Mauthausen hat sich ergeben! Für uns hat der Frieden begonnen!
> Voller Kot, ich bin in Strümpfen hinausgelaufen, kehre ich an unseren Platz zurück. Mutter steht auf. Woher nimmt sie auf einmal die Kraft? Ich hänge mich an ihren Hals, und, ganz außer mir, stottere ich unter Küssen das Wort, von dem wir die ganzen Jahre nur geträumt haben. Das Wort, welches wir im heimlichsten Winkel unseres Wesens hätschelten und uns nicht trauten, laut auszusprechen. Das heilige Wort, das so viele herrliche und unglaubliche Dinge enthält: Freiheit, Ende der Tyrannei, der Not, der Knechtschaft und des Hungers. Wir haben es erlebt. Wir haben den Krieg überlebt. Es ist Frieden!"[329]

Der Jubel der Befreiung kommt aber für viele zu spät, denn auch die Amerikaner können die Bedingungen nicht schlagartig ändern, und müssen auf das zurückgreifen, was sie in den Magazinen finden. Halina Najduchowska berichtet:

> „Nach einer Woche, am 5. Mai 1945 kamen die amerikanischen Truppen. Die Zeit ihrer Anwesenheit empfand ich als trostlos. Wir lebten weiterhin unter denselben Bedingungen, trugen dieselbe „Tracht" und durften das Lager nicht verlassen. Man gab uns aber genug zu essen, Schwarzbrot und Erbsensuppe. Erklärt wurde das damit, dass in den deutschen Magazinen eben nur diese Produkte zurückgeblieben waren. Infolge des übermäßigen Essens von Brot und Erbsensuppe entstanden Magenkrankheiten, meist Durchfall, die fast alle erfassten. Daran starben etwa 100 Menschen."[330]

---

[329] Helga Weissová-Hosková. Düsing S.67f.
Vgl. Helga Weiss. Und doch ein ganzes Leben. S. 173ff.
[330] Halina Najduchowska Düsing S. 137

Irena Liebman bestätigt:

> „Hat Ihnen niemand von der „Befreiungssuppe" erzählt, die uns am ersten Tag der Befreiung in Mauthausen gegeben wurde? Danach sind mehrere Frauen, ich glaube, es waren bis zu 40, gestorben. Das war ein bitteres Unglück, eine makabere Nacht, eine wahre Hölle..."[331]

Konkrete Opfer dieser Befreiungssuppe sind unter den Freiberger Häftlingen bislang nicht explizit bekannt. Dr. Michael John schreibt:

> „Tatsächlich war durch das Eintreffen der Amerikaner die Situation nicht mit einem Schlag bereinigt. Nur langsam und schrittweise konnte man der Situation Herr werden, Kranke behandeln, Tote in Massengräber legen, die Seuchengefahr bekämpfen, die Befreiten versorgen. Mit ansehen mußte man noch, wie etwa 2.000 bereits völlig entkräftete und kranke Häftlinge nach der Befreiung starben."[332]

Ein Häftling, der im Gegensatz zu vielen anderen, gerade noch vorm Tod bewahrt werden konnte, war Marianne Rojiczek. Sie berichtet über ihre glückliche Rettung:

> „Dort war es schrecklich, es war wieder ein richtiges Konzentrationslager, dauernd sind Leute gestorben und getötet worden. Ich kann mich aber sehr schlecht erinnern. Ich wurde auch krank, war völlig abgemagert und total geschwächt. Ich glaube ich wäre dort gestorben. Was dann passiert ist, hat man mir erzählt. Das Lager wurde von den Amerikanern befreit und ich bin halb bewußtlos oder bewußtlos im Dreck gelegen. Ich war sehr schwach. Aber ich hatte blonde Haare und lange Beine. Und wie die Amerikaner und die Häflingsfunktionäre, also die politisch aktiven Häftlinge, die den organisierten Widerstand im Lager gebildet haben durch die Unterkünfte und das ganze Lager gegangen sind, haben sie mich entdeckt und ein junger polnischer Sanitäter hat sich gedacht: 'Nein, dieses

---

[331] Irena Liebman. Düsing S.151

[332] Dr. Michael John in Prinzip Hoffnung S.293-298

> Mädchen darf nicht sterben.´ Die Sanitäter haben mich dann genommen und mich zum Arzt und mit dem Wagen in ein Spital gebracht. Dort hat man mich wieder aufgepäppelt. "[333]

Die Freiberger Häftlinge, die noch auf den Beinen sind, ziehen nach der Befreiung in SS-Quartiere um. Lisa Miková berichtet:

> „Wir siedelten in die SS-Baracken über. Aus den Bettbezügen und Decken nähten wir uns Blusen und Röcke.“[334]

II. Befreiung im Wiener Graben:

Etwas verzögert erreicht auch die Frauen im Wiener Graben die Nachricht von der Befreiung. Auch hier setzte bald nach der Ankunft der Amerikaner die erste Hilfe ein.

Pola Hinenberg:

> „Der Tag, an dem wir befreit wurden, war sehr sonnig. Ich fühlte mich sehr schlecht, ging aber ins Freie. Ich stützte mich an eine Wand und schaute den Berghang hinauf, auf dem sich der übrige Teil des Lagers befand. Plötzlich erblickte ich dort viele verschiedenartige Fahnen. Es wurde mir klar, dass dort irgendetwas Besonderes vor sich gehen musste. Gleich darauf fuhr eine Gruppe amerikanischer Soldaten gemeinsam mit Russen in unseren Abschnitt des Lagers ein. Letztere begannen Gespräche mit den neben uns untergebrachten russischen Häftlingsfrauen. Ich hörte heraus, dass der Krieg zu Ende war.“[335]

Nina Kompein schreibt über die Geschichte der Gottesmanns:

> „Inzwischen war Theas Mutter furchtbar krank geworden, hatte angeschwollene Beine. Da sah Thea einen Krankenwagen, mit dem ihre Mutter ins Lager hinauf gebracht wurde.

[333] Marianne Rojiczek
[334] Düsing S. 49 vgl. Foto F24 ?!
[335] Aussage Pola Hinenberg. Düsing S.129

Wäre sie unten geblieben, wäre sie wahrscheinlich gestorben. Gemeinsam mit ihrer Freundin Gerti[336], die sie schon in Auschwitz wieder getroffen hatte, verbrachte Thea noch zwei Wochen dort unten. Sie lagen da, denn sie hatten keine Kraft mehr, waren todkrank. In der Umgebung waren einige Bauern und andere Gefangene, Ukrainerinnen, gingen nach der Befreiung öfter aus dem Lager und kamen mit (wahrscheinlich) gestohlenen Hühnern zurück. Da meinte auch Thea eines Tages, dass sie etwas unternehmen müssten. Thea dachte, dass man ihnen vielleicht etwas geben würde, ihnen helfen würde, wenn sie sagten, sie seien Österreicherinnen. Also gingen Gerti und sie zu einem Bauernhaus, klopften an die Tür und baten den Besitzer um ein wenig Nahrung. Dieser gab ihnen jedoch jeweils ein Glas Wein. Plötzlich kamen zwei Österreicher mit Gewehren und betrachteten Thea und Gerti. In Mauthausen hatte man ihnen ihre Kleidung weggenommen und so saßen sie in verlausten Männerunterhosen und Hemden dort. Und da meinten die zwei Österreicher: „No, was machen denn die zwei Judenweiber hier? Heraus, heraus von hier!" Dabei muss man beachten, dass das schon nach dem Krieg war. Thea und Gerti standen auf und liefen weg – sie hatten Glück, dass sie nicht erschossen wurden. Sie liefen, doch von dem Wein bekamen sie furchtbaren Durchfall und mussten fast bei jedem Baum stehen bleiben, bis sie schließlich im „Zigeunerlager" ankamen. Dort waren sie – geschwächt vom Durchfall – wieder gelegen. Doch dann beschlossen sie, Theas Mutter zu suchen. Eines Tages in der Früh – sie konnten kaum gehen, so schwach waren sie – gingen sie die Todesstiege hinauf. Sie mussten auf jeder zweiten Stufe rasten und Thea dachte, sie würde auf dieser Stiege sterben. Stunden später waren sie völlig erschöpft oben angekommen und fingen an, nach Theas Mutter zu rufen. Wieder vergingen einige Stunden, als sie plötzlich die Mutter ganz leise Theas Namen rufen hörten. Thea und Gerti stiegen durchs Fenster ins Zimmer, in dem die Mutter lag und legten sich in ein Bett. Die Amerikaner waren auch schon da und versorgten sie mit Essen."[337]

---

[336] Wahrscheinlich Gerti Taussig, bzw. Meltzer

[337] Biografie Thea Margarete Rumsteins [Gottesmann] von Nina Kompein

r) Repatriierung

Nach der Befreiung dauerte es unterschiedlich lang, bis Rücktransporte in die Heimat organisiert wurden. Den Anfang im Lager machten Französinnen und Niederländerinnen, die mit Hilfe des Roten Kreuzes schon kurz nach der Befreiung in geschwächtem Zustand den Heimtransport antraten. Sie wurden aber zunächst in die Schweiz und nach Deutschland gebracht und dort in verschiedenen Krankenhäusern und Hospitälern gepflegt. Ein Brief Marianne Levys an Familie Wittig bestätigt:

> „Ich danke für alles Gute, was Sie uns damals, Ihre eigenen Gefahr nicht achtend, zugesteckt haben. Wir sind damals von Freiberg nach dem KZ Mauthausen gekommen. Wir haben furchtbare Wochen mitgemacht, doch sind wir am 5.5. von den Amerikanern befreit worden. Weil wir vollkommen unterernährt waren, sind wir in die Schweiz zur Erholung gekommen. Mitte August kamen wir nach Holland. Dort trafen wir unseren lieben Vater und meinen Verlobten ...“[338]

Im Besonderen die Bodensee-Region diente Franzosen und Holländern als Rehabilitationszentrum für ehemalige KZ-Häftlinge. So wurden für diese Zwecke auch die Bodenseeinseln Reichenau und Mainau von deutscher Bevölkerung weitestgehend evakuiert und Lazarette eingerichtet. Viele der Befreiten kamen aber nicht wieder auf die Beine und starben nach all den Strapazen noch in Folge ihrer KZ-Haft. Auch drei Holländerinnen aus Freiberg starben noch Wochen nach ihrer Befreiung in St. Gallen, Ravensburg und Mainau. Auch auf die Bodenseeinsel Reichenau wurden befreite Freiberger Häftlinge gebracht:

> „Kurz vor Kriegsende erreichte Gisela [Spier] mit anderen Häftlingen, unter denen auch Freundin Rita (aus Wien) war, das Konzentrationslager Mauthausen (Österreich), wo sie Anfang Mai 1945 endlich befreit wurde. Gisela wog noch 42 Pfund. [...] Das Rote Kreuz brachte Gisela in einer Ambulanz

[338] Brief von Marianne Levy an Familie Wittig vom 7. April 1946.Düsing156

> nach der Insel Reichenau (im Bodensee) zur Rekonvaleszenz. Gisela erreichte Eretz Israel illegal noch im Jahre 1945."[339]

Auch die deutschen Häftlinge des Lagers werden damit recht bald in alle Winde zerstreut. Laut Lisa Scheuer organisieren sie sich teilweise auch Pferdefuhrwerke und ziehen in kleinen Gruppen selbständig gen Heimat. Wesentlich homogener gestaltet sich da der Rücktransport der tschechischen und slowakischen Jüdinnen. Sie werden am 19. Mai 1945[340] ebenfalls durch das Rote Kreuz repatriiert. Dabei gelangen die tschechischen Jüdinnen per Bus nach Budweis und von dort per Sonderzug nach Ostrava oder Prag. Hana Hnátová erinnert:

> „Am 19. Mai fuhren wir mit Bussen nach Ceske Budejovice, wo wir von der Bevölkerung stürmisch empfangen wurden. Von dort aus fuhr ein Sonderzug nach Prag, der an allen größeren Stationen halten musste."[341]

Die Slowakinnen brechen am selben Tag im Schiffskonvoi auf und gelangen auf der Donau über Wien am 22. Mai nach Bratislava. Katarina Löfflerová erinnert:

> „Nach Hause fuhren wir mit einem Schiffskonvoi. Die Fahrt dauerte drei Tage. Am 22. Mai 1945 sind wir angekommen."[342]

Im Archiv der Gedenkstätte Mauthausen ist eine Repatriierungsliste[343] vorhanden, auf der die Namen und Geburtsdaten der meisten Frauen dieser beiden Repatriierungstransporte überliefert sind. Von den 418 Datensätzen beziehen sich mehr als 320 auf Freiberger Überlebende. Die jeweiligen Positionen in der Liste wurden ausgewertet und werden in Teil 4 des Buches genannt.

---

339 Gisela Spier-Cohen – Weggerissen. S.12f.
340 Lisa Miková spricht auch vom 18. Mai 1945. Düsing S.49
341 Hana Hnátová. Düsing S.75
342 Katarina Löfflerová. Düsing S.83
343 AMM U8b/2

Nachdem nun etwa schon die Hälfte der Freiberger Überlebenden Mauthausen und Umgebung verlassen hat, verharrt die Mehrzahl der polnischen Jüdinnen immer noch im Lager. Halina Najduchowska berichtet:

> „Es gelang mir, mit dem ersten legalen Transport aus Mauthausen nach Polen abzureisen. Das war schon einen Monat nach Kriegsende.“

Implizit sagt sie damit aus, dass einige Frauen, die es sich zutrauten, wohl schon auf eigene Faust das Lager verlassen hatten. Die genauen Daten und Umstände der organisierten Transporte nach Polen sind unbekannt. Einige Ausweispapiere polnischer Jüdinnen wurden aber auch erst Ende Juli 1945 ausgestellt.[344] Möglicherweise kehrten auch längst nicht alle polnischen Jüdinnen in ihre Heimat zurück, und hielten sich bis zu ihrer Emigration nach Israel oder in die USA und andere Aufnahmestaaten in den DP-Camps Bindermichl und Hart in Linz, oder ähnlichen Lagern andernorts auf. Da für die polnischen Jüdinnen des Freiberger Lagers keine Repatriierungslisten vorliegen, sind daher auch noch viele Schicksale dieser Frauen ungeklärt. Eine höhere Sterblichkeit ist daraus also nicht herzuleiten. Allein die recht unterschiedliche Dokumentationslage, gerade auch im Vergleich mit den sehr gut erforschten und dokumentierten Schicksalen der Thersienstädter Häftlinge, ist dafür verantwortlich, dass deutlich weniger über die Schicksale der polnischen Jüdinnen des Lagers Freiberg bekannt ist. Dieser Forschungsrückstand soll künftig, gerne auch durch Leserreaktionen, weiter aufgeholt werden.

Über die Repatriierung der Ungarinnen, einer weiteren großen Mauthausener Häftlingsgruppe, ist ähnlich wenig bekannt. Zwar nutzten einige von ihnen die organisierten Transporte in die Slowakei, möglicherweise auch nach Prag, und kamen auf diese Weise ihrer Heimat ein großes Stück näher, Dokumente zu organisierten Rücktransporten nach Ungarn sind nach derzeitigem Kenntnisstand aber auch nicht überliefert.

---

[344] 27.07.1945 Vgl. Shoah Visual History Foundation – Interview 50423

Mit der Befreiung und einer Rückkehr in die zerstörte Heimat ist der Leidensweg der meisten Holocaust-Überlebenden jedoch längst noch nicht zu Ende. Das volle Ausmaß der herben Verluste dringt oft erst viel später zu den Betroffenen vor:

> „Noch immer krank, kam sie [Edith Sternfeld] nach der Befreiung und allem Leid wieder nach Hause, wo sie ihre Mutter mit Typhus ansteckte. Die Mutter starb daran ein wenig später. „Ich habe in diesen Jahren die bittersten Erfahrungen meines Lebens gemacht und leide noch heute daran.“ Als Edith Sternfeld die Familie aufsuchte, die ihr Kind versorgt hatte, waren alle Beteiligten sehr unglücklich. Das Kind erkannte die eigene Mutter nicht wieder, und der Bauer wollte das Kind eigentlich nicht wieder zurückgeben. Frau Sternfelds erster Ehemann war dem ersten Transport aus Pressburg zugeordnet worden. Er kehrte nie wieder nach Hause zurück.“[345]

Nachdem die gewohnten sozialen Netzwerke und die Familienstrukturen zerstört waren, gestaltete sich der Weg zurück in eine Normalität für die meisten Überlebenden äußerst schwierig. Helga Weissová-Hosková erinnert:

> „Am Anfang haben wir natürlich versucht, mit denen davon zu reden, die nicht in den Lagern waren. Aber wir merkten bald, dass sie uns nicht verstehen konnten. Der Unterschied zwischen ihnen und uns und unseren Erlebnissen war zu groß. Die Leute, die das nicht durchgemacht hatten, konnten das nicht verstehen. Und wir wollten auch nicht jeden Tag davon mit ihnen sprechen, also sprachen wir nur unter uns darüber. Dann wollten wir das vergessen. Wir hatten viele andere Sorgen. Ich musste studieren. Meine Mutter musste sich sorgen, wie wir leben werden. Sie musste Arbeit finden. Wir sind nackt nach Hause gekommen, mit leeren Händen, nur mit diesen Erlebnissen. Das war sehr schwer, und es dauerte lange Zeit, uns wieder in ein normales Leben einzupassen.“[346]

---

[345] Bericht über das Gespräch mit Edith Sternfeld. Düsing S.94
[346] Helga Weissová-Hosková. Düsing S.70f.

Nach den Existenzkämpfen der ersten Nachkriegsjahre und den damit verbundenen Verdrängungsmechanismen brachen bei vielen Überlebenden die traumatischen Erinnerungen erst wieder hervor, als sich etwas private Ruhe und existenzielle Sicherheit eingestellt hatte [vgl. Miková, Düsing S.50]. Manche Betroffene wurde aber auch tagtäglich durch gesundheitliche Folgeerscheinungen an KZ-Haft und Zwangsarbeit erinnert, sodass ein Vergessen nahezu unmöglich war. So wie jede einzelne Betroffene die Zeit anders erlebt hat, andere Schicksalsschläge hat hinnehmen müssen, so hat auch jede ihren individuellen Umgang und ihren persönlichen Weg der Verarbeitung oder auch der Verdrängung finden müssen. Einige Überlebende wurden nie wirklich befreit und blieben ihr Leben lang Gefangene ihres Lagers, Verfolgte ihrer Erinnerungen. Auch diesen späten Opfern der KZ-Haft sei mit diesem Buch gedacht.

F27: Repatriierung am 18./19. Mai? **USHMM**

F28: Linz-Bindermichl. USHMM 96473 Rena Finder
Ausbildungskurs zur Kosmetikerin

F29: Linz-Bindermichl. USHMM 57886 Rena Finder
Ausbildungskurs zur Kosmetikerin

s) Nach dem Krieg

1946 werden die Urnen der in Freiberg verstorbenen Frauen unter den Gedenkstein für die Opfer des Faschismus am damaligen Standort auf dem Donatsfriedhof gebettet.

1950 besuchte Rabbiner Zweigenhaft die Stadt und nahm die Urnen für die Überführung zum jüdischen Friedhof Hannover in Empfang.

1965 folgen Dr. Priska Lomová und ihre 20jährige in Freiberg geborene Tochter Hana einer Einladung der Stadt Freiberg als Ehrengäste.

In der BRD tritt am 18.09.1965 die 6. Verordnung zur Durchführung des Bundesentschädigungsgesetzes *BEGDV 6* in Kraft. Nach dieser Verordnung ist Freiberg wie etwa 1600 andere Kommandos und Lager auf europäischem Boden „als Konzentrationslager im Sinne des § 31 Abs. 2 BEG" anzusehen.

1966 wird begonnen im Rahmen der Ludwigsburger Stelle nach Tötungshandlungen in diesen „neuen" Konzentrationslagern zu ermittelt. Zu diesem Zeitpunkt sind alle Kriegsverbrechen außer Mord- und Tötungsdelikte verjährt. Die Vorermittlungen bezüglich Freiberg werden am 16.01.1968 beendet, da die 4 vernommenen Zeuginnen übereinstimmend erklärten, „dass Tötungshandlungen im Lager Freiberg nicht begangen worden sind."

1970-1980 Das SED-Regime der DDR propagiert in verzerrter Weise gegen den Faschismus. Die jüdischen KZ Häftlinge geraten in Vergessenheit. Der Fokus wird vielerorts bewusst auf osteuropäische Zwangsarbeiter gerichtet, die dem propagierten Bild des ausbeutenden Kapitalismus und der vom Faschismus ausgebeuteten Arbeiterklasse am nahesten kommen.

1989 Politische Wende und Wiedervereinigung führen zu verbesserten Recherchemöglichkeiten.

1991 Beginn einer intensiven Spurensuche nach jüdischem Leben in Freiberg

1995 Anlässlich des 50. Jahrestages der Deutschen Kapitulation wird im Eingangsbereich des Landratsamtes in der Frauensteiner Straße eine Gedenktafel angebracht [Vgl. Düsing S.39]

1996 Im Sommer besuchen sieben Überlebende des KZ-Lagers die Stadt Freiberg. Im Stadt- und Bergbaumuseum werden die berührenden Bilder Helga Weissová-Hoskovás ausgestellt.

1998 – 2000 Nach der Wiederentdeckung des dunklen Kapitels der Stadtgeschichte wird das Anti-Rassismus-Projekt „Shalom Sachsen – Böhmen" unter dem Träger des CJD Chemnitz im Christlichen Jugenddorfwerk Deutschlands (CJD) e.V. ins Leben gerufen. Es wird wichtige Kommunikations- und Versöhnungsarbeit geleistet. Einem systematischen, wissenschaftlichen Ansatz wird leider nicht nachgegangen. Höhepunkte des Projektes ist die Einladung ehemaliger Häftlinge nach Freiberg und die Rechercheredisen der Teilnehmer nach Israel und Prag.

2002 Das Projekt und seine Ergebnisse, sowie eine Sammlung von Zeitzeugenberichten wird unter dem Titel *Wir waren zum Tode bestimmt* im Forum Verlag Leipzig veröffentlicht.

2008 Nach mehreren Jahren intensiver Recherchen erscheint in der Aufarbeitungsreihe *Die Außenlager des KZ Flossenbürg* im Lorbeer Verlag der 4. Band unter dem Titel *KZ Freiberg – Geheime Schwangerschaft*

2009 Maria und Johann Schatz werden durch Yad Vashem posthum als Gerechte unter den Völkern geehrt.

2015 Wendy Holden setzt den Freiberger Neugeborenen mit „Born Survivors" ein literarisches Denkmal. - Anlässlich der Befreiungsfeierlichkeiten zum 70. Jahrestag des Kriegsendes erscheint die überarbeitete 2. Auflage des Buches „KZ Freiberg"

Teil 2: Personen im Lagerumfeld
Wachpersonal, Belegschaft und Bevölkerung

2.1 Das Freiberger Wachpersonal

Die Freiberger Wachmannschaft bestand im Schnitt aus etwa 20 männlichen SS-Angehörigen und 20-30 SS-Aufseherinnen, die dem Kommandoführer Unterscharführer Richard[347] Beck unterstanden. Laut Stärkemeldung des HSSPF Oberabschnitt Elbe[348] ist folgende Entwicklung dokumentiert:

Stichtag	SS-Angehörige versch. Ranges Hoher, mittlerer, niederer Rang			Aufseherinnen
31.01.1945	0	11	8	20
28.02.1945	0	4	17	19
31.03.1945	0	4	17	28

Insgesamt kamen aber wahrscheinlich doppelt so viele Personen im Freiberger Lager zum Einsatz, da das Bewachungspersonal häufig gewechselt wurde. Bei den Wachposten liegen bislang keine Informationen über die Gründungsmannschaft des Lagers vor, lediglich der Personalwechsel im Februar kann durch Überstellungslisten belegt werden. Bei den SS-Aufseherinnen ist es gerade umgekehrt. Hier liegen die Personalien und ausführliche Berichte der von Beginn an Dienst tuenden Aufseherinnen vor und es ist wenig darüber bekannt, durch welche Aufseherinnen sie später am 01.01.1945 abgelöst wurden. Auch die Veränderungen im Februar und März können nur teilweise anderweitig belegt werden. Umfassend gibt Gertrude S. 1967 zu Protokoll:

> „Kommandoführer war SS-Unterscharführer B E C K. Außer ihm war noch ein SS-Arzt im Lager, der im Offiziersrang stand. Ich glaube mich zu erinnern, dass es auch noch eine Ärztin gab. Außer Beck und dem Arzt gab es im Lager kein

[347] Er wird in einigen Häftlingsberichten auch als ‚Karl' Beck erinnert.Grawe

[348] Stärkemeldung im Dienstbereich HSSPF Oberabschnitt Elbe. ITS Arolsen

männliches Personal. Die Aufsicht über uns weibliche Häftlinge hatten SS-Aufseherinnen. Ich erinnere mich nicht mehr genau, wie viele es waren, glaube aber, dass immer 8 bis 10 im Dienst waren. Es ist mir nicht bekannt geworden, ob um die Kaserne[349] bewaffnete Posten aufgezogen waren, jedoch halte ich dies für wahrscheinlich."[350]

Insgesamt ergibt sich bislang folgende Übersicht des Freiberger Wachpersonals:

Die SS-Wachmannschaft				
Rang & Name	Geburt	Geburtsort	Ausbildung	Dienstzeit
Unterscharführer Beck, Richard				Freiberg ??.??.45 bis Mauthausen
Hauptscharführer Reichelt, Bruno	26.01.95			Freiberg 02.02.45 bis
Unterscharführer Krischel, Peter				Freiberg 02.02.45 bis
Unterscharführer Beckert, ?[Stadler Johann]				Freiberg 02.02.45 bis
Oberschütze Wieskott, Hans				Freiberg 02.02.45 bis
Rottenführer Pater, Kurt				Freiberg 02.02.45 bis
Rottenführer Bauer, Josef				Freiberg 02.02.45 bis
Schütze Schaub, Adam				Freiberg 02.02.45 bis
Schütze, Dietrich, Willi	22.11.93			Freiberg 02.02.45 bis
Schütze Krampe, Josef	09.04.96			Freiberg 02.02.45 bis

349 ehemalige Kaserne = Fabrikgebäude in der Frauensteiner Str.

350 Barch, B 162 / 17247, S.71 VP Gertrude S.

Schütze Verdier, Stefan	07.12.00			Freiberg 02.02.45 bis
Schütze Schramke, Josef	09.04.96			Freiberg 02.02.45 bis
Schütze Ullrich, Johann	01.11.04			Freiberg 02.02.45 bis
Schütze Killwinger, Johann	30.11.04			Freiberg 02.02.45 bis
Schütze Pendi, Albert	07.09.98			Freiberg 02.02.45 bis
Unterscharführer Grobauer, Ludwig	05.08.07			Freiberg 09.02.45 bis
Rottenführer Gaupp, Friedrich	14.02.05			Freiberg 09.02.45 bis
Sturmmann Fries, Gregor	29.11.19			Freiberg 09.02.45 bis
Schütze Grimars, Georg	31.05.07			Freiberg 09.02.45 bis
Schütze Brücke, Friedrich	30.12.99			Freiberg 09.02.45 bis
Schütze Wiezorek, Johann	12.12.98			Freiberg 09.02.45 bis

Aufseherin	**Geburt**	**Geburtsort**	**Lehrgang**	**Dienstzeit**
Oberaufseherin Lache, Olga	27.04.05	Dresden [Chemnitz]	Ravensbrück 16.08.45 bis	Freiberg 01.09.44 bis ??.??.45
Allihn, *Lötzsch Marianne	31.03.15	Chemnitz	Ravensbrück 16.08.45 bis	Freiberg 01.09.44 bis 31.12.44
Altermann Frieda	22.06.02		Ravensbrück 16.08.45 bis	Freiberg 01.09.44 bis 31.12.44
Bemmann, Rosemarie [Rosa-Marianne] *Kannler/Kamml. [gesch. Kunze]	26.01.07	Chemnitz	Ravensbrück 16.08.45 bis	Freiberg 01.09.44 bis 31.12.44

Bitterlich, Anneliese [#ledig]	17.07.22	Chemnitz	Ravensbrück 16.08.45 bis	Freiberg 01.09.44 bis 31.12.44
Böhm, Anneliese *Beckert	26.10.16	Chemnitz	Ravensbrück 16.08.45 bis	Freiberg 01.09.44 bis 31.12.44
Eisenhut, Elfriede *Fickert	24.06.20	Chemnitz	Ravensbrück 16.08.45 bis	Freiberg 01.09.44 bis 31.12.44
Gerlach, Elfriede			Ravensbrück 16.08.45 bis	Freiberg 01.09.44 bis 31.12.44
Hösel, Gertrud	25.07.20	[>Frankenberg]	Ravensbrück 16.08.45 bis	Freiberg 01.09.44 bis 31.12.44
Hofmann, Johanna				Freiberg 05.03.45 bis
Janke, Ilse	04.09.23	[Grünberg]	Zwodau Holleischen	Freiberg 05.03.45 bis
Knöpfe, Elsa *Hoffmann	29.02.04	Chemnitz	Ravensbrück 16.08.45 bis	Freiberg 01.09.44 bis 31.12.44
Kraatz, Paula	08.12.17	Neubrandenburg?	Zwodau Holleischen	Freiberg 05.03.45 bis
Niedner, Edith *Goldmann	26.02.22	Strafversetzt Vgl. Eisenhut	Holleischen	Tzani S.85 im März entlassen ?
Porstein, Marianne *Gläßer	26.01.21	Chemnitz	Ravensbrück 16.08.45 bis	Freiberg 01.09.44 bis 31.12.44
Pretzsch, Gertrud	17.09.05			Freiberg Tzani S.85
Schlicke, Herta	06.04.22		Holleischen	Freiberg Tzani S.85
Selbig, Elsa		[Magdeburg]	Ravensbrück 16.08.45 bis	Freiberg [?] 01.09.44 bis 31.12.44
Sieler, Anneliese	20.10.23	[Eschefeld]	Ravensbrück 16.08.45 bis	Freiberg [?] 01.09.44 bis 31.12.44
Spitzner, Elsa [#ledig]	16.08.04	Crimmitschau [Chemnitz]	Ravensbrück 16.08.45 bis	Freiberg 01.09.44 bis 31.12.44
Stetekorn, Marianne Frida	11.06.20	Chemnitz	Ravensbrück 16.08.45 bis	Freiberg 01.09.44 bis 31.12.44
Uhlig, Ingeborg	09.06.20	Chemnitz	Ravensbrück 16.08.45 bis	Freiberg 01.09.44 bis 31.12.44

Wächtler, Ella				Freiberg 05.03.45 bis
Weberschock, Erika	04.03.22		Flossenbürg DD Reick	Freiberg 05.03.45 bis
Zaha, Elfriede	28.03.23	[Wostrowa]	Holleischen	spätestens 14.12.44 bis

Rosemarie Bemmann

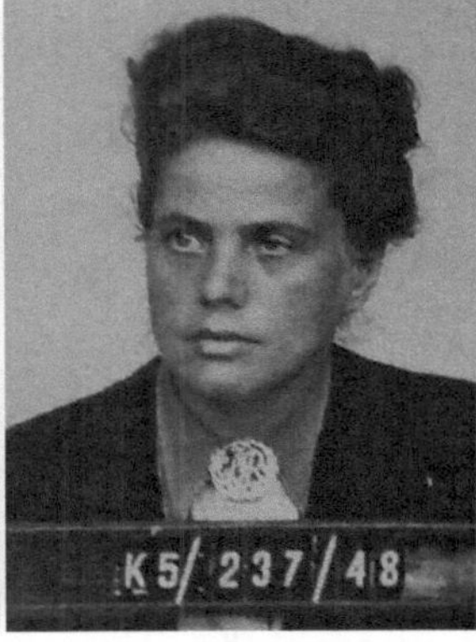

Anneliese Böhm

Elfriede Eisenhut

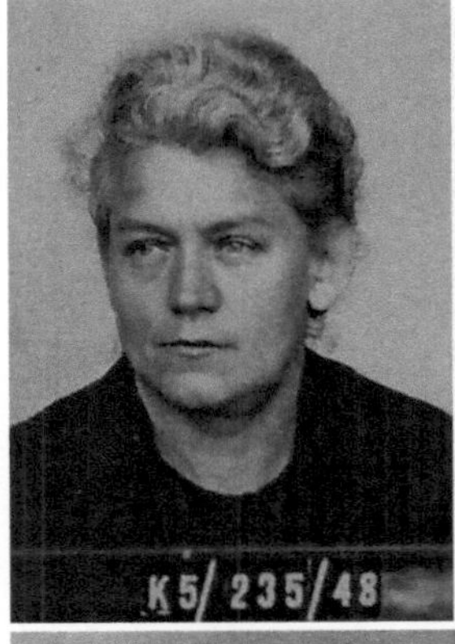

Elsa Spitzner

Marianne Stetekorn

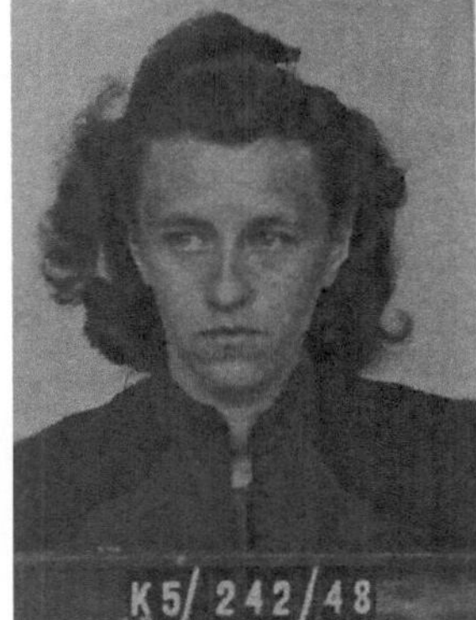

Mitte links: Elsa Helene Knöpfe

Unten links: Ingeborg Uhlig

FS30:
Die Fotos der Aufseherinnen stammen aus dem Staatsarchiv Chemnitz: Bestand 39074 Objekt 14 ZB55/118

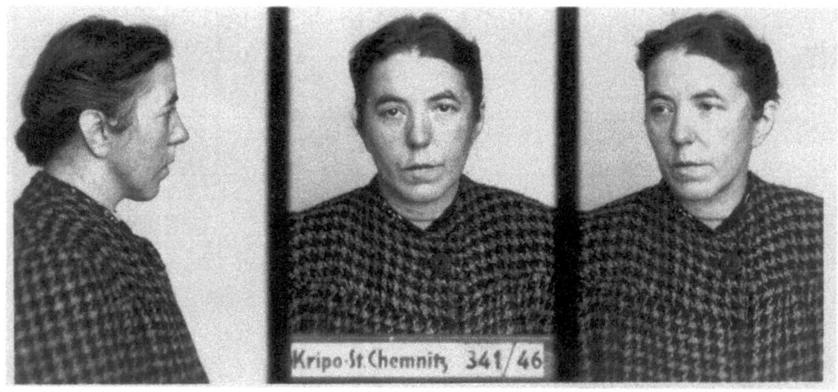

F31: Oberaufseherin Olga Lache

2.1.1 Kommandoführer Unterscharführer Beck

Die Identität und das Schicksal des Kommandoführers Beck, sind bislang nicht eindeutig geklärt. Es existieren etliche widersprüchliche Angaben. Irene A. gibt 1967 zu Protokoll:

> „Wie ich bereits erwähnte, war Lagerleiter der Unterscharführer Karl Beck, der soweit ich mich erinnere – aus Dresden stammte. Er sprach jedenfalls sehr diesen Dialekt. Sonstige Namen sind mir jetzt – nach über 20 Jahren – nicht mehr in Erinnerung.“[351]

Elisabeth M. geht allerdings im selben Jahr davon aus, dass der Lagerführer namens Richard[352] Beck aus Stuttgart stammen soll. Demnach liegen zwei verschiedene Vornamen und zwei unterschiedliche Herkunftsstädte vor. Geburtsdaten sind nicht überliefert. Laut der ehemaligen Aufseherin Marianne Allihn soll Beck von Beruf Kellner gewesen sein.
Über sein weiteres Schicksal berichtet Halina Najduchowska:

> „Als die Amerikaner in Mauthausen einzogen, versuchte der Unterscharführer, mit den Aufseherinnen zu fliehen. Mir ist bekannt, dass der Unterscharführer damals erschossen worden

[351] Barch, B 162 / 17247, S.67 VP Irene A.
[352] vgl. auch Lisa Miková

> ist. Ich kenne seinen Namen nicht und weiß nichts über seine Familie; sicherlich hatte er eine Frau. Ich meine, dass man diese Familie auffinden und ihr mitteilen sollte, dass er sich unter diesen Bedingungen als ein sehr anständiger Mensch erwiesen hat. Er hat fünf Frauen gerettet, die an Typhus erkrankt waren, denn er hat sie in Freiberg ins Krankenhaus gebracht. Als sich ergab, dass das Jüdinnen waren, hat er erklärt, dass er Häftlinge übernommen hatte und ihn niemand über deren Nationalität informiert habe. Er hat auch drei[353] Frauen gerettet, die schwanger waren, und die er in diesem Zustand seiner Pflicht entsprechend nach Auschwitz hätte schicken müssen. Die schwangeren Frauen haben ihre Kinder zur Welt gebracht und den Krieg überlebt. Er rettete einen geisteskranken weiblichen Häftling, er versteckte diese Frau im Lager[354]. Der Unterscharführer erlaubte auch den Aufseherinnen nicht, uns zu schlagen. Es gab noch mehr ähnliche Fakten. Nach dem Krieg, als ich mich mit Betroffenen aus anderen Ländern traf, wurde mir bewusst, wie viel wir ihm zu verdanken haben.“[355]

Als Reaktion auf diese überwiegend positive und entlastende Darstellung schreibt Lisa Miková:

> „Die Güte des Scharführers ist sehr fraglich, er hat viele Frauen geschlagen und mit dem Revolver bedroht. Auf dem 14-tägigen Transport, der in Mauthausen endete, bekam er in den tschechischen Dörfern Lebensmittel für uns, behielt sie aber für sich. Seine Absicht war, uns nach Flossenbürg in die Gaskammern zu bringen!“[356]

Diese Aussage soll im folgenden durch eine ganze Reihe belastender Berichte weitestgehend bestätigt werden.

---

[353] Da sich nicht alle Frauen im Lager untereinander kannten, variieren die Angaben über die Zahl der Schwangeren. Veronika Hannová [Düsing S. 53] - selbst schwanger - spricht von 5 Schwangeren. Im Rahmen dieser Arbeit konnten aber mindestens 12 Schwangerschaften und Entbindungen nachgewiesen werden.

[354] Vgl. Aussage Aufseherin Elfriede Eisenhut 20.08.1948

[355] Aussage Halina Najduchowska Düsing S. 137 f.

[356] Düsing S. 183

2.1.1.1 Misshandlungen durch Unterscharführer Beck:

Lisa Miková:

> „Der Chef des Ganzen, Unterscharführer Richard Beck, hat ständig gedroht und gebrüllt. Er zog den Revolver, aber wenigstens hat er niemanden erschossen. Vor dem fürchteten wir uns sehr. Bei ihm flogen die Ohrfeigen nur so. Unser Wachpersonal, SS-Frauen, benahm sich ebenfalls sehr schlecht zu uns.“[357]

Marie Sandová:

> „Schon im Januar waren wir in Baracken außerhalb der Stadt untergebracht worden. Als man uns Pritschen zuteilte, bekamen meine Freundin und ich eine, auf die der Regen prasselte, denn das Dach hatte ein Loch. Ich meldete es dem Unterscharführer Beck; ohne zu fackeln zog der den Revolver und schoss auf mich. Ich konnte zur Seite springen, die Kugel schlug neben mir ein.“[358]

Elisabeth M.:

> „Mir ist kein Fall bekannt, dass im Nebenlager Freiberg ein Häftling erschossen worden wäre, oder Tötungen von Häftlingen auf eine andere Art u. Weise.“[359]

Irena Liebman:

> „Wenn wir Appell standen, strafte uns der SS-Unterscharführer für jede Kleinigkeit, manchmal auch unschuldig. Er rief unsere Nummer auf, die an unsere Kleider genäht war, und ohrfeigte uns mit der linken Hand. Er sagte: „Meine rechte Hand wird kein jüdisches Fleisch anrühren.“ Ich bin nicht sicher, ob er auch eine Peitsche benutzte.“[360]

---

[357] Aussage Lisa Miková. Düsing S. 47
[358] Marie Sandová. Düsing S.79
[359] Barch, B 162 / 17247, S.47 VP Elisabeth M.
[360] Irena Liebman. Düsing S.148

Kasimira Rosmarinowsky:

> „Da war so ein Mädchen, ein ganz einfaches Mädchen. Ich glaube, die stammte aus irgendeinem Dorf. Und die konnte den Hunger überhaupt nicht ertragen. Die hat alles, was nur erdenklich essbar war, geklaut. Wenn sie etwas Essbares sah, musste sie es klauen und essen. Beim Appell musste sie raustreten, und da hat er [Unterscharführer Richard Beck] sie so geschlagen! So mit der vollen Faust. Ich habe noch den Geschmack ihrer Tränen, weil sie so weinte, so lautlos, ohne zu schreien, nix ganz stumm. Der Kopf flog mit jedem Faustschlag nach links, rechts, links, rechts. Und ich bekam die Tränen ab. Das hat er mehrmals gemacht."[361]

Gertrude S.:

> „Über SS-Unterscharführer Beck kann ich sagen, dass er wohl Misshandlungen von weiblichen Häftlingen begangen hatte, dass ich aber brutalere Schläger in Erinnerung habe. Es kam z.B. vor, dass Beck beim Morgenappell eine Frau mit seinem Koppel so lange schlug, bis sie zu Boden stürzte. Dies auch aus ganz geringfügigen Anlässen.[...]Fälle von Tötungen kamen im Frauenlager Freiberg nicht vor, mir ist auch nicht bekannt, dass ein weiblicher Häftling an den Folgen von Misshandlung verstorben ist"[362]

Elisabeth [Else] M.:

> „Mir ist lediglich der Lagerführer Richard Beck, der aus Stuttgart stammen soll, bekannt. Über R. Beck kann ich aussagen, dass er mich einmal mit den Fäusten misshandelt hat u. dass dabei meine Zähne herausgeschlagen wurden. Eine Aufseherin hatte beobachtet, als ich mich mit einem italienischen Gefangenen unterhielt. Das war verboten u. deshalb hatte mich die Aufseherin beim Lagerführer Beck verpfiffen."[363]

---

[361] Aussage Kasimira Rosmarinowsky. Düsing S.121
[362] Barch, B 162 / 17247, S.72f. VP Gertrude S.
[363] Barch, B 162 / 17247, S.48 VP Elisabeth(Else) M.

Berta D. bestätigt:

> „Mir ist kein Fall bekannt, dass im Lager Freiberg Häftlingstötungen vorgekommen sind. Dagegen war ich Augenzeuge, dass der Häftling Else Meier-Ettlinger beim Appell von dem damaligen Lagerführer, SS-Unterscharführer Beck, mit der Hand misshandelt wurde, so dass sie bewusstlos zusammenbrach - Tag und Monat dieser Misshandlung ist mir nicht mehr in Erinnerung. Ich weiß nur, dass es an einem Morgen während des Zählappells war. Meier-Ettlinger hätte während ihres Arbeitstransportes mit einem italienischen Gefangenen gesprochen, was verboten war. Ein anderes Mal hatte Beck eine etwa 16-jährige Polin (Häftling) während des Luftschutzalarms mit den Händen misshandelt. Tag und Monat dieses Vorfalles ist mir nicht bekannt."[364]

Die Misshandlung des Häftlings Elisabeth Mayer-Ettlinger[365] bestätigt auch Lisa Scheuer:

> „Schläge gab es ab und zu, wenn der Herr Hauptscharführer Braun[366] schlechte Laune hatte. Zum Beispiel hat er einmal unsere tschechisch-jüdische Käthe Braun[367] geohrfeigt, nur weil sie die Frechheit besaß, ebenso zu heißen wie seine treudeutsche Ehefrau. Bei einer anderen Gelegenheit schlug er eine Münchnerin, Frau Mayer; warum weiß ich nicht. Er war auf dem Appellplatz, er ging auf sie zu, sagte ihr, sie solle ihre Brille abnehmen und schlug ihr ins Gesicht."[368]

Lisa Scheuer nennt den Freiberger Lagerkommandanten in ihrer Autobiografie Braun und wechselt vom Dienstrang *Unterscharführer* zwischenzeitlich zu *Hauptscharführer*. Die geschilderten Begebenheiten, werden aber nachweislich weitestgehend korrekt erinnert. Sie schreibt:

---

[364] Barch, B 162 / 17247, S.43 VP Berta D.
[365] FloNo.: 54222
[366] Unterscharführer Beck müsste es eigentlich heißen.
[367] Die genannte Person konnte nicht mit Sicherheit identifiziert werden.
[368] Lisa Scheuer. S. 81f.

> „Als Oberbewacher kam ein Unterscharführer – Herr Braun – zu uns, der Deutsch mit einem entsetzlichen sächsischen Akzent sprach.“[369]

Damit scheint seine Herkunft aus Dresden wahrscheinlicher, als aus Stuttgart. Sind Scheuers Angaben auch sonst richtig, dürfte seine Frau Käthe geheißen haben. Möglicherweise ist mit diesen Details doch noch eine Identifizierung möglich. Im Winter 1945 wird auch Lisa Scheuer heftig durch ihn misshandelt:

> „Es war während der Schicht am frühen Morgen. Ich war sehr erkältet, das Fieber schüttelte mich, meine Blase streikte, oder besser gesagt, sie arbeitete Überstunden. Ich meldete mich also bei der Aufsicht an der Hallentür, so wie es vorgeschrieben war: „Ich melde, bitte, ich möchte austreten!“ und wollte schon hinaus zu Toilette gehen. In diesem Augenblick kam der Hauptscharführer [sic!] vorbei, sah mich kurz an und sagte streng: „Kommt nicht in Frage. Jetzt nicht!“ Ich hätte eine Rechtsumwendung machen müssen und an den Arbeitsplatz zurückkehren sollen. Nur, meine Blase war dagegen. Ich versuchte also etwas zu erklären, aber der Schari schrie mich an: „Hau ab! Geh zurück!“ Ja, und da geschah das Malheur! Unter mir entstand ein kleiner See. Ich sah an mir herunter. Das was mir passierte, war mir seit meiner frühesten Jugend nicht mehr vorgekommen. Dann aber merkte auch der Hauptscharführer [sic!], was geschehen war. Er lief puterrot an, und als ich dann auch noch stotterte: „Entschuldigen Sie, aber jetzt muß ich nicht mehr austreten“, da begann er wie besessen zu brüllen. Seine Beschimpfungen sollte ich eigentlich hier anführen, vergessen werde ich sie nicht, aber ich scheue mich, sie zu wiederholen. Es war so schlimm, dass es beinahe komisch wirkte. Es war eine Szene wie in einem Komikfilm und ich lachte laut hinaus. Daß so was nur eine Sau mache, war das Manierlichste, was er herausbrachte. Und dann schlug er mir mitten ins Gesicht, Vorhand und Rückhand. Dabei schrie er immer wieder: „Das wirst du noch bedauern, du wirst deine Zähne ausspucken!“ und er schlug und schlug, bis ich wirklich einen Backenzahn und dann noch einen und dann

[369] Lisa Scheuer. S.56

> den dritten ausspuckte. Zum Glück wurde der Schari langsam müde und ließ mich mit blutendem Mund vor den Toiletten zurück. Am nächsten Morgen konnte ich nicht zur Arbeit gehen, mein Gesicht sah entsetzlich aus, verschwollen und blau, wie mir die Freundinnen sagten. Zum Glück hatte ich keinen Spiegel, ich konnte nur fühlen, wie ich aussehen mußte. Der Arzt mußte die Stummel der abgebrochenen Zähne herausziehen."[370]

Einen Weg, wie Häftlinge versuchten mit solchen Misshandlungen umzugehen schildert Chava Livni:

> „Ich weiss eines - man darf nicht die menschliche Würde verlieren - auch wenn man uns noch so sehr erniedrigt. An mich kommt es irgendwie nicht heran - die Ohrfeige, weil ich neue Schuhe verlangte, die Stöße, das Fluchen und Brüllen - ich bin wie in einem Panzer und es kann mir nichts anhaben."[371]

Doch längst nicht allen gelingt es, sich einen solchen schützenden Gefühlspanzer anzulegen.

2.1.2 Das männliche Wachpersonal

Über das übrige männliche Wachpersonal ist nicht viel mehr als die Personalien von 20 Mann überliefert, die im Februar 1945 nach Freiberg kommandiert wurden. Außerdem erwähnen einige Chemnitzer Aufseherinnen einen Herrn von Berg[372]. Konkrete Misshandlungen durch sie werden nicht bezeugt, da wie Gertrude S. zu Protokoll gibt, die Häftlinge kaum mit ihnen in Kontakt kamen. Erst nach dem Umzug ins Barackenlager dürfte es beim Marsch zwischen Barackenlager und Arbeitsstätten mehr Berührungspunkte gegeben haben. Über Vorfälle auf diesen Strecken ist bislang nichts bekannt.

---

370 Lisa Scheuer S. 87f. – Vgl. auch Misshandlungsfall Scheuer S.95f.
371 Chava Livni 1995
372 Vgl. Marianne Günther [Allihn] Vgl. Cziborra. KZ Dresden Striesen u.a.

2.1.3 Die SS-Aufseherinnen

Die weibliche Freiberger Wachmannschaft bestand zunächst im wesentlichen aus Frauen, die im August 1944 in den Chemnitzer Astra-Werken rekrutiert oder dienstverpflichtet, und am 16. August zu einem Lehrgang in das KZ Ravensbrück geschickt worden waren. Diese 15 oder 16 Aufseherinnen kommen nach zweiwöchiger Ausbildung bis zum 31.12.1945 in Freiberg zum Einsatz. Danach werden sie bis auf Olga Lache, die nun in Freiberg als Oberaufseherin eingesetzt wird, zurück nach Chemnitz zu den Astra-Werken kommandiert. Wahrscheinlich werden sie durch Aufseherinnen aus der Region Freiberg-Dresden abgelöst, die eventuell, wie eigentlich üblich, aus der Belegschaft der Freia GmbH rekrutiert worden sein könnten. Dokumentarisch belegen ließ sich dies allerdings noch nicht. Im Februar 1945 wurde möglicherweise eine Aufseherin pensioniert[373] oder strafversetzt[374]. Die Aufstockung der Freiberger Aufseherinnen im März 1945, lässt sich auch anhand einer Versetzung[375] von fünf Aufseherinnen durch die Verwaltung des KZ Flossenbürg nach Freiberg belegen. Am 5. März werden die Aufseherinnen Ella Wächtler, Johanna Hofmann, Ilse Janke, Paula Kraatz und Erika Weberschock nach Freiberg kommandiert. Weitere Hinweise zur weiblichen Wachmannschaft sind erwünscht.

2.1.3.1 Misshandlungen durch SS-Aufseherinnen:

Hana Hnátová:

> „Zum Beispiel hing es von der SS-Aufseherin ab, ob man auf Toilette gehen durfte oder nicht. Das war auch eine der vielen Quälereien.“[376] [vgl. Misshandlung Lisa Scheuers durch Beck]

---

373 Vgl. Chava Livni – pensioniert = aus dem Dienst entlassen?

374 Vgl. Aussage der ehemaligen Aufseherin Elfriede Eisenhut 18.12.1946

375 Schreiben der Kommandantur Flossenbürg vom 5.3.1945

376 Hana Hnátová. Düsing S.74

Chava Livni:

> „Eines Tages großes Geschrei - eine der Aufseherinnen hat einen Häftling gepackt - es ist nicht ganz klar, was sie verbrochen hat. Jedenfalls die Strafe ist, dass sie kahlgeschoren wird und zwar von ihrer Freundin.[377] Die Haare wachsen nur sehr langsam - vielleicht kommt das auch von der Unterernährung - in 3 Monaten wurden sie kaum 2 cm lang. Aber doch sieht man etwas normaler aus, als mit der Glatze."[378]

Lisa Miková:

> „Als wir in Mauthausen aus den Waggons kletterten, entdeckte Gerta[379] eine angefaulte Zwiebel. Sie sagte noch: „Das sind Vitamine", und schon wurde sie von einer brüllenden SS-Aufseherin geohrfeigt. Sie, die die ganze Zeit keine Träne vergossen hatte, begann plötzlich bitterlich zu weinen."[380]

Gertrude S.:

> „Von den Aufseherinnen ist mir bekannt, dass sie wohl Ohrfeigen verabreichten, ausgesprochene Misshandlungen oder Prügeleien sind durch sie nicht begangen worden"[381]

Marianne Levy:

> „Was ist aus der blonden Zivilaufseherin geworden? Sie war besonders ‚freundlich' zu uns, und wir nannten sie das ‚blonde Gift'. Wir haben uns damals immer ausgemalt, dass sie mal genauso gekleidet ist wie wir damals, das Haar natürlich auch ganz ab, nur die drei Rollen vorne am Kopf. Welch ein Gegensatz zu ihr war die Traute[382]. Was ist aus ihr geworden? Ich hoffe, dass es ihr gut geht, denn sie hat es verdient..."[383]

---

[377] Lisa Scheuer und Vera Hannová? Vgl. Scheuer S.95f.
[378] Chava Livni 1995
[379] Die Schwangere Gerta Kompertová
[380] Aussage Lisa Miková über Gerta Kompertová Düsing S. 57
[381] Barch, B 162 / 17247, S.73 VP Gertrude S.
[382] Bislang nicht identifiziert.
[383] Brief von Marianne Levy an Familie Wittig vom 19.11.1946.Düsing156f.

2.1.3.2 Entlastungsaussagen für einzelne Aufseherinnen:

Chava Livni:

> „Die ältere Aufseherin, die man vor Kurzem pensioniert hatte (angeblich war sie zu anständig) geht von außen am Zaun entlang und ohne stehenzubleiben sagt sie: "Nur noch ein wenig Geduld - die Front ist schon ganz nahe!" Das macht wieder Mut - jetzt kann man alles leichter ertragen, es ist doch Hoffnung da..."[384]

Gegenüber der Schwangeren Vera Hannová benahm sich eine Aufseherin aufmerksam und wohlwollend. Hannová berichtet über die Zeit nach der Befreiung:

> „Kleider hatte ich keine – die bekamen wir erst, als wir nach Hause fuhren. Aber ich hatte eine Decke, die mir einmal die SS-Aufseherin zugeworfen hatte mit den Worten ‚Vera, du wirst sie brauchen.'"[385]

Weitere positive Äußerungen über einzelne Aufseherinnen finden Sie in Kapitel j) über Weihnachten und den Jahreswechsel.

2.1.3.3 Selbstdarstellungen ehemaliger Aufseherinnen

1. Allihn Marianne Elfriede geb. Lötzsch 31.03.1915 Chemnitz

21.12.1946

„Im Juli 1940 kam ich als Arbeiterin nach den Astra-Werken. Im Aug. 1944 war ich eine Zeit krank. Als ich dann wieder zur Arbeit kam, erhielt ich von der Firma eine Karte, worin mir mitgeteilt wurde, dass ich am 15. August mit nach Ravensbrück zu einem Kursus müsste. Dort verblieb ich ungefähr 14 Tage.

---

[384] Chava Livni 1995

[385] Aussage Veronika Hannová Düsing S.55 f.

Hier sah ich zum erstenmal ein KZ. Wir wurden hier eingekleidet und kamen dann nach Freiberg. In Freiberg kamen dann nach 14 Tagen 500 jüdische Frauen. Die Frauen waren alle kahl geschoren und hatten nicht einmal das nötigste auf dem Leibe. Mir taten diese armen Frauen außerordentlich leid und ich habe mich nie schlecht gegen diese Frauen benommen. Ich habe nie eine dieser Häftlinge geschlagen. Im Gegenteil ich habe ihnen geholfen wo ich nur konnte. Wenn die Olga Lache mich beschuldigt Gefangene geschlagen zu haben, so ist dies eine ganz gemeine Verleumdung. Ich aber kann beschwören, dass die Lache die Gefangenen oft geschlagen hat. Auch sah ich wie sie wiederholt die Gefangene mit Füßen getreten hat. Als ich ihr einmal Vorhaltungen machte, weil die Gefangenen im Winter keine Hosen hatten, sagte sie zu mir, ich solle machen, dass ich hinaus komme, sie hätte es mir schon oft gesagt, dass sie für die Gefangenen nichts über habe. Außer der Lache haben noch folgende Aufseherinnen die gefangenen Frauen geschlagen und sich schlecht gegen ihnen [sic!] benommen: Die Anneliese Bitterlich, die Elsa Selbig und die Sieler Anneliese.[386]"

Bemerkungen des Sachbearbeiters:

„Bei der Gegenüberstellung der Frau Allihn mit der Olga Lache, nimmt die letztere die Beschuldigung, dass die Frau Allihn geschlagen habe, zurück."

07.09.1948 [Günther Marianne, gesch. Allihn]:

„1941 wurde ich dienstverpflichtet in die Astra-Werke nach Chemnitz, auf das genaue Datum kann ich mich nicht mehr entsinnen. Meiner Ansicht war es im Frühjahr. In diesem Betrieb arbeitete ich als Montagearbeiterin. Ich hatte den Krankenschein und fing im Juli/August erst wieder an zu arbeiten. Am genannten Tag wurde ein Schreiben im Betrieb herum gereicht mit der Aufforderung, dass sich freiwillige Frauen, welche keine

[386] Nicht alle zwangsläufig im Außenlager Freiberg.

Kinder hatten zur 3 wöchentlichen Schulung zur Waffen-SS melden sollten. Obwohl ich am anderen Tag in Urlaub fahren wollte und meine Fahrkarte schon gelöst hatte, musste ich diesen Urlaub wieder absagen. Am darauffolgenden Tage, das Datum kann ich nicht angeben, mussten wir morgens 6.oo Uhr an der Blumenhalle Hauptbahnhof Chemnitz uns eingefunden haben. Vom Betriebsobmann Vettermann wurde uns mitgeteilt, dass es sich um einen 3 wöchentlichen Kursus (Schulung) handle. Der Ort wo diese Schulung stattfinden sollte, nannte uns Vettermann nicht. Ich kann auch nicht angeben, wo sich Vettermann aufhält, oder damals gewohnt hat. Dieser Vettermann war gut Freund mit einem Betriebsangehörigen, welcher meiner Ansicht nach auch Betriebsratsmitglied war. Dieser trug des öfteren die Uniform der Waffen-SS mit Totenkopf. Des öfteren wurde ich zu diesen beiden gerufen wenn ich zu spät kam. Dort wurde mir des öfteren eröffnet, dass sie mit mir keinen Krieg gewinnen können, sondern mein immer zu Spätkommen schon an Sabotage grenze. Ich leistete meine Unterschrift unter das mir vorgelegte Schreiben freiwillig und wurde von keiner Seite unter Druck gesetzt. Wir erhielten an angegebenem Datum die Liste auf welcher sich sämtlich zu diesem Kursus gemeldeten weiblichen Personen vermerkt waren. Mit dieser Bescheinigung konnten wir widerstandslos mit der Eisenbahn bis Fürstenberg/Mecklenburg was unser Ziel vorläufig war fahren. Nach Ankunft in Fürstenberg standen wir am Bahnhof und wussten nicht wo wir uns hinwenden sollten. Während dieses Wartens gingen an uns 2 der Ansicht nach, man kann sagen in Lumpen gehüllte, weibliche Gefangene in Begleitung einer weiblichen SS-Person in grünlicher Uniform vorbei. Eine von meinen Kameradinnen frug [sic!] diese SS-Helferin was nun eigentlich hier los sei, uns wurde in Chemnitz gesagt, dass wir von hier abgeholt würden, und bis jetzt ist noch niemand erschienen, wir wissen nicht wo wir hin sollen. Wir wurden von ihr dahingehend beschieden, dass wir doch das Konzentrationslager Ravensbrück anrufen sollten, und von dort würden wir schon Bescheid erhalten. Wir befolgten den Rat der SS-Helferin und bekamen Bescheid von der Geschäftsstelle des KZ-Ravensbrück, dass sie schon lange auf uns warten. [...] Ungefähr 17 Tage verblieb ich mit meinen zur selben Zeit dort eingeführten Kameradinnen in Ravensbrück. [...] Ich selbst habe mich während der Zeit in Ravensbrück an Misshandlungen von den dort Inhaftierten nicht beteiligt, noch vornehmen lassen. Nach 17 Tagen wurden alle[387] die wir aus den Astra-Werken kamen nach Freiberg in das SS-Lager welches neu errichtet wurde kommandiert. Dieses Lager war eine große Fabrik „Freia-Werke". Dort wurden Flugzeugteile hergestellt. In diesem Lager befanden sich ca. 1000 Jüdinnen, welche aus dem Vernichtungslager Auschwitz nach dort verlegt wurden. Bei unserer Ankunft übernahm uns der SS-Oberscharführer Herr von Berg[388] und überwies uns in unsere Lager. Diese Jüdinnen wurden in der Fabrik an ihren Arbeitsplatz verwiesen und Zivilisten bei ihrer Arbeit zugeteilt. Ihre Arbeitszeit bestand von morgens 6.00 Uhr bis abends 18.00 Uhr. Meine sowie meiner Kameradinnen ihre Aufgabe war sich an eine Drehbank oder Bohrmaschine hinzusetzen und diese Jüdinnen zu überwachen um dass sie arbeiteten. Sprechen war den Jüdinnen untereinander untersagt. Mir ist bekannt, dass der SS-Unterscharführer Beck mit dem Spitznamen „Bluthund" von Beruf Kellner des öfteren die Jüdinnen mit der Hand dermaßen geschlagen hat, dass ihnen das Blut aus der Nase lief. Sogar beobachtete ich das Genannter diese armen Frauen mit Fußtritten traktierte. Als Grund hierfür gebe ich an, dass diese nur auf den Abort gingen ihre Notdurft verrichteten oder wenn sie um Unterwäsche den Beck baten. Hundsgemein äußerte sich Genannter fortwährend gegen diese jüdischen Häftlinge. Nach ca. 8 Wochen erhielten wir ca. 17 neue SS-Helferinnen als Bewachung. In Freiberg blieb ich mit meinen Kameradinnen ca. 5 Monate. Anfang Januar kamen wir alle wieder nach den Astra-Werken nach Chemnitz, außer einer gewissen Olga Lache [...] diese verblieb in Freiberg, da sie sich mit dem dortigen SS-Uscha Beck sehr gut stand. Diese blieb auf eigenes Verlangen im Lager Freiberg. [....]

---

[387] So nicht korrekt. Die in den Astra-Werken rekrutierten Aufseherinnen wurden nach Freiberg oder Leipzig etc. versetzt, d.h in Gruppen aufgeteilt.

[388] Erich von Berg,*06.07.08, der diverse Außenlager einrichtete & eröffnete.

2. Altermann, Frieda, 22.06.1902

Es liegt kein Vernehmungsprotokoll vor.

3. Bitterlich, Anneliese Elsa, 17.07.1922 Chemnitz

12.12.1946:

„Ich war in Arnstadt in Thrg. im Bolde-Werk dienstverpflichtet. Auf Grund meines jahrzehntelangen Ohrenleidens, war mir das Barackenleben dort nicht erträglich und [ich] beantragte deshalb meine Entpflichtung, welcher auch stattgegeben wurde. Hierauf zog ich wieder nach Chemnitz zu meinen Eltern. Hier meldete ich mich beim Arbeitsamt und wurde nach der Firma Astra-Werke als Arbeiterin verwiesen. Hier wurde ich mit noch etwa 40 Mädels, von Betriebsführer und dem Obmann zu einer Besprechung geladen. Bei dieser Besprechung waren mit anwesend: Herr Seyfried, Herr Vettermann und eine SS-Führerin. Von den Mädels welche mit anwesend waren, kenne ich nur die Frau Else Knopfe etwa 37 Jahre alt, die Frieda Altermann[389] etwa ebenso alt und die Eisenhut Elfriede, etwa 25 Jahre alt, mit Namen. Hier wurde uns nun erzählt, dass wir uns als SS Aufseherin melden sollen. Es wurde uns nun gesagt, dass wir im Monat über 200 RM erhalten sollten. Ich besprach mich mit meinem Vater. Dieser aber sagte, dass ich mich nicht für diesen Dienst melden soll. Nach ungefähr 14 Tagen wurde ich nach dem Konferenzzimmer der Firma bestellt und bekam dort mitgeteilt, dass ich am anderen Morgen mit noch weiteren 40 Mädels nach Ravensbrück zur Schule fahren müsse. Ich fuhr auch am Morgen dann mit dorthin. Hier wurde uns im KZ-Lager 4 tagelang die Behandlung von Gefangenen gezeigt. Dann kam ich mit noch 16 Frauen nach Freiberg. Hier wurde ein Lager neu errichtet in welchem dann nach 4 Tagen die ersten 500 Jüdinnen eintrafen.[390] Ich habe hier nur einmal eine Jüdin geschlagen. Ich hatte Verpflegung geholt, wobei 20 Jüdinnen mir helfen muss-

[389] Nicht zwangsläufig später auch im Außenlager Freiberg.

[390] Die ersten 249. Einige Zeit später 251 weitere.

ten. Im Zimmer merkte ich dann, dass drei Brote und eine Wurst fehlten. Ich durchsuchte die Schlafstube der Gefangenen und fand unter einem Bette die gestohlenen Sachen. In der Aufregung gab ich der, unter welchen Bette ich die Sachen gefunden hatte einige Ohrfeigen und meldete sie dem Unterscharführer Beck, welcher sie dann nochmals schlug. Die Jüdinnen waren vom KZ, aus Auschwitz gebracht worden und mussten nun hier in einem Flugzeugwerk arbeiten. Auf jeden Saal waren ungefähr 200 Jüdinnen untergebracht, welche von je drei Aufseherinnen bewacht wurden. Hier waren Zeiten festgesetzt, an welchen die Jüdinnen Austreten gehen durften. Diese wurden dann Kolonnenweise gesammelt und zum Lokus geführt. Keine der Gefangenen durfte außer den angesetzten Zeiten austreten gehen. Die Oberaufseherin mit Vorn: Olga, sowie der Unterscharführer Beck haben die gefangenen Jüdinnen oft geschlagen. In Freiberg verblieb ich 3 Monate und kam am 31.12.44 nach den Astra-Werken zurück.[...]"

17.12.1946:

„Meiner Aussage vom 12.12.1946 will ich noch hinzufügen, dass ich zugebe mehrfach Gefangene geschlagen zu haben. Ich bin leicht erregbar und habe mich bedauerlicher Weise leicht zum Schlagen hinreißen lassen. Auch wurde ich von dem Unterscharführer Beck und der Oberaufseherin Olga Lache immer dazu angehalten, die Gefangenen barsch zu behandeln und wenn sie nicht folgen soll ich mich wehren. Die Oberaufseherin Lache war zu den gefangenen Frauen immer äußerst gemein. Ich habe selbst mehrfach gesehen, wie sie in Gemeinschaft mit dem Unterscharführer Beck eine Frau schlug, nur weil diese eine Strickjacke haben wollte. Dass die Lache oft und hart schlug, werden alle Mädels, welche mit der Aufseherin waren bestätigen können. Die Eisenhut Elfriede war im allgemeinen nicht schlecht zu den Gefangenen, doch habe ich auch einmal gesehen, wie sie mit einem Stock Gefangene schlug. Die Böhm Anneliese war nie schlecht zu den Gefangenen und ich habe auch nicht gesehen, dass sie Gefangene schlug.

Die Selbig Elsa war auch eine, welche die Gefangenen in jeder Weise schikanierte und sie oft schlug. Als wir von Freiberg wieder nach Chemnitz zu den Astra-Werken zurück waren, habe ich selbst gesehen wie eines Tages die Selbig eine Gefangene furchtbar verschlug und dann noch mit Füßen auf ihr herum trat. Die Selbig war aus Magdeburg. Wo sie sich jetzt aufhält, weiß ich nicht.
Die Elfriede Gerlach Chemnitz Richterstr. 16 wohnhaft, war auch immer sehr schlecht mit den Gefangenen. Ich selbst habe in Freiberg gesehen, wie sie eine Gefangene schlug."

23.12.1946 Kriminalamt Chemnitz:

Die hier als Zeugin Beschuldigte erwähnte Bitterlich wird laut Fahndungsblatt 113 vom Kriminalamt Leipzig wegen Diebstahls gesucht und wurde Leipzig überstellt.

22.04.1947: [Amtsgericht Chemnitz nach Haftbefehlsverlesung]

„Ich muss allerdings zugeben, dass ich mich auch mit in den Astra-Werken an Züchtigungen von weiblichen Arbeiterinnen beteiligt habe. Ich habe aber den Frauen nur Ohrfeigen gegeben oder sie anderweitig mit der Hand geschlagen. Einen Gummiknüppel habe ich nie angewendet. Ich weiß nur, dass die Oberaufseherin gelegentlich einmal mit einem Stock oder einem Gummiknüppel Arbeiterinnen gezüchtigt hat. Ich war selbst ursprünglich Arbeiterin in den Astra-Werken und wurde dann aber als SS-Aufseherin bestimmt. Freiwillig habe ich mich nicht dazu gemeldet."

4. Böhm, Anneliese Margarete geb. Beckert 26.10.1916 Chemnitz

14.12.1946

„Ich war vom 3.7.1939 in den Astra-Werken als Schreibhilfe beschäftigt. Eines Tages erhielt ich eine braune Karte, auf welcher

zu lesen war, dass ich mich am selben Vormittag im Luftschutzraum des Werkes im dritten Stock einzufinden habe. Hier wurde uns (es waren ungefähr 50 Personen hier anwesend) empfohlen dem SS-Wachkommando beizutreten. Die mit dort anwesende Oberaufseherin sagte uns, dass wir es sehr schön bekämen, dass es gute Verpflegung gäbe und dass auch ein guter Lohn gezahlt würde. Nach ungefähr 14 Tagen, wurde mir mitgeteilt, dass es am anderen Morgen nach Ravensbrück zur Schulung und zum Einkleiden ginge. Am 15. Aug. fuhren wir dann mit ungefähr 40 Frauen nach Ravensbrück. Als ich dort ankam und die ersten weiblichen Gefangenen sah, war ich sehr niedergeschlagen. Hier wurde ich nun eingekleidet. Ich war im ganzen 8 Tage hier und musste im allgemeinen nur aufpassen. Von hier kam ich mit noch 14 Mädels nach Freiberg. Hier wurde ein Lager neu errichtet. Nach ungefähr 14 Tagen kamen hier aus Auschwitz 500 Jüdinnen an[391]. In Freiberg verblieb ich vom 23. August bis zum 31.12.44 und kam dann wieder nach Chemnitz zu den Astra-Werken. Hier wurde ich wieder SS-Aufseherin. Von den 15 Mädels sind wir alle bis auf einer, der Olga Lache wieder nach Chemnitz zurück gekommen.
Die Bitterlich Anneliese lernte ich in den Astra-Werken kennen. Diese ging auch mit nach Ravensbrück und dann nach Freiberg. Die Bitterlich hatte von jeher keine Lust zur Arbeit und deshalb kam ihr der Posten als SS Aufseherin gerade recht. Sie war auch eine von denjenigen, welche sich besonders hervortaten. Die Bitterlich war bei den Häftlingen als Schlägerin bekannt und ich selbst habe mehrfach gesehen, wie die Bitterlich gefangene Frauen schlug. [...] Zu meiner Person möchte ich noch folgendes sagen: Ich habe niemals Gefangene geschlagen. Im Gegenteil ich habe sie unterstützt wo ich nur konnte.

21.12.1946 Nachtrag der Zeugenvernehmung:

Von der Olga Lache kann ich folgendes sagen: Diese war eine, welche immer gemein zu den Gefangenen war. Ich selbst habe

[391] Zunächst 249, dann weitere 251.Später folgt ein weiterer großer Transport

oft gesehen, dass sie Gefangene schlug. Als einmal eine Gefangene zu mir kam und bat, ich solle ihr doch einmal einen anderen Mantel besorgen, da der ihrige ganz kaputt und ohne Futter sei, ging ich mit dieser zu der Oberaufseherin Olga Lache. Diese nun schlug die Gefangene solang bis sie zusammenbrach. Immer wenn die Gefangene wieder aufstehen wollte, schlug die Lache erneut auf sie ein. Außer der Lache haben noch folgende Aufseherinnen die gefangenen Frauen misshandelt: Die Anneliese Bitterlich, die Selbig."

20.08.1948:

„Seit dem 3.7.1939 arbeitete ich als Bohrerin in den Astra-Werken zu Chemnitz. Ich wurde im Werk 1 mit noch anderen Frauen ausgesucht und erhielt eine Karte, doppelt so groß wie eine Fahrkarte, auf welcher eine Einladung zum Luftschutzraum stand, wo sich alle ausgesuchten Frauen versammeln sollten und über einen Eintritt bei der SS gesprochen wurde. Von den Zuständen in KZs hatten wir keine Ahnung und wehrten uns daher nicht dagegen, Mitglied der SS zu werden, was wir unterschriftlich bestätigten. Mitte August fuhr ich mit den anderen nach Ravensbrück, wo sich uns ein derartiger Anblick bot, dass am Abend fast alle Frauen heulten und wieder zurück wollten. Da ich annahm, dass ich nicht wieder weg kommen könnte, habe ich Versuche in diese Richtung auch nicht gemacht. Ich hörte dort von 40.000 Häftlingen, doch können es auch mehrere gewesen sein. Schon am zweiten Tag musste ich mit ansehen, wie eine SS-Aufseherin, wahrscheinlich aus Berlin, mit einem Stock einen weiblichen Häftling schlug. Vorher hatte die Aufseherin gewaschene Unterwäsche von den Leinen gerissen und mit den Füßen in den Schmutz getreten, da es nicht statthaft war, diese aufzuhängen. Ich musste in Ravensbrück mit einem Häftlingskommando 3-4 Bahnstationen mit der Eisenbahn zurücklegen und dort auf einem Bahnhof beaufsichtigen, wie die Leute Munitionskisten transportierten und verluden. Die Zustände waren menschlich überhaupt nicht zu begreifen. Während meiner Zeit in Ravensbrück waren viele Neuzugänge, wobei diese mitunter 3 und 4 Tage in der heißen Sonne im Freien lagen, bevor sie in die Baracken eingewiesen wurden. An den letzten beiden Tagen wurde ich im Innendienst verwendet und beaufsichtigte Frauen, welche Blusen für die Aufseherinnen änderten oder arbeiteten. Von Gesprächen zwischen den älteren Aufseherinnen habe ich entnommen, dass diese oder jene mit Prügelstrafe belegt worden sei, doch habe ich dies selbst nicht gesehen. Die Behandlung der Häftlinge war im Allgemeinen herrisch und unfreundlich.

Am 24.8.1944 wurde ich nach Freiberg in die Freia-Werke versetzt, wo Fliegertragflächen hergestellt wurden, um hier wiederum nur jüdische weibliche Häftlinge zu beaufsichtigen. Den Häftlingen waren die Haare abgeschnitten worden, doch sonst war hier die Behandlung besser was in gleichem Maße auch von der Verpflegung gilt. Die dort eingesetzten Häftlinge kamen von Auschwitz und machten auf uns einen Eindruck, der sich mit Worten überhaupt nicht beschreiben lässt. Grausame Misshandlungen hat hier der SS-Führer Beck vorgenommen, wegen eines Kleidungsstücks hat die Olga Lache einen Häftling solange geschlagen, bis sich dieser nicht mehr erheben konnte. Da die Bitterlich stotterte und deswegen von den Häftlingen verlacht wurde, hat sie um dem auszuweichen, Häftlinge geschlagen. Als ich nachts mit einem Kommando mit der Frau Eisenhut einrückte und die Häftlinge gestohlen hatten, war diese derartig erregt, dass ich selbst mit den Häftlingen, vor ihr die Flucht ergriff. Bei dieser Gelegenheit hat auch die Frau Eisenhut einen Häftling geschlagen. Abgesehen davon war Frau Eisenhut eine der besten Aufseherinnen. Ich selbst habe in Freiberg nicht geschlagen und bin überzeugt, dass mich weder eine Aufseherin, noch ein Häftling in dieser Beziehung belasten könnte.

Am 31.12.44 wurde ich nach Chemnitz in die Astra-Werke versetzt wo in den Astra-Werken etwas über 500 Häftlinge von uns während der Arbeitszeit beaufsichtigt werden mussten. [...]“

5. Eisenhut, <u>Elfriede</u> Klara geb. Fickert 24.06.1920 Chemnitz

16.12.1946

„Ich kam 1942 als Maschinenarbeiterin zu den Astra-Werken. Am 14. Aug. 44 wurde ich ins Büro bestellt. Hier wurde mir von Herrn Finzel mitgeteilt, dass ich am anderen Morgen mit nach Ravensbrück zur Ausbildung und Einkleidung als SS-Aufseherin müsste. Ich lehnte dies ab. Da sagte Herr Finzel zu mir, dass falls ich am anderen Morgen nicht auf dem Bahnhof sei, ich dann der Gestapo gemeldet würde. Zu Hause besprach ich mich dann mit meiner Mutter, welche mir riet, doch zu gehen, da ich sonst Nachteile haben würde. Ich fuhr nun am 15. August mit nach Ravensbrück. Hier verblieb ich ungefähr 14 Tage. Hier hatte ich weiter nichts zu tun als aufzupassen, wie die Behandlung der Gefangenen ist. Mit noch 14 Frauen kam ich dann nach Freiberg. Hier wurde ein Lager neu errichtet. Nach abermaligen 14 Tagen kamen dann die ersten 500 [sic!] gefangenen Jüdinnen aus Auschwitz hier an. Hier in Freiberg verblieb ich als SS Aufseherin bis zum Ende des Jahres. Ich bedauere nur, dass die ehemaligen Häftlinge nicht mehr zu erreichen sind, denn dann würde jede einzelne bezeugen können, dass ich mit der Frau Böhm zusammen die beste von den Aufseherinnen war. Ich habe den Häftlingen geholfen, wo ich nur konnte. Nur ein einzigesmal habe ich eine Gefangene geschlagen und zwar handelte es sich hier um eine kriminell veranlagte, welche fortwährend ihre eigenen Mitgefangenen bestahl und deren wegen ich mehrfach selbst bestraft wurde, da ich ihre Diebstähle nicht an den Unterscharführer Beck gemeldet hatte.

Die Anneliese Bitterlich ist mir bekannt und sie war mit mir in Ravensbrück, Freiberg und in den Astra-Werken als Aufseherin. Die Bitterlich, welche nie Lust zur Arbeit hatte, war eine Hyäne von Aufseherin. Sie schlug die Gefangenen am laufenden Band. Ich selbst habe dies oft gesehen und habe ihr deshalb auch mehrfach Vorhaltungen gemacht. Ausdrücke wie: Ich werde dich gleich in den Arsch treten. Halten Sie Ihre Fresse. usw. waren ihre ständigen Redensarten. Wenn der Meister bei

Fräserwechsel die Gefangenen sitzen ließ und die Bitterlich kam dazu, dann schlug sie diese und sagte was sitzen Sie hier herum, arbeiten Sie. Wenn dann der Gefangene sagen wollte, dass es doch der Meister ihnen erlaubt habe, dann gab es für die Bitterlich nur die Worte: Halten Sie die Schnauze und schlug nochmals zu. Am Sylvester 1944 kam ich wieder nach den Astra-Werken in Chemnitz. Auch hier musste ich als Aufseherin Dienst tun, doch habe ich dies nur etwa 14 Tage getan, dann wurde ich krank.

Nachtrag 18.12.1946:

Über der[sic!] Olga Lache kann ich folgendes aussagen:
Diese hat sich in Freiberg äußerst gemein gegen die Gefangenen benommen. Sie schlug oft und bei jeder Gelegenheit. Ich habe selbst mit eigenen Augen gesehen, wie sie Gefangene über einen Schemel legen ließ und sie dann auf den nackten Hintern mit Stockhieben traktierte. Auch hat die Lache bei jeder Kleinigkeit Meldung an den Unterscharführer Beck gemacht, worauf meist Prügelstrafe folgte. Die Lache war mit Feuer und Flamme bei dem SS Kommando. Als sie dann Oberaufseherin war war sie sogar gegen uns Mädels gemein. Es hätte nur noch gefehlt, dass sie uns selbst geschlagen hätte. Außer der Lache haben noch die Häftlinge geschlagen:
Elfriede Gerlach, Marianne Porstein, Gertrud Hösel, Anneliese Sieler, Elsa Selbig der Otruppführer Willing und der Unterscharführer Beck.[392] Bei den Obengenannten habe ich es mit eigenen Augen gesehen. Die Lache hat sogar einmal eine Aufseherin strafversetzen lassen, nur weil diese gut mit den Gefangenen war. Die Aufseherin hieß Niedner[393]"

20.08.1948:

„Seit dem Jahre 1942 arbeitete ich als Maschinenarbeiterin dienstverpflichtet in den Astra-Werken Chemnitz. Im vierten Stock des Werkes 2 war der Gestapo-Angestellte Kluge statio-

[392] Nicht alle der Genannten waren auch im Freiberger Lager.
[393] Edith Niedner, geb. Goldmann *26.02.1922

niert, welcher mich in sein Zimmer bestellte und mich zur Mitarbeit für die Gestapo aufforderte. Er beauftragte mich, den Meister Beckert[394], welcher später in ein Konzentrationslager kam und jetzt Bürgermeister einer Landgemeinde sein soll, in meine Wohnung zu locken und auszukundschaften, ob dieser Fremdsender hörte. Kluge erkundigte sich, was für ein Gerät ich besäße und ob ich Auslandssender empfangen könne, um gemeinsam mit Bäckert [sic!] Auslandssender abhören zu können und seine Stellung zu deren Meldungen zu ermitteln. Auf alle Fälle sollte ich mit Bäckert persönlich Beziehung aufnehmen. Ferner verlangte Kluge von mir Mitteilung darüber, inwieweit meine Arbeitskollegen und Kollegen in Verbindung mit ausländischen Arbeitern standen. Ich habe Kluge darauf aufmerksam gemacht, dass ich als verheiratete Frau zu solchen Aufträgen nicht geeignet sei und es ohnehin ablehnen würde. Kluge machte mich darauf aufmerksam, dass mir gar nichts dabei passieren könnte, weil er hinter mir stehen würde, doch lehnte ich weiterhin jede Mitarbeit ab und bat ihn, Leute aus seinem Fach einzusetzen. Nach dieser Ablehnung war ich bei Kluge schlecht angeschrieben und er beschuldigte mich, dass ich mit russischen Kriegsgefangenen persönliche Beziehungen hätte. Dies entsprach insofern den Tatsachen, dass ich den Gefangenen manchmal etwas zu essen gab, doch habe ich dies Kluge gegenüber nicht zugegeben. Da ich auch in Krankheitsfällen Schwierigkeiten hatte und mir besonders auf die Finger gesehen wurde, stellte mich Kluge mit zu dem SS-Kommando ab, das im Jahre 1944 in den Astra-Werken zusammengestellt wurde. Der überwiegend große Teil von Frauen hat sich jedoch hierzu freiwillig gemeldet. Meine Vorstellung, dass ich erst die Bewilligung meines Mannes brauchte und ich außerdem die Wohnung nicht leer stehen lassen konnte, nützten nichts und es blieb mir letzten Endes keine andere Wahl, als mich zu fügen und mich am 15. August auf dem Hauptbahnhof einzufinden. Erst hier erfuhr ich, dass es nach Ravensbrück zur Ausbildung gehen sollte. In Ravensbrück war mein Eindruck von dem gewaltigen Lager und

[394] Person bislang nicht identifiziert. Hinweise erbeten!

den etwa 68.000 Häftlingen erschreckend. Der Ernährungszustand der Häftlinge war teilweise schlecht und machten alle einen niedergeschlagenen Eindruck. In den ersten Tagen wurden wir neu hinzugekommenen Aufseherinnen untersucht, in das Lager eingewiesen, und hatten Auftrag, uns im Innern des KZ.s näher umzuschauen. Es ist mir dabei wiederholt aufgefallen, dass beim Morgenappell Häftlinge geschlagen wurden. In einem Falle wurde eine kranke Frau, welche nicht mehr zur Arbeit gehen wollte, von einer Oberaufseherin mit dem Gummiknüppel ins Kreuz geschlagen, dass sie zusammenstauchte. In einem anderen Falle ist mir bekannt, dass eine SS-Aufseherin eine alte etwa 65-jährige Mutter, welche sich auf den Erdboden zwischen der Arbeitszeit und der Ausspeisung niedergelegt hatte, am Genick hochzog und mit den Reitstiefeln ins Kreuz trat, dass diese wieder zusammensackte. Die Behandlung der Häftlinge war alles andere als gut. Anfangs glaubte ich kaum, dass ich in dieser Umgebung jemals arbeiten könnte, doch musste man sich an alles gewöhnen. Ich habe in Ravensbrück u. A. einen Strafblock mit Krankenrevier, vor welchen besondere Wachposten stehen mussten, von außenher bewacht.
Nach etwa 4 Wochen wurde ich nach Freiberg versetzt und habe dort in einem Flugzeugwerk dort arbeitende weibliche Häftlinge bewacht. In Ravensbrück hatten wir im Unterricht Verhaltensmaßregeln erteilt bekommen, die auch in Freiberg wieder angewendet werden mussten. Wir durften uns mit den Häftlingen nicht unterhalten, sollten sie bewachen und verachten und sollten ihnen gegenüber keine menschlichen Gefühle aufbringen. Da wir selbst von unseren Vorgesetzten beobachtet wurden und sich die Verständigung mit den Häftlingen manchmal schwierig gestaltete, ist manchmal geschlagen worden. Unnötigerweise als reine Schikane wurden Häftlinge von dem SS-Führer Beck und der Lache, sowie der Bitterlich verprügelt. In zwei Fällen kann ich mich entsinnen, selbst zugeschlagen zu haben. Einmal hatte mich ein weiblicher Häftling mit Dreck beworfen, in einem anderen Fall habe ich einem Häftling wegen wiederholten Kameradendiebstahl geschlagen, um eine Meldung bei der Lagerleitung zu verhindern. Zu meinem Häftlingskommando ge-

hörte eine Zeit lang eine 22-jährige Jüdin[395], welche wahnsinnig geworden war und in allen Menschen ihren Bruder oder ihre Schwester sah und sich ihnen an den Hals hängte. Dieses bedauernswerte Geschöpf wurde wiederholt von Beck, der Lache und der Bitterlich geschlagen und schließlich an ihr Bett angeseilt. Als einmal eine über 50 Jahre zählende Frau Unterwäsche verlangte, da ein geringer Teil für die Häftlinge eingetroffen war, wurde diese Frau auf Anweisung von Beck über einen Schemel gelegt und von der Lache mit 25 Stockhieben bestraft. Nach 23 Stockhieben auf das entblößte Gesäß brach die Frau jedoch zusammen. Auch in einem anderen Falle, als sich eine Frau am Kleid etwas ändern wollte, wurde die Frau von der Lache und Beck gleichzeitig geprügelt, dass das Gesicht blutunterlaufen und angeschwollen war. Mir ist ferner bekannt, dass die Hösel und die Gerlach Häftlinge ohrfeigten, was zugrunde lag, ist mir nicht bekannt. Im Allgemeinen war die Behandlung der Häftlinge, die sonst sehr willig waren, nicht gut. Ferner hat auch die Borstein [sic!][396] geschlagen. Am Sylvesterabend wurden wir Aufseherinnen nach Chemnitz versetzt, wo ich in den Astra-Werken Dienst tat. [...]"

6. Olga Milda Martha Lache 27.04.1905 Dresden

17.12.1946

„Ich war seit dem 10.1.1940 in den Astra-Werken als Fahrstuhlführerin beschäftigt. Einige Tage vor dem 15. Aug. 1944 ging die Frau Helene Sachs im Betrieb rum und sagte, dass einige Leute von der SS kommen und Personen für die SS Wachkommandos anwerben. Die welche Lust haben, sollen sich dies im Speisesaal einmal anhören. Ich ging auch aus Neugierde zu der Besprechung. Hier war ein höherer SS Mann und eine Frau erschienen, welche uns sagten, dass Arbeitslager für gefangene Frauen eingerichtet werden sollen und die wir beaufsichtigen

---

[395] Person bislang nicht identifiziert.
[396] Marianne Porstein

sollen. Nach einigen Tagen erhielt ich dann den Bescheid, dass es am 15. Aug. nach Ravensbrück zur Ausbildung geht. Hier verblieb ich 11 Tage und kam dann mit noch 15 Mädels nach Freiberg. Vom 15. Aug. 44 bis 14. April 1945 blieb ich in Freiberg. Ab 1.1.45 wurde ich von dem Unterscharführer Beck als Erstaufseherin eingesetzt. Ich gebe zu, dass ich mehrfach die gefangenen Frauen geschlagen habe. Dies tat ich ein manchesmal aus Wut, weil die Gefangenen nicht folgten. Auf der [sic!] Beschuldigung, welche die Bitterlich Anneliese mir vorhielt, dass ich einer Frau 25 Stockhiebe versetzt hätte, kann ich nur sagen, dass ich dies im Auftrag des Unterscharführers Beck getan habe. Doch glaube ich nicht, dass ich ihr die volle Zahl verabreichte. Es ist auch möglich, dass ich auch eine Gefangene, weil sie sich eine andere Strickjacke besorgen wollte, schlug. Dies habe ich dann aber nur getan, weil es der Unterscharführer befahl. Ich weiß, dass außer mir auch die Elfriede Gerlach, Anneliese Bitterlich, Marianne Lötsch, Marianne Porstein und die Anneliese Sieler zugeschlagen haben. Es ist auch richtig, dass ich aus den Gefangenenkleidern mir ein Strickkleid entnahm, aus welchem ich mir dann eine Jacke strickte. Dafür legte ich aber ein Stoffkleid von mir ab. Soweit mir bekannt haben die SS-Männer, welche im Januar 1945 zur Bewachung nach Freiberg kamen, nichts mit den Gefangenen Frauen zu tun gehabt. Diese waren nur außerhalb des Zaunes auf den Türmen und begleiteten die Frauen nur zur Arbeit. Am 14. April wurden die Gefangenen nach Mauthausen gebracht. Ich habe sie nach dort mit begleitet und habe auf der Fahrt keine Misshandlungen gesehen."

Kriminalamt Chemnitz 23.12 1946:

Die Lache wurde am 17.12.46 wegen Fluchtverdacht vorläufig festgenommen und dem Polizeigefangenenhaus zugeführt.

Verbrechen nach Art. II Abs. 1c des Gesetzes Nr. 10 des alliierten Kontrollrats vom 20.12.1945

7. Bemmann Rosemarie gesch. Kunze geb. Kannler 26.01.1907 Chemnitz

24.09.1948: [Vernehmung durch das Kriminalamt Dresden]

„Ich war nicht Mitglied der NSDAP und gehörte nur seit 1932 der NS-Frauenschaft bis zum Zusammenbruch an. Ich hatte keinerlei Funktionen. Ich arbeitete im Jahre 1944 bei der Fa. Astra in Chemnitz und hatte bei Oberinsp. Bauch eine gute Stellung. Ich arbeitete als Prüferin. Eines Tages trat Herr Bauch an mich heran und sagte, dass die SS Aufseherinnen für KZ-Häftlinge suche. Dafür würden alle ledigen Mädchen aus dem Betriebe herangezogen. Ohne, dass ich wusste, dass ich dafür mit in die nähere Auswahl kommen könne, wehrte ich von vornherein ab indem ich sagte, dass so etwas für mich kaum infrage käme, weil ich meine damals 75-jährige Mutter zu betreuen hatte. Bauch hat mich aber dennoch als unverheiratete mit melden müssen, sodass ich dann tatsächlich eines Tages im Betrieb von einer SS-Kommission gemustert wurde. Wiederum versuchte ich damals bei dieser Untersuchung frei zu kommen. Die uniformierte SS-Frau antwortete mir aber ich sei für den Wachdienst vorgeschlagen und ich müsste nunmehr auch eingezogen werden. Ich weiss nichts von einem Anschlag über Freiwilligmeldung im Betrieb für den SS-Wachtdienst. Direktor Schneider war einmal im Betrieb gewesen und dann sprach Ob.Insp. Bauch von diesem SS-Dienst das erste Mal. Direktor Schneider hat in dieser Angelegenheit niemals unmittelbar darüber zu uns gesprochen. Ich wurde im August 1944 nach Ravensbrück beordert, wo man mich einkleidete, und wo ich kurze Belehrungen über Verhalten als Wachposten erhielt. [...] 14 Tage nach meinem Eintreffen in Ravensbrück wurde ich in eine Rüstungsfabrik nach Freiberg versetzt. Der Name des Unternehmens ist mir jetzt entfallen. In dieser Fabrik habe ich ca. 6 Monate immer die gleichen Häftlinge – polnische Jüdinnen aus besseren Familien von Litzmannstadt und Prag – bei der Herstellung von Flugzeugteilen beaufsichtigt. Dadurch, dass es immer die gleichen Häftlinge waren, wurde ich mit ihnen gut bekannt. Ich habe diesen Personen sogar Schuhe und Kleidungsstücke von mir gegeben, obwohl sie selbst durch die Lagerleitung dann und wann Kleidung und dergl. erhielten. Irgendwelche Widersetzlichkeiten sind mir jetzt im Augenblick nicht bekannt. Ich kann mich aber entsinnen, dass bei Verfehlungen, insbes. Kameradendiebstahl der Häftlinge untereinander die Schuldigen damit bestraft wurden, dass man sie bei der Ausgabe von Kleidungsstücken hintenan setzte. Soweit ich mich entsinnen kann, wurde den Häftlingen bei solchen Verfehlungen auf Anordnung der Oberaufseherin Lachmann [sic!] das Mittagessen oder eine Abendbrotration entzogen. Von Freiberg aus wurde ich dann kurze Zeit in die Astrawerke nach Chemnitz versetzt."

Beurteilung des Sachbearbeiters:

„Die Beschuldigte macht einen ruhigen Eindruck. Fluchtverdacht besteht nicht. Es ist unwahrscheinlich, dass sie sich als alte Anhängerin der nazist. Ideologie völlig loyal den Gefangenen gegenüber verhalten hat. Ihr ist jedoch nichts Nachteiliges nachzuweisen. Da sie hier erst seit kurzer Zeit aufhältlich ist, kann keine erschöpfende Charakteristik beigezogen werden."

8. Gerlach, Elriede

Kein Vernehmungsprotokoll vorhanden

9. Hösel, Gertrud 25.07.1920

30.08.1948: [Kriminaldienststelle Frankenberg]

„Im Sommer 1944 wurde in den Astra-Werken Chemnitz durch Anschlag an der Werkstafel zur freiwilligen Meldung von weiblichem Personal zum Zwecke der Häftlingsbewachung im Konzentrationslager für die SS aufgerufen. Nach unseren Feststellungen hat sich die Obengenannte mit dazu gemeldet und ist im August 1944 in Ravensbrück erstmalig einesetzt worden. [...]"

Es liegt kein Vernehmungsprotokoll vor. Der Einsatz in Freiberg ist nicht sicher. Hinweise erwünscht.

10. Knöpfe Elsa Martha, geb. Hoffmann 29.02.1904 Chemnitz

21.12.1946

“Ich wurde 1944 von den Astra-Werken als Aufseherin verpflichtet und kam mit nach Ravensbrück, Freiberg und dann wieder zurück nach Chemnitz in den [sic] Astra-Werken. Ich habe nie Gefangene misshandelt, doch weiß ich, dass die Anneliese Bitterlich, die Elsa Selbig und die Olga Lache die gefangenen Frauen oft geschlagen haben und auch sonst nicht gut zu ihnen gewesen sind.“

24.07.1945 [gesch. Förster]:

„Ich war seit 1941 in den Astra-Werken Chemnitz in der Montage beschäftigt. Seinerzeit hatten wir nur Ostarbeiterinnen, die in Werk 1 und 3 untergebracht waren und vom Werksschutz betreut wurden. Im Laufe der Jahre kamen dann noch mehr ausländische Arbeiter dazu. Vorwiegend waren es Frauen, die Ende 1944 in ein eigens dazu hergerichtetes Lager kamen. Die Zahl belief sich auf ca. 500 Personen, die Tag und Nachtschicht zu leisten hatten und denen von der Firma 16 Aufseherinnen, unter denen auch ich mich befand, zur Verfügung gestellt wurden. Beanstandungen brauchten während meiner Zeit nicht vorgenommen werden, da allgemein zur Zufriedenheit gearbeitet wurde. Am 16. August zog die Firma 38 Frauen aus dem Betrieb heraus und schickte sie zwecks Ausbildung in das KZ nach Ravensbrück. Auch ich war mit dabei und der Kursus dauerte 8 Tage. Von Ravensbrück aus sind wir dann nach verschiedene Richtungen in fremde Betriebe verteilt worden. Ich kam mit noch 15 anderen Aufseherinnen nach Freiberg in eine Porzellanfabrik, in der ausschließlich Jüdinnen beschäftigt waren, die aus dem KZ-Lager „Litzmannstadt“ und „Auschwitz“ zugeführt worden waren. Die Behandlung dieser Jüdinnen war die denkbar schlechteste und viele von ihnen waren immer krank. Der Kommandoführer war SS-Unterscharführer Beck. Beck hat, wie ich selbst gesehen habe, diese armen Frauen oftmals geschlagen und misshandelt. Nach etwa einem Vierteljahr kam ich wieder in die Astra-Werke nach Chemnitz zurück, wo ich ebenfalls als Aufseherin bis Ende Januar tätig war. Abschließend wurde ich krank und verzog wegen Bombenschaden nach Annaberg. Am 10. Mai von Annaberg nach Chemnitz zurückgekehrt, habe ich meine Tätigkeit in den Astra-Werken nicht wieder aufgenommen. Ich selbst habe an Misshandlungen ausländischer Arbeiterinnen nie teilgenommen."

20.08.1948:

„Seit dem Jahre 1940 arbeitete ich als Maschinenarbeiterin und in der Kontrolle dienstverpflichtet bei den Chemnitzer Astra-Werken. Da ich während der ganzen Jahre schwere Arbeit verrichtete, sagte mir die Betriebsfrau der Firma, dass ich es verdient hätte jetzt einen Posten zu bekommen und daher als SS-Aufseherin im KZ eingesetzt werden könnte. Ich habe zugesagt, ein Zwang wurde auf mich von niemand und in keiner Weise ausgeübt. Ich habe eine Verpflichtung unterschrieben, nachdem ich die Bedingungen in einer Versammlung in der Firma erfahren hatte. Mitte August 1944 wurden wir Frauen zusammengestellt und kamen nach Ravensbrück in das Konzentrationslager. Dort waren sehr viele Häftlinge untergebracht, welche einen schlechten Eindruck auf mich machten da sie in sehr gedrückter Stimmung waren. Zum Teil waren den Häftlingen die Haare abgeschnitten worden und das ganze Milieu war grauenerregend. Ich habe mit einer Aufseherin, Olga Lache, ein Außenkommando zu Gärtnerarbeiten begleitet. Deswegen hatte ich ins Lager keinen näheren Einblick. Ich habe auch von den Häftlingen über die Zustände im Lager keine Kenntnis erhalten können, da uns Privatgespräche mit den Häftlingen verboten waren. Nach 10 Tagen kamen die meisten Frauen der Astra-Werke von Ravensbrück weg, ich wurde in Freiberg in einem

Rüstungsbetrieb bei der Bewachung ausländischer Frauen während der Arbeitszeit eingesetzt. [...] Ich habe in Freiberg bei der Mantelausgabe einmal gesehen, wie die Olga Lache einen weiblichen Häftling schlug. Oberscharführer[397] Beck hat die Frauen mehrmals geschlagen. Ich habe weniger Einblicke in den Betrieb gehabt, weil ich mit der Spitzner die Verpflegung der Häftlinge über hatte. Die Verpflegung war bestimmt nicht schlecht. Bei der Verpflegungsausgabe fehlte einmal eine Portion Marmelade und der betreffende Häftling beschwerte sich deswegen bei dem SS-Führer Beck. Ich bin dabei in Streitigkeiten mit dem betreffenden Häftling gekommen und habe ihm eine Ohrfeige gegeben. Sonst habe ich in Freiberg nicht geschlagen. Im November kam ich als erste von Freiberg nach Chemnitz in die Astra-Werke zurück, weil ich mich – da mein Mann in Chemnitz war- hierher zurück gemeldet hatte. Auch hier habe ich weibliche Häftlinge vornehmlich zur Nachtschicht während der Nachtschicht beschäftigt. Ich weiß, dass hier der SS-Führer Willing wiederholt Häftlinge geschlagen hat. Seit dem Januar 1945 war ich magenkrank und konnte meinen Dienst nicht mehr versehen, nachdem ich ausgebombt wurde, zog ich nach Annaberg. Ich bin trotzdem von der SS nicht entpflichtet worden. Die SS-Uniform habe ich jedoch nur solange getragen, wie ich im Dienst stand."

11. Porstein geb. Gläser Flora Marianne 26.01.1921 Chemnitz

20.08.1947: [Dresden]

„Nach beendeter Volksschulzeit 1935, trat ich bei der Firma „Unitas" in Chemnitz in die Lehre. Dort war ich als Lageristin tätig bis Mai 1939. Ich wurde zum Arbeitsdienst eingezogen und 1940 als Kameradschaftsälteste entlassen. Vom Arbeitsamt wurde ich als Arbeiterin in die Astra-Werke in Chemnitz, Altchemnitzerstr. verpflichtet. Ich war in dem Werk Wapplerstr. bis Aug.

[397] Unterscharführer

1944 in der Hauptsache als Kontrolleurin tätig. Auf Aufforderung der Betriebsleitung nahm ich an einem Kursus zur Ausbildung für den Aufseherdienst teil. Wir bekamen dazu einen Ausweis als S.S. Aufseherin vom Betrieb und führten diese Tätigkeit durch. Von Aug. 1944 kam ich von der Firma nach Freiberg zur Fa. „Freia" Rüstungsbetrieb in Freiberg und machte dort Aufseherdienste über jüdische Frauen. Ein gewisser Beck erteilte uns dort die nötigen Instruktionen über die Behandlung der Frauen, direkte Äußerungen zum Schlagen hat er nicht gemacht, aber in Ravensbrück wo wir ausgebildet wurden, war es üblich mit dem Stock zu schlagen. Bei meiner Tätigkeit als Aufseherin bei der Fa. Freia, habe auch ich auf Grund von Arbeitsverweigerung der jüd. Arbeiterinnen einige Male Schellen gegeben, aber mit einem Stock, sowie es in andern Lagern an der Tagesordnung war ist [das] nicht vorgekommen. Im Jan. 1945 kam ich wieder nach Chemnitz in die Astra-Werke und machte dort weiter Aufsichtsdienst. Bei einer Durchsuchung der Ausländerinnen, fand ich bei einer eine Schürze, auf Grund dessen gab ich ihr eine Schelle. Auf weitere Züchtigungen in diesem Betrieb kann ich mich nicht besinnen, nur möchte ich betonen, dass eine gewisse Else sich bes. hervorgetan hat, in diesem Betrieb gab uns ein gew. [W]Illing[398] die Instruktionen. Außer mir waren dort Marianne Stedekorn und Else Spitzner [...] Zu meiner Entlastung möchte ich betonen, dass ich unter Druck des [W]Illing gestanden habe, außerdem habe ich zwei Mal ein Gesuch um Entlassung aus dem Wachdienst eingereicht."

12. Selbig, Else

Es liegt kein Vernehmungsprotokoll vor.

[398] Oberscharführer Alfred Willing, *1894 in Ohrdruf

13. Sieler, Anneliese 20.10.23 [20.03.23] Eschefeld

30.08.1948:

„Im Sommer 1944 wurde in den Astra-Werken Chemnitz durch Anschlag an der Werkstafel zur freiwilligen Meldung von weiblichem Personal zum Zwecke der Häftlingsbewachung im Konzentrationslager für die SS aufgerufen. Nach unseren Feststellungen hat sich die Obengenannte mit dazu gemeldet und ist im August 1944 in Ravensbrück erstmalig einesetzt worden. [...]“

15.09.1948 Kriminalamt Leipzig Außenstelle Frohburg:

„Die O.a. ist seit 1946 nicht mehr in Eschefeld, nach den Angaben ihres Vaters ist sie seit 1946 nach dem Westen. Die Sieler ist im Westen verheiratet und heißt jetzt Bauer. Neumarkt Oberpfalz. Weinbergstr. Nr.19“

14. Spitzner <u>Elsa</u> Marie geb. 16.08.1904 Crimmitschau

12.04.1947:

„Ich war von 1935 bis 1944 bei den Astrawerken beschäftigt. Am 15. August 1944 wurde ich dann als SS-Aufseherin dienstverpflichtet. Ich kam mit noch ungefähr 45 anderen nach Ravensbrück zur Einkleidung und Ausbildung. Von hier kam dann eine Versetzung nach verschiedenen Lagern. Ich kam mit noch 15 nach Freiberg zur Überwachung von KZ'Frauen. Ich muss sagen, dass bis auf zwei, der Lache und der Bitterlich, die Behandlung der Gefangenen von allen Aufseherinnen eine sehr anständige war. Die Lache war diejenige, welche die Strafen austeilte. Ich selbst habe gesehen, wie sie die Gefangenen schlug. Damals war ich so aufgeregt, dass ich an jenem Abend nichts Essen konnte. Ich habe auch der Lache gesagt, dass ich mich nie dazu hergeben würde, Menschen wegen Kleinigkeiten zu misshandeln wie sie es getan hat.

Die Bitterlich war eine, welche weder bei den Aufseherinnen noch bei den Gefangenen beliebt war. Sie hat kein Gefühl für Umgang mit Menschen. Beim kleinsten Vorkommnis war sie sofort auf das Äußerste aufgeregt und war immer streitig. Selbst wir mussten uns vor ihr in Acht nehmen. So durften wir z.B. ihr [sic!] nicht sehen lassen, wenn wir den Gefangenen etwas gaben, denn wir hätten uns der Gefahr ausgesetzt, von ihr gemeldet zu werden. Mir selbst ist bekannt, dass sie Gefangene wegen Kleinigkeiten bei dem Unterscharführer Beck meldete, worauf dann die Beschuldigte von diesem geschlagen wurde. Auch soll sie Gefangene oft misshandelt haben, doch habe ich dies nur von Aufseherinnen, welche mit ihr Dienst hatten, gehört und nicht selbst gesehen.
Der Unterscharführer Beck war auch besonders gemein zu den gefangenen Frauen. Er schlug sie oft bis sie bluteten. Die Selbig Else lernte ich nachdem ich nach Chemnitz zu den Astra Werken versetzt war, hier kennen. Diese war ein richtiges Mannweib und sehr brutal zu den Häftlingen. Ich habe selbst gesehen, wie sie diesen in den Hintern trat."

23.08.1948:

„Seit dem 6.3.1935 arbeitete ich als Werkstattschreiberin in der Firma Astra-Werke Chemnitz. Ende Juli Anfang August 1944 bin ich dann durch Herrn Voigt (im Personalbüro beschäftigt) in einen Gemeinschaftsraum für nachmittags 2 Uhr bestellt. Direktor Seyfried und Herr Schlorke berichteten bei der Zusammenkunft, dass ausländische Frauen ins Werk genommen werden müssten und für diese Bewachungen gestellt werden müssten. Deswegen mussten wir zur SS und einen 14-tägigen Lehrgang mitmachen. Er machte uns im Zusammenhang damit große Versprechungen und bat dann, dass diejenigen, welche mit diesen Bedingungen einverstanden seien, aufstehen sollten. Es meldeten sich nur wenige freiwillig für diesen Dienst. Wer dies war, kann ich heute nicht mehr sagen. Direktor Seyfried übte dann einen geringen Druck aus, indem er sagte, dass dann wir Frauen eben irgendwo anders hin dienstverpflichtet würden. Kurze Zeit danach trafen eine Frau und 2 Führer der SS ein und wiederholten sinngemäß die gleiche Versprechung, die uns Seyfried bereits gemacht hatte. Trotzdem meldete sich niemand freiwillig. Der SS-Führer ging dann durch die Reihen und befragte sich, welchen Grund die einzelnen Frauen hatten, warum sie nicht zur SS gehen wollten. Ich habe angegeben, dass mein Vater nicht mehr der jüngste sei und dass ich unser Grundstück versorgen müsse, doch wurde dies abgelehnt, da mein Bruder unser Grundstück mitversorgen könne. Wir wurden dann alle zur SS verpflichtet. Am 15.8.1945 fuhren wir alle nach Ravensbrück. Das Lager durften wir nicht früher betreten, bis wir die Verpflichtung zur SS unterschrieben hatten und informiert wurden. Die Behandlung der Häftlinge durch die schon länger diensttuenden Aufseherinnen war nicht gut. Ich habe gesehen, dass Häftlinge 3 Tage und Nächte in einem langen Zug stehen mussten und sich dabei nicht rühren oder setzen durften. Ich bekam damals von einer blonden Aufseherin eine Rüge, weil ich zu anständig mit den Häftlingen umgegangen war. Auf einem Außenkommando habe ich dann noch einmal einen Häftlingszug in einen Rüstungsbetrieb zur Arbeit begleitet. Das Lager umfasste 40.000 oder 60.000 Häftlinge, die Zahlen änderten sich auch laufend. Wir hatten Anweisung, die Häftlinge streng zu behandeln und dabei peinlich zu verfahren, da ein gewisser Prozentsatz von Aufseherinnen bereits als Häftling in Ravensbrück sitzen würde. Privatgespräche mit Häftlingen waren verboten. Auch sagte uns die Oberaufseherin, dass Schlagen gesetzlich verboten sei, aber wer es tun wollte, könnte es machen. Von der Kantine aus habe ich einmal gesehen, wie neu ankommende Häftlinge, die den alten Häftlingen Schmuckgegenstände zuwarfen, da sie noch nicht durchsucht waren, von SS-Männern verprügelt wurden. Nach 10-11 Tagen wurde ich nach Freiberg versetzt. Dort wurden in einem Rüstungsbetrieb vorwiegend polnische Jüdinnen zur Arbeit eingesetzt. Ich habe diese jedoch während der Arbeitszeit nur aushilfsweise einmal bewacht. Wir waren in Freiberg 16 Aufseherinnen, die in einem Hotel wohnten und ich beaufsichtigte am Morgen 2 Häftlinge, welche die Zimmer der Aufseherinnen zu säubern hatten. Die Wäsche der

Aufseherinnen musste auch von Häftlingen gewaschen werden. In der Mittagszeit war ich mit bei der Ausspeisung für die Häftlinge tätig. Viele solche Nebenarbeiten wurden von Häftlingen selbst erledigt und von mir nur beaufsichtigt. Ich habe einmal gesehen, wie die Lache Häftlinge geohrfeigt hat. Die Frl. Lache und Bitterlich waren bei den Häftlingen unbeliebt und haben, wie ich hörte, öfters geschlagen. Gesehen habe ich auch, dass SS-Unterscharführer Beck die Häftlinge geschlagen hat, wobei mir vom bloßen Zusehen sogar einmal schlecht geworden ist. Ich selbst bestreite entschieden, jemals zugeschlagen zu haben. Am 31.12.1944 wurde ich nach Chemnitz zu den Astra-Werken versetzt, wo ich Häftlinge während der Arbeitszeit beaufsichtigt habe. [...]"

15. Stetekorn Marianne Frida, geb. 11.06.1920 Chemnitz

17.08.1948:

„Von Juni 1942 bis 1944 habe ich als Bürohilfe dienstverpflichtet in den Astra-Werken gearbeitet. Im Sommer 1944 erschien an der Werkstafel in der Firma Astra ein Aufruf, in welchem um freiwillige Meldung von Frauen zum Dienst als Aufseherin der SS gebeten wurde. Herr Finzel, Bürochef bei Astra, sagte mir, dass ich mich da auch mit melden könnte. Da ich für einen SS-Dienst nicht geschaffen war, habe ich dies jedoch abgelehnt. Es verging wieder geraume Zeit, bis wir in den Gefolgschaftsraum bestellt wurden, wo uns 2 Vertreter der SS auf die Vorteile aufmerksam machten, die für uns mit einer Meldung zur SS verbunden wären, Versprechungen, die sich später auch nicht erfüllten. Trotzdem habe ich keine Zusage erteilt, stellte aber fest, dass mich Herr Finzel trotzdem mit notiert hatte. Ich habe nie mein Einverständnis dazu gegeben, SS.-Aufseherin zu werden, habe mich aber dann auch nicht dagegen gesträubt und als uns im August 1944 mitgeteilt wurde, dass wir uns morgens auf den Bahnhof zu stellen hätten, bin ich der Aufforderung nachgekommen. Es war uns bereits bekannt, dass wir in den KZ. Ravensbrück eingesetzt werden sollten, hatten aber von der näheren Beschaffenheit des Lagers keine Ahnung. Der

Anblick des gewaltigen Riesenlagers war für mich vollkommen neu, es sollten ca. 40.000 Frauen dort untergebracht sein. Deren körperlicher Zustand war eigentlich verschieden. Die meisten Frauen machten einen niedergeschlagenen Eindruck, ich hörte, dass dort auch die Frauen geschlagen worden sein sollen. Ich hatte für diese Dinge zu wenig Interesse, als dass ich mich um Einzelheiten gekümmert hätte. Nach einiger Zeit unseres Dienstbeginns wurden wir einmal durch das ganze Lager geführt. Es schreckte mich da ab, dass eine Aufseherin aufgehängte Wäsche von weiblichen Häftlingen herabriss und mit den Füßen in den Sand wühlte, weil vor den Fenstern keine Wäsche aufgehängt werden sollte. An einem Dienstag langten wir in Ravensbrück an, wurden erst an folgendem Sonntag zu einer Besprechung zusammengefasst und am Montag mittags 1.-Uhr trat ich meinen Dienst an. Es kam gerade ein neuer Zug von ausländischen Frauen, welche Kekse, Schokolade und Konserven mitbrachte. Die Frauen standen bis abends bis zu meiner Ablösung in der Sonne. Auch am nächsten Morgen, als ich meinen Dienst wieder antrat, standen diese Frauen noch immer da und hatten die Nacht im Freien zugebracht. Ihr Gepäck, Mäntel, Taschen, Koffer wurden ihnen dann abgenommen, sicherlich dabei auch die Nahrungsmittel, was sie alles auf einen Berg aufschichten mussten. Wir hatten auch Anweisung zu beobachten, dass die Frauen an solche, die bereits im Lager waren, nichts verschenkten. Die Behandlung der Frauen sollte streng sein, doch war schlagen verboten. Nach anderthalbtägigen Dienst wurde ich bereits von Ravensbrück nach Freiberg versetzt. Ich musste dort ausländische Frauen, zumeist Polen, bei der Arbeit in einem mir namentlich nicht mehr bekannten Rüstungsbetrieb beaufsichtigen. Die Frauen waren in einem Lager, dass sich unmittelbar an die Firma anschloss, untergebracht, doch hatte ich in der Freizeit nichts mit ihnen zu tun. Wir mussten die Frauen lediglich zur Arbeit anhalten. Die Frauen arbeiteten außerdem unter der Anleitung von deutschen Meistern und Vorarbeitern. Die Verpflegung der hier arbeitenden Frauen war nicht schlecht. Mir ist dort zu Ohren gekommen, dass Frl. Lache und Frl. Bitterlich ausländische Arbeiterinnen geschlagen hatten. Es sollten dazu nur ge-

ringste Anlässe vorgelegen haben. Nach meiner Meinung schlug die Bitterlich mehr aus Dummheit, während sich Frl. Lache damit hervortun wollte.
Durch Aufforderung der Astra-Werke kamen dann die Frauen, die einmal bei Astra gearbeitet hatten, wieder nach Chemnitz zu den Astra-Werken um dort wieder ausländische Frauen während der Arbeitszeit zu beaufsichtigen. Gegenüber der Verpflegung in Freiberg war diese in Chemnitz haarsträubend. Trotzdem wurde von den Frauen derselbe Leistungsstand verlangt. [...]“

16. Uhlig, <u>Ingeborg</u> Dora 09.06.1920 Chemnitz

27.08.1948:

„Seit dem Jahre 1939 war ich als Prüferin in den Astra-Werken Chemnitz beschäftigt. Im Sommer 1944 wurden Frauen als SS-Aufseherinnen für Konzentrationslager im Werk ausgesucht und dazu verpflichtet. Ich sagte, dass ich mich dazu nicht eignen würde, doch stand ich unter Druck. Mitte August fuhr unsere Kolonne nach Ravensbrück, wo ich sehr erstaunt war. Die alten Aufseherinnen verfuhren derartig mit den Häftlingen, dass ich zunächst glaubte, diese Arbeit nicht ausführen zu können. Wir hatten lediglich die Anweisung, aufzupassen, dass die Häftlinge arbeiteten und nicht wegliefen. Ich habe während 10 Tagen in Ravensbrück lediglich einmal ein Außenkommando begleitet, wo Frauen ein Kohlenschiff entladen mussten. Ich bin nur einmal ins Lager gekommen, wo ich in einer Baracke eingekleidet wurde. Über das Lager selbst kann ich daher keine weiteren Angaben machen. Dann wurde ich nach Freiberg versetzt, wo ich die Häftlinge während der Arbeitszeit im Rüstungsbetrieb beaufsichtigen musste. Die dort zu beaufsichtigenden Häftlinge hatten nur ein Kleid auf dem Leibe und sahen sehr schlecht aus. Ich habe ab 31.12.1944 dann wieder in Chemnitz bei den Astra-Werken SS Aufseherdienste verrichtet. Ich habe in keinem Fall während meiner ganzen Tätigkeit gesehen, dass Häftlinge geschlagen oder misshandelt worden sind. Ich hörte dies lediglich in Freiberg von der Lache, Bitterlich, Eisenhut und dem SS-Führer Beck. [...]“

2.1.3.4 Widerstand bei der Rekrutierung: Weigern lohnt sich

Frevert Liesbeth Ella Erna 09.08.1913 Chemnitz

„Ich war von 1934 bis 45 in den Astra-Werken als Angestellte beschäftigt. Seit 1939 gehörte ich der Werkfrauengruppe an. 1944 erhielt ich von der Leiterin der Werkfrauengruppe, der Frau Kröger-Eyler den Auftrag im Betrieb herum zu fragen, wer Lust hat Aufseherin zu [werden], der soll sich im dritten Stock melden. Was dort oben gesprochen wurde, kann ich nicht sagen, da ich dort nicht mit zugegen war."

19.08.1948:

„Von 1934 bis 1945 war ich in den Astra-Werken als Lagerarbeiterin und später Karteiführerin in den Astra-Werken tätig und gehörte dort auch der Werkfrauengruppe an. Von der Sozialberaterin des Betriebes Frl. Kröger-Eiler erhielt ich den Auftrag, in meiner Abteilung Umfrage zu halten, welche von den Mädels Lust habe, sich bei der SS. zu melden und KZ-Aufseherin zu werden. Ich habe dabei auf die Mädels keinerlei Zwang ausgeübt und die Meldung der Mädels beruht auf rein freiwilliger Basis. Trotzdem meldeten sich einige Frauen, da sie wahrscheinlich mit ihrer gegenwärtigen Arbeit im Rüstungsbetrieb nicht zufrieden waren und sich bei der SS bessere Verhältnisse versprachen. [...] Ob von irgendwelchen Persönlichkeiten im Werk ein Druck auf die Mädels ausgeübt wurde, ist mir unbekannt. Ich weiß nur von Frau Hethel, dass ihr Herr Seyfried gesagt haben sollte: „Wenn sie nicht wollen, dann müssen sie eben." Trotzdem ist Frau Hethel nicht mit zur SS.-Bewachungsmannschaft gekommen, sodass ich auch daraus schließen muss, dass die Teilnahme an dem SS-Kommando auf freiwilliger Basis beruhte. Ich selbst habe mich nicht mit zur SS. gemeldet und bin auch von niemand dazu aufgefordert worden."

Lungwitz Elisabeth Ilse, geb. 29.05.1923 Chemnitz

17.08.1948

„Im Januar 1944 wurde ich als Fräserin zu den Astra-Werken dienstverpflichtet. Da mir dort der Verdienst nicht genügte und mir die Arbeit in einem Metallbetrieb nicht zusagte, habe ich mich freiwillig zur Bewachung in einem SS.-Lager gemeldet. Es erschien ein Anschlag am „Schwarzen Brett“ der Firma, auf welchen ich mich zu dieser Beschäftigung mit gemeldet habe. Ein Druck wurde dabei in keiner Form ausgeübt.“

Mathes Frieda Liesette, geb. Stengel Pirna

„Ich war seit dem 31.7.39 in den Astra-Werken als Arbeiterin beschäftigt. Im August 1944 wurde ich mit ungefähr 40 Frauen zum Chef bestellt. Hier waren nebst dem Chef Herrn Seyfried noch mehrere hohe SS-Männer dort. Hier wurde uns erzählt, dass die Firma gefangene Frauen bekommen soll und wir sollen zur Bewachung dieser Frauen eingesetzt werden. Zu diesem Zwecke müssten wir eine Schule, welche 14 Tage dauern würde in Ravensbrück besuchen. Es wurde uns ein gutes Gehalt versprochen. Auch gute Kost. Ferner wurde gesagt, dass wir jetzt nicht mehr so schwer arbeiten brauchen, und nur Aufpassen sollen. Nachdem dies gesagt war, konnten wir wieder gehen. Es wurde noch gesagt, dass wir näheres noch hören werden. Nach ungefähr 14 Tagen erhielten wir die Nachricht, dass wir am anderen Morgen nach Ravensbrück zur Schulung fahren. Wir fuhren dann mit ungefähr 40 Frauen los. Als wir auf dem Bahnhof in Fürstenberg ankamen, sahen wir die ersten gefangenen Frauen, welche dort zur Arbeit geführt wurden. Es war ein jämmerlicher Anblick. Entkräftet und lebensmüde lehnten sie sich an die Wände. Als ich dann in das KZ-Lager kam, und das Himmel schreiende Elend sah, besprach ich mich mit meiner Freundin Ilse Dost [...]. Wir kamen beide überein, dass wir hier auf keinen Fall bleiben, zumal sie uns gesagt hatten, dass wir in eine Schule kommen sollten und in einem KZ-Lg. landeten. Hier wurden wir nun ärztlich untersucht und für tauglich befunden. Anschließend sollten wir 15 Scheine unterschreiben, dass [wir] diesen Dienst annehmen. Meine Freundin und ich verweigerten dies. Am nächsten Tag haben wir uns bei der Obersten des Lagers melden lassen und haben ihr vorgetragen, dass wir nicht hier bleiben. Nach anfänglichen Schwierigkeiten konnten wir dann auf eigene Kosten nach Hause fahren. Die Bitterlich Anneliese ist mit uns nach Ravensbrück gefahren. Diese hatte nie gern gearbeitet und hatte nun gefallen an dem Posten als SS-Aufseherin. Als diese dann wieder als SS-Aufseherin zu den Astra-Werken kam, hat man oft gehört, dass sie sich besonders schlecht gegen die Gefangenen benimmt. Hierzu kann genauere Auskunft geben die Spitzner Else Oberlichtenau, Annelies Böhm Chemnitz Leipziger Str. und die Charlotte Langer Glösa in der Nähe des Glücksbergs, geben.“

Wie diese Zeugenaussagen zeigen, gab es auch noch späte Möglichkeiten die Tätigkeit als Aufseherin erfolgreich zu verweigern. Auch scheint deutlich weniger Druck auf die dienstverpflichteten jungen Frauen ausgeübt worden zu sein, wie diese teilweise glauben machen wollen.

2.2 Belegschaft und Bevölkerung

I. Der gefürchtete Meister Zimmermann:

Elisabeth M.:

> „Ein gewisser Zimmermann, der Meister in der Flugzeugfabrik in Freiberg war u. in der die Häftlinge arbeitsmäßig eingesetzt waren, war bei den Häftlingen gefürchtet. Er warf ihnen das Werkzeug nach oder misshandelte sie damit. Frau D., die mich als Zeugin angegeben hat, wurde von ihm auch misshandelt. Zimmermann, der damals etwa 35 Jahre alt war, soll aus Bruchsal stammen. 1950/51 war ich in Bruchsal, um mich nach Zimmermann, dessen Vorname mir unbekannt ist, umzusehen. Von der Polizei erhielt ich damals die Auskunft, dass Zimmermann noch nicht nach Bruchsal zurückgekehrt sei. Soviel ich mich noch erinnere, war es die Polizeistation im Schloss, bei der ich über Zimmermann die Erkundigungen einzog.[399]"

Die erwähnte Berta D. gibt zu Protokoll:

> „Mir ist lediglich der Lagerführer Beck und ein gewisser Zimmermann, Vorname unbekannt, der jetzt in Bruchsal leben soll, bekannt. Zimmermann war Meister in einer Flugzeugfabrik in Freiberg. In dieser Flugzeugfabrik waren die arbeitsfähigen weiblichen Häftlinge eingesetzt. Zimmermann hatte etwa eine Gruppe von 20 Häftlingen zu beaufsichtigen. Von diesem wurde ich wiederholt körperlich misshandelt. Er warf mir Handwerkszeug, das ich für ihn holen mußte, in den Rücken, oder er riß mir das Werkzeug aus der Hand und schlug mich damit. Zimmermann dürfte damals 40-45 Jahre alt gewesen sein. Frau Meier-Ettlinger mit der ich noch Kontakt habe, erzählte mir, dass sie nach Zimmermann in Bruchsal Nachforschungen angestellt habe, aber diesen nicht ausmitteln konnte."[400]

---

[399] Barch, B 162 / 17247, S.48 VP Elisabeth(Else) M.
[400] Barch, B 162 / 17247, S.44 VP Berta D.

Auch Lisa Scheuer wurde in Freiberg zunächst dem genannten Meister Zimmermann zugeteilt:

> „Ich kam zu einem Meister, der gewöhnlich in einer schwarzen SS-Uniform herumlief, wie ich später bemerkte. Er war auch ranghöher als der Hauptscharführer Braun [sic!] was er mir stolz als erstes erzählte, wahrscheinlich, um mir zu imponieren und mir den rechten Mut zur Arbeit zu machen. Er war grob, ungehobelt und ungebildet und hatte die Angewohnheit, mit dem Hammer nach jeder von uns zu werfen, die nicht sofort kapierte, worum es ihm bei der Arbeit ging, obwohl er wissen mußte, dass die meisten nicht einmal sein komisches Deutsch verstanden. Mir zeigte er, wie ich mit einem Autogenschweißgerät umzugehen hatte und führte mich in die hohe Kunst ein, Löcher in dünne Blechcontainer zu brennen, um sie dann gleich wieder zuzuschweißen. Was er mir erklärte, floß wie ein weicher Wortschwall aus seinem Maul, er mußte wohl zwischen Dresden und Pirna geboren worden sein, also gar nicht weit von hier. Sein Hammer flog öfter an meinem Kopf vorbei, bis ich begriff, um was es hier ging. Ich lernte in der ersten Sechzehn-Stunden-Schicht, wie man den Gashahn aufdrehen muß und wie man die Flamme reguliert, um sich nicht in den Bauch oder gar in die Augen zu brennen. Meine Freundinnen wurden inzwischen an Bohrmaschinen und an der Drehbank, ähnlich wie ich, mit viel sächsischem Geschrei und Hammerwürfen angelernt.“[401]

Außerdem erinnert Zipora Nir:

> „Mit meinem Meister in der Fabrik hatte ich keine Gespräche. Meine Arbeit war Flugzeugflügel zu nieten. Mein Meister zeigte mir nur mit Handbewegungen, ohne Worte, was ich machen soll. Es war ‚Sprechverbot'. Für mich war das eine unbekannte Arbeit und wenn er nicht zufrieden war, sagte er ‚Scheiße' und warf einen Hammer in meine Richtung. Einmal sagte ich ihm, dass er mir erklären soll was er will. Er war ganz erstaunt, dass ich deutsch sprechen kann. Er sagte, dass er weiß warum wir hier sind, weil wir Huren und Diebinnen

---

[401] Lisa Scheuer S. 58f.

sind. Es waren Frauen, die mehr Glück hatten mit ihren Meistern."[402]

II. Handwerksmeister Otto Rauch:

Dazu gehörte wohl Hana Reinerová:

> „Zu den besonders eindrucksvollsten Erinnerungen an Freiberg gehört für mich ein Dialog mit meinem Meister in der „Freia", Otto Rauch.[...] Zu jenem Dialog mit Meister Rauch kam es – trotz Sprechverbots – in den ersten Tagen. Mit Handbewegungen, ohne Worte, schickte er mich irgendein Werkzeug holen, aber ich brachte nicht das richtige. Wütend packte er mich am Kleid und schlug mich gegen das Gerüst. Ich war empört. Wenn er etwas will, müsse er es mir erklären, da ich noch nie in einer Fabrik gearbeitet habe, hielt ich ihm vor. Rauch war perplex, dass dieses einer Vogelscheuche ähnliche Geschöpf ihn anredete und sogar auf Deutsch. Er fragte, was und wo ich gearbeitet habe. Wir kamen auf das KZ-Lager zu sprechen; ich erklärte ihm, dass ich als Jüdin dorthin geschickt worden war. Darauf Meister Rauch verwundert; „Die Juden sind doch schwarz!" Ich, blauäugig und trotz der abgeschorenen Haare zweifellos dunkelblond mit lichtem Teint, war so frech ihn zu fragen, ob er wisse, was KZ-Lager sind. Rauch: „Ja, dort werden doch verschiedene Elemente zur Arbeit erzogen." Ich erzählte ihm, dass wir alle normal gelernt und gearbeitet haben, bevor wir nach Auschwitz und von dort nach Freiberg gebracht worden sind, und dass unter uns eine Reihe hoch gebildeter Frauen sind: Dr. jur., Dr. phil., Magister, Ärztinnen, Professorinnen, Lehrerinnen, dass ich selbst, damals 23 Jahre alt, im Jahre 1939 am klassischen Gymnasium mein Abitur abgelegt und als diplomierte Säuglingsschwester und Kinderbetreuerin

[402] Mail an den Autoren vom 16.03.2006

gearbeitet hatte. Seit diesem Gespräch hat sich Meister Rauch mir gegenüber immer gut verhalten."[403]

III. Weitere Handwerksmeister:

Pola Hinenberg:

„In der Fabrik in Freiberg musste ich lange Zeit eine Maschine bedienen, die ich noch unter der Bezeichnung „Bohrmaschine" in Erinnerung habe. Während der Arbeit beaufsichtigte mich ein mir gegenüber unfreundlich eingestelllter deutscher Meister. Offensichtlich um mich zu verbittern, beugte er sich oft über mich und aß dabei eine mit wohlriechendem Schinken oder Wurst belegte Semmel. Nur mit großer Willenskraft konnte ich mich zurückhalten, ihm nicht die Semmel wegzureißen und zu essen." [404]

Eva Stichová:

„Mein Meister, ursprünglich ein Frisör aus dem Rheinland, war kein böser Mensch. Wir konnten ein wenig miteinander reden, doch auch er hatte große Angst. Er hat mir nie geschadet, aber auch nie geholfen."[405]

Lisa Miková:

„Unser Meister war wortkarg. Er hatte zu uns überhaupt keinen Kontakt. Er sprach kaum mit uns, höchstens deutete er uns in mürrischem Ton an, was wir machen sollten. Für uns war die Arbeit natürlich völlig fremd. Das Einzige, was er ab und zu sagte, war „Scheiße". Wir wussten nicht, ob er damit die Qualität unserer Arbeit oder die allgemeine Lage meinte. Es gab Arbeitsplätze, wo die Meister mit den Frauen gesprochen haben, manche im Guten, manche im Bösen. Man-

[403] Hana Reinerová. Düsing S.81f.
[404] Aussage Pola Hinenberg. Düsing S.134
[405] Eva Stichová. Düsing S. 51

che brachten ab und zu den Frauen etwas mit. Mein Meister hat sich da überhaupt nicht engagiert."[406]

Tonia Rotkopf-Blair erinnert:

> "Ich arbeitete mit einem deutschen Meister zusammen, mit dem sich eine gute Beziehung entwicklete, obwohl es nicht erlaubt war, miteinander zu sprechen."[407]

Marie Sandová:

> „Eines Tages sagte mir eine der Frauen, die an einem anderen Arbeitsplatz arbeitete, dass ihr Meister mit mir reden wolle. Ich ging zu ihm, und er sagte mir, dass er für mich in der Küche Kraut stehlen würde. Er tat es wirklich. Aber es gelang ihm nur einmal, denn auch für ihn war so etwas gefährlich. Es gab also doch Deutsche, die keine Faschisten waren."[408]

Wie diese Aussagen zeigen, hingen die individuellen KZ-Erfahrungen nicht unerheblich davon ab, an welchen Meister und in welches Werksumfeld man geriet. Helga Weiss schreibt in ihrer tagebuchartigen Autobiografie auch von ihrem Meister Kapteiner und dessen Verhalten bei Fliegeralarm:

> „Kapteiner, mein Saalmeister, der sonst so viel rumbrüllte, uns zur Arbeit antreibt und vor dem alle zittern, ist immer als Erster aus dem Saal draußen. Vor kurzem brach sich ein Meister sogar das Bein, weil er wie ein Irrer zum Luftschutzraum rannte." [409]

Das Arbeitsklima einzelner Häftlingskommandos innerhalb derselben Außenlager konnte extrem variieren. Besonderes Glück hatte auch Kasimira Rosmarinowsky, die wegen ihrer Deutsch-Kenntnisse als Aushilfe im Ersatzteillager dem Meister Albani unterstellt wurde.

---

[406] Aussage Lisa Miková, Düsing S. 46
[407] Tonia Rokopf-Blair. Düsing S. 143
[408] Marie Sandová. Düsing S.79
[409] Helga Weiss. Und doch ein ganzes Leben. S.144

IV: Die Meister Albani und Findeisen

Kasimira Rosmarinowsky:

> „Er war ein schlichter und bescheidener Mensch und so gar kein Mann, der große Taten hervorzubringen gedachte. Trotzdem hat er vom ersten Tag an, ohne zu zögern, mit mir wie mit einem gleichwertigen Menschen gesprochen, genau wissend, dass auf Anordnung der SS den Zivilarbeitern jeglicher Kontakt mit uns untersagt war. Unter den Bedingungen, unter denen wir lebten, grenzte das an ein Wunder. Ich glaube, dass es heutzutage kaum nachvollziehbar ist, was es für jemanden bedeutete, das abgesprochene Recht, ein Mensch zu sein, wiederzubekommen. Eines Tages habe ich ihm von Hannelore[410] erzählt, einem Mädchen aus einer Mischehe mit einer deutschen Mutter und einem Vater jüdischer Abstammung. Er hat sofort seine Hilfe zur Herstellung des Kontaktes zwischen Mutter und Tochter angeboten. Es war für uns eine bewegende Zeit, als Hannelore den Brief schrieb, den Herr Albani an die Mutter abschickte, und dann die Zeit des Wartens auf eine Antwort sowie das Glück, als Herr Albani mir den Brief überbrachte, den wir im WC, dem einzig unbeobachteten Ort, lesen konnten. Wie tief war unser Schmerz, als wir danach den Brief hinunterspülen mussten aus Angst vor dem Unterscharführer. Schließlich war es Herr Albani, der sogar Hannelores Mutter zu sich nach Freiberg eingeladen hat. In den Zeiten totaler Bespitzelung war es eine mutige, mit hohem Risiko behaftete Tat, mit der er ein menschliches Zeichen gesetzt hat. So kam der Tag, wo die Mutter in Freiberg eintraf. Es war eine erschütternde Szene für uns Häftlinge. Auf dem Bürgersteig bewegte sich langsam eine schöne, in einen Pelzmantel gehüllte Dame. Auf dem Fahrdamm in der entgegengesetzten Richtung eine Gruppe von Häftlingsfrauen mit kahl geschorenen Köpfen in zerschlissener Bekleidung unter strengster Bewachung und zielgerichteten Gewehren der SS! Eine Mutter konnte ihr verbanntes Kind einen kurzen Augenblick sehen. Sie durfte es nicht berühren und nicht umarmen, und wir alle mussten es ertragen: eine Begegnung ohne jede

[410] Hanna/Hannelore Cohn FloNo.:53973 vgl. Holden S. 186, Endsieg S.99

menschliche Regung, reduziert auf ein starres gegenseitiges Anschauen! Und trotzdem hat die menschenunwürdige, verletzende Begegnung bewiesen, dass die Übermacht unserer Verfolger verletzbar ist. Es war ein Akt der Befreiung, als wir feststellen konnten, dass wir es vollbracht haben, ein Treffen, so nichtig es auch war, unter den Augen der allgegenwärtigen SS zu organisieren. Wir waren aus unserer Ohnmacht ausgebrochen, und diese Machthaber hatten in gewisser Weise ihre totale Macht über uns verloren. Welche Bedeutung hatten solche Erlebnisse für uns? Wir erblickten bei solchen Gelegenheiten ein Licht in dem langen, dunklen Tunnel, in dem wir jahrelang voller Verzweiflung und Hoffnungslosigkeit steckten. Um so mehr lässt sich die Tat des Herrn Albani daran bemessen. [..] Er brachte mir auch ein paar Strümpfe von seiner Frau mit, die habe ich meiner Schwester gegeben.“[411]

Kasimira Rosmarinowsky erinnert weiter:

> „Es muss Ende März 1945 gewesen sein, als mich Herr Albani und auch ein anderer Meister, nämlich Herr Findeisen, in Kenntnis setzten, dass die SS beabsichtigte, uns zur Vernichtung aus Freiberg abzutransportieren – ein weiteres Beispiel des Mutes, das mir oder uns widerfahren ist. [...] Herr Findeisen hatte mir sogar seine Adresse gegeben und gesagt: „Springe in Dresden vom Zug und gehe in die Schillingstraße 1 ins obere Geschoss, ohne zu fragen. Dort wird dich meine Frau verstecken. Sie weiß Bescheid.“ Es ist heute kaum vorstellbar, was diese beiden Männer mit ihrer Zivilcourage aufs Spiel gesetzt haben in der Zeit des alles beherrschenden Terrors, der immer heftiger wurde, je näher die deutsche Niederlage rückte. Mein Versuch, in Dresden[412] den Zug zu verlassen, ist gescheitert, aber den Absichten der SS zum Trotz haben nicht alle, doch einige von uns die mehrwöchige Irrfahrt und anschließend Mauthausen überlebt.“[413]

[411] Aussage Kasimira Rosmarinowsky. Düsing S.116ff.
[412] Die Evakuierung über Dresden ist bislang nicht belegbar.
[413] Aussage Kasimira Rosmarinowsky. Düsing S.117f.

V. Hilfe durch Belegschaftsmitglieder:

Lily Edna Amit:

> „Ich habe an einer großen Bohrmaschine Löcher gebohrt am Flugzeugteil, das Nasenrippe 1A hieß. Eines Tages musste ich zur Schleifmaschine gehen, um meinen Bohrer zu schleifen. Bei dem zweiten Rad hat ein Mann auch geschliffen, es war ein Deutscher. Wenn die Wache sich entfernte sagte er ganz still ‚Kleine, es wird nicht mehr lange dauern.' Ich hatte Angst und sagte nichts. Und so von Zeit zu Zeit sind unsere lakonische Gespäche zu Stande gekommen. Einmal fragte er: ‚Bist Du alleine?' ‚Nein, Mutter ist auch hier bei einem anderen Vormeister.' Er hat mich ‚Kleine' angesprochen, ich wusste nicht seinen Namen. Ich wusste nur, dass er für mich immer ein gutes Wort hatte ...
> Einmal standen wir und schliffen, da fragte er: ‚Kleine, wo ist Mutter?' ‚Glaube sie wird sterben.' ‚Was ist los?' ‚Hohes Fieber, ganzer Mund voll Eiter, Zähne wackeln.' Die SS-Wache kommt näher. Wir machen eine Pause und dann brummelt der Unbekannte: ‚Mein Freund ist Arzt, will sehen was zu machen ist.' Nach einigen Tagen kam ich zur Arbeit, öffne meine Tischschublade um mein Werkzeug zu nehmen und dort im Winkel ist eine Zwiebel und eine Zitrone. Voll Schreck habe ich die Schublade schnell zugemacht. Während des Tages sah ich den Unbekannten. Ich sorgte dafür, dass mein Bohrer stumpf wurde und ging zu der Schleifmaschine. An dem anderen Rad stand er: ‚Auch wenn es große Schmerzen bereitet, mit Zwiebel und Zitrone den Gaumen einreiben.' Mein Meister rief, ich musste zurück zur Bohrmaschine. Irgendwie ist es mir gelungen die Zwiebel und die Zitrone Mutter zu bringen, ohne dass es jemand gemerkt hat. Sie tat wie gesagt, hatte riesige Schmerzen, aber es wurde besser und sie ging wieder zur Arbeit. Meine Geschichte ist der Dank an den Unbekannten, den ich *Mensch* nenne."[414]

Christa Stölzel, die als 17jährige dienstverplichtet im Büro der Freia GmbH arbeitete, berichtet:

[414] Mail an den Autoren vom 13.03.2006

„Eines Tages hat mir mein Meister mal ans Herz gelegt, wenn ich eine Schnitte übrig hätte von meinem Frühstücksbrot, dann könnte ich das doch mal eingewickelt in `nen Papierkorb legen. Ich habe natürlich gestutzt. Aber er hat gesagt: „Ja, die Frauen haben Hunger. Die kommen abends vorbei, machen die Büros sauber und finden das. Die wissen das dann." Obwohl das bei hoher Strafe verboten war, habe ich das doch zwei-, dreimal gemacht. Ich hoffe, dass es an die richtige Stelle gekommen ist."[415]

Pola Hinenberg:

„In dieser Fabrik traf ich einen Deutschen, der mir viel Wohlwollen entgegenbrachte. Er arbeitete im kleinen Magazin, wo wir Schmirgelpapier zum Putzen der Maschinen oder auch neue Bohrer abholen mussten. Einmal blinzelte mir der Magazinverwalter zu und drückte mir zusammen mit dem Papier einen Apfel in die Hand. Ein anderes Mal passierte es, dass er mir insgeheim zwei Scheiben Brot mit Marmelade oder Quark zusteckte. Dieser Deutsche half mir auch sehr, als mein Lagerkleid zerrissen war, weil es sich unerwartet in die von mir bediente Maschine gewickelt hatte. Glücklicherweise konnte ich die Maschine stoppen und rettete micht damit vor einer Verletzung. Am nächsten Tag brachte mir mein „Pate" einige Nadeln. Das ermöglichte mir, die beschädigten Teile des Kleides auszubessern. Als Nähgarn habe ich aus der Lagerdecke herausgezogene Fäden benutzt. Danach wurde ich unter den Häftlingsfrauen des Lagers Freiberg als die „Besitzerin" von Nadeln bekannt."[416]

Außerdem berichtet Charlotte Wittig:

„Mein Mann[417] hatte einen Kumpel[418], der auch auf der Schmiedestraße wohnte. [...] Beide versuchten, den armen Frauen zu helfen. Wenn mein Mann Nachtschicht hatte, mauste er in der Küche Essen für die Juden. Der andere stand

[415] Düsing S.161

[416] Aussage Pola Hinenberg. Düsing S.134

[417] Rudolf Wittig *1911 – Kurzbiografie Düsing S.157

[418] Gerhard Keller

Schmiere. Ein anderes Mal fragte ich meinen Mann: ‚Hast du meine Wickelschürze gesehen?' Mein Mann hatte sie gemopst und der Frau Herlitschek – sie hieß damals Marianne Levy – gegeben. Dann wurde mein Mann erwischt. Er wurde zur Gestapo gebracht. Können Sie sich vorstellen, was das heißt? Er kam die ganze Nacht nicht wieder, erst am nächsten Tag. Er sah aus wie ein Skelett! Er sagte ‚Rede nie darüber! Ich bin nur wieder rausgekommen, weil sie mir politisch sonst nichts anhängen konnten.' Trotzdem machte er weiter ..."[419]

Leopoldine Wagner erinnert:

„Ich war in den Kriegsjahren dienstverpflichtet im Arado Flugzeugwerk. Aufgrund meiner Sprachkenntnisse wurde ich im Ausländerlager ‚Am Hemmschuh' beschäftigt und hatte 300 Badolio-Gefangene (Italiener), 180 zivil internierte Italiener und 180 Flamen, Wallonen und Franzosen zu betreuen, das heißt, die Arbeitsberatungen in den Meisterstuben zu besprechen und anzuleiten, mit Kranken zu Fachärzten zu gehen und dergleichen. Mit den internierten Judenfrauen kam ich soweit in Kontakt, weil die zum Reinigen der Büros im Lager eingesetzt waren, natürlich unter Bewachung der ‚Flintweiber', der SS-Posten. [...] Der einen habe ich einen BH geschenkt, und zwar keinen kleinen zarten, sondern einen, der'n bissel die Brust und den Rücken gewärmt hat. Und am nächsten Tag kam der Oberscharführer Bertram mit meinem BH in der Hand und hat gesagt: ‚Frau Wagner, kennen Sie das?' Ich sagte ‚Ja'. Er: ‚Wenn Sie etwas zu verschenken haben, dann schenken Sie's den Deutschen, sonst heißen Sie auch nicht mehr Frau Wagner, sondern haben eine Nummer Tausendsoundsoviel'. Angst hatte ich natürlich. Wenn man nicht mit den Wölfen heulte, dann war man mit einem Fuß auch immer im KZ."[420]

Die Gefahr, der sich Widerständler aussetzten, war hoch. So hat es bei der Freia GmbH im September 1944 unter Arbeitskollegen auch eine Denunziation wegen abfälliger Äußerungen über Hitler gegeben, die mit der Verhaftung und dem Selbstmord des

---

[419] Aussage Charlotte Wittig. Düsing S.155f.

[420] Aussage Leopoliden Wagner. Düsing S.159f.

Beschuldigten im Gefängnis endete. Walter Robert Uhl. wurde nach dem Krieg zu 1 Jahr und 9 Monaten Haft verurteilt, der Angeklagte Helmut Johannes Ram. freigesprochen.[421]

VI. Die ausländischen Fremd- und Zwangsarbeiter:

Bereits Weihnachten 1944 ist der Krieg für viele schon verloren, das Kriegsende nahezu abzusehen. Nach den Festtagen kehren bereits die ersten Fremdarbeiter und Belegschaftsmitglieder nicht aus dem Heimaturlaub zurück. Auch Lisa Scheuers zweiter Meister bei der Freia Peter Chapelliér geht diesen Weg:

> „Mr. Chapelliér ist wirklich nicht zurückgekommen, er hat sich abgesetzt, wie man das hier so nennt. Nicht wir, nein, die Deutschen sprechen so. Also hat er es doch geschafft! Ich gönne es ihm, er war nicht der Schlechteste."[422]

Imre Gönczi berichtet:

> „Rachel[423] erzählte mir auch, dass dort ein tschechischer Meister gearbeitet habe, der ihr ein wenig bei der Arbeit half und ihr auch heimlich ein Stückchen Brot zusteckte. Rachel erinnert dich an eine Dummheit, die sie gemacht hatte. Der Meister hatte Weihnachtsurlaub bekommen und ihr gesagt, dass er einen Brief von ihr mitnehmen und übergeben werde. Rachel hatte in Ostrava einen sehr guten „Onkel", einen Bruder der Frau Kraemer, der mit einer Nichtjüdin verheiratet und noch frei war. Rachel schrieb den Brief: „Bitte, schicke Geld, etwas zum Essen und Zivilkleider. Ich will von hier weglaufen, denn sonst werde ich hier unter den unmenschlichen Bedingungen sterben." Sie vertraute dem Meister, denn er hatte oft geäußert, dass er daran denke zu flüchten. Er vernichtete diesen Brief, besuchte aber den Onkel und brachte Weihnachtskuchen und gute Sachen mit, die er Rachel unter großem Risiko übergab. Auch meine Tante[424] konnte nie diese

---

[421] LG/BG Dresden 480421 Az.: KSt.Ks53/48

[422] Lisa Scheuer S. 85

[423] Rachel = Ruzena Volvovic. FloNo.: 54419.

[424] Adele Trauner. FloNo.: 54372

Geschichte vergessen, die Naivität, mit der sich Rachel in Gefahr gebracht hatte. Kein Wunder. Sie war 17 Jahre jung und hungrig."[425]

Auch italienische Kriegsgefangene halfen den jüdischen Frauen:

> „Auch Chawa Klein war einmal sehr krank. Ihr war eine Eisenstange auf den Kopf gefallen. Das hatte eine große offene Wunde hinterlassen. Ein italienischer Offizier – in Freiberg arbeiteten auch Kriegsgefangenen aus Italien, Frankreich, Belgien und anderen Ländern – beschaffte ihr Prontosil, ein Antibiotikum, das sie mit Schnee schluckte. Der Offizier schenkte ihr aus seinem Pass das Bild, das sie ganz klein zusammenfaltete und heute noch als Andenken aufbewahrt. Die Italiener arbeiteten sonntags nicht, die Frauen im Außenkommando jedoch auch dann. So brachten die Italiener manchmal sonntags Kaffee in ein Versteck für die Frauen. Nach dem Krieg hat Frau Klein versucht, diesen Pietro Scoccia aus Ancona zu finden, aber leider vergebens."[426]

VII. Freiberger Bevölkerung:

> „Oft begegnen wir Freiberger Frauen und alten Männern, die sich zu uns benehmen, als wären wir wilde Tiere. Sie spucken uns an, manchmal fliegt ein Stein, und immer hören wir Schimpfworte, die ich lieber nicht wiederholen will. Kinder laufen neben unseren Reihen her und beschimpfen uns ebenfalls, als wären wir die Bösen. Aber wir müssten keine Frauen sein, wenn auch wir die Menschen nicht neugierig betrachten würden. Wir schauen die neueste Freiberger Mode an. Die Damen in langen weiten Hosen, dazu Stöckelschuhe, Hüte mit Federgestecken auf toupierten Frisuren und – das muß wohl der letzte Schrei sein – nahezu jede hat eine Pelzboa um den Hals geschlungen. Und das schreit ‚Pfui', spuckt uns an und schmeißt Steine nach uns."[427]

---

[425] Bericht Imre Gönczi. Düsing S.145

[426] Bericht über den Besuch bei Chawa Klein.Düsing S.92 Dort auch das Foto

[427] Lisa Scheuer. S.76f.

Teil 3: Stationen der Deportation
Häftlingsüberstellungen und Transporte

Den ersten beiden Häftlingstransporten nach Freiberg ging die Liquidierung des Ghettos Lodz bzw. Litzmannstadt voraus:

> „Im August 1944 wurde das Getto endgültig aufgelöst. Über 60.000 Menschen wurden nach Auschwitz deportiert; bei nur ca. 2.000[428] Personen[429] sind in Auschwitz ausgegebene Lagernummern rekonstruierbar[430]. Im Getto verblieb ein jüdisches „Aufräumkommando" von etwa 850 Personen, deren Liquidierung am 17. Januar von der vorrückenden Roten Armee verhindert wurde. Das Getto in Lódź war das am längsten existierende Getto in Polen, da die wirtschaftliche Ausbeutung durch die deutschen Besatzungsbehörden dort außerordentlich effektiv war."[431]

3.1 Der 1. Transport vom 31.08.1944

Die 249 Frauen dieses Transportes wurden alle über Lodz nach Auschwitz deportiert. Sie stammten mehrheitlich aus Lodz und der Region. Leider liegen bislang nur wenige Berichte aus dieser Häftlingsgruppe vor. Zusätzliche Einsendungen sind ausdrücklich erwünscht!

---

[428] Nummernbereiche allerdings für mehr als 2800 männliche Häftlinge:
B-6210 bis B-6453 15.08.44, B-6454 bis B-6853 16.08.44
B-6889 bis B-7158 16.08.44, B-7566 bis B-7696 21.08.44
B-7697 bis B-7760 22.08.44, B-7860 bis B-7876 24.08.44
B-7905 bis B-8126 24.08.44, B-8129 bis B-8203 30.08.44,
B-8210 bis B-9102 02.09.44, B-9767 bis B-10032 08.09.44,
B-10173 bis B-10269 15.09.44
B-10270 bis B-10419 18.09.44

[429] Vorwiegend Männer. Außer 87095 und 87096 vom 22. August 1944.

[430] Vor allem Jüdinnen aus Lodz wurden aber in großer Zahl als Durchgangsjüdinnen deportiert. Allein in die Flossenbürger Außenlager: Freiberg 500, Oederan 200, Hainichen 150

[431] Sonderausstellungstext: Spuren aus dem Ghetto Lodz im Haus der Wannsee-Konferenz

3.1.1 Die polnischen Jüdinnen

247 Frauen und Mädchen des ersten Transportes sind im Flossenbürger Nummernbuch als polnische Jüdinnen verzeichnet. Darunter auch Pola Hinenberg. Sie berichtet beispielhaft über ihre Deportation:

> „Im Zuge der Liquidation der jüdischen Gemeinde in Zgierz wurde ich ins Ghetto nach Lódz gebracht. Dort war es für mich sehr schwer. Ich fühlte mich sehr einsam. Nach einer gewissen Zeit bekam ich Arbeit in der Wäscherei, die Wäscherei eines Kaschuben genannt wurde. Dort wurden massenweise blutige Uniformen von der Front gewaschen. Ich musste an diesen Uniformen arbeiten, wobei ich eine Bürste aus Reisstroh benutzte. Ich wusch diese Uniformen und weinte. Man kann sagen, dass ich mit meinen Tränen wusch. Eines Tages trat einer von den Vorarbeitern der Wäscherei an mich heran und fragte mich, warum ich weinte. Als ich ihm erklärte, dass ich meine persönliche Situation nur mit Mühe ertrüge, versetzte er mich in die Abteilung für die Trocknung der Kleider, in der einige junge Burschen waren. Dort musste ich auch schwer arbeiten. Gewöhnlich war es in dieser Abteilung sehr heiß. Die nasse Kleidung mussten wir auf spezielle Stangen hängen. Wir arbeiteten zwölf Stunden täglich. Jeden Tag erhielten wir dort etwas Suppe. Die Versorgung im Ghetto war sehr dürftig. Die wöchentliche sehr knappe Brotration teilte ich in kleine Stücke ein, damit es bis zum letzten Tage reichte. Vor den Brotverteilungsstellen bildeten sich immer sehr lange Schlangen. Die Mitglieder der größeren Familien stellten sich abwechselnd an, um das lange Warten zu vermeiden. Ich musste stets meine Zuteilung selbst „erstehen“. [...] Im Ghetto Lódz war ich bis zu dessen Auflösung, bis August 1944. Soweit ich mich erinnere, verließ ich das Ghetto am Ende dieses Monats. Wir wurden ins Lager Auschwitz transportiert. Die Fahrt war sehr unangenehm wegen der Überfüllung der Waggons. Wie ich schon gesagt habe, wusste ich nichts über das Lager Auschwitz. Deshalb erschien mir auch die Art, in der wir in dieses Lager aufgenommen wurden, als sehr sonderbar. Die Bedeutung dieser Prozedur verstand ich erst später. In dem Moment, als die

Türen unseres Waggons geöffnet wurden, traten Männer heran, die offensichtlich schon längere Zeit im Lager waren und die gut Bescheid wussten über die hier herrschende „Ordnung“. Diese Männer rieten den Frauen mit Kindern unter uns: „Gebt die Kinder den Großmüttern, aber das muss nicht die eigene Mutter sein, sondern vielleicht eine andere ältere Frau. Ihr werdet dadurch frei sein, ihr werdet zur Arbeit gehen können.“ Diese Männer wussten, dass die mit Kindern belasteten Frauen zur sofortigen Vernichtung verurteilt waren.“[432]

Pola Hinenberg wird zur Gruppe der arbeitsfähigen Frauen selektiert und durchläuft die Aufnahmeprozedur:

„Bald wurden wir ins Bad geschickt, das in einem sehr großen Gebäude untergebracht war. Wir mussten uns dort völlig entkleiden, danach wurden uns die Haare am ganzen Körper abrasiert. Der ganze Aufenthalt – nackt im Bad in Anwesenheit der dort herumlaufenden deutschen Frauen und Männer – war für mich, für uns alle, ein besonders unangenehmes, erniedrigendes Erlebnis. Jede von uns hätte lieber sterben wollen, als solch eine Erniedrigung zu erleben. Wir wünschten uns inständig, dass die Erde uns verschlingen möge. Als heranwachsendes Mädchen schämte ich mich sehr, mich in Anwesenheit anderer Personen, sogar in Anwesenheit von Schwester und Mutter, auszuziehen. Bedingt durch die Umstände, stand ich im Baderaum am geöffneten Fenster. Als ich mich so kahl rasiert, schlecht aussehend, in der Fensterscheibe erblickte, bin ich in Tränen ausgebrochen. Um mich herum weinten auch viele andere Mädchen, die gerade erst von ihren Müttern getrennt worden waren. In diesem Moment habe ich begriffen, dass ich höchstwahrscheinlich meine Mutter niemals wieder finden werde. [...] Ich erhielt ein langes Wollkleid, abgetragen, sehr unbequeme Schuhe und noch irgendwelche Schlüpfer. An der Hinterseite des Kleides waren Knöpfe. Irrtümlicherweise zog ich es mit den Knöpfen nach vorn an. Kurz darauf wurden auf dem Kleid, auf dem Rücken, Streifen mir roter Ölfarbe aufgemalt. Erst nach dem diese

[432] Aussage Pola Hinenberg. Düsing S.123ff.

Streifen aufgemalt waren, bemerkte ich meinen Fehler beim Anziehen.[...] Wie ich schon erwähnte habe ich in Auschwitz nur zwei - drei Tage verbracht. Zu keiner Zeit war ich in einer Baracke. Offensichtlich waren ich und die ganze Gruppe jüdischer Häftlingsfrauen aus Lódz von Anfang an zum Abtransport in ein anderes Lager vorgesehen; man hielt uns bis zur Abreise im Freien, auf einem zementierten Platz hinter den Baracken. Stundenlang saßen wir so zusammengeigelt auf dem Beton."[433]

Nachdem bereits am 22. August und 24. August Transporte aus Lodz in Auschwitz eingetroffen waren notiert Danuta Czech für den 30. August 1944:

> „Von den mit einem Transport des RSHA aus Lodz eingelieferten Juden werden nach der Selektion 75 Männer als Häftlinge in das Lager eingewiesen und mit den Nummern B-8129 bis B-8203 gekennzeichnet. Wahrscheinlich wird ein Teil der Jungen und Gesunden in das Durchgangslager in Birkenau eingewiesen. Die übrigen Menschen werden in den Gaskammern getötet."[434]

Ein Teil dieser sogenannten „Durchgangsjuden" fährt nach kurzem Aufenthalt in Auschwitz direkt weiter nach Freiberg. Von den polnischen Frauen des ersten Transportes verstirbt hier nur eine einzige: Rosa Klein[435]. Sie wird am 19. März 1945 in Freiberg bestattet und am 26. März in Flossenbürg aus der Lagerstärke abgemeldet. Bislang sind vier weitere Opfer bekannt, die alle nach Ankunft in Mauthausen verstarben. Ihr Tod wurde in drei Fällen durch Familienangehörige an die Gedenkstätte Yad Vashem gemeldet. Bei den Opfern handelt es sich um Dwoijra Chajmowicz[436], Chana Szajewicz, geborene Hutarski[437] und Eva Wajsbard[438]. Außerdem wurde die achtzehnjährige Blu-

---

[433] Aussage Pola Hinenberg. Düsing S.125ff.

[434] Danuta Czech. S.866 vgl. Grawe. Sie nennt den 28.08. & war 1 Tag in Au.

[435] FloNo.: 53547 *24.12.1914

[436] FloNo.: 53460 *29.10.1897-13.05.1945

[437] FloNo.: 53529 *25.06.1912

[438] FloNo.: 53661 *30.06.1901

ma Moszkowicz[439] nach der Befreiung in ein Häftlingslazarett nach Katsdorf verlegt und ist dort noch am 23. September 1945 den Entbehrungen der KZ-Haft erlegen. Da aufgrund fehlender Listen zu polnischen Überlebenden des KZ Mauthausen bislang nur zu etwa 100 Frauen aus diesem Transport Befreiungsdaten vorliegen, sind weitere Todesfälle möglich.

3.1.2 Die tschechischen Jüdinnen

Unter den 249 Frauen des ersten Transportes befanden sich auch zwei tschechische Jüdinnen, die am 16. Oktober 1941[440] bzw. am 21. Oktober 1941[441] von Prag nach Lodz deportiert worden waren. Zwischen dem 16.10.1941 und dem 03.11.1941 wurden 5000 tschechische Juden von Prag nach Lodz deportiert. Beide Frauen wurden laut Theresienstädter Gedenkbuch und Repatriierungsliste in Mauthausen befreit.

3.2 Der 2. Transport vom 22.09.1944

Danuta Czech notiert für den 02.09.1944:

> „Von den mit einem Transport des RSHA aus dem Ghetto in Lodz eingelieferten Juden werden nach der Selektion 393 Männer als Häftlinge in das Lager eingewiesen und mit den Nummern B-8210 bis B-8602 gekennzeichnet. Wahrscheinlich wird ein Teil der Jungen und Gesunden in das Durchgangslager in Birkenau eingewiesen. Die übrigen Menschen werden in den Gaskammern getötet.
> Von den mit einem Transport des RSHA aus dem Ghetto in Lodz eingelieferten Juden weren nach der Selektion 500 Männer als Häftlinge in das Lager eingewiesen und mit den Nummern B-8603 bis B-9102 gekennzeichnet. Wahrscheinlich werden die Jungen und Gesunden in das Durchgangslager in Birkenau eingewiesen. Die übrigen Menschen werden in

[439] FloNo.: 53593 *15.04.1927
[440] Fränkelová Elsa. 01.11.1909 FloNo.:53482
[441] Fischlová Olga [Federová] 26.04.1913 FloNo.:53495

den Gaskammern getötet. Die Widerstandsorganisation im Lager gibt in ihrem Bericht für die Zeit vom 1. bis 20. September an, dass die SS gegenwärtig in den Gaskammern die Juden aus dem Ghetto in Lodz tötet und auf diese Weise die letzten noch lebenden polnischen Juden liquidiert."[442]

3.2.1 Die polnischen Jüdinnen

250 der 251 Frauen des 2. Transportes nach Freiberg werden im Flossenbürger Nummernbuch als polnische Jüdinnen geführt. Zwei von ihnen dürften aber aus der Gruppe der tschechischen Ghettobewohner stammen, die 1941 von Prag nach Lodz deportiert worden waren [s.u.]. Unter den polnischen Jüdinnen des Transportes hat es bereits in Freiberg drei Todesopfer gegeben: Paula Landovics[443], Chawa Lubinska[444] und Bela Rosenbaum[445]. Eine dieser jungen Frauen dürfte schwanger gewesen sein. Auch der Säugling soll im Freiberger Krankenrevier verstorben sein.
Außerdem sind fünf weitere Todesopfer bekannt, die laut Gedenkblättern naher Angehöriger an die Gedenkstätte Yad Vashem in Mauthausen ums Leben gekommen sein sollen. Dabei handelt es sich um Raysa Luel[446], Ewa Naparstek[447], Zysa Nojdorf[448], sowie Bela[449] und Rosa Lenczycka[450], Mutter und Tochter, die gemeinsam mit ihrer Tochter bzw. Schwester Estera [später Eda Hasman] in Freiberg waren. Diese gibt in den Gedenkblättern an, dass ihre Angehörigen an zwei aufeinanderfolgenden Tagen am 23. und 24. Oktober 1945 in Mauthausen an einer Gangrän und Tuberkulose verstarben. Rosa Lenczycka dürfte aber bereits am 17. September 1945 in Katsdorf verstor-

[442] Danuta Czech. S.867
[443] FloNo.: 53796 *18.10.1920
[444] FloNo.: 53818 *23.11.1920
[445] FloNo.: 53873 *26.05.1925
[446] FloNo.: 53821 *08.03.1923 Pabianice - Todesursache: Tuberkulose
[447] FloNo.: 53840 *16.08.1905 Lodz
[448] FloNo.: 53845 *18.12.1910 Lodz
[449] FloNo.: 53802 *08.12.1896-23.10.1945 Todesursache: Gangrän
[450] FloNo.: 53800 *28.11.1928-24.10.1945 Todesursache: Tuberkulose

ben sein. Dort wurde am 18.09.1945 eine Rosa Lezcycke oder Zeczycke bestattet, deren Grab noch heute existiert. Sie ist wie in Eda Hasmans Gedenkblatt angegeben am 28.11.1928 in Polen geboren. In Katsdorf wurden seit dem 31. Juli 1945 etwa 300 ehemalige KZ-Häftlinge aus Gusen und Mauthausen in Lazaretten gepflegt.[451] Auch Frauen aus den Flossenbürger Außenlagern Venusberg und Freiberg scheinen noch Monate nach Kriegsende dort in Behandlung gewesen zu sein.[452] Wo Bela Lenczycka im Oktober 1945 bestattet worden sein soll, ist unbekannt. Ein weiteres Opfer nach der Befreiung in Mauthausen könnte Sara Elkan[453] gewesen sein. Auch sie war mit Familienangehörigen im Lager, die Hinweise zu ihrem Schicksal geben könnten. Da aufgrund fehlender Listen zu polnischen Überlebenden des KZ Mauthausen bislang nur zu etwa 95 Frauen aus diesem Transport Befreiungsdaten vorliegen, sind weitere Todesfälle nicht unwahrscheinlich.

3.2.2 Die tschechischen Jüdinnen

Nur eine Person des zweiten Häftlingstransportes nach Freiberg ist explizit als tschechische Jüdin registriert. Aber auch die Schwestern oder Schwägerinnen Singer dürften 1941 aus Prag nach Lodz deportiert worden sein. Alle drei Personen: Paula Bauer[454], Liselotte [Liesa] Fismannová, geb. Singer[455] und Hana Singer[456] lassen sich auf der Repatriierungsliste AMM/U8b/2 nachweisen und gelten hier daher als in Mauthausen befreit. Hana Singerová wird im Theresienstädter Gedenkbuch allerdings ohne konkrete Ortsangabe als „verstorben während des Holocaust“ geführt. Eine Bestätigung ihrer Befreiung seitens Angehöriger wäre daher wünschenswert.

---

[451] Katsdorfer Heimatblätter Folge 5. Die KZ Grabanlage. Leo Reichel. 2000

[452] Vgl. Cziborra. KZ Venusberg S.122 & KZ Freiberg Kapitel 3.3.2

[453] FloNo.: 53702

[454] FloNo.:53673 *23.07.1923 Deportation nach Lodz 31.10.1941

[455] FloNo.:53903 *16.12.1915 Deportation nach Lodz 21.10.1941

[456] FloNo.:53904 *03.09.1921 Deportation nach Lodz 21.10.1941

3.3 Der 3. Transport vom 12.10.1944

Der Freiberger Arbeitstransport wird in Auschwitz im wesentlichen aus zwei großen Häftlingsgruppen selektiert. Die größte Gruppe besteht aus Theresienstädter Frauen, die mit den Transporten vom 1. und 4. Oktober 1944 nach Auschwitz eingewiesen worden waren und das Lager am 3. bzw. 6. Oktober erreichten. Danuta Czech notiert für den 3. Oktober 1944:

> „1500 jüdische Männer, Frauen und Kinder werden aus dem Lager des Ghettos Theresienstadt mit einem Transport des RSHA eingeliefert. Nach der Selektion werden die Jungen und Gesunden in das Durchgangslager eingewiesen und die übrigen Menschen in den Gaskammern getötet.
> Die Belegstärke im Frauenlager des KL Auschwitz II beträgt nach der tags zuvor erfolgten Eingliederung der Jüdinnen aus dem Durchgangslager 43.462 weibliche Häftlinge. In die Belegstärke des Frauenlagers werden 16 neu eingelieferte weibliche Häftlinge aufgenommen, die von den Sipo- und SD-Leitstellen ins Lager eingewiesen worden sind, sowie 488 sogenannte „Durchgangs-Jüdinnen", die wahrscheinlich am selben Tag mit Transporten des RSHA eingeliefert worden sind und zum Teil wohl auch aus dem Ghetto Theresienstadt stammen."[457]

Für den 6. Oktober heißt es:

> „Von den mit einem Transport des RSHA aus dem Ghetto Theresienstadt eingelieferten 1500 jüdischen Männern, Frauen und Kindern werden nach der Selektion mehrere hundert Junge und Gesunde ins Durchgangslager eingewiesen, darunter 271 Frauen. Die übrigen Menschen werden in den Gaskammern getötet*
>
> *Nach H.-G. Adlers Angaben in: Theresienstadt, S.694, überlebten 127[458] Menschen."[459]

---

[457] Danuta Czech. S.894

[458] Diese Zahl ist nicht korrekt und wird allein von Freiberger Überlebenden deutlich überstiegen.

[459] Danuta Czech. S.897

Die zweite große Gruppe des dritten Arbeitstransportes nach Freiberg sind Slowakinnen aus dem Sammellager Sered, die zu großen Teilen vor der Deportation in Bratislava lebten.. Zusammen machen diese beiden Häftlingsgruppen etwa 480 Personen aus. Aufgefüllt wird der Transport mit einzelnen ungarischen Jüdinnen aus dem Ghetto Mateszalka und polnischen Jüdinnen unsicherer Deportationsherkunft. Im einzelnen:

3.3.1 Die tschechischen Jüdinnen

183 Freiberger Häftlinge werden in den Flossenbürger Nummernbüchern als tschechische Jüdinnen geführt[460]. Von diesen 183 Häftlingen stammen aber vier Jüdinnen aus Bratislava und wurden wohl über Sered deportiert[461]. Umgekehrt sind aber auch zwei Frauen als „slowakische Jüdinnen" registriert, die über Hradec Králové und Prag nach Theresienstadt gelangten[462]. Auch 13 als reichsdeutsche Jüdinnen registrierte Häftlinge wurden aus Prag[10], Pilsen[1], Brno[1] und Kolin[1] nach Theresienstadt deportiert[463]. Demgegenüber stehen lediglich Helga Golda Reingenheim[464], und Gerty Taussig[465], die über Berlin bzw. Wien deportiert wurden, aber als „tschechische" Jüdinnen geführt werden. Damit wurden 6 der als tschechische Jüdinnen registrierten Häftlinge nicht aus tschechischen Städten nach Theresienstadt deportiert, jedoch 15 Personen, die unter anderer Nationalität registriert sind. Daher wurden insgesamt 192 Personen der Freiberger Häftlingszwangsgemeinschaft aus tschechischen Gebieten nach Theresienstadt deportiert. Sie wurden

[460] einschließlich FloNo.:54281-54287 bei denen die Gänsefüßchen explizit fehlen. Die Einträge wurden als fortgeschriebene „tschechische" Nationalität interpretiert, obwohl sich auch ein slowakischer und ein deutscher Häftling darunter befinden. Eine Interpretation als ‚ohne Angabe' wäre auch möglich.

[461] Alzbeta Martonová FloNo.:54232, Alzbeta Müllerová FloNo.:54240 Helena Naglerová FloNo.:54245, Elsa Reiszová FloNo.:54282

[462] Vilma Becková FloNo.:53940, Marie Neumannová FloNo.:54253

[463] FloNo.:54103, 54108, 54290, 54293, 54318 – 54324, 54363, 54381

[464] FloNo.:54285

[465] FloNo.:54370

zwischen dem 30.11.1941 und dem 10.01.1944 in Theresienstadt eingewiesen. Zu ihrem Abtransport am 1. und 4. Oktober 1944 hatte sich ein Großteil dieser Frauen „freiwillig" gemeldet, nachdem viele ihrer Männer wenige Tage zuvor ebenfalls auf Arbeitstransport nach Auschwitz geschickt worden waren. Lisa Miková [Mautner geb. Lichtenstern] erinnert:

> „Am 28. September 1944 wurde ein außergewöhnlicher Transport zusammengestellt: 5000[466]Männer im arbeitsfähigen Alter. Mein Mann war unter ihnen. Ohne ihn blieb ich allein in Theresienstadt zurück. Zwei Tage später konnten sich die Frauen „freiwillig" melden und ihren Männern nachfahren. Ich meldete mich, wie so viele andere auch. Am 1. Oktober 1944 fuhren wir in die gleiche Richtung wie unsere Männer, aber diesmal nicht in Viehwagen. In der Nacht kamen wir in Auschwitz an. Geschrei, Schläge, Kommandos, Bemerkungen, die wir nicht verstanden – ein Schock ein Alptraum! In kurzer Zeit wurden wir unserer Identität beraubt. Kahl geschoren sahen wir wie Gespenster aus und hatten Mühe, uns wieder zu erkennen. Wir wurden in die Baracken getrieben. Unsere Angst war, uns gegenseitig zu verlieren. Ich hatte Glück. Nach ungefähr zwei Wochen – genauer kann ich es nicht sagen, denn ich verlor jedes Gefühl und Maß für Zeit – wurden meine Cousine (Gerti Kompertová –M.D.), einige Freundinnen und ich in einen Arbeitstransport eingereiht. Es ging zurück in dieselbe Richtung, aus der wir gekommen waren. In der zweiten Nacht des Transports hielt der Zug auf dem Bahnhof in Freiberg. Es war der 14. Oktober 1944"[467]

Auch andere Frauen berichten von einer „freiwilligen" Meldung zu diesem Transport. Dass die Endstation für diesen Zug Auschwitz war, und was sie dort tatsächlich erwarten würde, wussten sie aber nicht. Helga Weissová Hosková rekonstruiert:

[466] Laut TGB 2499 Personen die am 29.09.1944 Auschwitz erreichen
[467] Aussage Lisa Miková. Düsing S. 45

„Aus dem Waggon neben uns steigt man aus. Es wird an unsere Türe geschlagen. Wahrscheinlich werden wir jetzt auch gehen. Wozu warten draußen so viele SS-Leute? „Alles heraus! Das Gepäck liegen lassen, alles heraus – schneller!“ Warum brüllen sie so? Warum lachen sie höhnisch? Sie gehen mit uns um, als ob wir auch in das Konzentrationslager gehörten. Jetzt gibt man einer Frau eine Ohrfeige, weil sie einen Laib Brot mitnehmen will. „Alles da lassen, schneller raus..!“ Wir werden in zwei Gruppen eingeteilt, die Älteren und Mütter mit kleinen Kindern gehen nach links, die anderen nach rechts. „Nur nicht krankmelden“, wiederholen gedämpfte Stimmen. „Ihr seid alle gesund“, sagt jetzt irgendein Tscheche, der knapp hinter mir in Sträflingskleidung steht. Die Reihen vor uns bewegen sich schnell. Wir kommen bald an die Reihe. Sie sollen mich und meine Mutter nur zusammen lassen. Vielleicht trennen sie uns nicht, wenn wir sagen, dass wir zusammengehören. Oder wäre es besser, sich nicht zusammen zu melden? Vielleicht würden sie uns absichtlich nicht beisammen lassen, wenn sie wissen, dass uns soviel daran liegt? Sie trennen auch Mütter von ihren Kindern. Das Mädchen dort kenne ich doch. Es geht auf die rechte Seite und die Mutter auf die linke. Aber die ist ziemlich alt, hat graue Haare, meine Mutter sieht noch jung aus. Sehe ich nicht zu kindlich aus? Vielleicht fragt er mich, wie alt ich bin? Soll ich die Wahrheit sagen? 15 Jahre, nein das ist zu wenig. Sie würden mich wahrscheinlich nach links schicken und mich von meiner Mutter trennen. Lieber sage ich, dass ich älter bin, vielleicht 18. Ich sehe nicht danach aus, aber vielleicht glauben sie mir. Die Reihen werden schnell weniger, die Fünferreihe vor uns geht schon. Herrgott, ich bitte dich, lass uns zusammen! Lasse es nicht zu, dass jede von uns auf eine andere Seite muss! Noch zwei Personen, und dann kommen wir. „Schnell, im Jahre 1929 bin ich geboren und ich werde 15. Wenn ich 18 alt bin ... 1929, 1928, 1926.“ Mutter steht schon vor dem SS-Mann. Er hat sie nach rechts geschickt. Lieber Gott, lass uns beisammen bleiben! „Rechts!“ brüllt mich der SS-Mann an, und mit dem Finger zeigt er in die Richtung. Hurra, wir sind auf derselben Seite!“[468]

[468] Helga Weissová-Hosková. Düsing S.61f.

Hana Hnátová berichtet:

> „Als wir in Auschwitz ankamen und die hohen, rauchenden Schornsteine sahen, hielten wir diesen Ort für eine Fabrik. Aber bald erfuhren wir, was Auschwitz bedeutete. Angetreten wurde immer zu fünft, dann folgte der Vorbeimarsch vor der hohen SS in tadellosen Uniformen. Es war Dr. Mengele persönlich, der die Menschen in arbeitsfähige und in Häftlinge, die zur Vergasung bestimmt waren, sortierte. Wir ahnten nicht, dass rechts Arbeit und Leben bedeutete und links Gas und Tod. Für mich und meine Cousine Vera, wir beide waren mit einem guten Mantel und Anorak bekleidet, zeigte er nach rechts und für meine Mutter nach links. Meine Mutter sagte sich im Geiste: ‚Die Tochter ging freiwillig, aber doch nicht wegen der gemeinsamen Bahnfahrt. Es wäre gut wenn wir an demselben Arbeitsplatz wären.' Und sie sagte in einem guten Deutsch: ‚Bitte, das sind meine Kinder.' Mengele zeigte nun auch für sie nach rechts."[469]

Auch diese drei Frauen sind wenige Tage später bei dem dritten Transport nach Freiberg dabei. Unter den 192 „tschechischen" Jüdinnen sind bei vollständiger Aufklärungsrate erfreulicherweise lediglich drei Todesfälle bekannt. Charlota Segerová verstirbt bereits in Freiberg. Zwei weitere Todesmeldungen im Theresienstädter Gedenkbuch erscheinen plausibel. So meldet Michal Frankl Berta Liebermannová und Anna Schreiberová als verstorben während des Holocaust, Ort unbekannt. Berta Liebermann dürfte die ältere tschechische Jüdin gewesen sein, von der Lisa Scheuer in ihrer Autobiografie auf Seite 112 spricht, und die während des Ankunftsappells in Mauthausen am 29. April 1945 verstorben sein soll. Anna Schreiber wurde in Mauthausen befreit, aber konnte sich nicht mehr von der KZ-Haft erholen. Sie verstarb am 27. Mai 1945 in Gusen, einem Nachbarlager vom Stammlager Mauthausen, wo ein Lazarett eingerichtet wurde. Dort wurde sie auch bestattet. Neben diesen konkretisierten Todesfällen gibt es im Theresienstädter Gedenkbuch einige weitere Opfermeldungen, die aber durch die Mauthausener Re-

---

[469] Hana Hnátová. Düsing S.73f.

patriierungsliste entkräftet werden konnten. Dies gilt für Marie Weissensteinová[470], Herta Schmulowicz[471], Lily Lamplová[472] und Marie Neumannová[473]. Da die genannte Liste bei der Erstellung des Theresienstädter Gedenkbuches nicht ausgewertet wurde, ist davon auszugehen, dass die Frauen zumindest in Mauthausen befreit wurden. Daher werden sie hier auch als Befreite geführt. Natürlich ist nicht völlig auszuschließen, dass einzelne Frauen, letztlich doch nicht an der Repatriierung teilnahmen, oder aber während dieser oder nach Ankunft in der Heimat noch an den Folgen der KZ-Haft verstarben. Solche Fälle sind äußerst schwer zu recherchieren und sollten von Angehörigen dringend gemeldet werden. Die Sterblichkeit der Freiberger Tschechinnen ist aber sehr gering und könnte sogar unter 2% liegen. Umso verwunderlicher ist es, dass immer noch Gerüchte über eine extrem hohe Sterblichkeit dieser Häftlingsgruppe kursieren.[474]

3.3.2 Die slowakischen Jüdinnen

158 Freiberger Häftlinge sind in den Flossenbürger Nummerbüchern als slowakische Jüdinnen registriert. Sie stammen aus Bratislava, Nitra, Trnava, Topolcany, Bardejov etc. und wurden wahrscheinlich größtenteils von Bratislava [Pressburg] über Sered nach Auschwitz deportiert.

> „Am 28. September 1944, einen Tag nach Yom Kippur, wurde Pressburg [Bratislava] „ausgeräumt“. Alle Juden kamen nach Sered in ein Arbeitslager, anschließend nach Auschwitz und von dort wurden viele auf einen Transport nach Freiberg geschickt.“[475]

---

470 FloNo.: 54404 *15.09.1903 Deportation n. Auschwitz am 28.09.1944 Ek

471 FloNo.: 54352 *19.12.1922 im TGB unter Neufeldová geführt

472 FloNo.: 54145 *11.06.1912 Brno

473 FloNo.: 54253 *21.04.1913 laut Flossenbürger Nummernbuch Slowakin

474 Vgl. Teil 4 Falsches ‚Familienwissen'

475 Bericht über den Besuch bei Chawa Klein. Düsing S.91

Laut Katarina Löfflerová begannen die Deportationen der Juden aus Bratislava spätestens Anfang September. Sie berichtet:

> „Die Deportationen begannen im Jahre 1942. Meine Familie und ich waren erst im September 1944 an der Reihe. In der Nacht vom 3. zum 4. September kamen wir in Auschwitz an. Nach Dr. Mengeles Selektionsverfahren gingen meine Eltern und weitere Familienmitglieder in die Gaskammer – alle außer mir. Ich blieb auf der Seite des Lebens – so hieß dieser eine Weg.[...] Ich wurde nicht mehr tätowiert und nach einer Woche wurde ich gemeinsam mit vielen anderen in einen Waggon verladen“[476]

Im *Kalendarium der Ereignisse im KZ Auschwitz-Birkenau 1939–1945* von Danuta Czech werden die Transporte aus Sered nicht aufgeführt. Weder die Vergasungen, noch die Weiterüberstellung der selektierten Durchgangsjuden aus Sered werden berücksichtigt. Ihr lagen demnach keine Informationen oder Dokumente darüber vor. Die Ankunft einer dieser ‚vergessenen' Transporte schildert Chava Livni ausführlich:

> „Neblige Nacht um uns, niesliger dünner Regen - blendende Reflektoren, Drahtzäune, Schlamm. Reihen von Baracken - schattenhafte unwirkliche Gestalten in gestreiften Sträflingskleidern - Auschwitz! Die Hölle. Also so sieht es aus!
> Unmengen von Autos, alle verdeckt "rechts ran, rechts ran!" Ich weiss nicht was die Autos bedeuten - nur eine Ahnung ... Dann das Bad - ich bin überzeugt, das ist das Ende - wenn es nur schnell geht - fest halte ich Agis[477] Hand...Wir müssen alles ausziehen. Nackt stehe ich da - aus einer Tasche ist ein Foto gefallen - Puffi, Avi und ich auf einer Bank sitzend und lachend. So weh ist mir - lebt wohl meine Lieben - für mich ist schon alles vorbei.
> Man schneidet uns die Haare ab - nackt sitze ich da und auf meinen Knien liegt schwer mein Haar. Das Mädchen, das mit der Nullermaschine über meinen Kopf fährt ist seit 1942 da -

[476] Katarina Löfflerová. Düsing S.82
[477] Agate Fürstová. FloNo.:54009

sie erzählt von der Mela, von ihrem Tod - ich bin ganz stumpf, nehme nichts auf - wie in Trance. Das Bad - und es fließt Wasser - kein Gas! Wir leben!! Lumpen, Holzpantoffeln - egal. Agi findet ein Kopftuch in der Manteltasche, will es abgeben: "steck es ein, du blöde Gans!" Man treibt uns in einen Block - Pritschen auf welchen Menschen wie Sardinen liegen. Das Licht geht aus - im Dunkeln klettern wir irgendwohin, legen uns irgendwie nieder - halb sitzend, jemand liegt halb auf mir - egal. Nur die Augen schließen, vergessen...
Rohes Gebrüll weckt uns auf. Zählappell - raus, raus. Es sind jüdische Mädchen die da brüllen - in guten warmen Kleidern, Stiefel - Knüppel in der Hand. Sie schlagen auf uns ein - "schneller, schneller" - ich sehe und begreife nicht. Ich wusste ja soviel über Auschwitz - aber das nicht, dass unsere Mädchen das tun können...
Draußen ist es noch dunkel - nur am Himmel ein roter Schein. Stehen in Fünferreihen. Es ist 4 Uhr morgens, trüb und kalt, wir frieren. Die Blockälteste geht die Reihen ab, zählt uns wie Ware, nach ihr das "Gefolge" - die Stubenältesten. Und der Geruch - was ist es? Man kann es nicht beschreiben - Chlorkalk, Leichen, Feuer... Auschwitz!!"[478]

Die damals 17-jährige Renée G. aus Bratislava erinnert:

„Als am siebten Tag wieder ein Appell angeordnet wurde, verkündete man uns, dass wir zur Arbeit nach Deutschland geschickt werden. Aber die Leute, welche schon länger in Auschwitz ansässig waren, rieten uns, sich auf keinen Fall zu melden, sondern uns in den Baracken zu verstecken, denn diese Arbeit kann auch das Krematorium bedeuten. Da stand ich mit meiner Schwester ganz ratlos da und wusste nicht wie wir eigentlich handeln sollen, denn wir hatten ebensolche Angst uns zu verstecken wie sich zu melden. Als plötzlich Dr. Mengele erschien und uns aufforderte zur Selektion zu kommen, da vermutete ich, vielleicht doch zur Arbeit geschickt zu werden, denn ich sah, dass man die mageren Frauen beiseite stellte und die besser Aussehenden weiterschickte. Da wurde ich wieder von einer Sorge geplagt, denn meine Schwester war so mager, dass ich sicher war, jetzt von ihr

[478] Chava Livni 1995

getrennt zu werden. (...) Wir standen schon hinter Mengeles Rücken, als er mit den übrigen Frauen ziemlich beschäftigt war, da fasste ich plötzlich meine Schwester beim Arm und gab ihr so einen Stoß, dass sie hinausflog (...) als ich dann selbst die Selektion passierte, glaubte ich zu träumen, dass ich wieder meine Schwester sehe und mit ihr zusammen bin. So wurden wir weitergetrieben, um uns zu waschen und [zu] desinfizieren. Aber das alles ging auch nicht so glatt, denn wir mussten erst nackt elf Stunden im strömenden Regen stehen (...) Nachher bekamen wir andere Kleidungsstücke und mussten uns zum Transport anstellen. Da kam ein Befehl, dass 500 Frauen genügen und die übrigen zurückbleiben müssen. In voller Aufregung sah ich, dass die Reihe gerade hinter mir abgeschnitten wurde (...).“[479]

Der beschriebene Transport ging nach Freiberg. Von den 158 als slowakische Jüdinnen registrierten Personen wurden zwei Frauen aber aus tschechischen Städten deportiert [s.o.]. Diese Zahl wird aber durch etliche Frauen ausgeglichen, die wohl ebenfalls über Sered deportiert wurden, aber unter anderen Nationalitäten geführt werden.[480] Da die Deportationsherkunft etlicher der als „ungarische Jüdinnen“ geführten Häftlinge unsicher ist, kann die Zahl der über Sered deportierten Freiberger Häftlinge bislang nur ungefähr auf 160-170 Personen beziffert werden.
Bereits in Freiberg gab es drei Todesfälle unter den Slowakinnen. Margit Kufler[481] und Olga Leier[482] werden am 09.11.1944 und Regina Elovic[483] am 24.11.1944 in Freiberg bestattet. Opfer der Evakuierung sind bislang nicht bekannt. Das Schicksal von 11 Personen konnte aber nicht ermittelt werden. Für eine Piroska [Piri] Ehrenthal, geboren 1905 in Sala , verstorben 1945 in Mauthausen wurde bei der Gedenkstätte Yad Vashem ein

---

[479] Renée G. YV Dok. 03/756 zitiert nach Baumgartner

[480] FloNo.: 54232 CZE, 54245 CZE, 54282 CZE, 54240 CZE, 54308 HOL, 54407 USA, 54339 Staatenlos

[481] FloNo.: 54131 *14.06.1917

[482] FloNo.: 54159 *20.04.1909 Todesursache Scharlach vgl. Lisa Scheuer

[483] FloNo.: 53984 *09.09.1914 Bardejov

Gedenkblatt eingereicht, das hier einem Freiberger Häftling[484] mit größter Wahrscheinlichkeit zugeordnet werden konnte. Eine abschließende Bestätigung wäre wünschenswert. Mindestens ein zweiter Todesfall nach der Befreiung in Mauthausen ist sehr wahrscheinlich. In Katsdorf wird am 22.10.1945 eine Gisela Elowitcz *23.07.1910 bestattet, die mit dem Flossenbürger Häftling 53985 [s.u.] identisch sein dürfte. Die Befreite wurde wohl trotz ihrer Nennung auf einer Repatriierungsliste ins dortige Häftlingslazarett überführt und hatte am 19. Mai 1945 aus gesundheitlichen Gründen nicht die Heimreise mit den anderen slowakischen Überlebenden angetreten. Ihr Grab auf dem Katsdorfer Friedhof existiert noch heute. Hinweise zu diesem Fall wären für eine abschließende Klärung erfreulich. Klärungsbedarf besteht außerdem zu folgenden Einträgen:

Schicksal ungeklärt – Hinweise erwüscht!		
FloNo.	Name	Geburtstag
53947	Badner, Ilona	22.09.1909
53932	Barna, Alis [Barnova?]	21.02.1924 04.02.1925
53985	Elovic, Gisela	23.07.1919 23.07.1910
54006	Fuchs, Karolina	27.01.1915
54029	Forschein, Martha	04.02.1910
54042	Goldstein, Marta	16.01.1920
54054	Grün, Alzbeta	05.06.1921 05.02.1916
54124	Kalman, Terez [Kultserova?]	01.05.1918 01.05.1912
54212	Mandler, Helena	03.07.1912 03.07.1905
54271	Horlak, Maria	28.08.1919
54330	Steiner, Tereza	27.11.1915
54402	Weiner, Magda	09.09.1917

[484] FloNo.: 53991 *18.03.1905 [registriert mit Jahrgang 1914]

3.3.3 Die reichsdeutschen Jüdinnen

Die 90 Personen, die als reichsdeutsche Jüdinnen registriert sind, wurden alle über Theresienstadt deportiert. 45 von ihnen wurden auch tatsächlich aus dem eigentlichen Reichsgebiet abtransportiert. Dabei stammt die größte Häftlingsgruppe mit 19 Personen aus Berlin, gefolgt von Hamburg [7], Köln [6] und Breslau [4]. Aus den Deportationsgebieten München und Düsseldorf gelangen jeweils 2 Häftlinge nach Freiberg; mit Transporten aus Dortmund, Münster, Kassel, Stuttgart und Königsberg jeweils ein Häftling. Außerdem wurden 27 der reichsdeutschen Jüdinnen über Wien deportiert. Insgesamt sind es aber 30 Personen, die über Österreich verschleppt wurden, da drei Häftlinge als tschechische, staatenlose und serbische Jüdin registriert sind. Auch die Zahl der aus Berlin Deportierten müsste durch eine als tschechische Jüdin und drei als staatenlose Jüdinnen registrierte Häftlinge auf 23 Personen erhöht werden.
Unter den 90 als reichsdeutsche Jüdinnen registrierten Häftlingen, befinden sich außerdem 13 Personen, die über Prag [10], Pilsen[1], Brno [1] und Kolin [1] deportiert wurden. Außerdem gelangen fünf als reichsdeutsche Jüdinnen registrierte Häftlinge über das niederländische Konzentrationslager Westerbork über Theresienstadt und Auschwitz nach Freiberg. Die einzelnen Deportationstransporte von deutschem Reichsgebiet entnehmen Sie bitte folgender Aufstellung.

Transport	Abgangsort	Anzahl RD	Staatl	CZE	Serb
05.06.1942	Berlin I/3	1			
12.06.1942	München II/5	1			
16.06.1942	Köln III/1	1			
19.06.1942	Berlin I/9	1			
20.07.1942	Berlin I/26	1			
20.07.1942	Hamburg VI/2	5			
22.07.1942	Düsseldorf VII/1	1			
28.07.1942	Köln III/2	2			

Transport	Abgangsort	Anzahl RD	Staatl	CZE	Serb
01.08.1942	Münster XI/1[485]	1			
05.08.1942	Berlin I/38	1			
08.09.1942	Kassel XV/1	1			
11.09.1942	Wien IV/10	2	1		
19.09.1942	Köln III/5	2			
24.09.1942	München II/26	1			
25.09.1942	Wien IV/11	1			
26.09.1942	Köln III/6	1?			
02.10.1942	Wien IV/12	7			
10.10.1942	Wien IV/13	10			
28.10.1942	Berlin I/72	1			
17.12.1942	Berlin I/82	1			
05.01.1943	Wien IV/14			1	
28.01.1943	Berlin I/87	1			
12.03.1943	Hamburg VI/4	1			
18.03.1943	Berlin I/90	4	2		
26.03.1943	Hamburg VI/5	1			
30.03.1943	Wien IV/14f	2			
01.04.1943	Wien IV/14g	1			1
02.04.1943	Breslau IX/4	4			
10.04.1943	Dortmund X/2	1			
17.04.1943	Stuttgart XIII/2	1			
17.05.1943	Berlin I/92	1			
29.05.1943	Berlin I/95	2			
24.06.1943	Wien IV/14i	3			
27.06.1943	Düsseldorf VII/3	1			
29.06.1943	Berlin I/97	1			
30.06.1943	Berlin I/98	1	1		
01.07.1943	Berlin I/99	1			
04.08.1943	Berlin I/100	1		1	

[485] Sammeltransport Minden – Bielefeld – Münster. Der Transport wird im Theresienstädter Gedenkbuch aber lediglich unter Münster geführt. Es ist anzunehmen, dass Juden aus weiteren Städten der Region über Bielefeld nach Münster deportiert wurden und von dort aus Theresienstadt erreichten.

Transport	Abgangsort	Anzahl RD	Staatl	CZE	Serb
11.11.1943	Wien IV/14n	1			
20.05.1944	Königsberg XIV/1	1			
26.05.1944	Berlin I/112	1			

Die Theresienstädter Häftlinge, die nach Freiberg gelangten, wurden mit den Transporten Em und En am 1. und 4. Oktober 1944 nach Auschwitz überstellt. Wie die sechszehnjährige Wienerin Thea Gottesmann mit ihrer Mutter die Erstselektion des Transportes ‚Em' in Auschwitz erlebte, schildert die Biografie von Nina Kompein. Sie schreibt:

> „Der Zug hielt direkt vor der Aufschrift „Arbeit macht frei". Sie mussten raus aus den Waggons, sich in Reihen aufstellen. Ein einziges Gefühl beherrschte alle: unbeschreibliche Angst. Und da waren Dr. Mengele und noch zwei oder drei SS-Männer, die meinten, es sei ein langer Weg ins Lager. Wer sich müde, krank oder schwach fühlte, wer Kinder hatte und ältere Leute, könne mit dem Lastwagen ins Lager geführt werden. Bei der „Ausmistung" (Selektion) durch Dr. Mengele und einen anderen SS-Mann wurde Theas Mutter dann gefragt, ob sie krank sei. Und sie, müde von den Strapazen der letzten drei Tage, sagte in der Hoffnung mit dem Lastwagen fahren zu können: „Ich bin nicht krank, ich bin verkühlt." Dann musterte Mengele Thea, deutete ihr mit einer Handbewegung, weiter zu gehen und sagte: „Diese Seite." Es war nicht die Seite, auf die ihre Mutter geschickt wurde. Hinter den SS-Männern packte Thea die Hand ihrer Mutter und dachte sich: „Ich geh` nicht dahin, wo die alten Leute sind."
> Die jungen, arbeitsfähigen Leute wurden nämlich alle auf die gleiche Seite geschickt wie sie selber. Und so rettete Thea, ohne es zu wissen, ihrer Mutter das Leben. Denn diese war schon auf der Seite gewesen, von wo aus die Menschen direkt in die Gaskammer geführt wurden."[486]

Dass die Selektion in Auschwitz nicht selten Verhandlungssache war, zeigen auch die Berichte anderer Frauen.

[486] Biografie Thea Margarete Rumsteins [Gottesmann] von Nina Kompein

Nachdem die Erstselektion überstanden ist, erfolgt die Unterbringung in Birkenau.

> „Nun kamen sie in große Baracken, die vorher einmal anscheinend Pferdeställe gewesen waren. Drinnen befanden sich bloß Stockbetten – ohne Matratzen, ohne Decken. Doch vorher brachte man sie noch in einen großen Raum, wo sie alles, das ihnen gehörte, auf den Boden legen mussten. Schmuck, Gold, Silber – alles was sie hatten, mussten sie auf den Boden schmeißen. Dann wurden ihnen alle Haare abrasiert. So saßen sie dort, mit Glatzen. Sie erkannten sich kaum noch. Komplett nackt standen sie nun vor einem großen Kleiderhaufen - Gewand, das anderen, die vergast wurden, abgenommen worden ist. Thea schnappte sich ein Kleid, einen Mantel und ein Paar Männerschuhe. Die waren zwar verschieden, aber zum Schnüren und um diese beneideten sie dann später alle. Sie konnte nämlich Papier hinein stopfen, um sich wenigstens ein wenig vor der eisigen Kälte zu schützen."[487]

Auch Berta Heymann befand sich in dem Transport der am 1. Oktober 1944 Theresienstadt in Richtung Auschwitz verlässt. Den Beginn ihrer Deportation schildert sie am 01.02.1967 in München:

> „Am 5.6.1942 wurde ich von meiner damaligen Wohnung in München Baaderstraße 53, durch die Geheime Staatspolizei in München abgeholt. Ich hatte von der Geheimen Staatspolizei ein Schreiben erhalten, dass ich mich nach Erhalt des Schreibens stets in der Wohnung aufzuhalten habe. Am Tage vor meiner Abholung durch die Geheime Staatspolizei, wurde von dieser bei mir eine Hausdurchsuchung vorgenommen. Der Abtransport von meiner Wohnung erfolgte mit einem Omnibus, in dem schon festgenommene Frauen und Männer waren. Zunächst wurden wir Gefangenen in ein Sammellager nach München-Milbertshofen gebracht und von dort ging nach 2 Tagen ein Transport mit der Eisenbahn nach Theresienstadt."[488]

---

[487] Biografie Thea Margarete Rumsteins [Gottesmann] von Nina Kompein

[488] Barch, B 162 / 17247, S.42f. VP Berta D.

Nach dem Krieg und ihrer Befreiung in Mauthausen kehrt die damals 38-jährige nach München zurück.
Auch Irene A. wurde mit den genannten Frauen aus Theresienstadt abtransportiert. Sie gibt am 09.03.1967 zu Protokoll.

> „Ende Juli 1942 bekam ich schriftlich die Aufforderung, mich am 28.7.1942 in Minden, am Bahnhof zum Sammeltransport nach Bielefeld zu melden. Dieser Aufforderung bin ich nachgekommen. Ich will hier erwähnen, dass ich aus rassischen Gründen – ich bin Halbjüdin – verfolgt worden bin. Von Bielefeld aus kamen wir – ebenfalls mit Sammeltransport nach Theresienstadt in der Tschechei."[489]

Auch Irene A. kehrt nach ihrer Befreiung in ihre Heimatstadt Minden zurück.
Die aus Köln deportierte Elisabeth Mayer wurde am 4. Oktober nach Auschwitz transportiert. Sie gibt am 14.02.1967 in München zu Protokoll:

> „Am 23.9.1942 wurde ich in meiner damaligen Wohnung in Köln, Utrechter Str. 9, von der Geheimen Staatspolizei festgenommen und mit einem Lieferwagen nach Köln-Deutz gebracht. Von dort aus wurde ich mit anderen festgenommenen Juden per Eisenbahn in das Konzentrationslager Theresienstadt eingeliefert."[490]

In Freiberg gab es keine Todesfälle unter den reichsdeutschen Jüdinnen, wohl soll es aber Opfer auf der Evakuierung und nach der Befreiung gegeben haben. So verstarb Bertha Brauer[491] laut Angaben ihrer Tochter[492] in Mauthausen und Irmgard Margot Winterberg[493] ebenfalls nach den Angaben ihrer Tochter lange nach der Befreiung am 16.12.1945 in Linz. Außerdem sollen nach Gedenkbuch des Bundesarchivs Koblenz Gertrud Sommer-

---

[489] Barch, B 162 / 17247, S.66 VP Irene A.
[490] Barch, B 162 / 17247, S.46 VP Elisabeth M.
[491] FloNo.: 53968 *08.05.1899
[492] Charlotte Brauer *Prochaska. Sie galt selbst lange als ‚verschollen'!
[493] FloNo.: 54410 *01.06.1904

feld[494] und Anneliese Stern[495] verstorben sein. Für beide war der Aufenthalt in Freiberg bzw. Flossenbürg bekannt. Für Anneliese Stern liegen aber Befreiungsdaten aus dem KZ Mauthausen vor. Sie wird daher hier als Befreite geführt. Sollte Sie noch infolge der KZ-Haft verstorben sein, wäre eine Rückmeldung wünschenswert. Ein Irrtum im Gedenkbuch des Bundesarchivs ist aber nicht abwegig, da auch die Tochter Bertha Brauers und ein weiterer Freiberger Häftling, Lina Baum[496], als verschollen galten, obwohl sie überlebten. Im Theresienstädter Gedenkbuch werden die deutschen Freiberger Häftlinge zu großen Teilen als verstorben während des Holocaust geführt. In zahlreichen Fällen, konnte bereits ein Irrtum nachgewiesen werden.[497] Vor allem nach der Auswertung entsprechender Entlassungslisten, die für die 1. Auflage dieses Buches noch nicht analysiert worden waren, sind nur noch drei ungeklärte Schicksale deutscher Jüdinnen verblieben.

Schicksal ungeklärt – Hinweise erwünscht!		
FloNo.	Name	Geburtstag
54112	Kurnik, Ursula	18.03.1920
54285	Reingenheim, Helga Golda	16.08.1922
54414	Wegner, Ursula	19.01.1925
54167	Löwinger, Margit	14.09.1911

Unter den österreichischen Jüdinnen gab es höchstens einen Todesfall. Margit Löwinger wird vom DOEW als verstorben während des Holocaust geführt. Auf der Mauthausener Liste AMM/U8a/2 wird aber neben zahlreichen weiteren Freiberger Häftlingen auch eine in Mauthausen befreite Margit Löwinger geführt. Wegen dieser widersprüchlichen Angaben wird Margit Löwinger in diesem Band mit *Schicksal ungeklärt* geführt. Klärende Hinweise zu ihrer Vita sind erwünscht!

---

[494] FloNo.: 54313 *12.07.1898

[495] FloNo.: 54331 *27.02.1918

[496] FloNo.: 53934 *27.03.1899 laut Theresienstädter Gedenkbuch ‚befreit'.

[497] Vgl. Teil 4

3.3.4 Die holländischen Jüdinnen

Nur 23 Freiberger Häftlinge waren laut Nummernbuch explizit holländische Jüdinnen. Die gebürtige Slowakin Edita Salzerová wurde aber über Sered deportiert und ist fälschlicherweise als ‚holländische Jüdin' registriert. Die 22 ‚echten' Holländerinnen wurden über das Sammellager Westerbork nach Theresienstadt deportiert. Insgesamt durchliefen aber 44 Freiberger Häftlinge dieses Lager. Auch 17 staatenlose und 5 reichsdeutsche Jüdinnen gelangten über das holländische Westerbork nach Theresienstadt, bevor sie nach Auschwitz transportiert wurden. In Freiberg gab es keine Todesopfer aus dieser Häftlingsgruppe. Als erste holländische Jüdin starb Dina De Leve[498] bei Ankunft in Mauthausen. Die Folgen der Lagerhaft fordern aber nach der Befreiung weitere Opfer. Judith Hamburger[499] stirbt am 3. Juni 1945 in Ravensburg, Eugenie Nicolette Bril[500] am 11.06.1945 auf Mainau und Eva Grünspach[501] am 03.07.1945 in St. Gallen. Sie waren alle drei in Mauthausen befreit, und am 23. Mai in andere Lazarette in der Bodenseeregion entlassen worden.

Übersicht der Deportationstransporte:

Westerbork-Theresienstadt	Transport	HOL	Staatenlos	RD
21.04.1943 - 22.04.1943	XXIV/1	-	2	1
18.01.1944 - 20.01.1944	XXIV/2	2	7	1
- 27.01.1944	XXIV/3	-	1	-
25.02.1944 - 26.02.1944	XXIV/4	4	1	-
05.04.1944 - 07.04.1944	XXIV/5	4	-	-
31.07.1944 - 02.08.1944	XXIV/6	4	-	-
04.09.1944 - 06.09.1944	XXIV/7	8	6	3

498 FloNo.:54378
499 FloNo.:54078
500 FloNo.:53958
501 FloNo.:54053

3.3.5 Die staatenlosen Jüdinnen

Als staatenlose Jüdinnen werden im Flossenbürger Nummernbuch 24 Häftlinge des Freiberger Außenlagers bezeichnet. Ein Großteil dieser Häftlinge hatte das deutsche Reichsgebiet vor Kriegsausbruch ‚freiwillig' verlassen oder war ausgewiesen worden. Allein 17 dieser staatenlosen Personen wurden über das holländische Sammellager Westerbork mit unterschiedlich langem Aufenthalt in Theresienstadt nach Auschwitz deportiert. Drei staatenlose Jüdinnen[502] gelangen mit Transporten aus Berlin nach Theresienstadt. Henriette Bisseliches[503] erreicht Birkenau über Wien und Theresienstadt. Außerdem werden auch die über Sered in der Slowakei nach Auschwitz deportierte Anna Spitzerová, die über Olomouc nach Thersienstadt deportierte Marta Weissová[504], sowie Ruzena Volvovicová[505], die über Prag nach Theresienstadt gelangte in den Flossenbürger Registern als Staatenlose geführt.
Todesfälle während der Haftzeit sind aus dieser Gruppe bislang nicht bekannt. Allerdings starb die über Westerbork deportierte gebürtige Berlinerin Iren Gutmann[506] nach der Befreiung am 21. Mai 1945 in Mauthausen. Sie wurde keine sechzehn Jahre alt.

3.3.6 Die ungarischen Jüdinnen

15 Freiberger Häftlinge werden in den Flossenbürger Registern als ungarische Jüdinnen geführt. 14 davon befinden sich auf den Repatriierungslisten von Mauthausen. Darunter 6 Personen aus der Region um Rachov [Rachiv] und Bohdan [Bogdany] und vier Personen mit slowakischen Ortsangaben. Mindestens die 6 Jüdinnen aus der Karpato-Ukraine [Ruthenia/ Karpatenrußland] wurden wohl über Station und Aufenthalt im Lager Matészálka

[502] FloNo.: 54110, 54303, 54304
[503] FloNo.: 53954
[504] FloNo.: 54389
[505] FloNo.: 54419
[506] FloNo.: 54070

deportiert[507]. Für Eva Gross[ová], die als Herkunftssort Bratislava angibt, scheint eine Deportation über Sered wahrscheinlich. Auch weitere ‚ungarische Jüdinnen' könnten über die Slowakei oder aus der Karpatenregion deportiert worden sein. In Freiberg verstarb kein Häftling aus dieser Gruppe. Auch sind bislang keine späteren Todesfälle in Folge der Lagerhaft bekannt.
Bei Piroska Feldmann[508], die als einzige nicht in den Repatriierungslisten zu finden ist, könnte es sich möglicherweise um die ‚Rote Roschika', eine Freiberger Lagerkapo handeln. Sie soll in Mauthausen als Funktionshäftling länger festgehalten worden sein [Scheuer S.142 u.a.]. Später sei sie nach Israel emigriert. Aufgrund ihrer Lebensgeschichte sahen die Lagergefährtinnen von rechtlichen Schritten gegen sie ab.
Zudem existiert ein DEGOB-Protokoll einer Rozsi Neumann, die bislang keinem Nummernbucheintrag zuzuordnen war.

Schicksal ungeklärt – Hinweise erwünscht!		
FloNo.:	Name	Geburtstag
54017	Feldmann, Piri	22.11.1925

3.3.7 Die polnischen Jüdinnen

Sechs Freiberger Häftlinge des dritten Transportes sind als polnische Jüdinnen registriert[509]. Ihre Deportationsherkunft und ihr Schicksal ist bislang unbekannt, aber auch sie dürften mehrheitlich zu den Überlebenden zählen. Die Häftlinge mit den Nummern 54431 und 54432 waren zeitweise auch unter den Nummern 57737 und 57738 registriert. Diese Doppeleinträge wurden später ausradiert und die eigentlichen Registratureinträge mit einem Verweis auf diese Nummernbuchzeilen versehen. Wie es zu diesen Doppeleinträgen kam ist bislang unbekannt. Hinweise zu dieser Häftlingsgruppe sind dringend

[507] FloNo.: 54032, 54033, 54034, 54035, 54236, 54237
[508] FloNo.: 54017 vgl. auch Düsing S.145
[509] Vgl. FloNo.: 54427, 54428, 54429, 54431, 54432, 54433

erbeten. Es ist nicht ganz unwahrscheinlich, dass auch diese Frauen überwiegend aus dem Ghetto Lodz stammten. Es konnten einige dokumentarische Hinweise darauf gefunden werden. Eine Bestätigung für letzte Gewissheit steht noch aus.

Schicksal ungeklärt – Hinweise erbeten!		
FloNo.:	Name	Geburtstag
54427	Baumac, Sofia	01.03.1923
54428	Baumatz, Rachela	01.08.1926
54429	Garfunkel, Ala	24.07.1918
54431	Baumatz, Irena	01.12.1917
54432	Szymanowicz, Sara	25.11.1919
54433	Petersztok, Doba	07.10.1922

3.3.8 Die serbische Jüdin

Ein Freiberger Häftling wird in den Flossenbürger Nummernbüchern als serbische Jüdin geführt. Es handelt sich dabei um die Medizinstudentin Radmila Barazon[510] die unter dem Namen „Bararom" verzeichnet wurde. Sie wurde am 1. April 1943 von Wien nach Theresienstadt deportiert und war während des Krieges unter der Adresse Hauptstraße 15 in Moedling, Niederösterreich gemeldet. Laut Theresienstädter Gedenkbuch soll sie während des Holocaust verstorben sein. Das ist nicht korrekt.
Unter ihrem späteren Namen Rikica-Radmila Slozberg legte sie 1990 ihre Autobiografie *Sest Miliona* [Sechs Millionen] vor, die 2010 unter dem Titel „Auf dich wartet noch das Leben..." ins Deutsche übersetzt wurde.
Trotz zahlreicher schwerwiegender Erinnerungs- und Rekonstruktionsfehler, ließen sich viele Aussagen dokumentarisch bestätigen.[511] Auf den Mauthausener Entlassungslisten ist sie als einziger weiblicher jugoslawischer Häftling ohne Mauthausener Häftlingsnummer als „Radmila Babic" zu finden.

---

[510] FloNo.:53933 „Bararom" *05.02.1920

[511] Vgl. Pascal Cziborra. KZ-Autobiographien. S. 38ff.

3.3.9 Die US-Amerikanische Jüdin

Mit US-Amerikanischer Nationalität wird in den Flossenbürger Nummernbüchern die Jüdin Selma Winter[512] geführt. In der Mauthausener Repatriierungsliste [AMM U8b/2] ist sie allerdings mit dem Geburtsort Bratislava verzeichnet und kann im slowakischen Census auch als Einwohnerin der Stadt dokumentarisch bestätigt werden. Ob sie tatsächlich einen amerikanischen Pass besaß oder dies lediglich angab, um als Häftling möglicherweise bevorzugt behandelt zu werden, ist bislang ungeklärt. Sehr wahrscheinlich wurde sie über Bratislava und Sered nach Auschwitz deportiert. Hinweise zu ihrer Lebensgeschichte wären wünschenswert.

3.4 Der 4. Transport vom 20.10.1944

3.4.1 Die russische Häftlingsärztin

Der vierte Transport ins Flossenbürger Außenlager Freiberg war die Überstellung der russischen Häftlingsärztin Alexandra Ladiejschtschikowa[513] aus Auschwitz. In Freiberg leitete sie das Krankenrevier. Sie soll den Evakuierungstransport bis Mauthausen begleitet haben. Hinweise über ihr Nachkriegsschicksal sind erwünscht.

[512] FloNo.:54407 *19.06.1905 [1910]
[513] FloNo.:59939 *06.11.1902 Gewerskij

Teil 4: Statistik, Daten, Diagramme

Forschungsstand und Datenbasis

4.1 Fehlerhafte Literatur und falsche Daten

Fehlender wissenschaftlicher Ansatz etlicher historischer Forschungsarbeiten, mangelnde Quellenkritik und das unreflektierte Voneinanderabschreiben, führten in der Vergangenheit zu zahlreichen Fehlinformationen bezüglich des Flossenbürger Außenlagers Freiberg in der Fach- und Gedenkliteratur. Einige dieser kursierenden Fehlinformationen sollen hier angesprochen und nochmals explizit berichtigt werden.

I. Falsche Daten bei Brenner bzw. Düsing

Selbst im Artikel Hans Brenners in Michael Düsings Band *Wir waren zum Tode bestimmt*, lassen sich Unstimmigkeiten finden. So bleibt die Altersstruktur des Außenkommandos Freiberg völlig unreflektiert. Hier muss aber dringend in *registriertes* und *tatsächliches Alter* unterschieden werden. Um bessere Chancen bei den Selektionen zu haben, machten sich junge Mädchen ein paar Jahre älter, Frauen jenseits der 30, um einige Jahre jünger. Frauen, die vor 1900 geboren wurden, lügen im wahrsten Sinne des Wortes um ihr Leben, und geben sich dabei um bis zu 17 Jahre jünger aus, als sie sind. In Auschwitz erfolgt demnach unter dem äußeren Druck der Selektionen eine künstliche Komprimierung der Altersspanne, die sich direkt auf die Register niederschlägt. Die reale Altersstruktur weicht aber nicht unerheblich von den Registraturangaben ab. Gerade Freiberg eignet sich hier als ein gutes Anschauungsbeispiel, weil sowohl die Bewohnerregistraturen von Lodz als auch von Theresienstadt erhalten sind und einen Quervergleich mit der Flossenbürger Registratur möglich machen. Eine Chance, die das CJD Projekt gänzlich ungenutzt lässt. Auch die slowakischen Census Daten des United States Holocaust Memorial Museum (USHMM) verdeutlichen die verbreiteten „Schummeleien“ bei den Altersangaben der Slowakinnen.

Wie Brenner bei seinen statistischen Auswertungen auf die jugoslawische Nationalität von 28 Häftlingen und auf eine Italienerin kommt, die in den Flossenbürger Nummernbüchern für das Lager Freiberg nicht nachzuweisen sind, lässt sich nicht nachvollziehen

II. Falsche Angaben bei Marsalek und Baumgartner

Die Geschichte der Flossenbürger Frauentransporte aus Freiberg und Venusberg[514] nach Mauthausen lag lange Zeit im Dunkeln. Da die Häftlinge der späten Evakuierungen nicht mehr registriert wurden, lagen dem Gedenkstättenarchiv nur wenige dokumentarische Anhaltspunkte für historiographische Forschungen vor. Dies führte neben einigen Recherchenachlässigkeiten zu erheblichen Unstimmigkeiten in Andreas Baumgartners sonst gelungenen Publikation *Die vergessenen Frauen von Mauthausen*. Alle seine rekonstruierenden Angaben bezüglich der Freiberger Häftlinge basieren lediglich auf vier Berichten Überlebender. Die Abweichungen der Berichte untereinander werden nicht wahrgenommen oder ignoriert und bleiben damit unreflektiert. So spricht Baumgartner beispielsweise von 500 Freiberger Häftlingen als Gesamtlagerstärke, obwohl sich die im Bericht von Renée G. genannte Zahl lediglich auf den Transport im Oktober 1944 bezieht. Gleichzeitig zitiert Baumgartner eifrig Lisa Scheuer, obwohl in ihrer Autobiografie *Vom Tode, der nicht stattfand*, auf Seite 55 gar von einer deutlich überhöhten Lagerstärke, nämlich von 1500 Frauen die Rede ist. Diese Diskrepanz hätte auffallen und zu tiefergehenden Nachforschungen führen müssen. Baumgartner stellt aber fest:

> „Wieviele von den ursprünglichen 500 Frauen aus Freiberg in Mauthausen ankamen, wieviele die Befreiung erlebten und wieviele nach der Befreiung noch verstarben, ist unbekannt."

---

[514] vgl. Pascal Cziborra. KZ Venusberg. Der Verschleppte Tod S.242f.

Mit diesem Fehlurteil steht Baumgartner bedauerlicherweise in kontinuierlicher wissenschaftlicher Tradition. In einer Fußnote bemerkt er bezüglich der überlebenden Freiberger Frauen:

> „Hans Marsalek verzeichnet 397 Frauen. Vgl. Marsalek (1995):S.108 Diese Zahl kann nicht verifiziert werden.“

Auch hier hat Baumgartner Marsalek nicht genau genug gelesen. Dieser schließt nämlich lediglich aus der Differenz der statistisch erfassten weiblichen Häftlinge vom 3.5.1945 und 4.5.1945 auf die Zahl 397. Demnach sollen sich am 3. Mai 1337 und am 4. Mai 1734 Frauen im KZ Mauthausen befunden haben. Quellen für diese Zahlen werden nicht genannt. 397 ist aber die Differenz dieser beiden Zahlen. Den Anstieg der Frauen ordnet er den Freiberger Frauen zu. Ob dies zu diesem Zeitpunkt Sinn macht, ist eher fraglich. Zudem fällt der Anstieg zu gering aus. Eine Verursachung durch die evakuierten Flossenbürger Außenlager ist eher unwahrscheinlich.
Obwohl es sich hier um Standardwerke zum KZ Mauthausen handelt, befindet sich selbst in der überarbeiteten Marsalek Ausgabe von 2006 immer noch die geographisch-historisch unhaltbare Aussage:

> „sowie die am 29.4.1945 aus Freiburg [sic!] bei Dresden angekommenen 397 Frauen erhielten keine Häftlingsnummer.“[515]

Auch in der Suchmaske der Shoah Visual History Foundation werden viele ehemalige Freiberger Häftlinge fälschlicherweise unter dem Lagerstandort „Freiburg“ geführt.

---

[515] Marsalek vgl. auch Spielberg

III. Fehlerhafte Erinnerungen bei Lisa Scheuer

Auch der autobiografische Bericht Lisa Scheuers *„Vom Tode, der nicht stattfand“* muss doch in vielen nicht unerheblichen Punkten in Frage gestellt werden. Dennoch zieht Baumgartner ihre Aussagen unreflektiert zu historischen Aufarbeitungszwecken heran. So schreibt sie über ihren Transport nach Freiberg.:

> „Wir waren etwa 1500 Frauen, davon nur knapp die Hälfte aus Theresienstadt, die andere Hälfte meistens Polinnen, ein paar Griechinnen, Niederländerinnen, die aber schon im Getto gewesen waren und viele Slowakinnen, die noch vor wenigen Wochen ja Tagen, zu Hause in der von Hitler zum selbständigen Staat erklärten Slowakei gewohnt hatten.“[516]

Nicht nur die Zahl der Häftlinge, sondern auch die Nationalitäten und ihr Verhältnis stimmen nicht in Lisa Scheuers Bericht. Was sie bezüglich Polinnen, Tschechinnen, Holländerinnen und Slowakinnen sagt, entspricht in etwa der tatsächlichen Herkunft und Häftlingsstruktur des Lagers Freiberg, wenn man alle drei Transporte zusammennimmt. In ihrem Transport, auf den sie sich im Erzählzusammenhang bezieht, waren aber nur 6 Polinnen. Griechinnen können in Freiberg gar nicht nachgewiesen werden. Hier liegt vermutlich eine Verwechslung mit Überlebenden des Lagers Venusberg zugrunde. Auch dieses Nebenlager des KZ Flossenbürg wurde nach Mauthausen evakuiert und die Überlebenden gemeinsam mit den Freiberger Frauen einquartiert.

Auch die Datierungen Scheuers sind fraglich. So behauptet Lisa Scheuer, 6 Wochen vor der Befreiung in Mauthausen eingetroffen zu sein[517]. Das wird zwar von einigen anderen Häftlingen ähnlich gesehen und geschildert, die scheinbar ebenfalls von ihrem Zeitgefühl oder ihren Erinnerungen betrogen wur-

[516] Lisa Scheuer S.55 f.

[517] Auch das wird von Baumgartner ignoriert und bleibt unreflektiert.

den[518], steht aber im deutlichen Widerspruch zur Dokumentationslage, die zur Überzeugung führt, dass die Ankunft in Mauthausen auf Ende April zu datieren sei. Die Ankunft kann vor allem an der Geburt Eva Nathans am 29.04.1945[519] festgemacht werden und wird von zahlreichen ehemaligen Häftlingen auch so bestätigt.
Leider werden Lisa Scheuers unstimmige Schilderungen durch ein unhaltbares Nachwort von Bedrich Utitz bekräftigt. Er schreibt: *„Lisa Scheuer schildert, erzählt. Sie denkt sich nichts aus."*
Natürlich ist es kein Roman, den sie vorlegt, dass es sich aber um literarisierte Erinnerungen handelt und diese meistens Verzerrungen unterworfen sind und nicht immer mit Faktentreue bestechen, bleibt unthematisiert. Utitz schreibt bezeichnenderweise weiter:

> „Es ist vor allem der sachliche Ton, der die Faszination des Buches ausmacht. Und gerade dieser Ton klingt so überzeugend, dass an keiner Stelle der Verdacht aufkommt, dass dies oder jenes ausgedacht sein könnte."

Damit liegt er genau betrachtet nicht nur falsch, sondern offenbart auch indirekt die größte Schwäche des Buches. Nicht die Sachlichkeit ist es, die Scheuers Buch so überzeugend macht, sondern die literarische Darstellungsweise, die keine Gedächtnisunsicherheiten, Zweifel oder andere Perspektiven zulässt. Hier wird das richtige Erinnern nicht reflektiert. Relativierende oder abschwächende Formulierungen wie „etwa" „ungefähr" „ich glaube mich zu erinnern" „ich meine es war" etc. sind eher eine Seltenheit. Dies erweckt den Eindruck, als könne sich hier jemand besonders gut erinnern und es stimme definitiv, was diese Person sage. Dies führt aber zu einer unkritischen Lesehaltung. Abgesehen davon war es den meisten Lesern bislang ohnehin unmöglich die Aussagen der Autorin zu überprüfen.

---

[518] Vgl. Fall Strummer
[519] Baumgartner geht ebenfalls von einer Ankunft Ende April aus und zitiert Scheuer diesbezüglich ohne ihre abweichende Datierung zu thematisieren.

Das vom Leser entgegen gebrachte Vertrauen wird aber wie sich nun zeigen ließ, gewollt oder ungewollt enttäuscht. Wenn Utitz schreibt: *„Wer Frau Scheuer persönlich kennt, wird an ihren Schilderungen nie zweifeln.“*, so ist das nicht nur eine gewagte Bekundung, sondern auch bezeichnend für ihren selbstunkritischen Schreibstil, der wie die rhethorische Bekräftigung des Nachwortes zeigt, wohl Teil ihres Wesens war. Dies bedeutet nun aber nicht, dass die Erinnerungen Scheuers komplett als Unwahrheit zu verwerfen wären – viele Details konnten ja auch bestätigt werden - sie sollten in Zukunft nur etwas kritischer betrachtet und kommentiert in die Forschungs- und Erinnerungsarbeit eingebunden werden.[520]

IV. Der ‚Deli Strummer-Skandal'

Täuschende Erinnerungen der Wiener Holocaust-Überlebenden Deli Strummer[521] führen im Jahr 2000 zu einem ausgewachsenen Medienskandal in den USA. In der Washington Post heißt es schließlich am 24. September:

> “Deli Strummer is 78 years old, a concentration camp survivor, and until recently a local hero. Now her account of the war has been so called into question that a few have even whispered doubts about her identity. You can hardly fault their suspicions, the contradictions in her story are so profound. For 20 years, Strummer had been saying she was at five concentration camps during World War II over the course of 4 1/2 years. Turns out she was at three in not quite two years. She claimed, briefly, that she was imprisoned at Bergen-Belsen. Never was. Auschwitz, which she said she survived for nine months? The German records say she couldn't have been there for more than eight days. Her husband, who she always led people to believe was dead? She divorced him! He's alive and remarried in Vancouver. And on and on and on.”[522]

---

[520] Vgl. Pascal Cziborra. KZ-Autobiographien. S. 19ff.

[521] FloNo.: 53926 *02.05.1922 als Adele Aufrichtig

[522] Sunday , September 24, 2000, p. F01 by Libby Copeland

Dem Artikel ist zu entnehmen wie die Holocaust-Heldin öffentlich als Lügnerin entlarvt wurde und Zweifel an ihrer Identität laut werden konnten. Sogar der Jüdische Rat [Baltimore Jewish Council] hinterfragte schließlich die Details ihrer Erinnerungen und konnte vieles durch Dokumente widerlegen. Für die Medien war das ein gefundenes Fressen und Deli Strummer wurde heftigst attackiert. Natürlich war es nötig sie mit ihren Lügen bezüglich ihres Ehemannes, ihrer falschen Behauptung das Lager Bergen Belsen durchlaufen zu haben, sowie der extremen zeitlichen Dehnung ihrer Erinnerungen zu konfrontieren und den Sinn ihrer Tätigkeit als Holocaust-Speaker, d.h. Zeitzeugin für die Schulen zu diskutieren, doch hätte dies sicher in etwas behutsamerer Weise geschehen können. Grundsätzlich sind erhebliche Unstimmigkeiten in Erinnerungsberichten nämlich keine Seltenheit. Für besonders große Diskrepanzen zwischen Realität und Erinnerung bietet auch die Trauma-Forschung einige Erklärungsansätze, die auch der Artikel der Washington Post aufgreift und somit am Ende sogar zu einer Rehabilitierung Deli Strummers beiträgt. Im Laufe des Skandals kamen auch andere Freiberger Überlebende zu Wort und traten öffentlich für ihre Kameradin ein, indem sie die gemeinsame Haft in Freiberg und einzelne Details ihrer Geschichte bestätigten.
Weitere Informationen zu Deli Strummer bieten ihr 1988 veröffentlichtes Buch „A personal reflection of the Holocaust.“[523], sowie die VHS „From out of Ashes. The Deli Strummer Story.”
Außerdem gab sie für die Shoah Visual Histoy Foundation das Interview 24896. Zahlreiche Aufsätze beschäftigen sich mit dem Fall Strummer, der auch von neo-nazistischen Strömungen entstellt und missbraucht wurde.[524]

[523] Edited by Nancy Henesson. Aurich Press. Baltimore.
[524] Vgl. Pascal Cziborra. KZ-Autobiographien S. 29ff.

V. Die fehlerhafte Autobiographie Slozbergs

Auch die Autobiographie Rikica-Radmila Slozbergs unter dem Titel „Auf dich wartet noch das Leben...“ weist eklatante Mängel auf. 2010 aus dem jugoslawischen Original „Sest Miliona“ ins Deutsche übersetzt, fällt das Buch der serbischen Jüdin vor allem durch den entscheidenden Rekonstruktionsfehler auf, dass die Autobiografin ihre Flossenbürger Häftlingsnummer zeitlebens für eine Mauthausener Häftlingsnummer hielt. Vielleicht war auch ihre Flossenbürger Häftlingsnummer in den Mauthausener Entlassungspapieren angegeben und wurde retrospektiv als vermeintliche dokumentarische Bestätigung angesehen. Vermutlich aufgrund dieser Häftlingsnummer wurde die Ankunft in Mauthausen völlig falsch um fast zwei Jahre zu früh angesetzt. Die Evakuierungsfahrt aus Freiberg im April 1945 findet also bei Slozberg als reguläre Lagerüberstellung im Juli 1943 statt. Ihr Mauthausener Lageraufenthalt bis zur Befreiung wird somit von 6 Tagen auf ca. 22 Monate gedehnt. Dies stellt die Autorin vor ein schwerwiegendes Problem, der Füllung dieses riesigen Zeitraumes mit vermeintlich erinnerten Lagerepisoden. Dabei werden Dinge bezeugt, die sie selbst nicht gesehen und erlebt haben kann, Sterblichkeiten der eigenen Häftlingsgruppe extrem übertrieben und sogar Horrorgeschichten ausgedacht, die wenn überhaupt nur auf Lagergerüchten basieren. Einige der geschilderten Mauthausener Begebenheiten können möglicherweise einer Tätigkeit im Außenkommande des Freiberger Lagers zugeordnet werden, wo Slozberg auch in der Spritzlackiererei[525] unter dem Meister Müller[526] gearbeitet haben will.
Authentisches vermischt sich in ihren Erinnerungen also extrem mit Holocaustfiktion.[527] Zeugin von Vergasungen in Mauthausen kann sie aufgrund ihrer Ankunft am 29. April 1945 nicht geworden sein. Auch die Episode mit dem Vergasungs-LKW auf Seite 70 ist unauthentisch, wenngleich es solche Fahrzeuge und Vergasungen im „Gaswagen“ dort 1941-1942 gegeben hat.

---

[525] Rikica-Radmila Slozberg. “Auf dich wartet noch das Leben…” S. 49
[526] Rikica-Radmila Slozberg. “Auf dich wartet noch das Leben…” S. 53f.
[527] Vgl. Pascal Cziborra. KZ-Autobiografien. S.38ff.

VI. Fehlerhafte Aussagen über Vergasungen in Mauthausen

Nicht nur Lisa Scheuer und Deli Strummer suggerieren, dass sie in Mauthausen noch vergast werden sollten, sondern auch etliche ihrer Kameradinnen. Dabei handelt es sich aber eher um Darstellungen von Häftlingsängsten und Gerüchten als um dokumentarisch belegbare Fakten. Eva Stichová formuliert:

> „Und wieder hat mir das Schicksal unerwartet Glück gebracht. Es war kein Gas mehr zur Verfügung; noch am Vortag waren die Neuankömmlinge vergast worden.“[528]

Zwar wurden am 28. April 1945 noch 33 Männer der sozialdemokratischen und kommunistischen „Welser Gruppe“ in der Mauthausener Gaskammer ermordet, doch dabei handelte es sich um eine spezielle politische Hinrichtungsaktion und keine routinemäßige Vergasung. Die letzte größere Vergasungsaktion fand Tage zuvor statt, nachdem am 20. April dafür etwa 3000 kranke Häftlinge selektiert worden waren. Anschließend begann die Demontage der Krematorien zur Spurenverwischung.[529]
Lisa Miková bestätigt:

> „Im Lager erfuhren wir ziemlich schnell, dass die Gaskammern bereits außer Betrieb waren. Ungarische Frauen, die einige Tage früher dort angekommen waren, hatten dort noch den Tod gefunden!“[530]

Die Vergasung der Ungarinnen konnte nicht bestätigt werden. Ansonsten zeugen die Aussagen von der Interpretationsvielfalt des Geschehens. Laut rekonstruiertem Tagebuch der Helga Weiss seien am Mittwoch den 25. April in Mauthausen die letzten 1000 Häftlinge vergast worden, dann sei das Rote Kreuz eingeschritten.[531] Bei den genannten Opfern könnte es sich um einen Teil der selektierten Kranken gehandelt haben.

---

[528] Eva Stichova Düsing S. 52 - vgl. Henryka Shaw SVHF 13524
[529] Florian Freund und Bertrand Perz in: Der Ort des Terrors. Band 4 S.330ff.
[530] Düsing S. 49
[531] Helga Weiss. Und doch ein ganzes Leben. S.170

VII. Falsches ‚Familienwissen'

Leider kursieren unter den Freiberger Überlebenden und ihren Angehörigen immer noch zahlreiche Fehlinformationen, die die tatsächlichen Geschehnisse von 1944/45 erheblich entstellen. So schreibt Hanna Berger Moran, die in Freiberg geborene Tochter Priska Löwenbeins am 23.06.2003 ins Online-Gästebuch der 11th Armored Division Association:

> „Finally the transport arrived in Mauthausen on April 29, 1945. The gassing stopped that morning. Out of the more than 2000 women only 120 survived and my mother and myself were among them. When the liberation of the Mauthausen happened I was a barely three week old baby, As my dear mother loved to say it to me the tanks had white stars on them and she was absolutely amazed how young all the soldiers were. She remembered the song "roll out the barrels..." being played. Due to the malnutrition my body was covered with huge faruncles filled with infection which had to be removed surgically. The surgeons who operated on me did not believe I shall survive if I will not get the proper treatment and begged my mother to return with them to the US. (Yes I do have the scars). She refused to follow their advice reasoning that she must return home, to Bratislava, Czechoslovakia, to wait for her husband, my father. My mother and father were taken to Auschwitz in September 1944. My mother was two months pregnant with me. My father had never returned. I am living in the US now."

Dabei geht sie fälschlicherweise von 2000 Freiberger Häftlingen und nur 120 Überlebenden aus. Damit werden die tatsächlichen Zahlenverhältnisse auf den Kopf gestellt. Umso wichtiger war es, endlich die tatsächliche Datenlage offenzulegen.

VIII. Fehler in den Theresienstädter Gedenkbüchern

Auch die Theresienstädter Gedenkbücher sind in etlichen Fällen unhaltbar. So werden vor allem deutsche Jüdinnen, aber auch einige tschechische, als *umgekommen während des Holocaust* geführt, die nachweislich überlebten. Während in fünf Fällen tschechischer Jüdinnen die Angaben im Theresienstädter Gedenkbuch durch die Mauthausener Repatriierungsliste entkräftet werden konnten, war das bei den deutschen Jüdinnen durch diverse noch handfestere Quellen möglich. So werden Margit Ledermann und Elsa Struchholz im Aufbau Verlag erwähnt. Die als Todesopfer geführte Irene Altgenug wird 1967 während der Ludwigsburger Ermittlungen vernommen, in deren Aktenbestand auch Ingrid Wirth, 1967 Simmerl wohnhaft in Kalifornien, und Ilse Pulwermacher als Überlebende genannt werden. Auch zählen im Theresienstädter Gedenkbuch Marianne Rojiczek, später Kahan, die von Dr. Michael John zum DP-Camp Bindermichl interviewt wurde und Esther Leiner [bzw. Jonas / Bauer], deren Nachkriegsausweis in Baumgartners Buch *Zwischen Mutterkreuz und Gaskammer* auf S.107 abgedruckt ist, zu den vermeintlichen Todesopfern. Die als *verstorben* verzeichneten Ruth Reiter Rosenbaum und Margarete Norden gaben für die Shoah Visual History Foundation die Interviews 17519&34418 und die „tote“ Lotte Brauer [Prochaska] hinterließ für ihre in Mauthausen verstorbene Mutter ein Gedenkblatt auf Yad Vashem. Zudem ist die Befreiung von Hilda Feld, Renate Golinski, Johanna Glücksohn, Marta Katz, Rosel Mayer, Erna Norden, Rena und Lena Offner und Alice Stern durch Mauthausener Entlassungslisten dokumentiert. Außerdem wurden bei Abschluss der Recherchen in der Theresienstädter Datenbank auch noch extrem viele holländische Opfer mit falschem Status geführt, und in die Datenbank Yad Vashems als „perished during Holocaust“ übernommen. Ein Datenabgleich mit dem niederländischen Roten Kreuz oder der Kriegsgräberfürsorge OGS fand offensichtlich ebenfalls nicht statt.

IX. Falsche Daten im Gedenkbuch Berlins & Deutschlands

Auch im Berliner Gedenkbuch der Edition Hentrich lassen sich etliche Ungenauigkeiten bei den oben genannten Personen finden. Im Unterschied zu manch anderem Gedenkbuch, wird im Vorwort die Möglichkeit zu Fehlern deutlich eingeräumt und im Gegensatz zum Theresienstädter Gedenkbuch eine Formulierung gewählt, die den Status der aufgeführten Personen deutlicher macht. Die Formulierung „Schicksal ungeklärt", sagt aus, dass im Rahmen der Aufarbeitung nichts über das Schicksal der Person in Erfahrung zu bringen war. Wie viel Arbeitsaufwand für die Klärung einzelner Schicksale bei einem 50.000 Namen umfassenden Band für das Einzelschicksal aufgewandt wird, kann sich jeder Leser selbst beantworten. Dieselben Fehler finden sich auch im erst 2006 erschienenen Gedenkbuch des Bundesarchivs. Falsche Daten werden leider ungeprüft reproduziert!

4.2 Die Häftlingszwangsgemeinschaft

D1: Zusammensetzung der Häftlingszwangsgemeinschaft nach registrierter Nationalität [im Uhrzeigersinn]

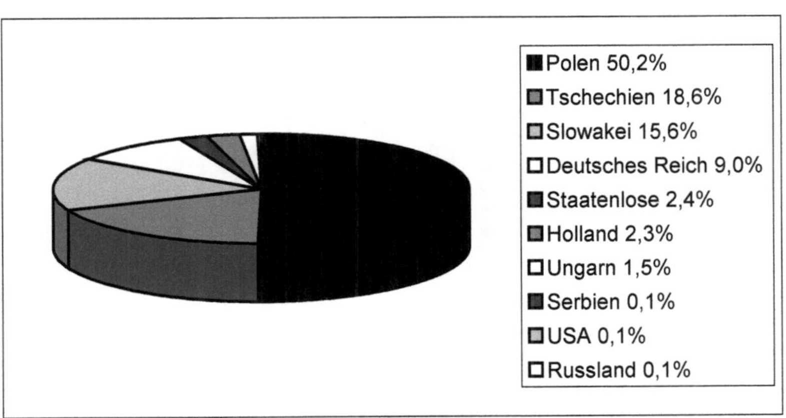

D2: Alterstruktur: 1.Transport aus Auschwitz nach Jahrgängen

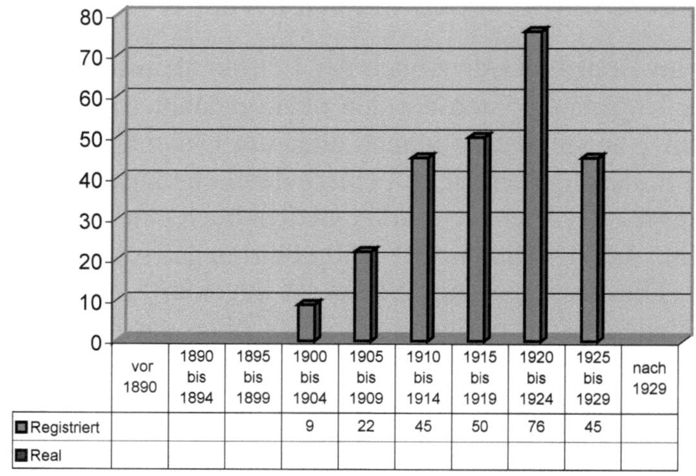

	vor 1890	1890 bis 1894	1895 bis 1899	1900 bis 1904	1905 bis 1909	1910 bis 1914	1915 bis 1919	1920 bis 1924	1925 bis 1929	nach 1929
Registriert				9	22	45	50	76	45	
Real										

D3: Alterstruktur: 2.Transport aus Auschwitz nach Jahrgängen

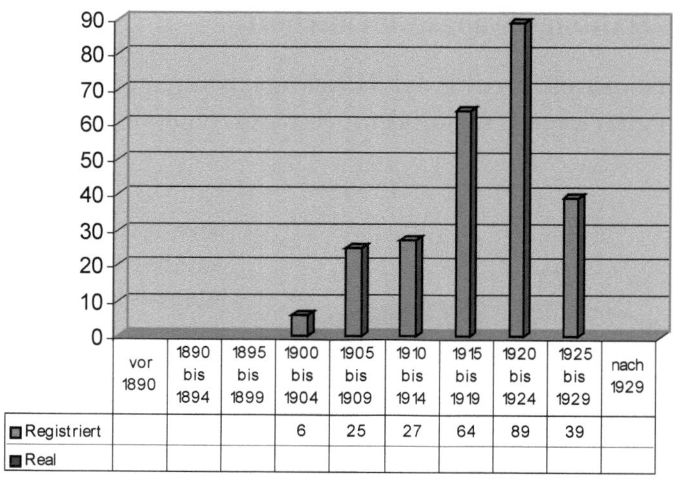

	vor 1890	1890 bis 1894	1895 bis 1899	1900 bis 1904	1905 bis 1909	1910 bis 1914	1915 bis 1919	1920 bis 1924	1925 bis 1929	nach 1929
Registriert				6	25	27	64	89	39	
Real										

Für beide Transporte mit den Häftlingen aus Lodz liegen bisher zu wenige Vergleichsdaten vor, weshalb noch keine korrigierten Vergleichskurven für die realen Daten erstellt werden konnten. Beim 1. Transport wurden 247 Datensätze ausgewertet. Die Geburtsdaten von FloNo.: 53496 und 53500 liegen nicht vor. Beim 2. Transport dienen 250 Registratureinträge als Datenbasis. Für FloNo.: 53897 liegt kein Geburtsjahr vor.

D4: Alterstruktur: 3.Transport aus Auschwitz nach Jahrgängen

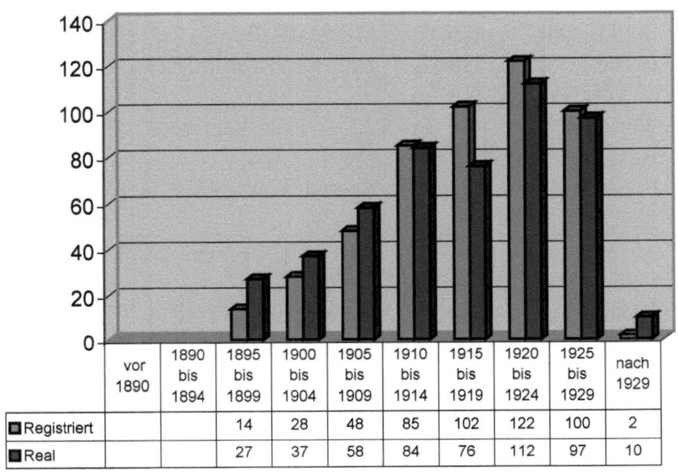

	vor 1890	1890 bis 1894	1895 bis 1899	1900 bis 1904	1905 bis 1909	1910 bis 1914	1915 bis 1919	1920 bis 1924	1925 bis 1929	nach 1929
Registriert			14	28	48	85	102	122	100	2
Real			27	37	58	84	76	112	97	10

Wie auch schon für andere Flossenbürger Außenlager nachgewiesen werden konnte, führen die Selektionserfahrungen in Auschwitz im Flossenbürger Nummernbuch zu einer Stauchung der Alterststruktur gegenüber der Realität. Ältere Frauen jenseits der 30 machen sich jünger, um als arbeitstauglich zu gelten, junge Mädchen in den hohen 20er oder niedrigen 30er Jahrgängen geben sich als älter aus, um den Arbeitstransporten zugeteilt zu werden. Die Ausprägung dieser Stauchung bedingt durch die taktischen Falschangaben der Häftlinge kann stark variieren.

Im Lager Freiberg ist besonders die Stauchung bei den slowakischen Jüdinnen sehr offensichtlich. Die Frauen sind in großer Zahl mit mittleren Jahrgängen [1910-1919] registriert obwohl sie deutlich älter sind, oftmals sogar mehr als 10 Jahre. Auch viele Mädchen sind einige Jahre jünger, als sie im Nummernbuch geführt werden. Die Altersangaben der Theresienstädter Jüdinnen sind da deutlich verlässlicher, aber auch hier kommen etliche taktische Angaben vor. Für die ersten beiden Transporte aus Lodz zeichnet sich ähnlich wie bei den Slowakinnen eine starke Stauchung ab, die aber noch durch die Sammlung korrekter Häftlingsdaten verifiziert werden muss.

Werden beim dritten Freiberger Transport die Angaben mit realen Daten korrigiert, kann an der Altersstrukturkurve auch der europäische Geburteneinbruch während des ersten Weltkrieges [1914-1918] abgelesen werden.

FloNo. Nation	**Name**, *Mädchenname **Vorname** [Alternative]	**Geburtstag** [FloNB] **Ghettoadresse Lodz**	**Opferstatus Quellennachweis**
53423 POL	Abramczyk, Sara [>Sally Wolkoff] F: Schwester v. 53424, 53425, 53485	20.05.1921 Pabiance [10.07.1920] Krauter Gasse 1/3F11	Befreit in Mauthausen SVHF 12886 Vgl. SVHF 15161 YV Item ID: 4443372
53424 POL	Abramczyk, Bala [>Bela Feder] F: Schwester v. 53423, 53425, 53485	12.02.1926 Pabianice [10.09.1928] Krauter Gasse 1/3F12	Befreit in Mauthausen YV Item ID: 4443362 Vgl. SVHF 12886, 15161, Starb 1986
53425 POL	Abramczyk, Ester [Esta] [>Freeman] F: Schwester v. 53423, 53424, 53485	10.12.1924 Pabianice [06.03.1927] Krauter Gasse 1/3F11	Befreit in Mauthausen Vgl. SVHF 12886, 15161, Starb 2003 YV Item ID: 4443370
53426 POL	Abramowicz, Delora	07.10.1912	**Schicksal ungeklärt Nicht identifiziert**
53427 POL	Abramowicz, Gitla	12.08.1910	**Schicksal ungeklärt Nicht identifiziert**
53428 POL	Abramovicz, Rosa	13.04.1916	**Schicksal ungeklärt Nicht identifiziert**
53429 POL	Altmann, Golda	07.04.1908	**Schicksal ungeklärt Nicht identifiziert**
53430 POL	Altmann, *Olek Dina	10.10.1914 Rubens Str.4 F27	Befreit in Mauthausen Jewish Agency 11021
53431 POL	Aronowicz, [Liebman] Irena [>Liebmann] F: Schwester von 53432	27.05.1925 Lodz	Befreit in Mauthausen SVHF 48450, Dü147
53432 POL	Aronowicz, Sofia [>Fuss] F: Schwester von 53431	18.12.1921	Befreit in Mauthausen Vgl. SVHF 48450
53433 POL	Bankhalter, Bluma [>Dafner]	18.04.1920 Lodz	Befreit [Ort unbekannt] Gedenkblattübermittler YV Item ID: 1657584
53434 POL	Benkel [Bemkel], Ryfka	02.12.1922	**Schicksal ungeklärt Nicht identifiziert**
53435 POL	Bialer, Paulina	26.11.1921 Hamburger Str.21F2	**Schicksal ungeklärt**
53436 POL	Bialer, Maria [Mariem]	28.07.1903 [21.07.09] Hamburger Str.21F2	**Schicksal ungeklärt**
53437 POL	Bicz, Cela [=Bicz, Chana ?] [=Bicz, Czarna *Szwarc?]	11.03.1909 [=15.08.1902?] Siegfried Str. 24 F24 [28.04.1899?] Matrosen Gasse 35F2	**Schicksal ungeklärt Nicht identifiziert** YV Item ID 4457749 YV Item ID 4457805

53438 POL	Bicz, Rajzla F: Vgl. 53437	10.08.1924 10.01.1924 Matrosen Gasse 35F2 Matrosen Gasse 34F1	**Schicksal ungeklärt** Vgl. YV Item ID: 4457780 4457779 [*1923]
53439 POL	Bicz, *Yakubovitz [Jakubowicz] Dora [Dvora] [Dwojra] F: Mutter von 53446 F: Ehefrau von Berek	1885 [,05.01.1902'] Siegfried Str. 20 F1 Siegfried Str. 3 F16 Kelm Str. 8 F12	Befreit [Ort unbekannt] YV Item ID: 4457801, 4457802 Vgl. YV PoT Item ID: 3623141, 4457743 u.a.
53440 POL	Bicz, Lodzia [=Bicz, Sura?] F: Tochter von 53439? F: Schwester v. 53446? [=Bicz, Laja? *1914]	05.07.1919 [1914] [=08.09.1919] Brunnen Str. 10 F10 Siegfried Str. 20 F1 Siegfried Str. 3 F16 Kelm Str. 8 F12 [Siegfried Str. 3 F16] [Kelm Str. 8F12]	**Schicksal ungeklärt** Vgl. YV Item ID: 4457791, 4457786, 4457787, 4457790 [Vgl. 4457764] [Vgl. 4457765]
53441 POL	Binsztok [Bienstock], Cypa [Cipora] F: Schwester v. 53442, 53443, 53444, 53445	05.05.1924 Franz Str.51 F2 [,25.04.1920']	Befreit in Mauthausen Vgl. SVHF 50423 YV Item ID: 4458883
53442 POL	Binsztok [Bienstock], Mala [>Rosenblum] F: Schwester v. 53441, 53443, 53444, 53445	02.10.1924 Lodz [10.02.1922] Franz Str.51 F2 Franciszkanska 51 [,22.03.1918']	Befreit in Mauthausen SVHF 50423, Landsberg Entlassungspapiere: 27.07.45 Mauthausen YV Item ID: 4458905
53443 POL	Binsztok [Bienstock], Henia [Hinda] [>Krakowski] F: Schwester v. 53441, 53442, 53444, 53445	10.10.1913 [1918] Franz Str.51 F2	Befreit in Mauthausen Vgl. SVHF 50423 YV Item ID 4458897
53444 POL	Binsztok [Bienstock], Jetka [>Yetta Bergman] F: Schwester v. 53441, 53442, 53443, 53445	03.08.1919 Franz Str.51 F2 [,10.09.1911']	Befreit in Mauthausen Vgl. SVHF 50423 YV Item ID: 4458902
53445 POL	Binsztok [Bienstock], Ruda [>Sarah Binstock] F: Schwester v. 53441, 53442, 53443, 53444	10.07.1917	Befreit in Mauthausen Vgl. SVHF 50423
53446 POL	Bicz, Sonia [>Eizner] F: Tochter von 53439 F: Schwester v. 53440?	1912 [,20.10.1917'] Siegfried Str. 3 F16 Kelm Str. 8	Befreit [Ort unbekannt] Gedenkblattübermittler YV Item ID: 3623141

53447 POL	Brauner, Bronka [Bronislawa]	13.10.1916	Befreit in Mauthausen Jewish Agency 16176
53448 POL	Brendzel, Tyla	14.12.1891 [1904] Hamburger Str.78F9	**Schicksal ungeklärt**
53449 POL	Brendzel, Idesa	30.05.1920 [10.05.] Hamburger Str.78F9	**Schicksal ungeklärt**
53450 POL	Buchman[n], Ryfka	21.03.1925	Befreit in Mauthausen Jewish Agency 16977
53451 POL	Buchman[n], Tauba	15.03.1909	Befreit in Mauthausen Jewish Agency 16983
53452 POL	Buchman[n], *Przytyk Sala [>Schreiber]	24.08.1928 [24.10.26] *Lodz	Befreit in Mauthausen SVHF 10285, JA16980
53453 POL	Buchman[n], *Schneider Cecylia [Zosia/ Ziyah]	25.06.1929 [1925] *Lodz	Befreit in Mauthausen SVHF 33402, JA16975
53454 POL	Buchman[n], Estera Malka	05.02.1926 Sulzfelder Str.10F28	Befreit in Mauthausen Jewish Agency 16964
53455 POL	Buttermilch,[Putermilk] [Putermilcz] Anna	15.06.1909 '1911' Siegfried 42F11 u.a.	**Schicksal ungeklärt** Siegfried 20F9
53456 POL	Byk, Chana Zysla [Hanna] [>Henyah Grinbaum] F: Tochter von 53459 F: Schwester v. 53457, 53458	20.12.1918 Pfeffer Gasse 20F2	Befreit in Mauthausen Jewish Agency 17373 Vgl. SVHF 26129
53457 POL	Byk, Rosa [>Shoshana Rozenblut] F: Tochter von 53459 F: Schwester v. 53456, 53458	18.03.1925 Lodz Pfeffer Gasse 20F2	Befreit in Mauthausen SVHF 26129, JA17380 Foto vor Militärfahrzeug im Juli 1945 Ausweispapiere 25.05.45
53458 POL	Byk, Estera [Edzia] [>Edja Binder] F: Tochter von 53459 F: Schwester v. 53456, 53457	17.11.1926 Pfeffer Gasse 20F2	Befreit in Mauthausen Jewish Agency 17369 Vgl. SVHF 26129
53459 POL	Byk, Rachma [Rochla] F: Mutter v. 53456, 53457, 53458	05.12.1898 [1906] Pfeffer Gasse 20F2	Befreit in Mauthausen Vgl. SVHF 26129
53460 POL	Chajmowicz, *Kiwok Dwoijra Hinda B: Hausfrau F: Mutter von 53461	29.10.1897 Lodz [,10.09.1910'] Sulzfelder Str.19F31	**Starb am 13.05.1945 in Mauthausen** PoT YV Item: 3610895 YV Item ID: 4473042

53461 POL	Chajmowicz, Matylda[Miriam Rosenblum] F: Tochter von 53460	31.05.1927/1928 Sulzfelder Str.19F31	Befreit in Mauthausen Jewish Agency 17596 Gedenkblattübermittler
53462 POL	Tytenschneider, [Tytensznajder] Maria [=Marjem?]	02.02.1912 [02.09.1911?] [Franz Str. 38 F 76?]	**Schicksal ungeklärt** **Nicht identifiziert** Vgl. YV Item ID: 4657206
53463 POL	Chmielnicka, Dora [Dwojra] F: Mutter von 53464	01.06.1905 [01.06.1912] Franz Str. 36F42	Befreit in Mauthausen Vgl. SVHF 131541 YV Item ID: 4474336
53464 POL	Chmielnicka, Sala [>Sally Feldman] F: Tochter von 53463	23.04.1925 [01.06.1924] Franz Str. 36F42	Befreit in Mauthausen SVHF 13541, JA17892 DP-Camp Föhrenwald YV Item ID: 4474384
53465 POL	Dzialowska, *Rorman Tauba [Towa] F: Mutter von 53467	04.06.1893 [10.04.04] Hohensteiner 38F66	Befreit [Ort unbekannt]
53466 POL	Dzialowska, Jadzia	05.11.1922	**Schicksal ungeklärt** **Nicht identifiziert**
53467 POL	Dzialowska, Mina [Minia] [>Laufer] F: Tochter von 53465	08.12.1930 [1927] Hohensteiner 38F66	Befreit [Ort unbekannt] Archiv Düsing Gedenkblattübermittler PoT YV Item ID: 531023
53468 POL	Dzialowska, Brandla [Bronia] F: Vgl. 53465, 53467	20.12.1916 [14.12.] Hohensteiner 38F66	Befreit [Ort unbekannt]
53469 POL	Dobrijewska, [Drobniewska] Frajda [Franzi]	16.02.1918	Befreit in Mauthausen Jewish Agency 19929
53470 POL	Dziedzio, Luba	15.03.1911	**Schicksal ungeklärt** **Nicht identifiziert**
53471 POL	Epstein, Golda	07.07.1927	**Schicksal ungeklärt** **Nicht identifiziert**
53472 POL	Eichenwald, [=Ajchenwelt?] Golda	19.03.1922	**Schicksal ungeklärt** **Nicht identifiziert**
53473 POL	Eil, Hela	23.09.1919	Befreit in Mauthausen Jewish Agency 20492
53474 POL	Fajgenbaum, Chawa Eva	10.10.1912 [1917] Kelm Str. 9F13	Befreit in Mauthausen Jewish Agency 21615
53475 POL	Ferst, [Ferszt] Maria [=Masza?] F: Ehefrau? von Calel ? Celel Ferst *15.03.1907	12.11.1914 [1910?] Reiter Str. 9F 54 [Sulzfelder Str. 7] Sulzfelder Str. 17 F6	**Schicksal ungeklärt** **Nicht identifiziert** = Kapo Marysia Vgl. SVHF 50778; YV Item ID 4494532

53476 POL	Feibuscher, Diana	06.02.1921	**Schicksal ungeklärt Nicht identifiziert** Vgl. SVHF 32271
53477 POL	Feineburg, Maria	15.09.1911	**Schicksal ungeklärt Nicht identifiziert**
53478 POL	Feibuschak, Stauk	10.01.1920	**Schicksal ungeklärt Nicht identifiziert**
53479 POL	Frenkel, [Gertler] Bluma	25.08.1923	Befreit in Mauthausen Jewish Agency
53480 POL	Frenkel, Hinda [Hilda]	23.05.1921	Befreit in Mauthausen Jewish Agency 24304
53481 POL	Frenkel, Hela	02.03.1911	**Schicksal ungeklärt Nicht identifiziert**
53482 CZE	Fränkelová, [Frenkel] Elsa	01.11.1909 [1920]	Befreit in Mauthausen TGB90, U8b/4054
53483 POL	Frenkel, Guendla	12.07.1909	**Schicksal ungeklärt Nicht identifiziert**
53484 POL	Friewald, Helena	28.07.1913	**Schicksal ungeklärt Nicht identifiziert**
53485 POL	Frydman, [Friedmann] *Abramczyk Rachel [>Olsky] F: Schwester v. 53423, 53424, 53425	31.12.1918 Pabianice Pfeffer Gasse 12F5 [Schwangerschaft] [HVT-556]	Befreit in Mauthausen SVHF 15161, Geburt: 20.04.1945 Max Fried-mann [>Mark Olsky] Vgl. SVHF 12886 Starb: 19.02.2003 Vgl. Wendy Holden
53486 POL	Friedmann, Regina	12.04.1909	**Schicksal ungeklärt Nicht identifiziert**
53487 POL	Friedmann, Ester	28.01.1916	**Schicksal ungeklärt Nicht identifiziert**
53488 POL	Frydman, [Friedmann] Rifka [>Bakhover]	20.12.1925 Lodz	Befreit in Mauthausen SVHF 39937, JA24994 Foto: Metallplättchen, Orig. Häftlingsnummer
53489 POL	Friedrich, Feiga	06.08.1912	**Schicksal ungeklärt Nicht identifiziert**
53490 POL	Freund, Paula	06.07.1922	**Schicksal ungeklärt Nicht identifiziert**
53491 POL	Freund, Ruth	10.11.1924	**Schicksal ungeklärt Nicht identifiziert**
53492 POL	Freund, Bella	25.09.1919	**Schicksal ungeklärt Nicht identifiziert**
53493 POL	Fischmann, [Fiszman] Hanna [Anka]	07.12.1917	Befreit in Mauthausen Jewish Agency 23396

53494 POL	Fischmann, Rifka	06.05.1902	**Schicksal ungeklärt** **Nicht identifiziert**
53495 CZE	Fischlová, Olga [>Fedorová]	26.04.1913 Prag Pfeffer Gasse 12F21	Befreit in Mauthausen TGB101, U8b/3918
53496 POL	Fränbach, Eva	unbekannt	**Schicksal ungeklärt** **Nicht identifiziert**
53497 POL	Gastfreund, [Gastfrajnd] Regina Rywka [>Katz]	29.10.1923 Lodz Mühlgasse 86F4	Befreit in Mauthausen SVHF 36477, Landsberg
53498 POL	Glücksmann, [Gliksman] Cyrla [Zierla]	14.06.1921	**Schicksal ungeklärt** **Nicht identifiziert**
53499 POL	Goldberg, Regina	28.10.1911	**Schicksal ungeklärt** **Nicht identifiziert**
53500 POL	Goldberg, Ester	[ohne]	**Schicksal ungeklärt** **Nicht identifiziert**
53501 POL	Goldberg, Fella	29.10.1917	**Schicksal ungeklärt** **Nicht identifiziert**
53502 POL	Goldmann, [Goldman] Cilla [Cyla]	20.03.1919	Befreit in Mauthausen Jewish Agency 28129
53503 POL	Goldmann, Sala	01.07.1923	**Schicksal ungeklärt** **Nicht identifiziert**
53504 POL	Goldsztajn, [Goldstein] Jochwet	05.06.1923 Zaklikow Hohensteiner 76F64	**Schicksal ungeklärt**
53505 POL	Grawe, Gustawa [Golda] B: Hausfrau, Büroangestellte F: Mutter von 53506	30.08.1901 Kutno [30.08.1906] Lodz:Brunnen 18F36 Bleicher Weg 5F33 Skladowa 22	Befreit in Mauthausen ZIH 301/2501 USHMM
53506 POL	Grawe, Lili B: Schülerin F: Tochter von 53505	09.11.1925 [09.11.1926] Brunnen 18F36 Bleicher Weg 5F33	Befreit in Mauthausen USHMM Vgl. ZIH 301/2501
53507 POL	Grünbaum, Rachel	11.10.1914	**Schicksal ungeklärt** **Nicht identifiziert**
53508 POL	Grünis, [Gronis] Rachel [Rachela] *Freilich B: Hausfrau	14.08.1913 [12.08.1913] Bleicher Weg 16F12 Bleicher Weg 18F4	**Schicksal ungeklärt** YV Item ID: 4521429 YV Item ID: 4505661
53509 POL	Grünspecht, [Gryszperkt] Rosa [Rose]	14.03.1914	Befreit in Mauthausen USHMM, Register of Jewish Survivors II
53510 POL	Gornitski [Gurnicka] Pesa Pola [>Hinenberg]	11.07.1925 Zgierz Hohensteiner 38F23	Befreit in Mauthausen SVHF 44541, DÜ122
53511 POL	Guttmann, Zelda	15.05.1914	**Schicksal ungeklärt** **Nicht identifiziert**

53512 POL	Haut, Chaja [=Liba Chaja ?]	10.03.1907 [21.03.1907?] Am Bach 5F20	Befreit in Mauthausen Jewish Agency 31644 YV Item ID: 4529019
53513 POL	Hecht, Estera [>Batsinski]	13.03.1924 Lodz [14.03.1924] Alexanderhof 52F15	Befreit in Mauthausen SVHF 40928, Vgl. YV Item ID: 3960182
53514 POL	Hecht, Sara [*Bermanska?]	08.09.1919 [1915?] [Holz Str. 15F55 ?]	**Schicksal ungeklärt** **Nicht identifiziert** YV Item ID: 4529478
53515 POL	Heinsdorf, Mira [>Littner]	15.04.1919 L [1917] Baluter Ring 6F18	Befreit in Mauthausen SVHF 6902, HVT-299 DP-Camp Bindermichl
53516 POL	Hirschfinger [Herszfinger] [‚Heinsdorf'], Eva [Chawa]	22.11.1922 [21.11.1922] Rauch Gasse 19F36 Baluter Ring 6	**Schicksal ungeklärt** Vgl. SVHF 6902 YV Item ID: 4531805
53517 POL	Helmer, Hela [>Miodovnik]	15.10.1924 Lodz [1923]	Befreit in Mauthausen SVHF 32271
53518 POL	Herszlikowicz, Cyrla F: vgl. 53519	01.10.1926 [16.10.1928] Pfeffer Gasse 10F16	**Schicksal ungeklärt** YV Item ID: 4532589
53519 POL	Herszlikowicz, Ruchla *Goldsztajger F: vgl. 53518	15.11.1908 [16.10.1908] Pfeffer Gasse 10F15	**Schicksal ungeklärt** YV Item ID: 4532682
53520 POL	Herz, Josefina	21.06.1922	Befreit in Mauthausen Jewish Agency 31997
53521 POL	Hirschberg, [Hirszberg] Lotte [Zlata]	06.07.1919 [1920] Kelm Str. 73F1	**Schicksal ungeklärt**
53522 POL	Holand, [Holland] Rosa [Cesia][Szajndla?] F: vgl. 53523	15.03.1905 [1900?] Rubens Str. 4F5 [?]	Befreit in Mauthausen Jewish Agency 32893 YV Item ID: 4534728
53523 POL	Holand, [Holland] Frymeta F: vgl. 53522	15.05.1927 Rubens Str. 4F5	Befreit in Mauthausen Jewish Agency 32895
53524 POL	Horn, Basza [Basia] F: 53525, 53526, 53527	01.08.1927 [PfefferGasse 7F14]	Befreit in Mauthausen Jewish Agency 33099
53525 POL	Horn, Mauka [Malka] [Mania] F: 53524, 53526, 53527	13.09.1920 [PfefferGasse 7F14]	Befreit in Mauthausen Jewish Agency 33111
53526 POL	Horn, Cypora F: 53524, 53525, 53527	04.09.1924 [PfefferGasse 7F14]	**Schicksal ungeklärt**

53527 POL	Horn, Jochwet F: 53524, 53525, 53526	24.04.1923 [PfefferGasse 7F14]	**Schicksal ungeklärt**
53528 POL	Horowicz, Mina [>Freier]	01.05.1923 Lodz Basar Gasse 10F8	Befreit in Mauthausen SVHF 10574
53529 POL	*Hutarska, [Szajewicz] Chana Hinda F: Schwester von 53530	25.06.1912 Lodz [1920] Insel Str. 5F33	**Starb 1945** **in Mauthausen** PoT YV Item ID: 912229
53530 POL	Hutarska, Sabina [>Sulamit Herbakh] F: Schwester von 53529	01.05.1926 Insel Str. 5F33	Befreit in Mauthausen Gedenkblattübermittler Vgl. YV Item ID: 912229
53531 POL	Ickowits, Sabina	28.08.1908	**Schicksal ungeklärt** **Nicht identifiziert**
53532 POL	Isbicka, Paulina F: vgl. 53533. 53534	03.07.1919	**Schicksal ungeklärt** **Nicht identifiziert**
53533 POL	Isbicka, [Izbicka] Dorothea [Dorka] [>Doris Wasserman] F: vgl. 53532, 53534	10.02.1925 [1927] Siegfried Str. 57F12	Befreit in Mauthausen After the Girls Club Carole Bell Ford YV Item ID: 4537778
53534 POL	Isbicka, [Izbicki] Feiga F: vgl. 53532, 53533	02.02.1902	**Schicksal ungeklärt** **Nicht identifiziert**
53535 POL	Jablenska, [Jablonska] Hanna [Chana]	15.07.1922 Lodz	**Schicksal ungeklärt** Befreit Ort unbekannt?
53536 POL	Jachimovits, Perla	01.11.1921	**Schicksal ungeklärt** **Nicht identifiziert**
53537 POL	Jakubovits,[Jakubowicz] Jitta [Jetta]	15.06.1913	**Schicksal ungeklärt** Jewish Agency 33938?
53538 POL	Jakubovits, Feiga	10.12.1924	**Schicksal ungeklärt** **Nicht identifiziert**
53539 POL	Joskovits, Rachel	14.07.1914	**Schicksal ungeklärt** **Nicht identifiziert**
53540 POL	Kagan, *Handelsman Sulamith[>Handelsman]	09.03.1921 Lodz	Befreit in Mauthausen SVHF 36685
53541 POL	Kaminska, [*Patalowska?] Cyrla	28.08.1910 [27.08.1913?] Sulzfelder Str. 33F2 ? Brunnen Str. 18F70 ?	**Schicksal ungeklärt** **Nicht identifiziert** YV Item ID: 4546951 YV Item ID: 4546997
53542 POL	Kadyszewicz, [‚Radzysewicz''] Hanna [Anna]	20.01.1919 [20.07.1913?] Sulzfelder Str. 88F20 Siegfried Str. 3 ?	Befreit in Mauthausen Jewish Agency 49859 YV Item ID: 4545171 YV Item ID: 4545170

53543 POL	Kalowska, [Katowska] Eugenia [Eda] [Estera] F: vgl. 53544	04.04.1922 [29.04.1921] Sulzfelder 24F14 Siegfried Str. 20F11	Befreit in Mauthausen Jewish Agency 35993 YV Item ID: 4546522 YV Item ID: 4546537
53544 POL	Kalowska, [Katowska] Lea F: vgl. 53543	26.12.1928 [1926] Sulzfelder 24F14	Befreit in Mauthausen Jewish Agency 35994
53545 POL	Kaufmann, Sonia	12.06.1918	**Schicksal ungeklärt** **Nicht identifiziert**
53546 POL	Kaufmann, Sala	14.08.1920	**Schicksal ungeklärt** **Nicht identifiziert**
53547 POL	Klein, Rosa	24.12.1914 Rawa-Mazowiecka	**Starb in Freiberg** **Bestattet: 19.03.1945** Abmeldung: 26.03.45
53548 POL	Kleinert, Ruchla	25.08.1892 [1902] HanseatenStr.70F26	**Schicksal ungeklärt**
53549 POL	Kempner, *Moszenberg Tauba	31.01.1913 SperlingGasse24F3	**Schicksal ungeklärt**
53550 POL	Kraut, Estera	16.03.1918 [MühlGasse89F5]	**Schicksal ungeklärt**
53551 POL	Krowitzka, Minna	23.11.1924	**Schicksal ungeklärt** **Nicht identifiziert**
53552 POL	Klar, Dora	05.05.1908	**Schicksal ungeklärt** **Nicht identifiziert**
53553 POL	Krongold, Rifka [Rywka]	07.01.1910	Befreit in Mauthausen Jewish Agency 39258
53554 POL	Krumholz, Lola	01.02.1922 [SattlerGasse 7F17]	**Schicksal ungeklärt**
53555 POL	Krumholz, Fella	23.02.1918 [SattlerGasse 7F17]	**Schicksal ungeklärt**
53556 POL	Krumholz, Tauba	16.12.1926	**Schicksal ungeklärt** **Nicht identifiziert**
53557 POL	Kohn, Genia [>Litwok] F: Schwester von 53558	01.08.1927 [1924] Lodz	Befreit in Mauthausen SVHF 15894, HVT-2168 DP-Camp Hart, [Fotos] Linz Bindermichl
53558 POL	Kohn, Bronia [> Serebrin] F: Schwester von 53557	15.07.1925 [1924] Lodz	Befreit in Mauthausen SVHF 11054
53559 POL	Kiwok, Malka [,Motka']	18.05.1909 [1911] Sulzfelder Str.4F9	Befreit in Mauthausen Jewish Agency 36821
53560 POL	Kiwok, Bluma	01.03.1910	Befreit in Mauthausen Jewish Agency 36820

53561 POL	Kirschenbaum, Masza	06.05.1909 Hirten Weg 16F8	**Schicksal ungeklärt**
53562 POL	Landau, Minna	25.07.1918	**Schicksal ungeklärt Nicht identifiziert**
53563 POL	Lebermayer, Rosa	10.07.1914	**Schicksal ungeklärt**
53564 POL	Lenkowska, Estera [>Edith Haar] F: Schwester v. 53565, 53566	01.09.1925 Lodz [1924] Sulzfelder Str. 5F65	Befreit in Mauthausen SVHF 20428, Jewish Agency 41035 DP-Camp Bindermichl
53565 POL	Lenkowska, Sala F: Schwester v. 53564, 53566	25.10.1918 Sulzfelder Str. 5F65	Befreit in Mauthausen Jewish Agency 41037 Vgl. SVHF 20428
53566 POL	Lenkowska, Hella F: Schwester v. 53564, 53565	06.05.1920 Sulzfelder Str. 5F65	Befreit in Mauthausen Jewish Agency 41036 Vgl. SVHF 20428
53567 POL	Leszczynska, Rysia	21.10.1918 Basar Gasse 7F27	**Schicksal ungeklärt**
53568 POL	Leszczynska, Bron.	04.08.1910	**Schicksal ungeklärt Nicht identifiziert**
53569 POL	Lefkowicz, Hasa	14.02.1924	**Schicksal ungeklärt Nicht identifiziert**
53570 POL	Lefkowicz, Sara	02.10.1906	**Schicksal ungeklärt Nicht identifiziert**
53571 POL	Lefkowicz, Caja	15.05.1920	**Schicksal ungeklärt Nicht identifiziert**
53572 POL	Lefkowska, Jeanet.	27.10.1909	**Schicksal ungeklärt Nicht identifiziert**
53573 POL	Lefkowicz, Lea	27.10.1924	**Schicksal ungeklärt Nicht identifiziert**
53574 POL	Liebermann, Sara	01.01.1925 Brunnen Str. 22F1	**Schicksal ungeklärt**
53575 POL	Liebermann, Jacheta	17.03.1920 Brunnen Str. 22F1	**Schicksal ungeklärt**
53576 POL	Liebermann, Paul.	21.03.1917	**Schicksal ungeklärt Nicht identifiziert**
53577 POL	Liebermann, Bella	24.05.1921	**Schicksal ungeklärt Nicht identifiziert**
53578 POL	Lipska, Hella [>Elena Feil]	23.11.1920 Lodz [1919]	Befreit in Mauthausen SVHF 28173

53579 POL	Lissy, [Lisy] Rena [Necha Rebeka ?] F: vgl. 53580	23.12.1922 [1920?] Neben Gasse 6/8F4 Pfeffer Gasse 4	**Schicksal ungeklärt** **Nicht identifiziert** YV Item ID: 4565995
53580 POL	Lissy, [Lisy] Mira [Mirla] F: vgl. 53579	13.11.1921 [1922] Neben Gasse 6/8F4 Pfeffer Gasse 4	**Schicksal ungeklärt** **Nicht identifiziert** YV Item ID: 4565994
53581 POL	Lisner, Ida [Ides?]	22.05.1915 [1912?] [Kreuz Str. 9F15 ?]	**Schicksal ungeklärt** **Nicht identifiziert** YV Item ID: 4565802
53582 POL	Litwin, Mala [Malka]	09.09.1925 [09.09.1928] [09.10.1928?] Blaue Gasse 19F6 ? Sigfried Str. 47F2	**Schicksal ungeklärt** YV Item ID: 4566461 YV Item ID: 4566460 YV Item ID: 4566463
53583 POL	Lubelska, Sara F: Schwester v. 53584, 53585	15.07.1925 [1923] Hohensteiner 39F18	Befreit in Mauthausen Laut 53585 Cziborra Vgl. SVHF 49159
53584 POL	Lubelska, Regina F: Schwester v. 53583, 53585	15.07.1925 [1923] Hohensteiner 39F18	Befreit in Mauthausen Laut 53585 Cziborra Vgl. SVHF 49159
53585 POL	Lubelska, Lea [>Lala Cicogna] F: Schwester v. 53583, 53584	01.04.1926 [1924] Hohensteiner 39F18	Befreit in Mauthausen SVHF 49159, AMM OH/ZP1/512
53586 POL	Lubinska, Karola	05.02.1916	**Schicksal ungeklärt** **Nicht identifiziert**
53587 POL	Markovits, [Markowic] Lola	21.05.1926 Basar Gasse 7F28	Befreit in Mauthausen Jewish Agency 44073
53588 POL	Majersdorf, Krajndla	15.06.1916 [1918] Hanseaten Str. 30F12	**Schicksal ungeklärt**
53589 POL	Merenländer, Sara Fajga	22.04.1912 [1916] Alexanderhof 48F37	**Schicksal ungeklärt**
53590 POL	Milgram, Sara F: vgl. 53591, 53592	15.08.1927 [1925] Kirch Platz 4F7	Befreit in Mauthausen Jewish Agency 45146
53591 POL	Milgram, *Wajntraub Pesa F: vgl. 53590, 53592	09.09.1907 [1914] Kirch Platz 4F7	Befreit in Mauthausen Jewish Agency 45144
53592 POL	Milgram, Rosa F: vgl. 53590, 53591	02.06.1914 [24.05.19] Kirch Platz 4F7	Befreit in Mauthausen Jewish Agency 45145

53593 POL	Moskowicz, [Moszkewicz] [Moczkiewicz] Bluma F: vgl. 53594	15.04.1927 [15.04.1925] [1926] Hohensteiner 36F10 [Zdunska Wola]	**Starb n. d. Befreiung** **23.09.1945 Katsdorf** YV Item ID: 4593881
53594 POL	Moszkowicz, Ita F: vgl. 53593	20.07.1916 [1920] Hohensteiner 36F10 [Zdunska Wola]	**Schicksal ungeklärt** YV Item ID: 4594560
53595 POL	Najsztat, [Neustadt] Cywia	01.04.1926 Holz Str. 35F10	**Schicksal ungeklärt**
53596 POL	Nower, Raissa	14.05.1913	Befreit in Mauthausen Jewish Agency 47208
53597 POL	Elbaum, Frymet	16.09.1927 [1926] Sulzfelder Str. 16F7	**Schicksal ungeklärt**
53598 POL	Ohuhewska, Sara	25.04.1908	**Schicksal ungeklärt** **Nicht identifiziert**
53599 POL	Ordinanz, Lea	08.04.1925	**Schicksal ungeklärt** **Nicht identifiziert**
53600 POL	Ordinanz, ['Ordymans'] Sara [>Ala Kuperblum] F: Tochter von 53601	11.02.1929 [11.12.1925] Sulzfelder Str. 25F44 Sulzfelder Str. 25F9	Befreit in Mauthausen SVHF 4268 DP-Camp Regensburg YV Item ID: 4601479 YV Item ID: 4601478
53601 POL	Ordinanz, Anna [Chana Rywka] F: Mutter von 53600	28.02.1908 [28.02.1918] Sulzfelder Str. 25F44	Befreit in Mauthausen Vgl. SVHF 4268 YV Item ID: 4601402
53602 POL	Padowska, Hela	15.08.1902	**Schicksal ungeklärt** **Nicht identifiziert**
53603 POL	Prasler, Hanna	25.02.1923	**Schicksal ungeklärt** **Nicht identifiziert**
53604 POL	Prasler, Genia	26.12.1925	**Schicksal ungeklärt** **Nicht identifiziert**
53605 POL	Pruszynowska, Fajga [>Felicja Laufer]	07.09.1917Sierpc [21] Alexanderhof 43F7	Befreit in Mauthausen SVHF 11063
53606 POL	Peezenger, Ruza	01.02.1924	**Schicksal ungeklärt** **Nicht identifiziert**
53607 POL	Piatkowska, Rosa	20.08.1922	**Schicksal ungeklärt** **Nicht identifiziert**
53608 POL	Rak, Szajna Henia F: vgl. 53609	10.10.1916 Sulzfelder 40F7	Befreit in Mauthausen Jewish Agency 50483
53609 POL	Rak, Hanka [Chana] F: vgl. 53608	15.07.1911 [1914] Sulzfelder 40F7	Befreit in Mauthausen Jewish Agency 50481

53610 POL	Rapaport, Fried. [Frieda?]	20.07.1925	Befreit in Mauthausen Jewish Agency 50633
53611 POL	Rockmann, Est. [Estera]	23.09.1912	**Schicksal ungeklärt Nicht identifiziert**
53612 POL	Rogowska, Rel. [Rela?]	20.07.1910	**Schicksal ungeklärt Nicht identifiziert**
53613 POL	Rormann, Leonia	10.09.1925 Altmarkt 7F1	**Schicksal ungeklärt**
53614 POL	Romanowicz, M. [Machla] F: vgl. 53615	10.10.1925 [15.10.] Rast Weg 3F2 ?	**Schicksal ungeklärt**
53615 POL	Romanowicz, D. [Dwojra Ruchla] F: vgl. 53614	28.07.1928 [25.07.26] Rast Weg 3F2 ?	**Schicksal ungeklärt**
53616 POL	Rozenberg, Cypora [Cipra] F: Mutter von 53617	02.06.1900 [1904] SulzfelderStr.40F68	**Schicksal ungeklärt**
53617 POL	Rozenberg, Chawa Rojza F: Tochter von 53616	27.10.1926 [27.09.] SulzfelderStr.40F68	**Schicksal ungeklärt**
53618 POL	Rosenberg, [Rozenberg?] Genia	15.07.1911	**Schicksal ungeklärt Nicht identifiziert**
53619 POL	Rosenblum, Alice	10.09.1921	**Schicksal ungeklärt Nicht identifiziert**
53620 POL	Rosenblum, Sala	01.08.1914	**Schicksal ungeklärt Nicht identifiziert**
53621 POL	Rozenfeld, Franka [>Alizah Zelkind]	20.05.1923 [1920] Lodz	Befreit in Mauthausen SVHF 29029
53622 POL	Rubinstein, Rajzla	14.08.1906 [1912] Hamburger 29F3	**Schicksal ungeklärt**
53623 POL	Russek, Chana [>Ann Rozany] F: Tochter von 53624	26.11.1926 Lodz Nord Str. 26F3	Befreit in Mauthausen SVHF 2619
53624 POL	Russek, *Schurek Maria [Mania] F: Mutter von 53623	10.03.1910	Befreit in Mauthausen Vgl. SVHF 2619
53625 POL	Sztark, Tauba	01.07.1925 Ozorkow Sulzfelder 25/27F9	**Schicksal ungeklärt**
53626 POL	Szefner, [Szafner] Mariem [Maria]	09.03.1894 [1902] Hanseaten Str. 33F30	**Schicksal ungeklärt**
53627 POL	Szmulowicz M. [Mindla?]	15.05.1915	**Schicksal ungeklärt Nicht identifiziert**
53628 POL	Schwarz, Maria	25.03.1907	**Schicksal ungeklärt**

53629 POL	Schwarz, Halina [>Najduchowska]	30.10.1925	Befreit in Mauthausen Düsing S. 136ff.
53630 POL	Schwarz, Rachela [>Renata Tulli]	18.10.1923	Befreit in Mauthausen Archiv Düsing
53631 POL	Seidenstadt, [Zajdenstadt] Guta [Gitla?] F: vgl. 53632	17.01.1923 [Hamburger 36F14]	Befreit in Mauthausen Jewish Agency 65455
53632 POL	Seidenstadt, [Zajdenstadt] Lea [Laja?] F: vgl. 53631	01.01.1921 [Hamburger 36F14]	Befreit in Mauthausen Jewish Agency 65456
53633 POL	Senda, [Sender] Rachela	01.01.1925	Befreit in Mauthausen Jewish Agency 55031
53634 POL	Zendel [Sendel] Malka F: Mutter von 53635	19.01.1897 [01.01.1906] Cranach Str. 22F19	Befreit in Mauthausen Vgl. SVHF 530
53635 POL	Zendel, Bluma [>Blanche Sherrin] B: Schneiderin F: Tochter von 53634	23.11.1925 Lodz [1923] Cranach Str. 22F19 Cegielniana 17	Befreit in Mauthausen SVHF 530 „Max Hildebrand Freiberg 661" Knopfbrosche
53636 POL	Sendowska, Rachela	15.05.1926 Krauter Gasse 13F18	**Schicksal ungeklärt**
53637 POL	Sieger, [Zygier?] [Zygiel] Hanna [Chana?] B: Näherin	07.08.1919 [07.10.1919?] [Sulzfelder 6F1 ?]	Befreit in Mauthausen Jewish Agency
53638 POL	Silbermann, [Zylberman] Jacheta	02.08.1920 [1918] Sperling Gasse22F3	**Schicksal ungeklärt**
53639 POL	Silberstein, Ida	10.10.1916	**Schicksal ungeklärt Nicht identifiziert**
53640 POL	Süssmann [Zysman] Raisla	06.10.1914	**Schicksal ungeklärt Nicht identifiziert**
53641 POL	Skorupa, [Skrupa] Szajndla [Sala]	07.06.1911 Kelm Str. 21F3	Befreit in Mauthausen Jewish Agency 55686
53642 POL	Sonnabend [Zonabend] Ryfka [Rywka]	02.07.1921 [20.07.] Basar Gasse 10F1	**Schicksal ungeklärt**
53643 POL	Staszewski, Mauka [Malka] F: vgl. 53644	26.08.1926 [1925] Kreuz Str. 9F12	**Schicksal ungeklärt**
53644 POL	Staszewski, Nadja [Nacha] F: vgl. 53643	20.12.1927 [1926] Kreuz Str. 9F12	**Schicksal ungeklärt**
53645 POL	Steinberg, Ryfka	03.10.1920	**Schicksal ungeklärt Nicht identifiziert**

53646 POL	Strauch, Eugenia	18.03.1917	**Schicksal ungeklärt Nicht identifiziert**
53647 POL	Smulowicz, Bluma	28.07.1918	**Schicksal ungeklärt Nicht identifiziert**
53648 POL	Szlamowicz, Z.	30.12.1914	**Schicksal ungeklärt Nicht identifiziert**
53649 POL	Szmerlak, Sara	01.01.1908	**Schicksal ungeklärt Nicht identifiziert**
53650 POL	Unger, Adela	15.03.1917	**Schicksal ungeklärt Nicht identifiziert**
53651 POL	Unger, Maria	05.03.1910 [1904?] Bier Str. 51F14	**Schicksal ungeklärt Nicht identifiziert** YV Item ID: 4657516
53652 POL	Waldmann, Sala	25.12.1925	**Schicksal ungeklärt Nicht identifiziert**
53653 POL	Walsawska, Bajla	06.05.1908	**Schicksal ungeklärt Nicht identifiziert**
53654 POL	Wachsmann, Ella	31.12.1919	**Schicksal ungeklärt Nicht identifiziert**
53655 POL	Wachsmann, Adela	12.05.1910	**Schicksal ungeklärt Nicht identifiziert**
53656 POL	Weinberg, Tauba	18.05.1917	**Schicksal ungeklärt Nicht identifiziert**
53657 POL	Weiß, Rachla	15.03.1922	**Schicksal ungeklärt Nicht identifiziert**
53658 POL	Weißberg, [Wajcberg] Eva [Chawa]	25.03.1912 Breite Gasse 4F18	**Schicksal ungeklärt** YV Item ID: 4658693
53659 POL	Wajsbard, [Weißbard] Hanna	14.03.1920	**Schicksal ungeklärt Nicht identifiziert**
53660 POL	Wajsbard, [Weißbard] Erna [>Apel] F: Tochter von 53661	20.01.1926	Befreit in Mauthausen Gedenkblattübermittler YV Item ID: 796147
53661 POL	Wajsbard, [Weisbart] Ewa [Eva] *Kohen B: Hausfrau F: Mutter von 53660	30.06.1901 [1906] Lodz	**Starb 1945 in Mauthausen** PoT YV YV Item ID: 796147
53662 POL	Wenger, Estera [>Ellen Stanford] F: Tochter von 53664 F: Schwester von 53663	15.02.1924 Siegfried Str. 11F11	Befreit in Mauthausen Vgl. SVHF 18818

53663 POL	Wenger, Rachel [>Rose Moskowitz] F: Tochter von 53664 F: Schwester von 53662	20.12.1922 Lodz [1921] Siegfried Str. 11F11	Befreit in Mauthausen SVHF 18818 DP-Camp Bindermichl
53664 POL	Wenger, Hanna [Chana] F: Mutter v. 53662, 53663	13.12.1897 [-.12.10] Siegfried Str. 11F11	Befreit in Mauthausen Vgl. SVHF 18818
53665 POL	Weinblum [Veinblum] Ester [>Zeira]	25.06.1928 Lodz [06.06.26]	Befreit in Mauthausen SVHF 41240
53666 POL	Wojtislawska, Hen.	18.07.1918	**Schicksal ungeklärt Nicht identifiziert**
53667 POL	Wroslawska, Mina	23.12.1923	**Schicksal ungeklärt Nicht identifiziert**
53668 POL	Wroclawecka, Eva	11.05.1916	**Schicksal ungeklärt Nicht identifiziert**
53669 POL	Zacharow-Brenzel, Riwa	15.07.1920	**Schicksal ungeklärt Nicht identifiziert**
53670 POL	Zoller, Frejda	28.03.1925	**Schicksal ungeklärt Nicht identifiziert**
53671 POL	Prendka, Rosa Hanna	07.02.1910	**Am 17.10.1944 nach Auschwitz überstellt Schicksal ungeklärt**
53672 POL	Abramovicz, Ruza	15.06.1920	**Schicksal ungeklärt Nicht identifiziert**
53673 CZE	Bauer, Paula [>Steinová]	23.07.1923 Chobolice Cranach Str. 24F9	Befreit in Mauthausen SVHF 11482, TGB1
53674 POL	Markiewicz [‚Bauer'], Ida [>Kozlowski]	10.10.1925 [1924]	Befreit in Mauthausen Archiv Düsing, Korresp.
53675 POL	Bernstein, Ida	15.05.1909	**Schicksal ungeklärt Nicht identifiziert**
53676 POL	Beermann, [Berman] Ita [Ida]	30.12.1915 [PfefferGasse18F18]	Befreit in Mauthausen Jewish Agency 13532
53677 POL	Berger, Gitla F: Mutter von 53678	19.03.1901 [1907] Schlosser Str. 2F29	**Schicksal ungeklärt**
53678 POL	Berger, Ita F: Tochter von 53677	03.02.1927 [03.11.26] Schlosser Str. 2F29	**Schicksal ungeklärt**
53679 POL	Blaustein, Hena [>Henia Fenik]	01.11.1925	Befreit in Mauthausen Düsing S.111ff.
53680 POL	Blausztajn, [*Kuper?] Rywka	26.07.1908[15.07.08] Blattbinder G. 12F1?	**Schicksal ungeklärt** PoT YV Item: 636600?

53681 POL	Blumele, Chaja	03.05.1922	**Schicksal ungeklärt** **Nicht identifiziert**
53682 POL	Blumele, Sara	13.06.1925	**Schicksal ungeklärt** **Nicht identifiziert**
53683 POL	Bober, Rachela	02.01.1921 [01.01.] Gansen Str. 9F1	**Schicksal ungeklärt**
53684 POL	Borensztajn, *Szpiro Kasimira [>Rosmarinowsky] F: Schwester von 53685	22.05.1924	Befreit in Mauthausen Düsing S.116ff.
53685 POL	Borensztajn, *Szpiro Tamara F: Schwester von 53684	08.12.1914 [1920] Kuhle Str. 6F18 Hohensteiner 21F11	Befreit in Mauthausen Düsing S.121 YV Iten ID: 4463314
53686 POL	Borestein, Fela	03.03.1918	**Schicksal ungeklärt** **Nicht identifiziert**
53687 POL	Breszler, Ruza	16.05.1915	**Schicksal ungeklärt** **Nicht identifiziert**
53688 POL	Breszka, Estera	12.05.1914	**Schicksal ungeklärt** **Nicht identifiziert**
53689 POL	Burgermann, Estera	01.10.1922 Am Bach 27F24	**Schicksal ungeklärt**
53690 POL	Czarna, Malka	11.10.1920	**Schicksal ungeklärt** **Nicht identifiziert**
53691 POL	Chabenska, [Chabelska] Hana [Henia]	25.05.1916 [Lask]	Befreit in Mauthausen Sharit Ha-Platah: Linz
53692 POL	Czernakow, Regina	20.09.1903	**Schicksal ungeklärt** **Nicht identifiziert**
53693 POL	Chenczinska, Eva [>Havah Ginter]	03.01.1922 Lodz [‚10.05.1922']	Befreit in Mauthausen SVHF 36176
53694 POL	Chmielawska, Chaja	22.01.1919	**Schicksal ungeklärt** **Nicht identifiziert**
53695 POL	Gothajner, Bronia [Brandla]	03.10.1922 [1924] Franz Str. 36F54	**Schicksal ungeklärt**
53696 POL	Dressler, Sara [>Diamant]	10.03.1917 [03.10.] Lodz	Befreit in Mauthausen SVHF 19340 Jewish Agency 19888
53697 POL	Dittmann, [Dytman] Rifka [*Brzezinska]	15.06.1911 [1917] Mühl Gasse 20F30	**Schicksal ungeklärt**
53698 POL	Duhl, Zisla [>Naomi Herbet]	16.12.1926 [16.04.24] Holz Str. 22F7	Befreit in Mauthausen SVHF 50778
53699 POL	Eismann, [Ajzman] Mania	20.06.1920	Befreit in Mauthausen Jewish Agency 10653
53700 POL	Engel, [Engiel] Chaja [Hela]	15.07.1919	Befreit in Mauthausen Jewish Agency 20941

53701 POL	Elkan, Edzia [Edi] [Miriam Estera]	11.03.1923 [31.08.1923] Schlosser Str. 10aF7 Korn Gasse 6	Befreit in Mauthausen Jewish Agency 20846 YV Item ID: 4488070
53702 POL	Elkan, Sara [Rywka Sura]	27.04.1916 [25.02.1912] [25.07.1912] Schlosser Str. 10aF7 Korn Gasse 6F11	**Schicksal ungeklärt** **Starb in Mauthausen?** YV Item ID: 4488092 YV Item ID: 4488091 AMM Y/39
53703 POL	Elkan, Bluma [Miriam Blima]	30.03.1919 [31.03.1914] Schlosser Str. 10aF7 Korn Gasse 6	**Schicksal ungeklärt** YV Item ID: 4488062
53704 POL	'Fela', [Feld] Rusza [Rosa]	27.08.1921 Kalisz	**Starb n. d. Befreiung** **08.10.1945 Katsdorf** Friedhof Katsdorf
53705 POL	Fajnbuch, Dina [Donia] [>Sasson] F: Schwester von 53706	29.05.1916 [1918] Kühle Gasse 8F11	Befreit in Mauthausen Vgl. SVHF 18870
53706 POL	Fajnbuch, Bluma [>Blanca Porway] F: Schwester von 53705	03.05.1923 Lodz Kühle Gasse 8F11	Befreit in Mauthausen SVHF 18870
53707 POL	Ferszt, Dora [>Nusbaum] F: Schwester von 53708	10.11.1924 Lodz [10.03.1924] [Brunnen Str. 17F8]	Befreit in Mauthausen SVHF 35364 [YV Item ID: 4494583]
53708 POL	Ferst, Bronja [>Bronka Grzywacz] F: Schwester von 53707	01.02.1920	Befreit in Mauthausen Vgl. SVHF 35364
53709 POL	Fiedler, Mania	25.09.1912	**Schicksal ungeklärt** **Nicht identifiziert**
53710 POL	Fogel, Mindla	14.12.1915	**Schicksal ungeklärt** **Nicht identifiziert**
53711 POL	Frankenthal, Zedjal	15.10.1914	**Schicksal ungeklärt** **Nicht identifiziert**
53712 POL	Freimowska, Chaja [>Helen Demby]	16.09.1920 Lodz	Flucht. Befreit in Pilsen SVHF 14135
53713 POL	Frydman, [Friedmann] Chana [>Helen Wrublewski]	16.04.1924 Lodz [15.04.1924]	Befreit in Mauthausen SVHF 10077 Jewish Agency 24799
53714 POL	Friedmann, Estera	23.06.1919	**Schicksal ungeklärt**
53715 POL	Fritz, [Fryc ?] Mindla	12.08.1915	**Schicksal ungeklärt** **Nicht identifiziert**

53716 POL	Fuks, [Fuchs] Gitla	15.07.1916 [1910] [Neustadt 29F5]	**Schicksal ungeklärt**
53717 POL	Fuchs, Perla	03.05.1920	**Schicksal ungeklärt** **Nicht identifiziert**
53718 POL	Gad, [Gat] Tamara	05.03.1897 [1909] Honig Weg 4F1 Honig Weg 2F1 Dom 3	**Schicksal ungeklärt** YV Item ID: 4505150 YV Item ID: 4505149
53719 POL	Gad, [Gat] Rachel [Ruchla] F: vgl. 53720	24.10.1924 Bier Str. 35F6	**Schicksal ungeklärt** YV Item ID: 4505132
53720 POL	Gad, [Gat] Laja F: vgl. 53719	15.11.1925 Bier Str. 35F6	**Schicksal ungeklärt** YV Item ID: 4505116
53721 POL	Geiz, Frania	15.08.1925	**Schicksal ungeklärt** **Nicht identifiziert**
53722 POL	Ganek, Roza [Rojza]	01.02.1909 [1913?]	**Schicksal ungeklärt** **Nicht identifiziert**
53723 POL	Gersz, Ita	27.05.1922	**Schicksal ungeklärt** **Nicht identifiziert**
53724 POL	Ginsburg, Paula	13.12.1924	Befreit in Mauthausen Jewish Agency 26608
53725 POL	Ginat, Chana	02.10.1922	**Schicksal ungeklärt** **Nicht identifiziert** vgl. PoT YV Item: 301950
53726 POL	Gliksmann, Henia	24.02.1916	**Schicksal ungeklärt** **Nicht identifiziert**
53727 POL	Gliksmann, Ester	14.03.1918	**Schicksal ungeklärt** **Nicht identifiziert**
53728 POL	Goldsberg, Paula	14.10.1918 StorchenGasse2/4F29 [?]	**Schicksal ungeklärt** **Nicht identifiziert** YV Item ID: 4514266
53729 POL	Goldsberg, Pola	20.06.1914	**Schicksal ungeklärt** **Nicht identifiziert**
53730 POL	Goldsberg, Henia [Chana] [=Chaja Hena?]	04.05.1920 04.06.1920 Am Bach 2F37 Am Bach F36 [Rubens Str. 4F21]	**Schicksal ungeklärt** **Nicht identifiziert** YV Item ID: 4512933 YV Item ID: 4512946 YV Item ID: 4512904
53731 POL	Goldsberg, Rywka	03.04.1909	**Schicksal ungeklärt** **Nicht identifiziert**
53732 POL	Gottlich, Rosalia	14.06.1922	**Schicksal ungeklärt** **Nicht identifiziert**

53733 POL	Goldsztajn, [Goldstein] Guta [Gustawa] [>Lubnicka-Frenkiel]	10.04.1918 Slupca Insel Str. 9F57	Befreit in Mauthausen SVHF 15780, Jewish Agency 28427
53734 POL	Goldstein, Lola	12.12.1923	**Schicksal ungeklärt Nicht identifiziert**
53735 POL	Goldstein, Sula	15.08.1920	Befreit in Mauthausen Jewish Agency 28550
53736 POL	Goldstein, Celina	07.01.1918	Befreit in Mauthausen Jewish Agency 28380
53737 POL	Gombinska, Brucha	13.06.1918	**Schicksal ungeklärt Nicht identifiziert**
53738 POL	Goldring, Nadia [Nacha]	30.10.1917 [1918] Fisch Str. 15F41	**Schicksal ungeklärt**
53739 POL	Gru[n]dmann, Etka	14.06.1920	**Schicksal ungeklärt Nicht identifiziert**
53740 POL	Gru[n]dmann, Sara	24.02.1923	**Schicksal ungeklärt Nicht identifiziert**
53741 POL	Grynberg, Dora Debora	05.04.1923 Hohensteiner 32F19	**Schicksal ungeklärt**
53742 POL	Grünglas, [Gringlas] Paula [Pesa] [Pola] F: Mutter von 53743	03.09.1898 [1906] Alexanderhof 24F20	Befreit in Mauthausen Vgl. SVHF 22404
53743 POL	Grynglas, [Grünglas] Bronka [>Rezak Kühnreich] F: Tochter von 53742	12.01.1924 Lodz Alexanderhof 24F20	Befreit in Mauthausen SVHF 22404 Vgl. SVHF 32271
53744 POL	Gurewicz, Irena F: Tochter von 53745	15.08.1931 [1929] Königsberger 4F38	Befreit in Mauthausen USHMM, Register of Jewish Survivors II
53745 POL	Gurewicz, Helena F: Mutter von 53744	12.09.1897 [1904]	**Schicksal ungeklärt**
53746 POL	Blankot, Hadasa	20.04.1926	**Schicksal ungeklärt Nicht identifiziert**
53747 POL	Haft, Cipora Dina F: vgl. 53748, 53749	20.06.1920 [20.07.] Reiger Gasse 16F2	**Schicksal ungeklärt**
53748 POL	Haft, Chawa F: vgl. 53747, 53749	17.07.1922 Reiger Gasse 16F2	**Schicksal ungeklärt**
53749 POL	Haft, Chana Rywka [Hanna] F: vgl. 53747, 53748	10.08.1923 Reiger Gasse 16F2	**Schicksal ungeklärt**

53750 POL	Habelka, Tauba	15.05.1919	**Schicksal ungeklärt Nicht identifiziert**
53751 POL	Harnholz, Hinda	24.03.1918	**Schicksal ungeklärt Nicht identifiziert**
53752 POL	Hammer, Sara	29.07.1918	**Schicksal ungeklärt Nicht identifiziert**
53753 POL	Halpern, Zinaida	24.11.1917 [28.01.1912?] [Brunnen Str. 16F39]	**Schicksal ungeklärt Nicht identifiziert** YV Item ID: 4527845
53754 POL	Heber, Tala	08.03.1907	**Schicksal ungeklärt Nicht identifiziert**
53755 POL	Hefter, Bella [Bajla Ruchla] F: vgl. 53756, 53757	16.07.1916 [16.06.1919] Alexanderhof 22F36	**Schicksal ungeklärt**
53756 POL	Hefter, Frania [Frajdla] F: vgl. 53755, 53757	02.04.1930 [10.05.26] Alexanderhof 22F36	**Schicksal ungeklärt**
53757 POL	Hefter, Ilka [Ita Faiga] F: vgl. 53755, 53756	23.12.1919 [1920] Alexanderhof 22F36	**Schicksal ungeklärt**
53758 POL	Hendeled, [Hendeles] ['Handels'] *Ibar Hella [Hela] B: Seifensieder	1896 [,15.08.1904'] Sulzfelder Str. 46F19 Mühl Gasse 15F41 Srodmiej 47	Befreit in Mauthausen Jewish Agency 31413 YV Item ID: 4530289 YV Item ID: 4530244
53759 POL	Helfgott, Estera Marjem	15.02.1908 [1914] Sperling Gasse 8F12	**Schicksal ungeklärt**
53760 POL	Herschberg, [Hirszberg] Nada [Nadzia]	10.10.1912	Befreit in Mauthausen Jewish Agency 32580
53761 POL	Herschenkraft, Genia	26.09.1922	Befreit in Mauthausen Düsing S. 128
53762 POL	Herschkovits, Chana	15.08.1926	**Schicksal ungeklärt Nicht identifiziert**
53763 POL	Hilf, Rosa	10.11.1909 [Reiger Gasse 13F1]	**Schicksal ungeklärt Nicht identifiziert**
53764 POL	Hirschbaum, Edia	16.02.1923	**Schicksal ungeklärt Nicht identifiziert**
53765 POL	Holländer, Ruchla [>Rose Fine]	15.10.1917 [1919] Ozorków [Brunnen Str. 10F2?]	Befreit in Mauthausen SVHF 18736 YV Item ID: 4534902
53766 POL	'Jeclaw', [Jedwab] *Rozenbaum Regina	28.11.1914 [28.11.1913] Hanseaten 30F28 Hanseaten 61F73	Befreit in Mauthausen Jewish Agency 34260 YV Item ID: 4541979 YV Item ID: 4541955

53767 POL	Jozeiowicz, Tauba	10.12.1913	**Schicksal ungeklärt Nicht identifiziert**
53768 POL	Jozeiowicz, Chana	04.09.1923	**Schicksal ungeklärt Nicht identifiziert**
53769 POL	Kalinska, Blima	28.05.1914	**Schicksal ungeklärt Nicht identifiziert**
53770 POL	Kamieriarz, Hanna	24.03.1920	**Schicksal ungeklärt Nicht identifiziert**
53771 POL	Kaminer, Dora	14.11.1916	**Schicksal ungeklärt Nicht identifiziert**
53772 POL	Karpinska, Syma B: Näherin F: Mutter von 53773	16.01.1902 [,16.11.1908'] Rubens Str. 4F12	**Schicksal ungeklärt**
53773 POL	Karpinska, Hela [Hinda?] B: Näherin F: Tochter von 53772	01.01.1925 Rubens Str. 4F12	**Schicksal ungeklärt**
53774 POL	Klein, Frajda [Frandla]	20.05.1917 Holz Str. 15F6	Befreit in Mauthausen Jewish Agency 38684
53775 POL	Kleinmann, Chana	10.10.1908	**Schicksal ungeklärt**
53776 POL	Klug, Dina [>Jakubowicz] F: Schwester von 53777 F: Schwester von 53778	20.01.1920 Belchatów Holz Str. 25F4	Befreit in Mauthausen SVHF 46110
53777 POL	Klug, Machla [>Mikhla Rolnitski] F: Schwester von 53776 F: Schwester von 53778	28.10.1922 Belchatów Holz Str. 25F4	Befreit in Mauthausen SVHF 30518
53778 POL	Klug, Dora [>Machabanski] F: Schwester von 53776 F: Schwester von 53777	06.07.1913 Belchatów [,06.07.1917'] Holz Str. 25F4	Befreit in Mauthausen SVHF 26418, HVT-3155
53779 POL	Kolberg, Regina	30.04.1913	**Schicksal ungeklärt Nicht identifiziert**
53780 POL	Kornblum, Genia	14.12.1914 [1915] Am Bach 8F5	**Schicksal ungeklärt**
53781 POL	Kozinska, [Koziska] Bela	15.12.1921	Befreit in Mauthausen Jewish Agency 38684
53782 POL	König, [Kenig] Miriam [>Zonenshein] F: vgl. 53784	18.08.1923 Kowal Kelm Str. 64F17	Befreit in Mauthausen Sharit Ha-Platah: Linz

53783 POL	Fajnkoch, [König], Esther [>Zychlinski]	23.12.1926 [1925] [Bier Str. 28F1?]	Befreit in Mauthausen Flucht zu Fam. Schatz Jewish Agency 21849
53784 POL	König, [Kenig] Hella [Chana] F: vgl. 53782	24.12.1922 Kowal Kelm Str. 64F17	Befreit in Mauthausen Jewish Agency 36271
53785 POL	Kranz, [Kranc] Sala	25.10.1922 Sulzfelder Str. 52F21	**Schicksal ungeklärt**
53786 POL	Krakowska, Lusia	28.08.1927	**Schicksal ungeklärt**
53787 POL	Krakowska, Wanda	14.04.1923 [13.04.1923] Riemer Gasse 15F1	Befreit in Mauthausen Jewish Agency 38914
53788 POL	Krakowska, Anila [Amela][Adela]	29.10.1902 [1895] Sharit Ha-Platah	Befreit in Mauthausen Jewish Agency 38891
53789 POL	Kremmer, Ola	17.04.1910	**Schicksal ungeklärt** **Nicht identifiziert**
53790 POL	Kurz, Regina	03.05.1920	**Schicksal ungeklärt** **Nicht identifiziert**
53791 POL	Krul, [Krol][*Rotkopf] Mindla F: Tochter von 53792	01.03.1929 [1927] Hamburger Str. 11F38	**Schicksal ungeklärt**
53792 POL	Krul, [Krol] [*Rotkopf] Estera F: Mutter von 53791	24.10.1904 Hamburger Str. 11F38	**Schicksal ungeklärt**
53793 POL	Kurz, Tauba F: vgl. 53794	25.11.1924 Königsberger 15F12	**Schicksal ungeklärt**
53794 POL	Kurz, Andzia F: vgl. 53793	06.07.1925 Königsberger 15F12	**Schicksal ungeklärt**
53795 POL	Lando, Sara [Sura]	15.09.1919 [15.11.1920] Hohensteiner 74F6 Franz Str.40F30	Befreit in Mauthausen Jewish Agency 40405 YVItem ID: 4554896 YVItem ID: 4554894
53796 POL	Landovics, Paula	18.10.1920	**Starb in Freiberg** **Bestattet: 17.03.1945** Abmeldung: 21.03.45
53797 POL	Lezerowicz, Ruchla	25.03.1918	**Schicksal ungeklärt** **Nicht identifiziert**
53798 POL	Lezerowicz, Pola	15.12.1921	**Schicksal ungeklärt** **Nicht identifiziert**
53799 POL	Lezerowicz, Rusta	22.05.1925	**Schicksal ungeklärt** **Nicht identifiziert**

53800 POL	Le[n]czycka, Roza Rachela F: Tochter von 53802 F: Schwester von 53801	28.11.1928 [1926] Hirten Weg 15F5	**Starb n. d. Befreiung 17.09.45 in Katsdorf an Tuberkulose** PoT YV !? [24.10.1945] YV Item ID: 3984548 YV Item ID: 4556661
53801 POL	Le[n]czycka, Estera [>Eda Hasman] F: Tochter von 53802 F: Schwester von 53800	23.08.1922	Befreit in Mauthausen Gedenkblattübermittler
53802 POL	Le[n]czycka, [*Dresner] Bela [Bajla] Berta B: Hausfrau F: Mutter von 53800 F: Mutter von 53801	08.12.1896 Zürich Hirten Weg 15F5	**Starb n. d. Befreiung 23.10.45 Mauthausen an einer Gangrän** PoT YV Item: 3984546 YV Item ID: 4556535
53803 POL	Lewin, Frajda	20.10.1916	Befreit in Mauthausen Jewish Agency 41419
53804 POL	Lefkowicz, [Lewkowicz] Sara [Sura]	16.04.1919 Hohensteiner 10F23	**Schicksal ungeklärt**
53805 POL	Libicka, Bluma	01.01.1914	**Schicksal ungeklärt Nicht identifiziert**
53806 POL	Lieberbaum, Chaja	01.10.1919 Hamburger 19F33	**Schicksal ungeklärt**
53807 POL	Liebermann, Ruchla	20.08.1916	Befreit in Mauthausen Jewish Agency 41982
53808 POL	Liebrach, Helena	21.11.1924	Befreit [Ort unbekannt] Jewish Agency 42091
53809 POL	Libska, [Lipska] Estera	01.03.1913 Altmarkt 3F11	**Schicksal ungeklärt Nicht identifiziert**
53810 POL	Libsmann, [Lipsman] Frania [Fradla Rachla] F: vgl. 53811, 53812	12.06.1911 [1919] Alexanderhof 26F114	Befreit in Mauthausen Jewish Agency 42403 YV Item ID: 4564826
53811 POL	Libsmann, [Lipsman] Mania [Mindla] F: vgl. 53810, 53812	01.04.1913 [1921] Alexanderhof 26F114	Befreit in Mauthausen Jewish Agency 42405 YV Item ID: 4564839
53812 POL	Libsmann, [Lipsman] Chawa Alta F: vgl. 53810, 53811	14.01.1925 Alexanderhof 26F114	**Schicksal ungeklärt** YV Item ID: 4564824
53813 POL	Libschitz, [Lipszyc] Nacha [>Nacha-Ruda Karu] [Karo] F: Schwester von 53814	12.06.1920	Befreit in Mauthausen Vgl. SVHF 31659

53814 POL	Lipszyc, Gela [>Gilah Gelbert] F: Schwester von 53813	08.10.1926 [06.10.1922] Zdunska Wola	Befreit in Mauthausen SVHF 31659, Jewish Agency 42437
53815 POL	Litmann, Hana	14.12.1914	**Schicksal ungeklärt** **Nicht identifiziert**
53816 POL	Lew, [*Birnbaum?] Ida [Ita]	02.12.1911 [Hohensteiner 37F3]	Befreit in Mauthausen Jewish Agency 41206
53817 POL	Lubinska, Frania	22.05.1922	**Schicksal ungeklärt** **Nicht identifiziert**
53818 POL	Lubinska, Chawa	23.11.1920 Lodz	**Starb in Freiberg** **Bestattet: 19.12.1944** Abmeldung: 22.12.44
53819 POL	Luft, Ita	06.12.1916	**Schicksal ungeklärt** **Nicht identifiziert**
53820 POL	Luel, Sarah [>Brett] F: Schwester von 53821	01.03.1924 Pabianice Franz Str. 40F31	Befreit in Mauthausen SVHF 30355 Gedenkblattübermittler
53821 POL	Luel, Raysa [Rosa] [Rozka] F: Schwester von 53820	08.03.1923 Pabianice [1925/1927] Franz Str. 40F31	**Starb im Mai 1945** **in Mauthausen** PoT YV Item: 1244812
53822 POL	Lututowska, Roza	01.01.1914 [10.11.1909?]	**Schicksal ungeklärt** **Nicht identifiziert**
53823 POL	Maranc, [Marams] Anna F: vgl. 53824	04.04.1905	Befreit in Mauthausen Jewish Agency 43884
53824 POL	Maranc, [Marang] Irena [Irca] F : vgl. 53823	16.01.1924	Befreit in Mauthausen Jewish Agency 43885 Vgl. SVHF 32271
53825 POL	Margolin, Frania	24.04.1916 [15.04.1909?]	**Schicksal ungeklärt** **Nicht identifiziert**
53826 POL	Menozycka, Dwojra	20.07.1918	**Schicksal ungeklärt** **Nicht identifiziert**
53827 POL	Muller, Cecylia	10.07.1920 [05.06.1914?]	**Schicksal ungeklärt** **Nicht identifiziert**
53828 POL	Mülmann, Hella	23.05.1916	**Schicksal ungeklärt** **Nicht identifiziert**
53829 POL	Mülmann, Mala	14.11.1918	**Schicksal ungeklärt** **Nicht identifiziert**
53830 POL	Mittelmann, Basza [Basia]	03.03.1915 [25.04.1914?]	**Schicksal ungeklärt** **Nicht identifiziert**
53831 POL	Mittelschneider, Pola	03.12.1914	**Schicksal ungeklärt** **Nicht identifiziert**

53832 POL	Moskowicz, [Maszkowicz] Hella [Chaja]	15.06.1916	Befreit in Mauthausen Jewish Agency 44215
53833 POL	Morawiecka, Gitla	15.05.1912	**Schicksal ungeklärt Nicht identifiziert**
53834 POL	Motyl, Felica	16.11.1905	**Schicksal ungeklärt Nicht identifiziert**
53835 POL	Mortkowicz, Frania	15.08.1919	**Schicksal ungeklärt Nicht identifiziert**
53836 POL	Mortkowicz, Bella	10.02.1921	**Schicksal ungeklärt Nicht identifiziert**
53837 POL	Mlynarska, Miriam	29.04.1923 [Kelm Str. 83F1 ?]	**Schicksal ungeklärt Nicht identifiziert**
53838 POL	Naparstek, Frania	28.12.1914	Befreit in Mauthausen Jewish Agency 46490
53839 POL	Naparstek, Feliza	05.05.1913	Befreit in Mauthausen Jewish Agency 46489
53840 POL	Naparstek, *Tabacznik Eva [Chawa] F: vgl. 53841	16.08.1905 [1910] Lustige Gasse 5F1	**Starb 1945 in Mauthausen** PoT YV Item: 849824
53841 POL	Naparstek, Celina [Chana Cyrel] F: vgl. 53840 u.a.	17.08.1909 Lustige Gasse 4F32	**Schicksal ungeklärt** [>Khana Yakubowitz?]
53842 POL	Neselewicz, Tauba	16.06.1927	**Schicksal ungeklärt Nicht identifiziert**
53843 POL	Neselewicz, Hela [Nyselewicz]	09.06.1912	Befreit in Mauthausen Jewish Agency 47405
53844 POL	Nathan, [Natan] Tauba [Toba]	16.09.1925 Hohensteiner 64F7 RichterStr. 8F32	**Schicksal ungeklärt** YV Item ID: 4597098 YV Item ID: 4597097
53845 POL	Nojdorf, [Neudorf] Lysa [Zysa Brucha] B: Buchhalterin F: Schwester von 53846	18.12.1910 Lodz [18.12.1917] Mühl Gasse 89F5	**Starb 1945 in Mauthausen** PoT YV Item: 826207 YV Item ID: 4595926
53846 POL	Nojdorf, [Neudorf] Ita [>Starkman] F: Schwester von 53845	19.09.1915 [1918] Mühl Gasse 89F5	Befreit in Mauthausen Gedenkblattübermittler YV Item ID: 4595915
53847 POL	Neumann, Chaja	05.11.1920	**Schicksal ungeklärt Nicht identifiziert**
53848 POL	Neumark, [Najmark] Estera	18.03.1928 Schlosser Str. 2F6	Befreit in Mauthausen Jewish Agency 46854
53849 POL	Nygus, Frania [Frajda] F: Mutter von 53850	24.06.1907 [05.06.1902] Reiger Gasse 11F2	**Schicksal ungeklärt Nicht identifiziert** YV Item ID: 4599481

53850 POL	Nygus, Roza [Ruza][‘Pozia’] F: Tochter von 53849	27.11.1927 [10.04.1928] Reiger Gasse 11F2	**Schicksal ungeklärt** **Nicht identifiziert** YV Item ID: 4599586, 4599482
53851 POL	Nowotna, Mania [Marjem][Maria]	10.12.1908 [1915] Schlosser Str. 6F5	Befreit in Mauthausen Jewish Agency 47248 YV Item ID: 4599035
53852 POL	Nys[s], Tauba	03.05.1912 [1918] Insel Str. 30F54	**Schicksal ungeklärt** YV Item ID: 4599509
53853 POL	Pelc, [Peltz] Rachela	06.05.1910 [1918] Brunnen Str. 17F10 Brunnen Str. 17F12	**Schicksal ungeklärt** YV Item ID: 4604688 YV Item ID: 4604376
53854 POL	Pidel, [Pytel] Sima [Syma]	08.08.1919 Hohensteiner 15F37 Hohensteiner Str. 42	**Schicksal ungeklärt** YV Item ID: 4613448
53855 POL	Pikelna, Czeslawa	14.01.1897 [1904] Hohensteiner 40F11	**Schicksal ungeklärt** YV Item ID: 4606215
53856 POL	Podlasjak, Ada	01.05.1921	**Schicksal ungeklärt** **Nicht identifiziert**
53857 POL	Porenstein, Fajga	15.08.1919	**Schicksal ungeklärt** **Nicht identifiziert**
53858 POL	Pluznik, Chana	15.05.1921 Franz Str. 65F25	**Schicksal ungeklärt** YV Item ID: 4608636
53859 POL	Prozechadska, Hela	08.12.1921	**Schicksal ungeklärt** **Nicht identifiziert**
53860 POL	Pulwermacher, Pola	30.10.1923 Hohensteiner 17F31	**Schicksal ungeklärt** YV Item ID: 4613132 YV Item ID: 4613205
53861 POL	Reval, [Rafal] Hanna	13.06.1924	Befreit in Mauthausen Jewish Agency 49912
53862 POL	Richter, Cecha [Cesia]	30.12.1912	Befreit in Mauthausen Jewish Agency 51083
53863 POL	Ryba, Szarna [Cesia?][Czarna] F: vgl. 53864	19.11.1915 [1913] Holz Str. 36F16 Am Bach 31	Befreit in Mauthausen Jewish Agency 54102 YV Item ID: 4631242
53864 POL	Ryba, Estera F: vgl. 53863	15.06.1918 [1915] Holz Str. 36F16 Am Bach 31F23	Befreit in Mauthausen Jewish Agency 54105 YV Item ID: 4631245 YV Item ID: 4631247
53865 POL	Ryba, [Rayzel] Rozah [>Rozenyaser] F: Schwester von 53866 F: Schwester von 53867	15.06.1925 Osiek [01.01.1925] Am Bach 27F25 Am Bach 5	Befreit in Mauthausen SVHF 37753 YV Item ID: 4631282

53866 POL	Ryba, Sala [Sura] [>Sarah Schildkröt] F: Schwester von 53865 F: Schwester von 53867	20.06.1917 [23.09.1915] Am Bach 27F25	Befreit in Mauthausen Vgl. SVHF 37753 YV Item ID: 4631287
53867 POL	Ryba, Gitla [>Gitel Liberman] F: Schwester von 53865 F: Schwester von 53866	15.11.1922 [15.07.1922] Am Bach 27F25	Befreit in Mauthausen Vgl. SVHF 37753 YV Item ID: 4631255 YV Item ID: 4631252
53868 POL	Rolnicka, [Rolnicki] Chana [Chana Fajga?]	10.02.1915 [1914] [1913] [Pfauen Str. 24F9] [Pfauen Str. 24F23] [Hohensteiner Str.76]	Befreit in Mauthausen Jewish Agency 51449 YV Item ID: 4619475 YV Item ID: 4619443
53869 POL	Rosenberg, Ida	03.03.1922	**Schicksal ungeklärt** **Nicht identifiziert**
53870 POL	Rosenberg, Tola [Pola]	05.05.1925	Befreit in Mauthausen Jewish Agency 52632?
53871 POL	Rosenwachs, [Rozenwaks] Jutka [Ides?]	15.03.1924 [15.08.1924] [Nord Str. 26F1]	**Schicksal ungeklärt** **Nicht identifiziert** YV Item ID: 4626841
53872 POL	Rosenbaum, [Rozenbaum] Lea [Lola]	14.02.1913 [‚14.02.1918'] Pfauen Str. 21F14 Sperling Gasse 6F17 Holz Str. 63F37	**Schicksal ungeklärt** YV Item ID: 4621489 YV Item ID: 4621504 YV Item ID: 4621487
53873 POL	Rosenbaum, Bela [Bajla]	26.05.1925 [26.05.1923] Sulzfelder 39F8 Hanseaten Str. 9	**Starb in Freiberg** **Bestattet: 26.03.1945** Abmeldung: 26.03.45 YV Item ID: 4621290 Vgl. PoT YV: 468233
53874 POL	Rosenbaum, [Rozenbaum] Pola [Paula]	01.01.1908 [04.01.1899?] Hohensteiner 74F35B	**Schicksal ungeklärt** **Nicht identifiziert** YV Item ID: 4621563
53875 POL	Rosenbaum, [Rozenbaum] Chana	02.11.1923 [02.02.1923] Hohensteiner 43F69	**Schicksal ungeklärt** **Nicht identifiziert** YV Item ID: 4621326
53876 POL	Rosen, Karola	03.05.1924	**Schicksal ungeklärt** **Nicht identifiziert**
53877 POL	Rosen, [Rozen] Pola [Lola]	15.01.1922	Befreit in Mauthausen Jewish Agency 52136
53878 POL	Rosen, Bluma	28.01.1909	**Schicksal ungeklärt** **Nicht identifiziert**

53879 POL	Rosner, Sara [Sala]	27.10.1927	Befreit in Mauthausen Jewish Agency 53522
53880 POL	Rotstein, [Rotstajn] Fajga [>Fela Rokhav] F: Schwester von 53881	05.04.1925 Lodz [25.04.1925] Rauch Gasse 30F19	Befreit in Mauthausen SVHF 34519,Sharit Ha-P. YV Item ID: 4630023
53881 POL	Rotstein, [Rotstajn] Ruchla [Rachela] B: Schneiderin F: Schwester von 53880	17.08.1923 [05.08.1923] Rauch Gasse 30F19	Befreit in Mauthausen Jewish Agency 51969 Vgl. SVHF 34519 YV Item ID: 4630128 USHMM: Linz Sh'arit ha-pla'atah
53882 POL	Rotkopf, Adela	01.08.1906	**Schicksal ungeklärt** **Nicht identifiziert**
53883 POL	Rotkopf, Antonia [>Tonia Blair] B: Krankenschwester	18.09.1925 Lodz	Befreit in Mauthausen SVHF 28184, Düsing 42, HVT-1584 DP-Camp Landsberg USHMM Photo#09312
53884 POL	Rubinstein, [Rubinsztajn] Mala [Malka][>Lasman]	25.02.1925 Cranach Str. 5F10	Befreit in Mauthausen Jewish Agency 53884 YV Item ID: 4628132
53885 POL	Rubinstein, Ruth	03.07.1907	**Schicksal ungeklärt** **Nicht identifiziert**
53886 POL	Rubinstein, [Rubinsztajn] Halina	04.08.1927 [04.08.1926] Richter Str. 4/6F30 Dom 31	**Schicksal ungeklärt** YV Item ID: 4628038
53887 POL	Sacharow, *Levit Klara [Olga]	30.09.1912 [1918] Sperling Gasse 24F1	**Schicksal ungeklärt** YV Item ID: 4632304
53888 POL	Sad, Brana F: vgl. 53889	04.02.1924 Mühl Gasse 47F20	**Schicksal ungeklärt** YV Item ID: 4632342
53889 POL	Sad, Chana F: vgl. 53888	20.05.1925 [10.05.1925] Mühl Gasse 47F20	**Schicksal ungeklärt** YV Item ID: 4632349
53890 POL	Salomonovits, Dora	31.05.1916	**Schicksal ungeklärt** **Nicht identifiziert**
53891 POL	Salomon, Chana [Hania]	20.01.1924 [1922?] Mühl Gasse 3F2 ?	Befreit in Mauthausen Jewish Agency 54558 YV Item ID: 4632705
53892 POL	Salomon, [Salamon] Sala [Sola]	25.03.1921 [1917?] Mühl Gasse 3F2 ?	Befreit in Mauthausen Selfsubmitter PoT YV Jewish Agency 54561 YV Item ID: 4632752

53893 POL	Sankiewicz, [Laskier] Karola [Clara][Kajla] F: Mutter von 53894	18.03.1898 [‚22.10.1905'] Hohensteiner 13F22	Befreit in Mauthausen Vgl. SVHF 16736, „Zweimal überleben" YV Item ID: 4633224
53894 POL	Sankiewicz, *Laskier Sara [Szajna][>Rus] F: Tochter von 53893	25.01.1925 Lodz [25.01.1926] [25.01.1927] [25.01.1928] Hohensteiner 13F22	Befreit in Mauthausen SVHF 16736 „Zweimal überleben" YV Item ID: 4633228
53895 POL	Seifmann, Ruta	25.11.1920	**Schicksal ungeklärt Nicht identifiziert**
53896 POL	Seide, Ita	28.12.1927	**Schicksal ungeklärt Nicht identifiziert**
53897 POL	Sceiser, Freida	14.01.????	**Schicksal ungeklärt Nicht identifiziert**
53898 POL	Silberstein, [Zylbersztajn] Dorota	15.05.1920 [15.06.1920] [Sulzfelder 59F30]	**Schicksal ungeklärt Nicht identifiziert** YV Item ID: 4680158
53899 POL	Silberberg, [Zilberberg] Rachela [>Rose Berkenwald]	21.05.1927 Lodz [25.05.1926] Franz Str. 42F24	Befreit in Mauthausen SVHF 9081 YV Item ID: 4679066
53900 POL	Silberberg, [Zylberberg] Ida [Estera Itla?]	15.07.1915 [15.11.1915?] [Brunnen Str. 6F2]	**Schicksal ungeklärt Nicht identifiziert** YV Item ID: 4678493
53901 POL	Silberfenig, [Zylberfenig] Rosa [Roiza]	06.04.1915 [1910?] [Mühl Gasse 9F19 ?]	**Schicksal ungeklärt Nicht identifiziert** YV Item ID: 4679362
53902 POL	Sittner, [Sytner] Luba [Lova]	29.07.1927 [1925] Alexanderhof 22F55	Befreit in Mauthausen Jewish Agency 56608 YV Item ID: 4642111
53903 „POL" CZE	Fismanová, [*Singer] [Fischmann Liselotte] Lieselotte [Liesa] F: vgl. 53904	16.12.1915 [1919] Hamburger 19F32 Hamburger 17F32	Befreit in Mauthausen U8b/3922, TGB101 YV Item ID: 4496065 YV Item ID: 4496054
53904 "POL" CZE	Singer, Hana [Chana] F: vgl. 53903	03.09.1921 Prag Hamburger 19F32 Hamburger 17F32	Befreit in Mauthausen U8b/4009 „TGB100!" YV Item ID: 4634848 YV Item ID: 4634803
53905 POL	Sisermann, [Zyserman] Rosa	03.09.1906	**Schicksal ungeklärt Nicht identifiziert**
53906 POL	Schuster, Irena [>Enav] F: Tochter von 53907 F: Kusine von 53824	14.06.1929 Lodz [‚14.06.1927'] Fischgasse 22F2	Befreit in Mauthausen SVHF 36507, Ghetto Legitimations-Karte: Arbeiter 72981

53907 POL	Schuster, Rena [Rivka] F: Mutter von 53906	25.05.1909 Lodz 25.05.1907	Befreit in Mauthausen Vgl. SVHF 36507 Ausweis - Mauthausen
53908 POL	Schustag, [Zoltak?] Mascha	15.09.1915	**Schicksal ungeklärt** **Nicht identifiziert**
53909 POL	Schultag,[Debora Zoltak] Dora [>Dwora Kaplan] F: vgl. 53910, 53911	20.06.1929 [‚20.06.1926' Franz Str. 62F21	Befreit [Ort unbekannt] Archiv Düsing YV Item ID: 4676763
53910 POL	Schultag, [Zoltak] Raisla [Shoshana Dembowicz] F: vgl. 53909, 53911	05.05.1923 [05.04.1923] Franz Str. 62F21	Befreit [Ort unbekannt] Archiv Düsing YV Item ID: 4676769
53911 POL	Schultag, [Zoltak] Chana [>Kochman] F: vgl. 53909, 53910	20.05.1924 Franz Str. 62F21	Befreit [Ort unbekannt] Archiv Düsing YV Item ID: 4676761
53912 POL	Szmajser, [Schmeiser] Edja [Etla] [>Edith Nyss] F: 53913, 53914, 53915	16.08.1923 Lodz [16.08.1924] [‚13.11.1923?'] Am Bach 19F22	Befreit in Mauthausen SVHF 46847 World Jewish Congress YV Item ID: 4646690
53913 POL	Szmajser, [Schmeisser] Gutta [Gitla] [Gutka] [>Tova Gavish?] F: 53912, 53914, 53915	06.04.1927 [‚06.04.1925'] Am Bach 19F22	Befreit in Mauthausen Sharit Ha-Platah: Linz YV Item ID: 4646692
53914 POL	Szmajser, [Schmeisser] Frajda [Frania] [>Alisa Klapstein?] F: 53912, 53913, 53915	20.03.1931 Lodz [‚20.03.1926'] Am Bach 19F22	Befreit in Mauthausen Sharit Ha-Platah: Linz YV Item ID: 4646691
53915 POL	Szmajser, [Schmeisser] Truda [Cesia?] [Cypa?] F: 53912, 53913, 53914	10.03.1905 Lodz [Zipora: 05.11.1896] Am Bach 19F22 [?]	Befreit in Mauthausen Sh'arit ha-pl'atah: Linz World Jewish Congress
53916 POL	Wiener, [*Smorodina] Estera [>Orlowski] F: Schwägerin v. 53917 F: Schwägerin v. 53918	04.04.1920 Lodz 04.04.1921 Mühl Gasse 48F4	Befreit in Mauthausen SVHF 18355 DP-Camp Zeilsheim YV Item ID: 4665465
53917 POL	Smorodina, Mania [>Manya Zelfer]	10.10.1913 [Insel Str. 27F12 ?]	Befreit in Mauthausen Vgl. SVHF 18355
53918 POL	Smorodina, [Smurdina] Cirla [>Cela Kohn]	06.07.1914 [1913] [Insel Str. 27F8 ?]	Befreit in Mauthausen Vgl. SVHF 18355 Jewish Agency 55841 YV Item ID: 4636350
53919 POL	Garcewicz, Stefania	28.08.1914 Sulzfelder 88F41 ?	**Schicksal ungeklärt** **Nicht identifiziert**
53920 POL	Schajniak, Sala	10.01.1924	**Schicksal ungeklärt** **Nicht identifiziert**

53921 POL	Wozonska, Chaja	03.09.1907	**Schicksal ungeklärt Nicht identifiziert**
53922 POL	Friedmann, Sabine	23.07.1919	**Am 17.10.1944 nach Auschwitz überstellt Schicksal ungeklärt**
FloNo. Nation	**Name**, *Mädchenname **Vorname** [Varianten]	**Geburtsdaten Deportationsdaten**	**Opferstatus Quellennachweis**
53923 SLO	Adler[ová], Lea	25.12.1903 Bratislava [‚25.12.1913']	Befreit in Mauthausen AMM U8b/2 3650
53924 SLO	Alt[ová], Eva	22.06.1928 Velky Meder	Befreit in Mauthausen AMM U8b/2 3652
53925 RD	Altgenug, Irene	25.02.1924 Norden [27.02.1924] [Münster 1][Em]	Befreit in Mauthausen Lud66, 'TGB555!' Starb 22.04.2002 Minden
53926 RD	Aufrichtig, Adele [>Deli Strummer]	02.05.1922 Wien [Dep.:Wien14i][En]	Befreit in Mauthausen SVHF 24896, TGB472, HVT-1145
53927 SLO	Arje[ová], Vilma	14.03.1921 Bratislava [14.03.1922]	Befreit in Mauthausen AMM U8b/2 3653
53928 CZE	Aron[ová], Olga	10.09.1904 [Dep.: Prag X][Em]	Befreit nach der Flucht TGB362 ‚Freiberg'
53929 CZE	Bauer[ová], Zofie [Sofia, Elfie]	02.07.1896 Prag [Dep.: Prag X][Em]	Befreit in Mauthausen U8b/2 3894, TGB362
53930 CZE	Barsi[ová], Ruth	17.08.1926 [27.08.1924] [Dep.:Prag De][Em]	Befreit in Mauthausen TGB1216
53931 SLO	Bernfeld[ová], [Behrenfeld] Magda	03.05.1916 Nitra	Befreit in Mauthausen U8b/2 3657/3880
53932 SLO	Barna, [Barnova?] Alis [Alice?]	21.02.1924 [04.02.1925?] [Bratislava?]	**Schicksal ungeklärt** [AMM U8b/2 3812 ?]
53933 SERB	Barazon, ['Bararom'] Radmila [>Rikica Slozberg] [‚Radmila Babic']	05.02.1920 Belgrad [Dep:Wien14g] [En]	Befreit in Mauthausen ‚TGB443!' ‚umgekommen' AutoBio: „Auf dich wartet noch das Leben" AMM Y/49 Yugos 660.
53934 RD	Baum, *Kolzer Lina	27.03.1899 Essen [Düsseldorf 3] [En]	Befreit in Mauthausen TGB460, 'Koblenz166!' AMM Y/49 German
53935 SLO	Back[ová], [Bakk] Marie [Margit]	01.05.1915 Bratislava	Befreit in Mauthausen U8b/2 3811

53936 CZE	Bellak[ová], Helena [>Mark]	02.07.1919 Wien [Dep.: Prag N][En]	Befreit in Mauthausen SVHF 2833, U8b/3895
53937 CZE	Bellak[ová], *Kohner Liselotta [>Lisa Popper]	09.09.1922 Brünn [Ostrava Bm][Em]	Befreit in Mauthausen SVHF 11153, U8b/3883
53938 CZE	Beldová, [Belda] Eva [>Stichová]	27.06.1927 Prag [Dep.: Prag Bf][En]	Befreit in Mauthausen Dü51, U8b/3885, TGB914
53939 CZE	Besen[ová], [‚Bezen'] Eleonora [Elli]	27.07.1919 Trebenice [Dep:Kladno Y][En]	Befreit in Mauthausen U8b/2 3895, TGB374
53940 'SLO'	Beck[ová], Vilma	07.02.1908 [1910] [H. Králové Ch][En]	Befreit [nach Flucht?] TGB1085 'Freiberg'
53941 SLO	Beck[ová], Irene	28.12.1902 Bratislava [‚28.12.1910']	Befreit in Mauthausen U8b/2 3654
53942 CZE	Beran[ová], Hedvika Senta [>Jerabek]	10.05.1923 Prag [Dep.:Prag Dc][Em]	Befreit in Mauthausen SVHF 4570, U8b/3886
53943 CZE	Bermann[ová], Karla F: Mutter von 53944	26.02.1903 Prag [‚26.02.1910'] [Brno Dg] [En]	Befreit in Mauthausen U8b/2 3889, TGB1216
53944 CZE	Bermann[ová], [Lily] Hanna F: Tochter von 53943	10.08.1926 Prag [10.08.1927] [Brno Dg][En]	Befreit in Mauthausen U8b/2 3888, TGB1216
53945 CZE	Berner[ová], Eliska [Elisabeth]	02.09.1922 Prag [Dep.: Prag L][En]	Befreit in Mauthausen U8b/2 3890, TGB232
53946 CZE	Berstler[ová], Ljuba [>Rimanová]	07.03.1926 P [07.02] [Dep.:Prag Cv][Em]	Befreit in Mauthausen U8b/2 3892, TGB1183
53947 SLO	Badner, Ilona	22.09.1909	**Schicksal ungeklärt** [Flucht in Freiberg?]
53948 CZE	Bock[ová], *Gross Edita [Edith] [>Adler]	15.04.1924 Brno [Dep.: Brno K][En]	Befreit in Mauthausen SVHF 4497, U8b/3899
53949 CZE	Borges[ová], Alice [Alise]	31.10.1908 Uvaly [Dep.: Prag Bf][En]	Befreit in Mauthausen U8b/2 3901, TGB914
53950 CZE	Borges[ová], *Fischlová Lieselotte	19.11.1911 Brüssel [19.09.][AAq][En]	Befreit in Mauthausen SVHF 17944, U8b/3903
53951 HOL	Bobbe, *Schellenberg Johanna Katharina Sophia [‚Robbe']	04.08.1913 [Westerbork 5][Em]	Befreit in Mauthausen Rotes Kreuz AMM Y/49 Dutch 45.
53952 CZE	Bobas[chová], Lily [>Edna Amit] F: Tochter von 53953	20.10.1927 Prostejov [OlomoucAAf][En]	Befreit in Mauthausen SVHF 21733, U8b/3898
53953 CZE	Bobas[chová], Julie F : Mutter von 53952	14.10.1899 Prostejov [OlomoucAAf][En]	Befreit in Mauthausen U8b/2 3897, Cziborra
53954 ‚Stlos'	Bisseliches, Henriette	10.07.1919 Wien [Dep.:Wien10][Em]	Befreit [Ort unbekannt] Aufbau 46 Wien, TGB373

53955 CZE	Busch[ová], Gertrud[a]	10.04.1913 Prag [Dep.: Prag X][Em]	Befreit in Mauthausen U8b/2 3906, TGB362
53956 SLO	Bruck[ová], [Brück] Gertrud [>Gerti Horak]	04.08.1924 Bratislava	Befreit in Mauthausen U8b/2 3662
53957 CZE	Bruck[ová], Elfriede	11.04.1908 [1912] [Prag AAu][En]	Befreit in Mauthausen U8b/2 3905, TGB833
53958 HOL	Bril, [Brüll] Eugenie Nicolette F: Mutter von 53959	26.06.1925 [1926?] Rotterdam [Westerbork 7][En]	**Starb n.d. Befreiung** **11.06.1945 Mainau** AMM Y/49 Dutch 4.
53959 HOL	Bril, *Vogel Anna F: Mutter von 53958	27.01.1901 [1904] [Westerbork 7] [En]	Befreit in Mauthausen Rotes Kreuz AMM Y/49 Dutch 5.
53960 SLO	Brillbaum, (‚Pribram') Blanka	15.04.1910 Zilina	Befreit in Mauthausen U8b/2 3868
53961 CZE	Brösslerová [‚Brässler'] Jindriska [Jetti]	04.11.1906 Tabor [Dep:Tábor Cb][En]	Befreit in Mauthausen U8b/2 4049, TGB1020
53962 SLO	Brandspiegel, Alena [Elen]	10.09.1928 [1926] [Dep.: Sered]	Befreit in Mauthausen U8b/2 3660
53963 CZE	Brod[ová], Irma	02.06.1903 Prag [Dep:PragAAe][En]	Befreit in Mauthausen U8b/2 3904, TGB636
53964 CZE	Bleyerová [‚Bleiner'] Evelina	23.09.1920 [Dep.: Prag M][Em]	Befreit [Ort unbekannt] TGB246
53965 SLO	Blau, Milka	20.11.1901 Bratislava [1920]	Befreit in Mauthausen U8b/2 3658
53966 CZE	Borger[ová], Gertruda [Trude]	20.05.1903 Ostrava [Ostrava Bl][Em]	Befreit in Mauthausen U8b/2 3902, TGB971
53967 CZE	Biermann[ová], Irena	11.05.1917 Brerev [Olomouc AAf][En]	Befreit in Mauthausen U8b/2 3896, TGB650
53968 RD	Brauer, *Aschner Bert(h)a F: Mutter von 53969	08.05.1899 [‚08.05.1905'] Tost [Hamburg 2][En]	**Starb n.d. Befreiung** **in Mauthausen** PoT YV, TGB385 YV Item ID: 5639892 AMM Y/49 German
53969 RD	Brauer, *Prochaska Charlotte [Lotte] F: Tochter von 53968	13.07.1921 Kattowitz [Mannheim - HH 2] [En]	Befreit in Mauthausen Gedenkblattübermittler ‚TGB!'
53970 RD	Abraham, *Hirsch Alice	19.05.1912 [Westerbork 7][En]	Befreit [Ort unbekannt] Rotes Kreuz
53971 HOL	Cantor, *Frank Henriette [Jetti]	16.05.1914 [Westerbork 7][Em]	Befreit [Ort unbekannt] Rotes Kreuz
53972 HOL	Van Crefeld, [Kreveld] Marianne	26.06.1918 [28.06.1918] [Weterbork 4][Em]	Befreit in Mauthausen Rotes Kreuz AMM Y/49 Dutch 60.

53973 RD	Cohn, Hanna [Hannelore]	02.05.1921 [Berlin I/98][En]	Befreit in Mauthausen TGB240 AMM Y/49 German
53974 RD	Compart, Paula Ida	30.12.1924 Berlin [Berlin I/9][En]	Befreit [Ort unbekannt] Aufbau 09.11.45 Berlin, TGB
53975 HOL	Duque [“Duanne”] Berta [Bertha]	22.09.1925 [Westerbork 5][En]	Befreit in Mauthausen Rotes Kreuz AMM Y/49 Dutch 7.
53976 SLO	Dávid[ová], Teri [>Terezia Chorvátová]	19.03.1922 [Dep.: Sered]	Befreit [Ort unbekannt] SVHF 23554
53977 RD	Deimann, Gertrud	04.11.1906 Essen [Düsseldorf 1][Em]	Befreit in Mauthausen TGB460 AMM Y/49 German
53978 SLO	Drechsler[ová], Alice	09.06.1918 Bratislava	Befreit in Mauthausen U8b/2 3669
53979 SLO	Donath[ová], Judith	20.08.1913 Bratislava [28.08.15]	Befreit in Mauthausen U8b/2 3668
53980 RD	Ruben Doris [Dorothea]	28.11.1924 [28.12.] [Berlin I/26][Em]	Befreit [Ort unbekannt] Aufbau 1945 Deggendorf, TGB
53981 RD	Drechsler, Lili [>Lily Rose Fischl]	19.05.1920 Wien [Dep.: Wien10] [En]	Befreit in Mauthausen SVHF 10036, TGB373
53982 CZE	Dubská, Pavla [Paula]	24.06.1909 [1910] [Dep.:Prag Ck][En]	Befreit [Ort unbekannt] TGB1108
53983 SLO	Duzsinska, Ruzena [Rozsi]	02.04.1911 Bratislava [04.02.15]	Befreit in Mauthausen U8b/2 3670
53984 SLO	Elovic, [‘Elavic’] Regina F: vgl. 53985, 53986	09.09.1914 Bardejov	**Verstarb in Freiberg** **Bestattet: 24.11.1944** Abmeldung: 26.11.44
53985 SLO	Elovic[ová], Gisela F: vgl. 53984, 53986	23.07.1919 Bardejov	**Starb n. d. Befreiung** **22.10.1945 Katsdorf** U8b/3674, Katsdorf
53986 SLO	Elovic[ová], Anna F: vgl. 53984, 53985	09.05.1910 Bardejov [09.05.1919]	Befreit in Mauthausen U8b/2 3673
53987 CZE	Eisner[ová], Marta	11.12.1929 Prag [Dep.: Prag Bd][En]	Befreit in Mauthausen U8b/2 3910, TGB900
53988 SLO	Eichner[ová], Judit [>Juci Seinvel]	02.08.1927 Bratislava [‚ß2.08.1926’]	Befreit in Mauthausen U8b/2 3671
53989 CZE	Ehrlich[ová], Eva [>Masad-Adorjan] F: Tochter von 53990	23.06.1926 Prag [Dep.: Prag Ck][En]	Befreit in Mauthausen U8b/2 3908, TGB1108

53990 CZE	Ehrlich[ová], Grunia F: Mutter von 53989	09.03.1900 Prag [Dep.: Prag Ck][En]	Befreit in Mauthausen U8b/2 3909, TGB1108
53991 SLO	Ehrenthal, *Abrahmson Piri [Piroska]	18.03.1905 Sala [1914]	**Starb in Mauthausen** PoT YV 25.12.1955 YV Item ID:
53992 HOL	Em[m]erik, *Gusmann Elisa [Elisabeth]	26.01.1899 [Westerbork 4][En]	Befreit [Ort unbekannt] Rotes Kreuz
53993 CZE	Eckstein[ová], Eva [>Vit]	07.11.1924 Prag [Kladno Y][Em]	Befreit in Mauthausen U8b/2 3907, TGB374 Buch: „[...] Zimmer 28“
53994 CZE	Fantl[ová], Marie	27.11.1918 Prag [Dep.:Prag Cc][Em]	Befreit in Mauthausen U8b/2 3913, TGB1034
53995 CZE	Fantl[ová], Hana (Ilona)	14.08.1915 Prag [Dep:PragAAl][Em]	Befreit in Mauthausen U8b/2 3912, TGB702
53996 SLO	Fallemann[ová], Alice [Alis]	24.04.1900 Bratislava [1920]	Befreit in Mauthausen U8b/2 3852
53997 CZE	Fischer[ová], Hanka [>Taussigová] F: Tochter von 53998	08.03.1928 Pilsen [Dep.: Pilsen S][En]	Befreit in Mauthausen U8b/2 3914, TGB293
53998 CZE	Fischer[ová], Ilsa F : Mutter von 53997	03.05.1905 [1910] [Dep.: Pilsen S][En]	Befreit in Mauthausen U8b/2 3915, TGB293
53999 CZE	Fischer[ová], *Schwarzbartl Lili [>Lilly Goldmann]	06.08.1919 Prag [Dep.: Prag N][En]	Befreit in Mauthausen SVHF 8485, U8b/3916?
54000 CZE	Fischl[ová], [‘Fischer’] Vera [>Fuciková]	02.06.1921 Prag [Dep.: Prag Cv][En]	Befreit in Mauthausen U8b/2 3919, TGB1184
54001 SLO	Fischer[ová], Gerda *Dänemark	25.05.1911 Wien [‚25.05.1916’] Dep.: Bratislava	Befreit in Mauthausen U8b/2 3678, Mantello: Adresse: Jägerweile 12
54002 SLO	Fischer[ová], Zuszi [Zuzanna]	17.03.1927 Bratislava	Befreit in Mauthausen U8b/2 3679
54003 CZE	Fischer[ová], *Zentnerová Vilma [>Holzerová]	16.11.1913 Nové Sedlo [Dep.: Prag M][En]	Befreit in Mauthausen SVHF 8312, U8b/3917
54004 CZE	Fischmann[ová], Bedriska [Friederika]	21.12.1898 Prag [Dep.: Prag Au][En]	Befreit in Mauthausen U8b/2 3921, TGB565
54005 CZE	Fuchs[ová], *Käthe Neumann Kato [>Katerina Fuchs]	16.05.1921 Wien [Dep.: Prag M][En]	Befreit in Mauthausen SVHF 22470, TGB246
54006 SLO	Fuchs, Karolina	27.01.1915	**Schicksal ungeklärt** **Nicht identifiziert**
54007 SLO	Fuchs[ová], Olga	16.12.1906 Bratislava [‚16.12.1911’]	Befreit in Mauthausen U8b/2 3815

54008 CZE	Futter[ová], Erika [>de Vais]	18.08.1921 Liberec [Dep.:Prag Dc][Em]	Befreit in Mauthausen AMM OH/ZP1/749, U8b/3929
54009 SLO	Fürst[ová], Agate [>Aviva Goldstein] F: Schwester von 54010	23.06.1928 Bratislava [1927][Dep.: Sered]	Befreit in Mauthausen SVHF 24997, U8b/3684
54010 SLO	Fürst[ová], Eva [>Chava Livni] F: Schwester von 54009	21.07.1926 Bratislava [Dep.: Sered]	Befreit in Mauthausen Korrespond., U8b/3683, HVT-3803. Endsieg 51f
54011 CZE	Fürst, Frantiska	17.01.1925 Prag [Dep.: Prag V][Em]	Befreit in Mauthausen U8b/2 3928, TGB332
54012 CZE	Fried[ová], Ilona	03.11.1900 [Dep.: Prag Di][Em]	Befreit in Mauthausen TGB1237
54013 CZE	Friedmann[ová], Jolana	26.06.1911 Prag ['26.06.1914'] [Dep. :Prag Ao][En]	Befreit in Mauthausen U8b/2 3925, TGB520
54014 'RD'	Friedmann, *Fränkel, Elisa	27.12.1906 [Westerbork 7][En]	Befreit [Ort unbekannt] Rotes Kreuz
54015 CZE	Friedmann[ová], Marta	27.03.1915 Prag [Dep.:Prag Cv][Em]	Befreit in Mauthausen U8b/2 3926, TGB1184
54016 CZE	Frischmann[ová], Alzbeta [Elisa]	14.09.1914 P [1913] [Dep.:Prag Am][En]	Befreit in Mauthausen U8b/2 3927, TGB505
54017 HUN	Feldmann, Piri [Piroska]	22.11.1925	**Schicksal ungeklärt** ['Rote Roschika?']
54018 SLO	Feldmann[ová], Sari [Charlotta]	05.07.1909 Bratislava [,05.07.1916']	Befreit in Mauthausen U8b/2 3676
54019 SLO	Fleischmann[ová], Renee	12.04.1926 Bratislava	Befreit in Mauthausen U8b/2 3680
54020 CZE	Ferdová ['Ferda'], Lili [>Bálová]	17.05.1917 Prag [Dep.: Prag M][En]	Befreit in Mauthausen U8b/2 4053, TGB246
54021 RD	Feld, *Blumenthal Hilda [Hildegard]	04.07.1912 Berlin [Berlin I/90][En]	Befreit in Mauthausen TGB50: ,umgekommen' AMM Y/49 German
54022 RD	Feldsberg, Melanie	29.11.1901 Wien [Dep.Wien14n][Em]	Befreit in Mauthausen U8a/2 388, TGB474
54023 'RD'	Freund, *Kappel, Johanna	23.01.1895 Rheydt [Westerbork 1][En]	Befreit [Ort unbekannt] Rotes Kreuz
54024 CZE	Rindskopfová Herta [,Freund']	23.04.1916 [Dep.:Pilsen S][En]	Befreit [in Freiberg?] TGB294
54025 CZE	Freund[ová], Alzbeta	18.09.1897 [1907] [Dep.: Pilsen S][En]	Befreit in Mauthausen TGB293, U8b/3924 ?
54026 SLO	Freund[ová], Marketa [Greta]	08.03.1924 Bratislava	Befreit in Mauthausen U8b/2 3848

54027 SLO	Feher[ová], Karolina	13.04.1902 Topolcany [1907]	Befreit in Mauthausen U8b/2 3677
54028 SLO	Frommer[ová], Vera [>Doron]	03.10.1929 Bratislava ['03.10.1927'] [Dep.: Sered]	Befreit in Mauthausen SVHF 14773, U8b/3682
54029 SLO	Forschein, Martha	04.02.1910	**Schicksal ungeklärt** **Nicht identifiziert**
54030 SLO	Frank[ová], Dora	15.05.1912 Bratislava [,15.05.1914']	Befreit in Mauthausen U8b/2 3681
54031 CZE	Frankel[ová], Hana [>Lauferová]	31.12.1922 Prag [Dep.: Prag Cv][En]	Befreit in Mauthausen U8b/2 3923, TGB1184
54032 HUN	Gassner[ová], Neli [Nelly] [>Helen Reis?] F: vgl. 54034, 54035 …	26.02.1927 Rachov [1924] [Dep.: Mátészalka]	Befreit in Mauthausen U8b/2 3691 Vgl. SVHF 25466
54033 HUN	Gassner[ová], Sari [Charlotta] F: vgl. 54032 …	17.09.1923 Rachov [17.10.1922?] [Dep.: Mátészalka]	Befreit in Mauthausen U8b/2 3689
54034 HUN	Gassner[ová], *Erbst-Gassner Lea [>Leah Cohen] F: Schwester von ? F: Kusine von 54236 F: Kusine von 54237	27.03.1926 Kobylecka Poljana [Dep.: Mátészalka]	Befreit in Mauthausen SVHF 25466, U8b/3690
54035 HUN	Gassner[ová], Berta [>Brancy Deutsch?] F: vgl. 54034, 54032 ...	25.08.1924 Bohdan [Dep.: Mátészalka]	Befreit in Mauthausen U8b/2 3688 Vgl. SVHF 25466
54036 SLO	Garfunkel[ová], Franziska	30.09.1928 Nitra [,30.09.1927']	Befreit in Mauthausen U8b/2 3685
54037 SLO	Gartner[ová], Lili [Lilly]	09.10.1921 Bratislava [09.09.1921]	Befreit in Mauthausen U8b/2 3686
54038 SLO	Gartner[ová], Lili [Lilly]	05.06.1926 Bratislava [05.07.24]	Befreit in Mauthausen U8b/2 3687
54039 RD	Gerö, Erna	09.12.1912 [Dep.:Wien14g][En]	Befreit in Mauthausen U8a/2 391, TGB475
54040 SLO	Gelley[ová], Renee [>Renata Kohn]	07.09.1928 Topolcany [07.10.1928]	Befreit in Mauthausen U8b/2 3692, Gedenkblattübermittler
54041 RD	Gerstl, Herta	13.08.1928 [Dep.:Wien13][En]	Befreit in Mauthausen U8a/2 392, TGB438
54042 SLO	Goldstein, Marta	16.01.1920	**Schicksal ungeklärt** **Nicht identifiziert**

54043 RD	Gottesmann, Thea M. [>Rumstein] F: Tochter von 54044	06.02.1928 Wien [Dep.:Wien13][Em]	Befreit in Mauthausen SVHF 20575, TGB439 Düsing Endsieg S. 37ff.
54044 RD	Gottesmann, Gita [Gittel Rifka] F: Mutter von 54043	10.04.1899 Brezkow [Dep.:Wien13][Em]	Befreit in Mauthausen TGB439, Aufb.15.02.46
54045 HOL	Gokkes, *Samson Maria	28.07.1918 [Westerbork 2][Em]	Befreit in Mauthausen AMM Y/49 Dutch 13.
54046 SLO	Glass, Olga [>Struhar]	21.05.1928 Bratislava [‚21.05.1926']	Befreit in Mauthausen U8b/2 3845
54047 RD	Glixam, ['Glicksmann'] Olga	28.03.1902 Wien [‚28.03.1908'] [Dep.:Wien13][Em]	Befreit in Mauthausen U8a/2 390, TGB438
54048 CZE	Glück[ová], Renata [>Nehybová]	10.05.1928 Hranice [Olomouc AAf][En]	Befreit in Mauthausen U8b/2 3931, TGB650
54049 RD	Golinski, Renate [Brigitte]	11.05.1924 Kotzenau [Berlin I/90][En]	Befreit in Mauthausen TGB67:'umgekommen' AMM Y/49 German
54050 CZE	Glaser[ová], Alice	06.03.1913 Hodonin [Dep.:Brno Ai][Em]	Befreit in Mauthausen U8b/2 3930, TGB476
54051 HUN	Geller, Helen	25.03.1923 Nagyvarad 26.06.44	Befreit in Mauthausen AMM Y/49 HUN 51.
54052 RD	Glücksohn,*Friedländer Johanna	18.02.1904 Berlin [Berlin I/90][Em]	Befreit in Mauthausen TGB63:'umgekommen' AMM Y/49 German
54053 HOL	Grünspach, *Jaffe Eva [‚Grünspak']	07.06.1911 Berlin [Westerbork 7][Em]	**Starb n.d. Befreiung 03.07.1945 St. Gallen** AMM Y/49 Dutch 15.
54054 SLO	Grün[ová], Alzbeta [Elisabeth]	05.06.1921 [?] [05.02.1916 Sabinov] Wohnort: Trnava, Stefanikova 40	**Schicksal ungeklärt** U8b/2 3700 ? USHMM, Slovak census data
54055 SLO	Grünsfeld[ová], Olga	17.01.1926 Bratislava [1924?]	Befreit in Mauthausen U8b/2 3708
54056 SLO	Graubert[ová] [Graubart] *Susanne Mendelsohn Zsuzsa [Zuzanna]	20.08.1914 Budapest ['20.08.1917'] Wohnort: Bratislava	Befreit in Mauthausen U8b/2 3693 Mantello: 22.02.1944 G.271/944. USHMM
54057 SLO	Grotter[ová], Greta	26.11.1921 Bratislava	Befreit in Mauthausen U8b/2 3846
54058 'HUN'	Gross[ová], Eva	09.02.1920 Bratislava	Befreit in Mauthausen U8b/2 3697
54059 CZE	Gomperz[ová], Helena	21.07.1906 [Dep.: Brno G][Em]	Befreit in Mauthausen U8b/2 4052, TGB186

54060 SLO	Gross[ová], Ruzena [Rozsi]	10.02.1910 Hlohovec	Befreit in Mauthausen U8b/2 3694
54061 SLO	Gross[ová], Edita [Edith]	29.01.1915 Bratislava	Befreit in Mauthausen U8b/2 3695
54062 SLO	Gross[ová], Blanka	10.02.1907 Cadca	Befreit in Mauthausen U8b/2 3810
54063 SLO	Grossmann[ová], Ruzena [Rozsi]	24.08.1908 Bratislava [24.07.1917]	Befreit in Mauthausen U8b/2 3698
54064 CZE	Graus[ová], [,Gransz'] Helena	28.01.1912 Olomouc [Dep.: Prag Di][En]	Befreit in Mauthausen U8b/2 3932, TGB1237
54065 SLO	Grünfeld[ová], Marta F: 54066, 54067, 54068	14.07.1922 Bratislava [14.07.1921]	Befreit in Mauthausen U8b/2 3705
54066 SLO	Grünfeld[ová], Judith F: 54065, 54067, 54068	21.02.1929 Bratislava [,21.02.1927']	Befreit in Mauthausen U8b/2 3707
54067 SLO	Grünfeld[ová], Malvin F: 54065, 54066, 54068	03.03.1927 Bratislava [,03.03.1926']	Befreit in Mauthausen U8b/2 3706
54068 SLO	Grünfeld[ová], Josefa F: 54065, 54066, 54067	27.10.1907 Bratislava [,27.10.1916']	Befreit in Mauthausen U8b/2 3704
54069 SLO	Guttmann[ová], Magdalena	20.01.1921 Bratislava	Befreit in Mauthausen U8b/2 3712
54070 'Stlos'	Guttmann, [Gutmann] Iren [Irene]	23.07.1929 Berlin [,23.07.1926'] [Westerbork 3] [En]	**Starb n.d. Befreiung 21.05.45 Mauthausen** PoT YV Item: 5335739
54071 CZE	Gutwillig[ová], *Picková Vilma [>Kutanová]	05.06.1905 Liberec [,01.06.09'] [R] [Em]	Befreit in Mauthausen SVHF 22822, U8b/3933
54072 SLO	Grünberg[ová], Gertruda F: vgl. 54073	11.06.1928 Bratislava [,11.06.1927']	Befreit in Mauthausen U8b/2 3703
54073 SLO	Grünberg[ová], Renee F: vgl. 54072	31.05.1927 Bratislava [,31.05.1926']	Befreit in Mauthausen YV03/756, U8b/3702
54074 SLO	Haar[ová], Eva [>Gerhard]	01.02.1929 Bratislava ['01.02.1926'] [Dep.: Sered?]	Befreit in Mauthausen SVHF 25837, U8b/3714
54075 SLO	Haas[ová], Maria	29.07.1918 Mikulas [,29.07.1920']	Befreit in Mauthausen U8b/2 3855
54076 RD	Harburger, *Kohn Gertrud Johanna [>Mielziner]	23.06.1910 Memmingen [Stuttgart XIII/2][En]	Befreit in Mauthausen Düsing139ff., TGB672

54077 SLO	Halle[ová], Edita [Edith]	06.08.1925 [09.08.1925 Trnava] Hviezdoslavova 15 ? Später: Bratislava	Befreit in Mauthausen U8b/2 3854 USHMM, Slovak census data
54078 HOL	Hamburger, *Benjamins Judith	24.09.1900 Amsterdam [Westerbork 2][En]	**Starb n.d. Befreiung 03.06.45 Ravensburg** AMM Y/49 Dutch 21.
54079 CZE	Hann[ová], Vera [Veronika]	31.07.1918 Prag [Dep.: Prag M][En]	Befreit in Mauthausen Dü52, U8b/4045/3935
54080 SLO	Haupt[ová], Gerti [Gertruda] F: vgl. 54081	26.02.1929 Topolcany	Befreit in Mauthausen U8b/2 3716
54081 SLO	Haupt[ová], Helen F: vgl. 54080	09.10.1926 Topolcany [09.10.1925]	Befreit in Mauthausen U8b/2 3715
54082 SLO	Hajnovitsová, [Hernovics] Eva	26.08.1921 Bratislava	Befreit in Mauthausen U8b/2 3713
54083 HOL	Heertje, *Noach Dina	07.02.1919 [Westerbork 6][Em]	Befreit in Mauthausen Rotes Kreuz AMM Y/49 Dutch 18.
54084 CZE	Heller[ová], Hilde [>Helen C. Pollard]	27.10.1917 Pilsen [Dep.:Pilsen T] [En]	Befreit in Mauthausen SVHF 40259, U8b/3936
54085 CZE	Heller[ová], Ruth [>Vlasáková]	19.12.1919 [Dep.:Prag Cv][Em]	Befreit in Mauthausen TGB1184
54086 SLO	Herskovits[ová], Ella F: vgl. 54087	18.03.1930 Bratislava ['18.03.1927']	Befreit in Mauthausen U8b/2 3856
54087 SLO	Herskovits[ová], Mariska [Maria] F: vgl. 54086	06.01.1928 Bratislava ['06.01.1926']	Befreit in Mauthausen U8b/2 3857
54088 'Stlos'	Herzberg, Hanna [>Shay] F: Tochter von 54089	25.07.1926 Erfurt [Westerbork 7] [En]	Befreit in Mauthausen SVHF 135 AMM Y/49 Dutch 20.
54089 'Stlos'	Herzberg, *Pinthus Lotte F: Mutter von 54088	26.01.1903 [1908] [Westerbork 7][En]	Befreit in Mauthausen Vgl. SVHF135 AMM Y/49 Dutch 19.
54090 SLO	Herzog, Marta	23.10.1910	Befreit [Ort unbekannt] Laut Chava Livni
54091 RD	Heymann,*Osenbrunner Berta [>Dirschl]	05.08.1907 [München 5][Em]	Befreit in Mauthausen Düsing28, Lud42

54092 'Stlos'	Hirsch, Liselotte	12.12.1923 Aachen [Westerbork 2][En]	Befreit in Mauthausen Rotes Kreuz, Aufbau AMM Y/49 Dutch 22.
54093 SLO	Hirschfeld[ová], Anna	26.02.1923 Bratislava [28.02.1922?]	Befreit in Mauthausen U8b/2 3877
54094 SLO	Hirschfeld, Malvine	23.03.1910 Bratislava [23.12.1916]	Befreit in Mauthausen U8b/2 3859
54095 CZE	Hoffmann[ová], Vera	14.06.1917 Prag [Dep:Prag AAl][En]	Befreit in Mauthausen U8b/2 3938, TGB702
54096 SLO	Holländer[ová], Frieda	05.02.1930 Bratislava [17.09.28]	Befreit in Mauthausen U8b/2 3858
54097 SLO	Hoselitz, Valeria	02.06.1905 Bratislava [,02.06.1915']	Befreit in Mauthausen U8b/2 3878
54098 CZE	Huppert[ová], Lota [Lotte]	23.03.1912 Prag [Dep.: Prag Ba][En]	Befreit in Mauthausen U8b/2 3940, TGB883
54099 SLO	Imbermann[ová] Margit [Gerti]	26.03.1923 Zemianska	Befreit in Mauthausen U8b/2 3717
54100 'Stlos'	Jäger, Ardel [Liselotte]	19.12.1918 [Westerbork 7][En]	Befreit in Mauthausen Rotes Kreuz AMM Y/49 Dutch 24.
54101 HUN	Indig, Gizella [Gizi]	17.10.1917 Alsokalinfalva 18.05.1944	Befreit in Mauthausen AMM Y/49 HUN 78.
54102 SLO	Jarná, *Feldamannová Alica [>Palanová]	23.12.1911 Nitra [16] [Dep.: Sered]	Befreit in Mauthausen SVHF 26259, AMM OH/ZP1/341, U8b/3720
54103 'RD'	Jellink[ová], [Jellinek] Louise	29.11.1918 [Dep:Prag AAr][En]	Befreit [Ort unbekannt] TGB788, Aufbau
54104 RD	Jonas, Liese [Lieselotte]	11.11.1922 [Berlin I/87][En]	Befreit in Mauthausen TGB249 AMM Y/49 German
54105 SLO	Jungreisz, *Lefkovits Tilda [>Gewurz]	31.10.1919 Bratislava [1912][Dep.: Sered]	Befreit in Mauthausen SVHF 10931, U8b/3736
54106 CZE	Kompert[ová], Gertruda Stepanka F: Kusine von 54215	22.01.1911 Prag [23.01.16][Am][Em]	Befreit in Mauthausen Düsing56, U8b/ 3946
54107 RD	Kirmayer, Rita [>Valevici]	05.10.1926 Wien [Dep.: Wien13][En]	Befreit in Mauthausen SVHF 17059, TGB439
54108 'RD'	Körbel[ová], Marketa [Margit]	24.07.1907 [Dep. :Prag Ba][En]	Befreit in Mauthausen U8b/2 4051, TGB884
54109 HOL	Kannewasser, *Koster Susanne [Suzanne]	12.05.1922 [Westerbork 7][Em]	Befreit [Ort unbekannt] Rotes Kreuz AMM Y/49 Dutch 29.

54110 'Stlos'	Kolbelsky, Sonja [>Messerschmidt]	27.05.1925 Berlin [Berlin I/98][En] [Starb Oktober 2010]	Befreit in Mauthausen SVHF 30309, TGB251, HVT-1173, Endsieg 100
54111 'RD'	Kremer, *Wagner [Kramer] Ruth	16.11.1907 [1908] [Westerbork 7][Em]	Befreit in Mauthausen Rotes Kreuz AMM Y/49 Dutch 27.
54112 RD	Kurnik, Ursula	18.03.1920 Breslau [Breslau IX/4][En]	**Schicksal ungeklärt** TGB507:'umgekommen'
54113 CZE	Katz[ová], Ruth [>Tehniková]	15.08.1926 Prostejov [Olomouc AAg][Em]	Befreit in Mauthausen U8b/2 3941, TGB664
54114 CZE	Kulková, [Kulka] Marta	09.04.1905 [Dep.:Prag Cc][Em]	Befreit in Mauthausen TGB1035
54115 RD	Kardemann, Eva Friederike	02.02.1921 Wien [Dep.: Wien13][En]	Befreit in Mauthausen U8a/406, TGB439, Aufbau
54116 RD	Kaufmann, Anneliese [>Ellen Daniel]	30.03.1922 Moers [Berlin I/112][Em]	Befreit in Mauthausen SVHF 28636, TGB250
54117 RD	Kniebel, *Blond Recha	05.11.1904 Posen [Berlin I/72][Em]	Befreit in Mauthausen TGB251, Stolperstein, AMM Y/49 German DP-Kartei 7285
54118 CZE	Kühnel[ová], Alzbeta [Elisabeth]	27.01.1930 D. Kralove [,27.01.1929'] [Králové Ch][En]	Befreit in Mauthausen U8b/2 3952, TGB1086
54119 CZE	Kühnel[ová], Marta	06.06.1909 D. Kralove [H. Králové Ci][En]	Befreit in Mauthausen U8b/2 3953, TGB1094
54120 CZE	Knopp[ová], Eliska	15.08.1906 Prerov [Olomouc AAf][En]	Befreit in Mauthausen U8b/2 3943, TGB650
54121 SLO	Kocheles[ová], Herta [Bertha Hocheles]	29.01.1917 Bratislava [,29.01.1919']	Befreit in Mauthausen U8b/2 3877
54122 HUN	Kahan, Gizella	26.11.1925 Gyulafalva 18.05.44	Befreit in Mauthausen AMM Y/49 HUN 85.
54123 CZE	Krauskopf[ová], Hana [Anna]	17.04.1925 Klatovy [Dep:Prag Cw][Em]	Befreit in Mauthausen U8b/2 4050, TGB1189
54124 SLO	Kalman, [Kultserová?] Terez	01.05.1918 Bratislava [01.05.12?]	**Schicksal ungeklärt** U8b/2 3732 ?
54125 SLO	Kalisch[ová], Katerina [Käthe]	20.07.1929 Bratislava [,20.07.1927']	Befreit in Mauthausen U8b/2 3721
54126 SLO	Kempfner[ová], Renee [>Rachel Friedmann]	16.07.1928 Bratislava [,16.07.1926']	Befreit in Mauthausen U8b/2 3722
54127 SLO	Kaldor[ová], Edita [Edith]	15.10.1916 Bratislava [05.08.1916?]	Befreit in Mauthausen U8b/2 3818

54128 SLO	Keleman[ová], Edita [Edith]	09.10.1911 Bratislava ['09.10.1917']	Befreit in Mauthausen U8b/2 3725
54129 CZE	Kral[ová], Eva [>Hava Lukash] F: Tochter von 54130	20.07.1926 Prag [Dep.:PragAAu][Em]	Befreit in Mauthausen SVHF 51668, U8b/3948
54130 CZE	Kral[ová], Maria F: Mutter von 54129	14.03.1897 Prag [,14.03.1900'] [Dep.:PragAAu][Em]	Befreit in Mauthausen U8b/2 3949, TGB833
54131 SLO	Kufler, Margit	14.06.1917 Györ-Szemer	**Verstarb in Freiberg an einer Sepsis Bestattet: 09.11.1944** Abmeldung: 12.11.44
54132 CZE	Kretsch[ová], Anna [Herzogová]	24.08.1908 Prag [Dep.: Prag M][En]	Befreit in Mauthausen U8b/2 3950, TGB248
54133 CZE	Kohn[ová], Zita [>Weissová]	02.12.1916 Prag [Dep.: Prag M][Em]	Befreit in Mauthausen U8b/2 3945, TGB247
54134 CZE	Kohn[ová], Marta [>Fiserová]	10.06.1926 Prag [Dep.:Prag Cv][Em]	Befreit in Mauthausen U8b/2 3944, TGB1185
54135 'Stlos'	Klein, Hanna [,Anneliese'] [>Hannelore Grünberg]	08.06.1927 Berlin [Westerbork 2][En]	Befreit in Mauthausen SVHF 4261, Rotes Kreuz AMM Y/49 Dutch 28.
54136 SLO	Klein[ová], Erna	18.10.1909 Bratislava [,18.10.1915']	Befreit in Mauthausen U8b/2 3728
54137 CZE	Klein[ová], Marketa [>Klenová]	11.09.1916 Brno [Dep.:Brno Ah][En]	Befreit in Mauthausen U8b/2 3942, TGB462
54138 RD	Katz, Marta [Martha]	07.06.1913 Waren [Köln III/1][En]	Befreit in Mauthausen TGB342:'umgekommen' AMM Y/49 German
54139 CZE	Kussi[ová], Erika	14.02.1914 Prag [Dep.: Prag Cc][En]	Befreit in Mauthausen U8b/2 3955, TGB1035
54140 SLO	Karoly[ová], Melanie	01.08.1910 Bratislava	Befreit in Mauthausen U8b/2 3723
54141 SLO	Klopstock[ová], *Vidorová Katalin [>Katarina Löffler]	30.06.1910 Bratislava ['30.06.1915'] [Dep.: Sered]	Befreit in Mauthausen SVHF 13661, AMM OH/ZP1/340, U8b/3729, HVT-3657
54142 SLO	Kend[ová], Margita [Grete]	21.04.1913 Bratislava [,21.04.1915']	Befreit in Mauthausen U8b/2 3726
54143 CZE	Ladner[ová], *Neumann Irma[>Deutschová]	11.03.1914 Prag [Dep.:Prag Ba][Em]	Befreit in Mauthausen SVHF 8131, U8b/3956
54144 CZE	Lampel[ová], Han[k]a [>Edna Beck]	16.06.1926 Prostejov [Olomouc AAo][En]	Befreit in Mauthausen U8b/2 3957, TGB743
54145 CZE	Lampl[ová], Lily	11.06.1912 Brno [Dep.: Brno K][En]	Befreit in Mauthausen U8b/2 3958, TGB214!

54146 HOL	De la Parra, *De Vries Helene	10.03.1915 [Westerbork 4][En]	Befreit [Ort unbekannt] Rotes Kreuz
54147 SLO	Laszlo, *Kurek Livia [>Kohn]	04.05.1926 Bratislava	Befreit in Mauthausen U8b/2 3734, Gedenkblattübermittler
54148 CZE	Laufer[ová], Edita	24.05.1905 Ostrava [24.06.06][Bl][En]	Befreit in Mauthausen U8b/2 3960, TGB972
54149 CZE	Lauer[ová], Alzbeta	30.11.1913 Libus [Dep.:Prag Bg][Em]	Befreit in Mauthausen U8b/2 3959, TGB930
54150 SLO	Laufer[ová], Julia [Juci]	07.08.1911 Bratislava [‚07.08.1918']	Befreit in Mauthausen U8b/2 3821
54151 SLO	Laufer[ová], Marta	18.04.1913 Bratislava [‚18.04.1920']	Befreit in Mauthausen U8b/2 3822
54152 CZE	Lederer[ová] Erzsebet [>Alzbeta Bernat]	03.02.1928 Prag ['03.02.1926'] [Em] [Dep.:Klatovy Ce]	Befreit in Mauthausen SVHF 30796, U8b/3961
54153 CZE	Lederer[ová] Liselotta	15.07.1921 Prag [Dep.: Prag M][Em]	Befreit in Mauthausen U8b/2 3962, TGB248
54154 CZE	Lederer[ová], Marta	28.11.1905 [Dep.: Prag L][En]	Befreit [Ort unbekannt] TGB233
54155 RD	Ledermann, Margit [Margarita]	13.07.1920 Hamburg [Hamburg 5][En]	Befreit in Mauthausen Aufbau Wien, ‚TGB400!' AMM Y/49 Dutch 32. Düsing Endsieg S.109ff.
54156 SLO	Lefkovits[ová], Ilse F: Schwester von 54157	11.07.1930 Bratislava [‚11.07.1927']	Befreit in Mauthausen U8b/2 3738, ‚Düsing91' Vgl. SVHF 34624
54157 SLO	Lefkovits[ová], Lili [>Havah Livia Klein] F: Schwester von 54156	29.05.1925 Bratislava [Dep.: Sered]	Befreit in Mauthausen SVHF 34624, U8b/3737 Düsing S.91f. Endsieg 105
54158 CZE	Lefflerová, ['Löfler'] Liliana [>Erbenová]	21.11.1924 Prag [Dep.: Prag Cv][En]	Befreit in Mauthausen U8b/2 3963, TGB1185
54159 SLO	Leier, *Deutsch Olga B: Hausfrau	20.04.1909 Trnava ['20.04.1914'] [Dep.: Nitra – Sered?]	**Verstarb in Freiberg an Scharlach** **Bestattet: 09.11.1944** Abmeldung: 12.11.44 PoT YV Item: 727127
54160 CZE	Leiner[ová], *Wintersteinová Elli [>Ely Jermarová]	19.11.1921 Uherský Brod [Dep.:Prag L][Em]	Befreit in Mauthausen SVHF 13046, U8b/4061
54161 RD	Leiner, *Jonas Esther [>Bauer]	13.03.1924 Hamburg [Hamburg 2] [Em]	Befreit in Mauthausen SVHF 5232, ‚TGB397!' Düsing Endsieg S.89ff.

54162 RD	Leitner, Johanna	09.03.1910 Wien [Dep.: Wien12][En]	Befreit in Mauthausen U8a/2 408, TGB417
54163 'Stlos'	Levy, [,Löwi'] Cecilia F: Tochter von 54164 F: Schwester von 54165	03.03.1930 [1927] [08.03.1930] [Westerbork 1][En]	Befreit in Mauthausen Düsing155ff. AMM Y/49 Dutch 34.
54164 'Stlos'	Levy, [,Löwi'] Erna F: Mutter von 54163 F: Mutter von 54165	09.09.1898 [,09.09.1905'] [Westerbork 1][En]	Befreit in Mauthausen Düsing155ff., Rotes Kreuz
54165 'Stlos'	Levy, [,Löwi'] Marianna [>Herlitschek] F: Tochter von 54154 F: Schwester von 54163	30.09.1924 [30.09.1921] [Westerbork 2][En]	Befreit in Mauthausen Düsing155ff. AMM Y/49 Dutch 35.
54166 RD	Lewin, Vera [>Mitteldorf]	31.07.1927 Berlin [Berlin I/90] [En]	Befreit in Mauthausen SVHF 15490, AMM OH/ZP1/219 AMM Y/49 German
54167 RD	Löwinger, Margit	14.09.1911 [14.08.1911] [Wien12][En]	Befreit in Mauthausen, **Schicksal ungeklärt** ,TGB407!', U8a/2 410
54168 RD	Löwin, [Lewin] Selma	05.11.1901 [Berlin I/97][Em]	Befreit in Mauthausen TGB254 AMM Y/49 German
54169 'Stlos'	Lewkowicz, Regina [>Langsam]	09.05.1929 Duisburg [27][Westerbork 2][En]	Befreit in Mauthausen SVHF 6685 AMM Y/49 Dutch 36.
54170 'Stlos'	Levy ['Lewi'] Elsbeth Carola [Erzsebet]	10.02.1925 [Westerbork 2][En]	Befreit in Mauthausen Rotes Kreuz AMM Y/49 Dutch 33.
54171 CZE	Lieben[ová], Stela [>Kurzweilová]	14.01.1915 Prag [Dep.: Prag Di][En]	Befreit in Mauthausen U8b/2 3965, TGB1238
54187 CZE	Nansenová-Federerová Claire [Libenská]	29.04.1921 [Dep.:Prag Bg][Em]	Befreit [in Freiberg?] TGB930
54188 CZE	Libenská, Hedvika [Hedwig]	08.05.1913 [Dep.:Prag Bg][Em]	Befreit in Mauthausen U8b/2 4057, TGB930
54189 CZE	Liebermann[ová], Berta	07.12.1900 [Dep.: Prag L][En]	**Starb am 29.04.1945 beim Ankunftsappell in Mauthausen** TGB224, Scheuer112
54190 RD	Lip[p]mann, *Risert Hertha	01.10.1898 Breslau [Breslau IX/4][Em]	Befreit in Mauthausen TGB532 AMM Y/49 German

54191 HOL	Lisser,*Bloemendaal Margaretha [Grete]	29.05.1911 [Westerbork 6][En]	Befreit in Mauthausen Rotes Kreuz AMM Y/49 Dutch 38.
54192 CZE	Litten[ová], Hana	19.01.1923 Prag [Dep.:Prag Bg][Em]	Befreit in Mauthausen U8b/2 3966, TGB930
54193 CZE	Löfflová, *Kohn [Läff] Klara [>Claire Zimmer]	27.10.1912 Kromeriz Bukarest [Olomouc AAg][En]	Befreit in Mauthausen SVHF 8860, U8b/3968 Düsing Endsieg S.75ff.
54194 SLO	Löwenbein, *Ronová Piroska [>Priska Lomová]	06.08.1916 Stropkov [Dep.: Sered] [HVT-3856]	Befreit in Mauthausen SVHF 15134, AMM OH/ZP1/347, U8b/3741 Starb: 12.10.2006
54195 CZE	Löwenthal[ová], Zuzana [Kotálová]	24.02.1923 Prag [Dep.: Prag Cv][En]	Befreit in Mauthausen U8b/2 3967, TGB1185
54196 CZE	Löwyová, *Liebstein Vera [Mrázová]	11.01.1919 [Dep.: Pilsen S][En]	Befreit in Mauthausen TGB294, HVT-3357 ?
54197 CZE	Löwinger[ová], Anni [>Tshori][Pisková] F: Schwester von 54198	11.08.1924 Ostrava [Dep.: Ostrava Bm][En]	Befreit in Mauthausen SVHF 48063, U8b/3970
54198 CZE	Löwinger[ová], Zipora [>Nir] F: Schwester von 54197	23.03.1926 Ostrava [Dep.: Ostrava Bm][En]	Befreit in Mauthausen U8b/2 3971, Korresp.
54199 CZE	Löwy[ová], Bedriska [Friederika]	17.08.1904 Prag [‚17.08.1912'[[Dep.: Prag Di][En]	Befreit in Mauthausen U8b/2 3969, TGB1238
54200 RD	Löwi, [Löwy] Anita [>Nita Adler]	24.03.1921 Wien [Dep.:Wien14i][En]	Befreit in Mauthausen U8a/411, Aufbau, TGB479
54201 SLO	Löwy[ová], Helena	09.08.1910 Bratislava [‚09.08.1917']	Befreit in Mauthausen U8b/2 3843
54202 CZE	Lüftschitz[ová], [Lipschitz] Eva [>Mrácková]	07.09.1926 Prag [Dep.:KolinAAc][En]	Befreit in Mauthausen SVHF 23191, U8b/3975
54203 'Stlos'	Luss, *Mannheim Ellen	28.04.1922 [Westerbork 4][En]	Befreit in Mauthausen Rotes Kreuz AMM Y/49 Dutch 40.
54204 SLO	Lustig[ová], Grete [>Margita Kácerová]	03.07.1920 Bratislava ['03.07.1922'] [Dep.: Sered]	Befreit in Mauthausen SVHF 27697, AMM OH/ZP1/349, U8b/3844
54205 CZE	Lustig[ová], Hana [>Hnátová] F: Tocher von 54206	20.06.1924 Louny [1925][Prag Cc][En]	Befreit in Mauthausen U8b/2 3972, TGB1035
54206 CZE	Lustig[ová], Terezie F: Mutter von 54205	04.12.1898 Prag [1904] [Dep.: Prag Cc][En]	Befreit in Mauthausen U8b/2 3973, TGB1035

54207 CZE	Löwyová, 'Lustig[ová]' Vera [>Kosinová] F: Kusine von 54205	02.04.1930 Prag ['02.04.1927'] [Dep.: Prag Cc][En]	Befreit in Mauthausen U8b/2 3974, TGB1035
54208 CZE	Masárková, [‚Massanek'] Hanna	06.12.1915 Prag [19.12.1915] [Prag M][Em]	Befreit in Mauthausen U8b/2 3978, TGB248
54209 CZE	Masárková, [‚Massanek'] Eliska [Elsa]	02.05.1914 Prag [Klatovy Ce][Em]	Befreit in Mauthausen U8b/2 3977, TGB1055
54210 RD	Mandel, *Schulsohn Fanny [>Heller]	01.05.1901 Okopy [1908] [Wien 12] [Em]	Befreit in Mauthausen SVHF 27142, Aufbau
54211 CZE	Mandlová Hejnalka	26.01.1895 Brno [1906][Brno Af] [Em]	Befreit in Mauthausen U8b/2 3976, TGB447
54212 SLO	Mandler, Helena	03.07.1912 [03.07.1905 Tejfalu] [Frantiskanska 3] ? Bratislava ?	**Schicksal ungeklärt Nicht identifiziert** USHMM: Slovak census data
54213 CZE	Mandelik[ová], Hana [>Schicková]	25.03.1916 [Dep.: Prag M][En]	Befreit [in Freiberg?] TGB248
54214 CZE	Matzner[ová], Bedriska [Friederika]	11.06.1917 Prag [Dep.: Prag Di][En]	Befreit in Mauthausen U8b/2 3982, TGB1238
54215 CZE	Mautner[ová], *Lichtenstern Lisa [>Miková] F: Kusine von 54106	31.01.1922 Prag [Dep.: Prag V] [Em]	Befreit in Mauthausen SVHF 8936, U8b/3964
54216 CZE	Mautner[ová], *Munk Hanna [Anna] [>Fabian]	14.11.1911 Náchod [‚14.11.1915'] [Prag M] [Em]	Befreit in Mauthausen SVHF 29884, U8b/3981
54217 CZE	Mautner[ová], Ela [Elli]	11.10.1919 Prag [Dep.: Prag L][Em]	Befreit in Mauthausen U8b/2 3980, TGB233
54218 CZE	Mautner[ová], Dr. med. Edita [Edith]	25.12.1912 [Dep.: Prag Di][Em] Flucht bei Budweis	Befreit nach Flucht bei Budweis, TGB1238 Vgl. Wendy Holden
54219 SLO	Manczer[ová], Helene	23.10.1904 Bratislava [23.10.1910?]	Befreit in Mauthausen U8b/2 3864
54220 CZE	Meislová, ['Meisel'], Gabriela [Gabi]	25.05.1921 Prag [Dep:PragAAr][Em]	Befreit in Mauthausen U8b/2 3984, TGB788
54221 SLO	Mayer[ová], Gertruda	07.07.1928 Bratislava Bratislava: Dunajska 31	Befreit in Mauthausen U8b/2 3744, USHMM: Slovak census data
54222 RD	Mayer, *Ettlinger, Else [Elisabeth]	25.08.1897Landau [Köln III/5][En]	Befreit in Mauthausen Lud46, TGB369
54223 RD	Meyer, *Kohn Rosel	04.11.1905 Euskirchen [Köln III/5][En]	Befreit in Mauthausen TGB352:'umgekommen' AMM Y/49 German

54224 CZE	Mayer[ová], Lucie	01.01.1926 [Olomouc AAo][Em]	Befreit in Mauthausen TGB743
54225 SLO	Mayer[ová], Gertruda [Gerda] F: Tochter von 54226	17.09.1928 Bratislava [17.03.1933] ['1923'] Bratislava: Tesslova 17	Befreit in Mauthausen U8b/2 3745 USHMM: Slovak census data
54226 SLO	Mayerová, ['Majer'] Hedvika [Hedviga] [>Hedi Ullmann] F: Mutter von 54225	10.12.1911 Vieden Bratislava: Tesslova 17	Befreit in Mauthausen U8b/2 3743 USHMM: Slovak census data
54227 RD	Markus, [Marcus] Lucia [Lucie]	26.09.1914 [Berlin I/3][Em]	Befreit in Mauthausen TGB255 AMM Y/49 German
54228 SLO	Markstein[ová], Bella	06.05.1923 Nitra	Befreit in Mauthausen U8b/2 3825
54229 'Stlos'	Mozes, [Moses] *Loew Hanna ['Maes']	10.07.1907 [Westerbork 7][En]	Befreit in Mauthausen Rotes Kreuz AMM Y/49 Dutch 42.
54230 RD	Mozes, [Moses][Moser] Eveline	27.10.1923 [Berlin I/95][En]	Befreit in Mauthausen TGB257 AMM Y/49 German
54231 CZE	Monath[ová], Lilli	07.08.1925 Brno [Dep.:BrnoDg][Em]	Befreit in Mauthausen U8b/2 3979, TGB1208
54232 ,CZE'	Martonová, [,Melton'] Alzbeta [Elisabeth]	05.08.1908 Bratislava ['05.08.1914']	Befreit in Mauthausen U8b/2 3983
54233 SLO	Mendlevicová , Edita ['Edith Mendlowits']	15.09.1926 Nitra	Befreit in Mauthausen U8b/2 3746
54234 CZE	Mecer[ová], Marta	13.09.1906 Prag [,13.09.1911'] [[Prag Ba] [Em]	Befreit in Mauthausen U8b/2 3983, TGB884
54235 HUN	Messinger[ová], Eva	08.05.1913 Nove Zamky [,08.05.1923']	Befreit in Mauthausen U8b/2 3752
54236 HUN	Menschenfreund[ová], Ester [>Berko] F: Schwester von 54237 F: Kusine von 54034	08.03.1923 Bogdan [Dep.: Mátészalka]	Befreit in Mauthausen SVHF 25937, U8b/3747
54237 HUN	Menschenfreund[ová], Sarah [>Rath] F: Schwester von 54236 F: Kusine von 54034	29.04.1924 Bogdan [Dep.: Mátészalka]	Befreit in Mauthausen SVHF 25553, U8b/3748
54238 CZE	Mühlstein[ová], Margareta [Marketa]	04.01.1915 Prag [Dep.: Prag M][Em]	Befreit in Mauthausen U8b/2 3985, TGB248

54239 CZE	Müller[ová], Ibolya [Ibi] [Elli]	27.05.1912 Brno [Dep.: Brno U][Em]	Befreit in Mauthausen U8b/2 3987, TGB317
54240 'CZE'	Müller[ová], Alzbeta [Elisabeth]	15.04.1925 Bratislava	Befreit in Mauthausen U8b/2 3755
54241 CZE	Munk[ová], Edita [>Stastná]	26.12.1924 Olomouc [Olomouc AAo][En]	Befreit in Mauthausen U8b/2 3986, TGB743
54242 'Stlos'	Nathan, Hilda	14.01.1916 [24.01.1916] [Westerbork 7][Em]	Befreit [Ort unbekannt] Rotes Kreuz
54243 CZE	Nathan[ová], *Kaudrová Hanna [>Anna Bergmann]	20.04.1917 [Dep. Prag M][Em] Starb: 17.07.2013	Befreit in Mauthausen SVHF 28239, AMM OH/ZP1/536, U8b3990
54244 RD	Nadbath, Ingeborg	16.02.1924 Wien [Dep.:Wien14f][En]	Befreit in Mauthausen U8a/413, Aufbau, TGB
54245 'CZE'	Nagler[ová], Helena	23.03.1910 Bratislava [23.11.14]	Befreit in Mauthausen U8b/2 3756
54246 CZE	Nassau[ová], Markéta [Grete] F: Mutter von 54247	11.08.1898 Uhersky Brod [Uherský Brod Cp][Em]	Befreit in Mauthausen U8b/2 3988, TGB1169
54247 CZE	Nassau[ová], Ilsa [>Bergerová] F: Tochter von 54246	01.11.1928 Uhersky Brod [Uherský Brod Cp][Em]	Befreit in Mauthausen U8b/2 3989, TGB1169
54248 SLO	Neumann[ová], Hanna [>Sternlicht]	10.02.1930 Holice	Befreit in Mauthausen U8b/2 3992
54249 SLO	Neumann[ová], Hilde	15.07.1897 Auspitz Bratislava: Tesslova 19 [?] [‚15.07.1906']	Befreit in Mauthausen U8b/2 3865 USHMM, Slovak census data
54250 SLO	Neumann[ová], Anna	14.02.1924 Bratislava	Befreit in Mauthausen U8b/2 3757
54251 SLO	Neumann[ová], Katerina [Kati]	06.04.1910 Bratislava [06.04.1915]	Befreit in Mauthausen U8b/2 3827
54252 SLO	Neumann[ová], Martha	29.08.1914 Bratislava [‚29.07.1919']	Befreit in Mauthausen U8b/2 3866
54253 'SLO'	Neumann[ová], Marie	21.04.1913 Prag [‚21.04.1917'] [Dep.: Prag H][Em]	Befreit in Mauthausen U8b/2 3993, ‚TGB164!'
54254 CZE	Nemcová ['Nemec'], Greta	05.10.1910 Prag [Dep.: Prag Dt][Em]	Befreit in Mauthausen U8b/2 3994, TGB1248
54255 CZE	Nettlová, *Karpfová Annemarie	02.05.1921 [Dep.: Prag Au][En]	Befreit [in Freiberg?] TGB550
54256 RD	Norden, *Laser Erna [>Lippmann] F: Schwägerin v. 54257	10.06.1914 Hamburg [Hamburg 2][En]	Befreit in Mauthausen TGB407: ‚umgekommen' Vgl. SVHF 34418

54257 RD	Norden, *Ossijowitz Margarete [>Weil] F: Schwägerin v. 54256	14.02.1917 Insterburg [Hamburg 2][En]	Befreit in Mauthausen SVHF 34418, ‚TGB407!' Verstarb 01.01.2014
54258 SLO	Licht[en]feld[ová], Lilli [>Schapira]	19.05.1920 Bratislava	Befreit in Mauthausen U8b/2 3739
54259 SLO	Neuschloss[ová], Melitta	25.03.1919 Bratislava	Befreit in Mauthausen U8b/2 3995
54260 HOL	Nunes Vas [Ninesfesch] Mathilde [Sweeden Vas]	09.11.1922 [Westerbork 4] [En]	Befreit in Mauthausen Rotes Kreuz AMM Y/49 Dutch 43.
54261 CZE	Oppenheimer[ová], Ruzena [Roza]	04.04.1905 [Dep.: Prag Dt][En]	Befreit [Ort unbekannt] TGB1248
54262 RD	Offner, Rena [Renate] F: vgl. 54263	05.12.1928 [Breslau IX/4][En]	Befreit in Mauthausen TGB515: ‚umgekommen' AMM Y/49 German
54263 RD	Offner, Lena [Lene] F: vgl. 54262	17.12.1923 [Breslau IX/4][En]	Befreit in Mauthausen TGB514: ‚umgekommen' AMM Y/49 German
54264 CZE	Oplatka, *Eliska Moch Elsa [>Ella Lerner]	26.07.1921 Prag [Dep.: Prag M][En]	Befreit in Mauthausen SVHF 30650, U8b/3995
54265 SLO	Perl[ová], Gertruda	13.01.1920 Bratislava [1922][Dep.: Sered]	Befreit in Mauthausen U8b/2 3829
54266 SLO	Perl[ová], Ella [>Gabriella Geyer]	27.04.1926 Bratislava [Dep.: Sered]	Befreit in Mauthausen SVHF 1364, U8b/3758
54267 CZE	Peroutková, ['Perontka'] Marta [>Fantlová]	26.12.1915 Prag [Dep.: Prag At][En]	Befreit in Mauthausen U8b/2 3996, TGB536
54268 HOL	Pool, *Wessels Dina	29.05.1897 [‚29.05.1900'] [Westerbork 5][En]	Befreit in Mauthausen Rotes Kreuz AMM Y/49 Dutch 44.
54269 CZE	Polák[ová], JUDr. Gerta [Gertrud]	23.11.1909 Prag [Dep.: Prag Ba][En]	Befreit in Mauthausen U8b/2 3998, TGB884
54270 SLO	Pollak[ová], Alzbeta [Erzsi]	07.11.1916 Bratislava [11.07.1916?]	Befreit in Mauthausen U8b/2 3759
54271 SLO	Horlak, [=Pollak?] Maria	28.08.1919	**Schicksal ungeklärt** **Nicht identifiziert**
54272 RD	Elias-Pollak, Gerda	02.07.1921 [Berlin I/92][En]	Befreit [Ort unbekannt] TGB241
54273 CZE	Prager[ová], Hilde	19.01.1910 Prag [Dep.: Prag Bf] [En]	Befreit in Mauthausen U8b/2 3999, TGB915
54274 RD	Pulwermacher, *Heilborn Ilse [‚Pulwer Mracha']	03.08.1917 Breslau [Berlin I/100][En]	Befreit in Mauthausen Sharit-Ha-Platah, Lud74

54275 CZE	Raik[ová], Gerda	06.02.1914 Prag [Dep.: Prag Ba][En]	Befreit in Mauthausen U8b/2 4059, TGB885
54276 CZE	Reik[ová], Maria	21.01.1900 Prag [Dep.:PragAAt][En]	Befreit in Mauthausen U8b/2 4000, TGB819
54277 CZE	Rapp[ová], Marta	03.04.1909 Pilsen [Dep.: Prag Dt][En]	Befreit in Mauthausen U8b/2 4001, TGB1249
54278 CZE	Reich[ová], Eva	10.05.1916 Prag [Dep.:Prag Au][Em]	Befreit in Mauthausen U8b/2 4002, TGB566
54279 CZE	Reich[ová], Jana [Jenni]	15.07.1907 [Dep.: Prag At][En]	Befreit in Mauthausen TGB536
54280 CZE	Reiss[ová], Marta	16.03.1906 Prag [Dep.: Prag H][En]	Befreit in Mauthausen U8b/2 4005, TGB172
54281 CZE	Reiss[ová], Truda [Gertrud] [>Sdarová]	07.03.1923 [Dep.: Prag Au][En]	Befreit in Mauthausen TGB566
54282 'CZE'	Reisz[ová], Elsa [>Alzbeta Öhlerová]	06.05.1924 Bratislava [Dep.: Sered]	Befreit in Mauthausen SVHF 15765, U8b/3832
54283 CZE	Reis[ová]-Karpeles[ová], Ela [Ella]	05.06.1915 Prag [Dep.: Prag Au]:[Em]	Befreit in Mauthausen U8b/2 4004, TGB566
54284 CZE	Reiner[ová], *Steinerová Hana Judita	19.04.1921 Benesov [Dep.:Prag De][Em]	Befreit in Mauthausen SVHF 19428, AMM OH/ZP1/816, U8b/4003
54285 ,CZE'	Reingenheim, Golda [Helga]	16.08.1922 Hopsten [Berlin I/100][En]	**Schicksal ungeklärt** TGB173: 'umgekommen'
54286 CZE	Ruzicková, Ruzena [Roza] [>Benicková]	01.04.1918 Prag [Dep.: Prag M][En]	Befreit in Mauthausen U8b/2 4008, TGB249
54287 CZE	Rindler[ová], Milena	15.09.1921 Prag [Dep.: Prag Cc][En]	Befreit in Mauthausen U8b/2 4006, TGB1035
54288 HOL	Rootfeldt, [Rothfeld] Rachel	12.05.1914 [Westerbork 7][Em]	Befreit [Ort unbekannt] Rotes Kreuz
54289 'Stlos'	Rolef ['Rollet'] [Rolet] Wilhelmine	23.11.1912 [Westerbork 7][En]	Befreit in Mauthausen Rotes Kreuz AMM Y/49 Dutch 46.
54290 ,RD'	Rubens[ová], Greta	16.04.1922 [Dep.: Prag Di][En]	Befreit in Mauthausen U8b/2 4007, TGB1238
54291 RD	Rosenstock, Lina [Liva]	23.05.1905 [München 26][Em]	Befreit [Ort unbekannt] TGB324
54292 RD	Reiter, *Rosenbaum Ruth [>Herzka]	21.06.1924 Köln [Köln III/5][Em]	Befreit in Mauthausen SVHF 17519, Aufbau
54293 'RD'	Rosenfeld[ová], Greta [Grete]	24.12.1907 [Dep.:Prag Cv][Em]	Befreit in Mauthausen U8b/2 4048, TGB1186

54294 SLO	Rosenfeld[ová], Roszi	01.03.1924 Bratislava [1920?]	Befreit in Mauthausen U8b/2 3764
54295 SLO	Rosenbaum[ová], Klara [Kaja]	22.08.1910 Bratislava [1920?]	Befreit in Mauthausen U8b/2 3762
54296 SLO	Roth[ová], Julie	07.10.1917 Bratislava [‚07.10.1919']	Befreit in Mauthausen U8b/2 3766
54297 HUN	Riemstein[ová],[Rimsfein] Eva F: vgl. 54297	25.05.1927 Streda	Befreit in Mauthausen U8b/2 3767
54298 HUN	Riemstein[ová],[Rimsfein] Irena F: vgl. 54298	02.03.1929 Trnava [‚02.03.1928']	Befreit in Mauthausen U8b/2 3768
54299 SLO	Rosenberg[ová], Rachela	25.09.1926 Bratislava	Befreit in Mauthausen U8b/2 3763
54300 SLO	Rakowska, Magda [>Aviva Liebeskind]	27.01.1931 Bratislava [‚20.12.1926'] [Dep.: Sered]	Befreit in Mauthausen U8b/2 3761, Korrespondenz
54301 RD	Rojiczek, Marianne [>Kahan]	24.08.1928 Berlin ['24.08.1926'] [Berlin I/82][En]	Befreit in Mauthausen Michael John, ‚TGB176!'
54302 RD	Riegler, [Albert] Rosa	06.11.1912 Wien [Dep.:Wien12][En]	Befreit in Mauthausen Aufbau Wien, TGB415
54303 ‚Stlos'	Rybak, Margot F: vgl. 54304	10.07.1929 [Berlin I/90][En]	Befreit in Mauthausen Aufbau Linz, TGB261
54304 ‚Stlos'	Rybak, Li[e]selotte F: vgl. 54303	17.02.1924 [Berlin I/90][En]	Befreit in Mauthausen Aufbau Linz, TGB261
54305 RD	Sachs, Frieda [Friedel]	19.12.1925 [1922] [Westerbork 2][En]	Befreit in Mauthausen Rotes Kreuz, AMM Y/49 Dutch 48.
54306 SLO	Salomon[ová], [Salamon] Vilma	20.07.1911 Bratislava [12.06.1916] [12.06.1911] Bratislava: Kuzmanyho 9 [?]	Befreit in Mauthausen U8b/2 3769 USHMM: Slovak census data
54307 HOL	Sajet, Sajel-Wolff Sarah [‚Serat']	31.03.1920 [Westerbork 7][Em]	Befreit in Mauthausen Rotes Kreuz AMM Y/49 Dutch 47.
54308 'HOL'	Salzer[ová], *Eckstein Edita [>Edith Sternfeld] F: Schwägerin v. 54309	29.10.1919 Bratislava ['29.09.1919'][Sered] Bratislava: Namestie 14. Marca 6	Befreit in Mauthausen Düsing 93f.,U8b/2 3771 USHMM: Slovak census data

54309 SLO	Salzer[ová], Eva F: Schwägerin v. 54308	24.11.1925 Rece Bratislava: Namestie 14. Marca 6 [Dep.: Sered]	Befreit in Mauthausen U8b/2 3772 USHMM: Slovak census data
54310 HOL	Sanders, *Spits Jenny [Jany]	09.06.1904 [08.06.1904] [Westerbork 5] [En]	Befreit in Mauthausen Rotes Kreuz, AMM Y/49 Dutch 49.
54311 SLO	Salzer[ová], Alzbeta [Elisabeth]	06.04.1914 Bratislava	Befreit in Mauthausen U8b/2 3770
54312 CZE	Sommer[ová], Vera	30.03.1922 Solopysky [Dep.: Prag Bg][Em]	Befreit in Mauthausen U8b/2 4010, TGB931
54313 RD	Sommerfeld, *Marcuse Gertrud	12.07.1898 Berlin [Berlin I/95][En]	**Starb 1945** [Ort unbekannt] PoT YV Item: 823114 Gedenkbuch BArch
54314 CZE	Seger[ová], Charlota	13.08.1928 Pilsen [Dep.: Pilsen R][En]	**Verstarb in Freiberg an Herzschwäche & Lungenentzündung** **Bestattet: 27.01.1945** Abmeldung: 31.01.45
54315 CZE	Seelenfried[ová], Edita [>Bloudilová]	17.04.1909 [Uherský Brod Cp] [Em]	Befreit [in Freiberg?] TGB1170
54316 SLO	Steiner[ová], [‘Stemer’] Lili [Lilly]	04.04.1923 Bratislava (1922?)	Befreit in Mauthausen U8b/2 3782
54317 RD	Steuer, Eva Aloisa	31.12.1921 Wien [Dep.:Wien12][Em]	Befreit in Mauthausen U8a/2 423, TGB419
54318 ‘RD’	Stein[ová], Zuzana [Susa]	22.10.1914 Pilsen [Hradec Králové Ch] [En]	Befreit in Mauthausen U8b/2 4047, TGB1086
54319 ‚RD’	Stein[ová], Charlotte	20.09.1920 [Dep:Brno Ah][Em]	Befreit [in Freiberg?] TGB463
54320 ‚RD’	Stein[ová],[>Müllerová] Sona [Sonia] F: Tochter von 54321	25.10.1928 [‚25.10.1926’] [Dep.:Prag Am][En]	Befreit in Mauthausen U8b/2 4022, TGB506
54321 ‚RD’	Stein[ová], Maria [‚Mania’] F: Mutter von 54320	10.09.1899 Prag [09.10.18][Am] [En]	Befreit in Mauthausen U8b/2 4021, TGB506
54322 ‚RD’	Stein[ová], Herma [Hermine]	20.09.1901 Prag [’20.09.1908’] [Dep.:Prag Di][Em]	Befreit in Mauthausen U8b/2 4020, TGB1239
54323 ‚RD’	Steiner[ová], Edita [Edith]	03.07.1908 [Kolin Aad][En]	Befreit in Mauthausen U8b/2 4023, TGB622

54324 ,RD'	Steiner[ová], Edita [>Hahn de Kraus]	09.09.1917 Prag [Dep:PragAAl][Em]	Befreit in Mauthausen SVHF 22311, TGB703
54325 RD	Steiner, Gertrud	27.01.1908 [21.01.1908] [Dep.: Wien10][En]	Befreit in Mauthausen Lud.71, TGB374
54326 CZE	Steiner[ová], Eleonora [>Holesovská]	11.05.1923 Klatovy [Prag St-Ez][Em]	Befreit in Mauthausen U8b/2 4024, TGB1270
54327 SLO	Steiner[ová], Helen [Helena] F: Mutter von 54328	17.12.1903 Moravska Ostrava Bratislava: Novohradska 1041 [,17.12.1914']	Befreit in Mauthausen U8b/2 3780 USHMM: Slovak census data
54328 SLO	Steiner[ová], Elisabeth [Alzbeta] Lisa F: Tochter von 54327	04.04.1925 Bratislava [1922?] 04.04.1927 Bratislava: Novohradska 1041	Befreit in Mauthausen U8b/2 3783, 3869 USHMM: Slovak census data
54329 SLO	Steiner[ová], Helene [Helena]	14.02.1911 [14.02.1914] Tiszapolgar Bratislava: Moyesova 20	Befreit in Mauthausen U8b/2 3781 USHMM: Slovak census data
54330 SLO	Steiner, Tereza	27.11.1915	**Schicksal ungeklärt Nicht identifiziert**
54331 RD	Stern, Anneliese [Anna]	27.02.1918 [Berlin I/38][Em]	Befreit in Mauthausen TGB211:,umgekommen' Gedenkbuch BArch?! AMM Y/49 German
54332 HUN	Stern, Maria	10.07.1927 [Borsa 26.06.1944]	Befreit in Mauthausen AMM Y/49 HUN 165.
54333 RD	Stern, *Jastrow Alice	01.01.1902 [Berlin I/99][En]	Befreit in Mauthausen TGB211: ,umgekommen' AMM Y/49 German
54334 CZE	Stampf[ová], Miriam [>Laurenciková]	07.09.1927 Prag [Dep.: Brno Ai][En]	Befreit in Mauthausen SVHF 13110, U8b/4019
54335 SLO	Staller[ová], [Stahler] Irene [Irena]	28.05.1912 Vizkelet [,28.05.1918'] Bratislava: Marianska 8b	Befreit in Mauthausen U8b/2 3776 USHMM: Slovak census data
54336 CZE	Spitzer, Hedwig [Hedvika]	19.01.1903 Prag [Dep.: Prag W][Em]	Befreit in Mauthausen U8b/2 4015, TGB348
54337 SLO	Spitzer[ová], Magda	23.08.1920 Bratislava [23.08.1919] Bratislava: Kumlikova 23	Befreit in Mauthausen U8b/2 3774 USHMM: Slovak census data

54338 SLO	Spitzer[ová], Susi [Zuzka] [Zuzana]	25.02.1925 Bratislava ['25.02.1924'] Bratislava: Panenska 2/a	Befreit in Mauthausen U8b/2 3775 USHMM: Slovak census data
54339 'Stlos'	Spitzer[ová],*Jilovská Anna [>Kumesová]	19.06.1913 Velvary ['19.06.1918'] [Dep.:Sered]	Befreit in Mauthausen SVHF 17173, U8b/4011
54340 CZE	Schwarz[ová], Marta	25.03.1912 Prag [‚25.03.1914'] [Dep.: Prag M][En]	Befreit in Mauthausen U8b/2 4027, TGB249
54341 CZE	Schwarz[ová], Ilsa	05.06.1902 [Dep.: Prag Cc][En]	Befreit in Mauthausen TGB1036
54342 CZE	Svarcová,*Arnsteinová Marie [>Sandová]	04.10.1916 Trebivlice [Dep.:Prag Ca][Em]	Befreit nach Flucht bei Trebon: SVHF 13876
54343 RD	Schwarz, Hertha	02.10.1905 [Dep.:Wien14i][En]	Befreit in Mauthausen U8a/2 420, TGB482
54344 SLO	Schwartz, [Schwarcz] *Sonnenfeld Sara [>Charlotte Selby]	12.08.1905 Bratislava ['18.08.14'] Bratislava: Mateja Bela 8 [Dep.: Sered?]	Befreit in Mauthausen SVHF 10773, U8b/3835 USHMM: Slovak census data
54345 CZE	Schwartz[ová], Lizzy [>Dyszkiewicz-Dyke]	11.05.1927 Boskovice [Dep. Brno Ac] [Em]	Befreit in Mauthausen SVHF 7951, TGB403
54346 CZE	Schulhof[ová], Irena [>Skrcená]	14.10.1914 Prag [Dep.: Prag X][Em]	Befreit in Mauthausen U8b/2 4025, TGB363
54347 CZE	Schulhof[ová], Elisabeth [Alzbeta]	16.12.1912 [Dep:PragAAu][En]	Befreit in Mauthausen TGB834
54348 CZE	Schick[ová], Gertrud F: vgl. 54349	17.12.1900 [Dep.: Prag M][Em]	Befreit in Mauthausen TGB249
54349 CZE	Ronková, Schick[ová], Eva F: vgl. 54348	16.10.1923 [Dep.: Prag M][Em]	Befreit nach Flucht [in Prag] TGB249
54350 SLO	Schif[f][ová], Ibolya [Ibi]	01.09.1917 Bratislava	Befreit in Mauthausen U8b/2 3834
54351 CZE	Schiff[ová], Ella [Ela]	27.07.1910 Prag [Dep.: Prag V][En]	Befreit in Mauthausen U8b/2 4014, TGB332
54352 CZE	Schmulowicz, Herta [Neufeldová]	19.12.1922 Pilsen [Dep.:Pilsen S][Em]	Befreit in Mauthausen U8b/2 4016, ‚TGB288!'
54353 CZE	Schulsinger[ová], Sala [Bala]	17.11.1897 Hodonin [07.11.1901] [Co][Em]	Befreit in Mauthausen U8b/2 4018, TGB1157

54354 RD	Schuster, Erika [>Greenberg]	28.07.1929 Wien [Dep.: Wien13][En]	Befreit in Mauthausen SVHF 19615, TGB441
54355 CZE	Schlanger[ová], Hana [Heislerová]	12.09.1920 Chrast [Pardubice Cg][Em]	Befreit in Mauthausen U8b/2 3937, TGB1076
54356 SLO	Szekely, Hermina	21.05.1899 Zilina [,21.05.1910']	Befreit in Mauthausen U8b/2 3790
54357 CZE	Schlosser[ová], Gerta	03.01.1909 [Dep.: Prag V][En]	Befreit [Ort unbekannt] TGB333
54358 RD	Schlimper, Lili [Lilly]	26.01.1923 Wien [Dep.: Wien12][En]	Befreit in Mauthausen TGB418, U8a/422, Aufbau
54359 CZE	Scheuer[ová], *Adler Lisbeth [Lisa] [Alzbeta]	19.08.1907 Ceská Lipa [Dep. :Prag Cc][En]	Befreit in Mauthausen SVHF 16636, U8b/4013 AutoBio: Vom Tode, der nicht stattfand
54360 CZE	Schreiber[ová], Anna	06.03.1907 [Dep.:Prag Cc][Em]	**Starb n. d. Befreiung 27.05.1945 in Gusen** Friedhofsakten Gusen, TGB1031
54361 CZE	Schön-Glaserová, Vera	26.04.1921 Prag [Dep.: Prag Ca][En]	Befreit in Mauthausen U8b/2 4017, TGB1001
54362 CZE	Scharpner[ová], Vera [>Munková]	14.04.1920 Prag [Dep.: Prag M][Em]	Befreit in Mauthausen U8b/2 4012, TGB249
54363 'RD'	Schücková, [Schick] Ruzena [Rosa]	20.04.1905 Prag [Dep.: Prag Ba][En]	Befreit in Mauthausen U8b/2 4026, TGB885
54364 SLO	Sidon[ová], Alice	21.11.1919 Bratislava [21.09.1919]	Befreit in Mauthausen U8b/2 3849
54365 HOL	Smalhout, *Soester Hanneke [Hansje]	02.10.1922 Amsterdam [Westerbork 6] [Em]	Befreit in Mauthausen SVHF 29046
54366 'Stlos'	Strykowski, Frieda [Friedel]	14.05.1922 Essen [Westerbork 2][En]	Befreit in Mauthausen AMM Y/49 German
54367 RD	Spier, Gisela [>Yael Cohen]	29.11.1928 Momberg [Kassel XV/1][En]	Befreit in Mauthausen AutoB.: Weggerissen AMM Y/49 Dutch 50.
54368 RD	Struchholz, [Stroholz] Elsa [*Lewitsch]	25.03.1903 Straßburg [Hamburg 4] [Em]	Befreit in Mauthausen Theres.Aufbau 20.07.45 AMM Y/49 German
54369 CZE	Selzar[ová], *Herrmannová Hana [>Buresová]	23.03.1922 Prag [Dep.: Prag V][Em] Flucht: Horni Briza	Befreit in Prag [Flucht] SVHF 20074, TGB332 Wendy Holden S. 239
54370 ,CZE'	Taussig, Gerty [>Meltzer]	05.02.1928 Wien [Dep.: Wien14][En]	Befreit in Mauthausen SVHF 1686, TGB484, Düsing Endsieg 25ff.

54371 CZE	Tanzer[ová], Margit [Marketa]	24.02.1903 Pilsen [Dep.: Pilsen T][En]	Befreit in Mauthausen U8b/2 4028, TGB1270
54372 SLO	Trauner, Adele	15.05.1907	Befreit [Ort unbekannt] Düsing144ff.
54373 CZE	Treitel[ová], Margarete [Marketa] F: Mutter von 54374	15.02.1905 Prag [Dep:Prag St-Ez][En]	Befreit in Mauthausen U8b/2 4030, TGB1270
54374 CZE	Treitel[ová], Elsa [>Eliska Wallachová] F: Tochter von 54373	27.11.1928 Prag [‚27.11.1925'] [Dep:Prag St-Ez][En]	Befreit in Mauthausen U8b/2 4029, TGB1270
54375 SLO	Traub-Katz[ová], Jolan	28.04.1910 [1916] Velke Bipnany	Befreit in Mauthausen U8b/2 3724
54376 RD	Tropp, Alice	24.01.1920 [Dep.: Wien13][En]	Befreit in Mauthausen U8a/2 425, TGB442
54377 SLO	Templer[ová], Sara [Charlotta]	25.06.1930 Vrbove ['21.06.1926'] Bratislava: Rybne namestie 4	Befreit in Mauthausen U8b/2 3791 USHMM: Slovak census data
54378 HOL	De Leve, *Cohen Dina [Dineke] B: Krankenschwester	16.10.1919 Groningen Amsterdam Rotterdam [Westerbork 6] [Em]	**Starb am 29.04.1945 in Mauthausen beim Ankunftsappell** Vgl. OGS, Scheuer112 PoT YV Item: 1869280
54379 SLO	Tomaszow[ová], Herta [>Hertha Katz]	11.12.1924 Bratislava	Befreit in Mauthausen U8b/2 3792
54380 SLO	Ungar[ová], Bertha [Barbara]	17.07.1917 Circ	Befreit in Mauthausen U8b/2 3794
54381 'RD'	Ucková, Hilde [Hildegarda]	30.03.1922 [Dep.:Prag De][Em]	Befreit in Mauthausen Aufbau, U8b/2 4060
54382 RD	Ungar, Hanna	27.03.1930 Wien [Dep.: Wien13][En]	Befreit in Mauthausen Aufbau Wien, TGB442
54383 RD	Vogel, Lili [>Lilly Bobmann]	11.03.1929 Wien [Dep.: Wien12][En]	Befreit in Mauthausen U8a/2 426, TGB419 Aufbau , Zeugin 1947
54384 CZE	Weissbrodt[ová], Jana [Hedwig] [Heda]	08.06.1912 Prag [Dep.: Prag Ao][En]	Befreit in Mauthausen U8b/2 4037, TGB521
54385 SLO	Wald[ová], Ilona [Helena]	03.10.1913 Hlohovec	Befreit in Mauthausen U8b/2 3795
54386 CZE	Wallig[ová] Emilie [>Eva Spitzerová]	09.09.1927 Trebic [Dep.:Prag Cy][Em]	Befreit in Mauthausen U8b/2 4031, TGB1194
54387 CZE	Waldstein[ová], Marta [>Friedová]	22.10.1912 Prag [Dep.:Prag M] [En]	Befreit in Mauthausen U8b/2 4035, TGB249

54388 CZE	Wachsmann[ová], Sidonia [Zdenka]	24.06.1901 [Uherský Brod Cp][Em]	Befreit [Ort unbekannt] TGB1170
54389 'Stlos'	Weiss[ová], Marta [>Valentová]	28.11.1915 Prostejov [OlomoucAAf] [En]	Befreit in Mauthausen U8b/2 4033, TGB651
54390 CZE	Weiss[ová],*Fuchsová Irena F: Mutter von 54391	22.06.1906 [1910] [Prag L] [En]	Befreit in Mauthausen TGB236 Vgl. SVHF 8871
54391 CZE	Weiss[ová] Helga [>W.-Hosková] F: Tochter von 54390	10.11.1929 Prag [10.10.26] [Prag L] [En]	Befreit in Mauthausen SVHF 8871, Dü58ff. , Endsieg, Autobiografie
54392 RD	Weiss, Fanny	25.02.1919 Wien [Dep.: Wien11][En]	Befreit in Mauthausen Aufb. Deggend.,TGB397
54393 SLO	Weiss[ová], Margit	12.07.1919 Bratislava	Befreit in Mauthausen U8b/2 3799
54394 SLO	Weiss[ová], Gertrud [Gertruda]	17.04.1929 Bratislava [,17.04.1926'] Bratislava: Ceska 4a	Befreit in Mauthausen U8b/2 3800, USHMM: Slovak census data
54395 SLO	Weiss[ová], Rise [Terezie][Terezia]	15.09.1904 Brno ['15.09.1914'] Bratislava: Gastanova 4	Befreit in Mauthausen U8b/2 3797 USHMM: Slovak census data
54396 SLO	Weiss[ová], Malvine	18.02.1914 Bratislava	Befreit in Mauthausen U8b/2 3798
54397 SLO	Weiss[ová], Alice [Alica] F: Tochter von 54398	10.05.1924 Bratislava Bratisalva: Teslova	Befreit in Mauthausen U8b/2 3840, USHMM: Slovak census data
54398 SLO	Weiss[ová], Charlotte F: Mutter von 54397	15.09.1897 Hlohovec [,15.09.1914'] Bratislava: Teslova	Befreit in Mauthausen U8b/2 3873, USHMM: Slovak census data
54399 CZE	Weisz[ová], Hanna [>Vitková]	31.12.1911 Prag [Dep.: Prag De][En]	Befreit in Mauthausen U8b/2 4039, TGB1217
54400 CZE	Winer[ová], *Mautner Hana [>Posin]	04.12.1914 Prag [Dep.: Prag Cc][En]	Befreit in Mauthausen SVHF 1230, U8b/4042
54401 SLO	Weiner, Beate	15.03.1898 Bratislava [15.12.14]	Befreit in Mauthausen U8b/2 3870
54402 SLO	Weiner, Magda	09.09.1917	**Schicksal ungeklärt** **Nicht identifiziert**
54403 CZE	Weiner[ová], Olga	03.12.1898 [,03.12.1906'] [Dep.: BrnoAi][En]	Befreit [Ort unbekannt] TGB477
54404 CZE	Weisenstein[ová], Maria	15.09.1903 Prag [Dep.:Prag Cv][Ek]	Befreit in Mauthausen U8b/2 4040, TGB1182
54405 CZE	Weisenstein[ová], Hanna [Anna]	01.12.1910 Prag [Dep.:Prag Di][En]	Befreit in Mauthausen U8b/2 4038, TGB1239

54406 SLO	Wimmer[ová], Herta [>Rybar]	06.01.1927 Bratislava ['06.01.1925'] [Dep.: Sered]	Befreit in Mauthausen SVHF 21092, U8b/2 3871
54407 ,USA' SLO	Winter[ová], Selma [Zelma]	19.06.1905 Bratislava ['19.06.1910'] Bratislava: Mytna 4 [Dep.: Sered?]	Befreit in Mauthausen U8b/2 3805 USHMM: Slovak census data
54408 SLO	Weinberger[ová], *Kornreich Amalia [>Barsaniová]	21.01.1913 Bardejov ['21.01.1916'] [Dep.: Sered]	Befreit in Mauthausen SVHF 12469, U8b/2 3796
54409 RD	Winterberg, Anneliese [>Nossbaum] F: Tochter von 54410	08.01.1929 Guben [Köln III/2][En]	Befreit in Mauthausen SVHF 22656, TGB371 Gedenkblattübermittler
54410 RD	Winterberg,*Lewinski Irmgard Margot F: Mutter von 54409	01.06.1904 Putzig Bonn [Köln III/2][En]	**Starb n. d. Befreiung am 16.12.1945 in Linz an Tuberkulose** PoT YV Item: 755292
54411 RD	Weis[s]enbach, Grete [Margarethe]	18.07.1922 [Dep.:Wien14f][En]	Befreit [Ort unbekannt] Aufbau Wien, TGB485
54412 SLO	Wisel[ová], Berta [Herta]	13.05.1907 Topolcany [13.05.1917]	Befreit in Mauthausen U8b/2 3804
54413 CZE	Weil[ová], Hedwig [Heda]	12.08.1899 Prag [Dep.:PragAm][Em]	Befreit in Mauthausen U8b/2 4036, TGB506
54414 RD	Wegner, Ursula	19.01.1925 [Königsberg 4][Em]	**Schicksal ungeklärt** TGB689:,umgekommen'
54415 CZE	Vrb[ová], Lujza [Louisa] F: vgl. 54416	09.04.1899 Prag [Dep.: Prag Bf][En]	Befreit in Mauthausen U8b/2 4043, TGB916
54416 CZE	Vrb[ová], Eva F: vgl. 54415	15.12.1926 Prag [1896][Prag Bf][En]	Befreit in Mauthausen U8b/2 4044, TGB916
54417 RD	Wirth, Ingrid [>Simmerl]	05.12.1924 [Dortmund X/2][En]	Befreit in Mauthausen ,Lud74', ,TGB551!'
54418 CZE	Werdesheim[ová], Liselotte [>Lisa Koerner]	28.09.1923 Chomutov [Dep.: Prag Cv][En]	Befreit in Mauthausen SVHF 47558, U8b/4041
54419 'Stlos'	Volvovic[ová], Ruzena [>Rachel Gönczi]	05.12.1926 Cernoholovo [Dep.: Prag Dk][En]	Befreit in Mauthausen Düsing144ff., U8b/4034
54420 SLO	Wittmann[ová], Charlotte [Lolla] [Sarolta]	14.09.1915 Bratislava	Befreit in Mauthausen U8b/2 3806
54421 CZE	Welker[ová], Augusta [>Stracanková]	16.01.1923 [Dep.: Pilsen R][En]	Befreit in Mauthausen TGB279

54422 SLO	Wiesner[ová], *Baderová Trude [Gertruda] [>Bednárová]	22.05.1916 Bratislava [Malacky] [Dep.: Sered]	Befreit in Mauthausen OH/ZP1/339, U8b/3872 USHMM: Slovak census data
54423 RD	Witrofsky, Hinde Rosa	05.04.1905 Przemysl [Dep.: Wien13][En]	Befreit in Mauthausen U8a/2 427, Aufbau Wien
54424 'Stlos'	Willinger, Lewkowicz Margot	22.11.1905 [,22.11.1914'] [Westerbork 2][En]	Befreit in Mauthausen AMM Y/49 Dutch 37.
54425 HOL	Wijnschenk, *Hammerslag Klara [>Aardewerk]	05.07.1915 Amsterdam [Westerbork 7][Em]	Befreit in Mauthausen SVHF 42169, HVT-201 AMM Y/49 Dutch 63.
54426 SLO	Quastler[ová], Etelka	12.07.1903 Bohuslavice [,12.07.1909'] [,12.07.1913'] Bratislava: Donnerova 10	Befreit in Mauthausen U8b/2 3760 USHMM: Slovak census data
54427 POL	Baumac, Sofia F: vgl. 54428, 54431	01.03.1923	**Schicksal ungeklärt** **Nicht identifiziert**
54428 POL	Baumatz, Rachela F: vgl. 54427, 54431	01.08.1926 [1925] Ghetto Lodz: Runge Str. 7F6 Sulzfelder Str. 66F22	**Schicksal ungeklärt** **Nicht identifiziert** Befreit [Ort unbekannt] Jewish Agency 12420 YV Item ID: 4451471 YV Item ID: 4451470
54429 POL	Garfunkel, Ala [= Ella Ginsberg *Garfinkiel [?] B: Krankenschwester]	24.07.1918 [27.07.1908] [Ghetto Lodz: Sulzfelder 23F27 Am Bach 7]	**Schicksal ungeklärt** **Nicht identifiziert** YV Item ID: 4509466
54430 SLO	Freihaft, [Freuhaft] Helena	21.09.1923 Kezmarck [U8b: 22.09.25]	Befreit in Mauthausen U8b/2 3851
54431 POL	Baumatz, Irena [=Sara?] F: vgl. 54427, 54428	01.12.1917 [1915?] Ghetto Lodz: Runge Str. 7F6 Sulzfelder Str. 66F22	**Schicksal ungeklärt** **Nicht identifiziert** YV Item ID: 4451476 YV Item ID: 4451475
54432 POL	Szymanowicz, Sara B: Kasiererin	24.11.1919 Ghetto Lodz: Hohensteiner 39F4	**Schicksal ungeklärt** USHMM, Lodz Ghetto Volume Five
54433 POL	Petersztok, Doba	07.10.1922 [Warschau?]	**Schicksal ungeklärt** **Nicht identifiziert** Befreit [Ort unbekannt] Jewish Agency 48972?

54434 SLO	Berger[ová], Anna [Hana]	17.02.1921 Nove Mesto	Befreit in Mauthausen U8b/2 3656
54435 SLO	Berger[ová], Charlotte	29.09.1923 Nove Mesto	Befreit in Mauthausen U8b/2 3655
56801 SLO	Silbermann[ová], Margit [Della?]	31.12.1915 Topolcany	Befreit in Mauthausen U8b/2 3773
56802 SLO	Bokor, Eva [>Selucka]	28.03.1924 Bratislava [Piestany] [Dep.: Sered]	Befreit in Mauthausen AMM OH/ZP1/817, Korresp., USHMM: Slovak census data
56803 SLO	Lorber[ová], Berta	29.03.1919 Bratislava [1922][Dep.:Sered?]	Befreit in Mauthausen U8b/2 3823
59939 RUS	Ladiejschtschikowa, Alexandra	06.11.1902 Gewerskij	Befreit in Mauthausen Vgl. Anka Nathan
62584 St Zig.	Berger Helena = Berta ?	02.08.1921 Jeitendorf 02.08.1924 St. Pölten	Übernommen 17.02.45 von Kripo Freiberg **Geflohen am 20.02.45** **Schicksal ungeklärt**
62603 St Zig.	Christ Veronika	17.05.1907 Stadelhofen 06.05.1907 Stadelhofen	Übernommen 17.02.45 von Kripo Freiberg **Geflohen am 20.02.45** **Schicksal ungeklärt**
????? Zig.	Klein, Maria	02.02.1924 Metz	Übernommen 17.02.45 von Kripo Freiberg **Geflohen am 20.02.45** **Schicksal ungeklärt**
????? Zig.	Stock, Marie	08.08.1919 Unterlangendorf	Übernommen 17.02.45 von Kripo Freiberg **Geflohen am 20.02.45** **Schicksal ungeklärt**
????? ???			Übernommen 17.02.45 von Kripo Freiberg **Schicksal ungeklärt**
????? RD Sch.	Achatz, *Schmied Josefa	13.06.1901 Unterbergen	Übernommen 17.02.45 von Kripo Freibeg [?] Befreit in Mauthausen BArch B162/16325 39f.
????? HUN Jüdin	Neumann, Rozsi	20.11.1918 Alsokalinfalva [Ghetto Tecsö]	Befreit in Mauthausen DEGOB 1997, vgl. FloNo.: 54017, 54101

SVHF = Shoah Visual History Foundation - OH/ZP1/ = Mauthausener Zeitzeugenprojekt
U8b/2, U8b, U8a/2, U8a = Mauthausener Repatriierungsliste - Aufbau = Aufbau Verlag 45/46
TGB = Seitenzahl des entsprechenden Theresienstädter Gedenkbuchs - JA = Jewish Agency 45
PoT YV = Pages of Testimony Yad Vashem [Gedenkblätter] - Düsing, Dü = Dr.Michael Düsing
Lud = Barch 162 / 17247 [Ludwigsburg] - Koblenz = Gedenbuch des Bundeasarchivs 2006

4.3 Literaturverzeichnis

Baumgartner, Andreas. Die vergessenen Frauen von Mauthausen. Die weiblichen Häftlinge des Konzentrationslagers Mauthausen und ihre Geschichte.
Verlag Österreich. Wien. 1997

Baumgartner, Andreas. Zwischen Mutterkreuz und Gaskammer. Täterinnen und Mitläuferinnen oder Widerstand und Verfolgung? Edition Mauthausen. Wien. 2008

Benz, Wolfgang. Distel, Barbara. Der Ort des Terrors.
Geschichte der nationalsozialistischen Konzentrationslager. Band 4
C.H. Beck Verlag. München. 2006

Brenner-Wonschick, Hannelore. Die Mädchen von Zimmer 28.
Freundschaft, Hoffnung und Überleben in Theresienstadt. Knaur. München. 2006

Czech, Danuta. Kalendarium der Ereignisse im KZ Auschwitz-Birkenau
1939-1945. Rowohlt. Reinbek bei Hamburg. 1989

Cziborra, Pascal. KZ-Autobiografien. Geschichtsfälschungen zwischen Erinnerungsversagen, Selbstinszenierung und Holocaust-Propaganda
Lorbeer Verlag. Bielefeld. 2012

Cziborra, Pascal. KZ Flossenbürg - Gedenkbuch der Frauen.
Lorbeer Verlag. Bielefeld. 2015

Cziborra, Pascal. KZ Venusberg. Der verschleppte Tod.
Lorbeer Verlag. Bielefeld. 2008

Düsing, Michael. Wir waren zum Tode bestimmt. Jüdische Zwangsarbeiterinnen erinnern sich. Forum Verlag. Leipzig. 2002

Düsing, Miachel. Zwangsarbeit für den Endsieg. Wie jüdische Mädchen in Freiberg gezwungen wurden, an Hitlers „Wunderwaffen“ mitzubauen.
Art.HOUR. Dresden. 2015

Ford, Carole Bell. After the girls club. Lexington Books. Lanham. 2010

Frankl, Michal. Theresienstädter Gedenkbuch. Österreichische Jüdinnen und Juden in Theresienstadt 1942-1945. Prag. 2005

Holden, Wendy. Born Survivors. Sphere. London. 2015

Holden, Wendy. Schicksalskinder. Die KZ-Babys von Mauthausen. Weltbild. Augsburg. 2015

John, Michael. Auschwitz – Mauthausen – Bindermichl – New York. Vom Konzentrationslager zur Displaced Person. Ein Ausschnitt aus einem Lebensbild. In: Prinzip Hoffnung. Linz zwischen Befreiung und Freiheit. Linz. 1995

Karny, Miroslav. Terezinska Pametni Kniha. Zidovske Obeti Nacistickych Deportaci Z Cech A Moravy. 1941-1945. Theresienstädter Initiative. Melantrich. 1995

Karny, Miroslav. Theresienstädter Gedenkbuch. Die Opfer der Judentransporte aus Deutschland nach Theresienstadt 1942-1945. Metropol Verlag. Berlin. 2000

Livni, Chava. Fragmente der Erinnerung. 1995
In: stereo01 hrsg. von Roman Bärwaldt und Jan Lindner-Figura

Marsalek, Hans. Die Geschichte des Konzentrationslagers Mauthausnen. Edition Mauthausen. Wien. 2006

Reichl, Leo. Katsdorfer Heimatblätter. Die KZ-Grabanlage auf dem Friedhof Katsdorf aus dem Jahre 1945. Heimatkundliche Schriftenreihe. Folge 5. 2000

Scheuer, Lisa. Vom Tode, der nicht stattfand. Shaker Verlag. Aachen. 1998

Slozberg, Rikica-Radmila. „Auf dich wartet noch das Leben..." Erinnerungen aus Theresienstadt, Freiberg und Mauthausen. Donat Verlag. Bremen. 2010

Spier-Cohen, Gisela. Weggerissen. Erinnerungen an Theresienstadt. Jonas Verlag. Marburg. 2006

Strummer, Deli. A Personal Reflection of the Holocaust. Aurich Press. Baltimore. 1988

Tzani, Fotini. Zwischen Karrierismus und Widerspenstigkeit – SS-Aufseherinnen im KZ-Alltag. Lorbeer Verlag. Bielefeld. 2011

Weiss, Helga. Und doch ein ganzes Leben. Ein Mädchen das Auschwitz überlebt hat. Lübbe. Köln. 2013

Bundesarchiv Koblenz. Gedenkbuch. Opfer der Verfolgung der Juden unter der nationalsozialistischen Gewaltherrschaft in Deutschland 1933-1945. Koblenz. 2006

Gedenkbuch Berlins der jüdischen Opfer des Nationalsozialismus. Freie Universität Berlin, Zentralinstitut für sozialwissenschaftliche Forschung, Edition Hentrich. Berlin. 1995

Archivalien

Bundesarchiv Berlin und Außenstelle Ludwigsburg:

Barch, NS 4/ FL 428 ; 393 Bd. 2
Barch, B 162 / 17247 ; 16325 ; 8330

Sächsisches Staatsarchiv Chemnitz:

Bestand 39074 Objekt 14 ZB 55/118

Stadtarchiv Freiberg:

StadtA Freiberg, Stadtbauamt IV I 452
StadtA Freiberg, ZGS Nr. 386, Barackenlager II [um 1946]

Gedenkstättenarchiv Flossenbürg:

AGF - Evakuierungsaufstellung Pavla Plachas

Shoah Visual History Foundation – Los Angeles:

Interviews: 1. Transport: 28, 2. Transport: 24, 3. Transport: 70

Interviews: 135, 530, 1230, 1364, 1686, 2619, 2833, 4261, 4268, 4497, 4570, 5232, 6685, 6902, 7951, 8131, 8312, 8485, 8860, 8871, 8936, 9081, 10036, 10077, 10285, 10574, 10773, 10931, 11054, 11063, 11153, 11482, 12469, 12886, 13046, 13110, 13541, 13661, 13876, 14135, 14773, 15134, 15161, 15490, 15765, 15780, 15894, 16636, 16736, 17059, 17173, 17519, 17944, 18355, 18736, 18818, 18870, 19340, 19428, 19615, 20074, 20428, 20575, 21092, 21733, 22311, 22404, 22470, 22656, 22822, 23191, 23554, 24896, 24997, 25466, 25553, 25837, 25937, 26129, 26259, 26418, 27142, 27697, 28173, 28184, 28239, 28636, 29029, 29046, 29884, 30309, 30355, 30518, 30650, 30796, 31659, 32271, 33402, 34418, 34519, 34624, 35364, 36176, 36477, 36507, 36685, 37753, 39937, 40259, 40928, 41240, 42169, 44541, 46110, 46847, 47558, 48063, 48450, 49159, 50423, 50778, 51668

Deportáltakat Gondozó Országos Bizottság - Budapest:
DEGOB-Protokoll 1997 vom 04.08.1945

National Archives and Records Administration - Washington
NARA M-1935 Rolls 1-4

YAD VASHEM Jerusalem:
Online-Datenbank der Holocaustopfer

Zidowski Instytut Historyczny – Warschau:
ZIH 301 – 2501 von 1947

Fotos:

Archiv Cziborra: F1, F2, F4, F6, F8, F9, F13, F14, F15

Archiv Düsing: F3, F5, F7

Sächsisches Staatsarchiv Chemnitz: FS30, F31

Stadtarchiv Freiberg: F10

Airforce Archive Alabama: F12

United **S**tates **H**olocaus **M**emorial **M**useum: F11, F16-F29

FOTINI TZANI

Zwischen Karrierismus und Widerspenstigkeit - SS-Aufseherinnen im KZ-Alltag

ISBN: 978-3-938969-13-7 **140 Seiten** **19,95€**